Kohlhammer

Theologie elementar

Herausgegeben von
Peter Müller
Sabine Pemsel-Maier

Peter Müller

Gott und die Bibel

Verlag W. Kohlhammer

1. Auflage 2015

Alle Rechte vorbehalten
© W. Kohlhammer GmbH, Stuttgart
Satz: Andrea Siebert, Neuendettelsau
Gesamtherstellung: W. Kohlhammer GmbH, Stuttgart

Print:
ISBN 978-3-17-023260-0

E-Book-Formate:
pdf: ISBN 978-3-17-023476-5
epub: ISBN 978-3-17-029039-6
mobi: ISBN 978-3-17-029040-2

Vorwort

Mit dem vorliegenden Band beginnt die Buchreihe „Theologie elementar". Sie soll Studierende der Theologie und Religionspädagogik sowie Lehrkräfte aller Schularten in zentrale Themen der Theologie einführen, ihnen grundlegende Kenntnisse vermitteln und Kompetenzen im Umgang mit ihnen anbahnen. Im Mittelpunkt steht Gott als „Hauptwort der Theologie", das in den einzelnen Bänden der Reihe aufgeschlüsselt wird. Die Frage nach Gott wird dabei in ihren jeweiligen Bezügen zur Sprache gebracht: Gott und Welt, Gott und Mensch, Gott und das Leben, Gott und Jesus Christus, Gott und die Bibel, Gott und die Kirche(n), Gott und die Religion(en). „Gott und die Bibel" ist dementsprechend eine Einführung in die Bibel mit der Frage nach ihren Gottesvorstellungen als thematischem Schwerpunkt.

Alle Bände gehen ihrer jeweiligen Thematik anhand grundlegender Erkenntnisse des jeweiligen theologischen Fachgebiets nach. Sie sind in didaktischer Perspektive geschrieben und verbinden theologische Inhalte mit aktuellen Fragestellungen und einigen Hinweisen zur Unterrichtsgestaltung. Dass dies angesichts der Fülle des jeweils zu behandelnden Stoffs nicht ausführlich, sondern nur schlaglichtartig geschehen kann, liegt auf der Hand.

Die Reihe ist ökumenisch ausgerichtet; wo konfessionelle Unterschiede vorhanden sind, werden sie beleuchtet. Dies ist in den einzelnen Bänden in unterschiedlicher Intensität der Fall. In der alt- und neutestamentlichen Exegese sind die konfessionellen Unterschiede erfreulich gering. Natürlich gibt es zu vielen Einzelfragen unterschiedliche Auffassungen; sie sind aber ganz überwiegend inhaltlicher Art und nicht in erster Linie konfessionsbezogen. Die konfessionelle Problematik spielt deshalb im vorliegenden Band nur eine geringe Rolle.[1]

Die didaktische Ausrichtung zeigt sich zum einen an den die Kapitel jeweils einleitenden Hinweisen und Fragen, die gegenwärtige Diskurse widerspiegeln, zum anderen an den Anregungen für den Unterricht. Bei „Gott und die Bibel" legt sich natürlich der Gottesbezug nahe, der nicht nur für alle biblischen Schriften charakteristisch ist, sondern auch das Zentrum des Religionsunterrichts bildet.[2] Angesichts der Vorgabe, möglichst knapp zu informieren, können die Anregungen nur Anstöße sein, die weiter gedacht werden müssen. Die Kombination von exegetischen und religionspädagogischen Fragestellungen soll aber die Erkenntnis vermitteln, dass die einzelnen theologischen Disziplinen zwar jeweils eigene Schwerpunkte setzen, gleichwohl aber aufeinander bezogen und angewiesen sind.

---

[1] Vgl. vor allem die Bemerkungen zur Unsterblichkeit der Seele, unten 151, und zum Verhältnis von Glaube und Werken, unten 193.

[2] Vgl. Schweitzer, Gott im Religionsunterricht; Baumann, Schwierigkeiten, 185.

Mein Karlsruher Kollege aus der Katholischen Theologie, Prof. Dr. Alexander Weihs, hat das ganze Manuskript gelesen und kommentiert. Mein Freund und alttestamentlicher Kollege, Prof. Dr. Martin Rose, Neuchâtel, hat mit vielen Anfragen und Hinweisen zur Verbesserung des Manuskripts beigetragen. Beiden Kollegen danke ich herzlich für die Zeit und Mühe, die sie aufgewandt haben.

Dank gebührt auch meiner studentischen Mitarbeiterin Meike Fischer. Sie hat viele Tippfehler entdeckt und mit etlichen Formulierungsvorschlägen zur besseren Lesbarkeit des Buches beigetragen. Schließlich seien auch die Mitarbeiterinnen und Mitarbeiter des Kohlhammer-Verlags erwähnt, die die Entstehung des Buches und der ganzen Reihe freundlich und kompetent begleiten.

Karlsruhe, Oktober 2014   *Peter Müller*

Inhalt

1. Einführung

Liest man das Alte Testament (AT) im heutigen kanonischen Zusammenhang, treten bestimmte Aussagen über Gott besonders hervor. Das erste Gebot lautet: „Ich bin der HERR, dein Gott, der ich dich aus Ägyptenland, aus der Knechtschaft, geführt habe. Du sollst keine anderen Götter haben neben mir" (Ex 20,2f.). Dass Gott Israel aus der ägyptischen Sklaverei befreit hat, ist ein grundlegendes und vielfach wiederholtes Bekenntnis (Dtn 1,27; 5,6; Jos 24,17; Ps 81,11 u. ö.), in dem verschiedene Gedanken gebündelt sind: Gott steht in einer besonderen Beziehung zu Israel, er handelt in der menschlichen Geschichte und führt das Volk in die Freiheit. Und Jes 45,5 hält fest: „Ich bin der HERR, und sonst keiner mehr, kein Gott ist außer mir" (vgl. Dtn 4,39).

Vergleicht man beide Aussagen ergibt sich eine Frage: Wieso wird Israel geboten, keine anderen Götter neben Jahwe[1] zu haben, wenn es nur den einen Gott gibt? Die Frage macht auf Entwicklungslinien im alttestamentlichen Denken über Gott aufmerksam. Tatsächlich lässt sich zeigen, dass sich das Gottesbild Israels im Lauf der Zeit gewandelt hat. Die grundlegende Einsicht von der Einzigkeit Gottes ist erst nach und nach entstanden und in den Vordergrund getreten.

Liest man die at.lichen Schriften im Zusammenhang des Kanons, kann man die Unterschiede als Aspekte eines einheitlichen Gottesbildes verstehen: Gott erscheint in Gen 1–11 als Schöpfer der Welt, bindet sich ab Gen 15,18 durch einen Bund* an Abraham und seine Nachkommen und tritt ab Ex 1,9; 2,25 als Gott des Volkes Israel auf. Im Neuen Testament (NT) sehen sich die Christen als Erben dieser Geschichte, ob sie aus dem Judentum kommen oder nicht. Das kanonische Verständnis geht also von der Endgestalt der Bibel aus und hebt die Zusammengehörigkeit der verschiedenen Vorstellungen von Gott hervor: Es ist ein und derselbe Gott, der die Welt geschaffen, Abraham erwählt, sich des Volkes Israel erbarmt und sich schließlich in Jesus Christus offenbart hat. Liest man die biblischen Schriften dagegen als Werke aus ihrer je eigenen Zeit und mit ihren literarischen Eigenheiten, wird man auf Entwicklungen im Gottesbild aufmerksam. Dabei zeigt sich, dass die Vorstellungen Israels von Gott über einen langen Zeitraum hinweg und in Auseinandersetzung mit Erfahrungen Israels und seinen Nachbarvölkern entstanden sind. Beide Sichtweisen haben ihre Vorzüge: Der Blick auf die einzelnen Schriften zeigt, wie sich der Glaube an den Gott Israels mit den Erfahrungen und der Geschichte des Volkes verbindet und z. T. erheblich wandelt. Der Blick auf die Endgestalt des Kanons nimmt ernst, dass die Redaktoren des AT und NT in der Vielfalt der Gottesvorstellungen eine Einheit gesehen

---

[1] Vgl. hierzu unten, 43–45.

und die Erkenntnis formuliert haben, dass Gott größer ist als das jeweils zeitbedingte Sprechen von ihm.

Buchstäblich von der ersten Seite bis zur letzten Seite der Bibel ist von Gott die Rede. Deshalb bilden die Vorstellungen von Gott die thematische Leitlinie für die folgende Einführung. Bibelkundliche Erkenntnisse, geschichtliche Entwicklungen und theologische Positionen werden aufgegriffen, um diese Leitlinie mit ihren verschiedenen Aspekten näher zu beleuchten.

Die Einzelkapitel folgen einem bestimmten Schema. Auf eine knappe, von aktuellen Fragen ausgehende Einführung folgt zunächst ein für das jeweilige Gottesverständnis charakteristischer Bibeltext; er wird auf seine Aussageabsicht und theologischen Implikationen hin befragt und anschließend in seine literarischen und geschichtlichen Kontexte eingeordnet. Danach werden die in diesem Text angesprochenen Gottesvorstellungen in einem größeren Zusammenhang dargelegt. Jedes Kapitel enthält weiterhin einen Exkurs, in dem ein wichtiger Aspekt des Ausgangstextes aufgegriffen und in gesamtbiblischer Perspektive behandelt wird. Abgeschlossen werden die Kapitel mit Anregungen für den Unterricht und Literaturhinweisen zum Weiterlesen.

Einige Fragen (z. B. historischer oder literaturgeschichtlicher Art oder die Frage nach dem Verhältnis der beiden Testamente zueinander) lassen sich in diesem Schema nur schwer unterbringen. Sie werden zu Beginn, in einem Zwischen- und einem Schlusskapitel behandelt.

Die Reihenfolge der behandelten Texte orientiert sich an ihrer kanonischen Ordnung, für das AT allerdings nicht an der Fassung der Lutherbibel, sondern der „hebräischen Bibel", des Tanach*. Dessen Anordnung spiegelt die Entwicklung der Gottesvorstellungen deutlicher wider als die der Septuaginta*[2] oder der Lutherübersetzung (die aber als Text zugrunde gelegt wird). Man könnte sich mit guten Gründen auch an der Entstehungszeit der biblischen Bücher orientieren. Die Mehrzahl der at.lichen Schriften ist in oder nach dem babylonischen Exil entstanden oder redigiert worden. Das bedeutet: Die Vorstellung vom „Schöpfer des Himmels und der Erden" ist zwar die erste Aussage über Gott in der Bibel, aber nicht die älteste; der „Gott Abrahams, Isaaks und Jakobs" ist älter als der Glaube an den Schöpfergott. Eine chronologische Anordnung hat deshalb viel für sich.[3] Ich wähle zur leichteren Orientierung gleichwohl die kanonische Abfolge des Tanach. Das macht allerdings an manchen Stellen Rückgriffe und an anderen Stellen Hinweise auf Folgendes notwendig.

Das Buch arbeitet mit einem Verweissystem. Wichtige Begriffe (mit * gekennzeichnet) werden am Ende in einem Glossar erklärt. Querverweise innerhalb des Buches werden in den Anmerkungen gegeben. Ebenfalls in den Anmerkungen

---

2   Vgl. zum Tanach und zur Septuaginta das Zwischenkapitel 135–139.
3   Z. B. die literaturhistorische Vertiefung bei Köhlmoos, Altes Testament, 146–259.

finden sich einige Hinweise auf theologische Themen, die in folgenden Bänden der Reihe behandelt werden.

 Literatur zum Weiterlesen
Bormann: Bibelkunde
Köhlmoos: Altes Testament

2. Geographische, historische und literarische Eckpunkte

2.1 Geographische Gegebenheiten und historische Grunddaten

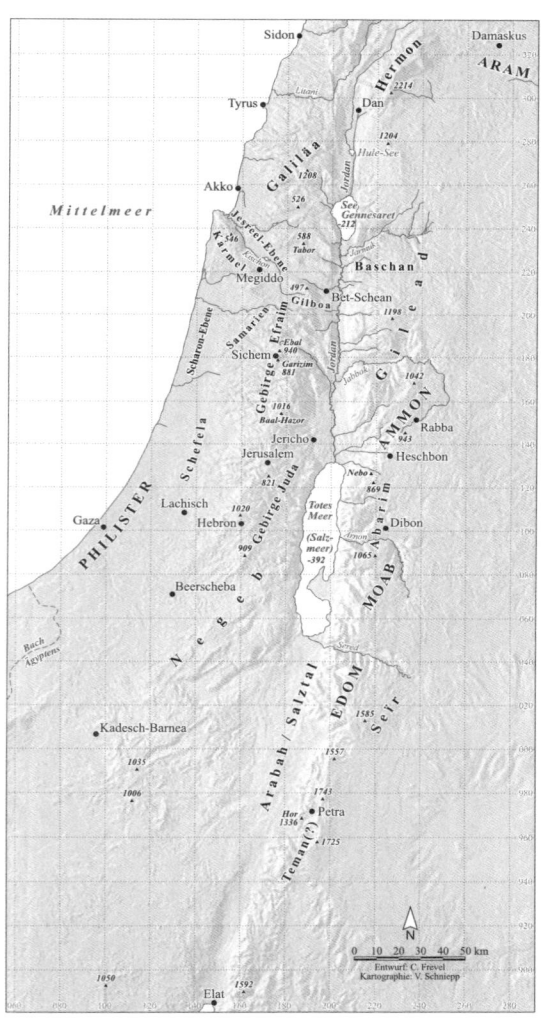

Das „Land der Bibel" hat relativ klare Grenzen: Im Westen die Mittelmeerküste, im Norden die Gebirge des Libanon und des Antilibanon, im Ostjordanland und im Süden geht das Kulturland in Steppe und dann in Wüste über. Die Angabe „von Dan bis Beerscheba" (Ri 20,1; 1Sam 3,20; 2Sam 3,10) beschreibt die Nord-Süd-Ausdehnung recht genau. Für dieses Land gibt es jedoch mehrere Begriffe mit verschiedenen Konnotationen.[1]

Kanaan bezeichnet eine ägyptische Provinz im 14.–12. Jh., dann ein Gebiet, in dem verschiedene Stadtstaaten mit einem mehr oder weniger großen Umfeld nebeneinander existieren. Ein Land Kanaan im Sinne einer staatlichen Größe hat es nie gegeben. Für das AT ist Kanaan das von Gott verheißene Land, in dem das Volk Israel sich niederlässt, von dessen Bewohnern es sich aber abgrenzt.

---

[1]   Vgl. Zwickel, Einführung, 16–22.

Israel bezeichnet zunächst einen Stammesverband im zentralen Bergland, in der frühen Königszeit das gemeinsame Gebiet der Nord- und der Südstämme, nach deren Trennung nur noch das Nordreich, während das Südreich Juda* heißt. Nach dem Untergang des Nordreichs 722 v. Chr. kann sich auch das Südreich als „Israel" bezeichnen (Jer 17,13) und damit einen religiösen Anspruch zum Ausdruck bringen. Als Volksbezeichnung wird Israel über den Untergang Judas hinaus und bis in die neutestamentliche Zeit hinein verwendet (z. B. Mt 8,10). Das Südreich Juda wird in persischer Zeit *Jehud** genannt, unter den Griechen und Römern *Judäa**.

Samaria ist die Hauptstadt des Nordreichs Israel, kann aber auch die assyrische, babylonische und persische Provinz Samaria bezeichnen. *Syrien* ist erst im 5. Jh. v. Chr. als Name belegt. Es handelt sich um das nordöstlich an das Nordreich Israel anschließende Gebiet. In der Zeit des Nordreichs Israel ist dies das Siedlungsgebiet der Aramäer und wird als *Aram* bezeichnet. Von den Philistern, die sich ab dem 12. Jh. in der südlichen Küstenebene ansiedeln (Gen 21,32–34), leitet sich der Name *Palästina** ab. Zu einem klar abgrenzbaren Gebiet wird Palästina erst unter den Römern. Nach der Niederschlagung des Bar-Kochba-Aufstands (135 n. Chr.) wird die römische Provinz Ioudaea in „Syria-Palaestina" umbenannt. In diesem Buch wird Palästina als geographische Bezeichnung verwendet. *Levante** ist schließlich eine Sammelbezeichnung für die Länder an der östlichen Mittelmeerküste.

Das Land „zwischen Dan und Beerscheba" ist nicht groß, aber vielgestaltig. Man kann – auf der Höhe von Jerusalem, von Westen nach Osten – die Küstenebene, das fruchtbare Hügelland (Schefala), das Bergland, den Jordangraben mit dem Toten Meer und das transjordanische Bergland unterscheiden. Westlich des Jordangrabens liegt im Norden Galiläa. Die Niederschlagsmengen schaffen hier gute Voraussetzungen für den Ackerbau. Nach Süden schließt das palästinische Bergland an, zunächst das samarische (auch Gebirge Efraim genannt) und etwa ab der Höhe Jerusalems das judäische Bergland. Zur Küste hin befindet sich im Süden Galiläas die fruchtbare Jesreel-Ebene, gefolgt vom Karmel-Gebirge. Südlich des Karmel folgt die Scharon-Ebene, die in das „Land der Philister" übergeht. Der Nordteil des Landes (von Galiläa bis nördlich von Jerusalem) ist fruchtbarer und wirtschaftlich potenter.

Das östlich des Jordans gelegene Plateau wird durch kleinere Flüsse gegliedert: Nördlich des Jarmuk liegt Basan, zwischen Jarmuk und Jabbok Gilead, zwischen Jabbok und Arnon das Reich der Ammoniter, südlich des Arnon liegt Moab und weiter im Süden Edom (im AT auch Seir genannt).

Palästina* ist Teil einer Region, die man als „Fruchtbaren Halbmond" bezeichnet. Damit beschreibt man ein Gebiet, das sich vom Überschwemmungsbereich des Nils in Ägypten über Palästina und nördlich angrenzende Länder nach Osten bis zu den großen Flüssen Euphrat und Tigris erstreckt. Sowohl in Ägypten als auch in Mesopotamien (dem „Land zwischen den Flüssen") bilden sich in vorbiblischer und biblischer Zeit große Machtzentren aus. Von Mesopotamien aus beherrschen zwischen 850 und 605 die Assyrer, von 605–539 die Babylonier und danach die Perser große Teile des Alten Orients. In Ägypten bilden sich mehrere Großreiche heraus, die ab dem 2. Jahrtausend v. Chr. immer wieder Einfluss auf Palästina nehmen. Diese Mittellage ermöglicht in Friedenszeiten ausgedehnten Handel, in Kriegszeiten dagegen ist sie katastrophal. Große Straßen dienen dem Handel oder dem Aufmarsch von Truppen. Die Via Maris (Jes 9,1; Mt 4,15) führt durch die Küstenebene, die königliche Straße über das transjordanische Plateau, beide Straßen verbinden die Großräume im Osten und Süden. Dass das kleine Land politisch und militärisch extrem von den Interessen der mächtigen Nachbarn abhängig ist, ergibt sich aus seiner Lage.

Ab der Spätzeit der persischen Herrschaft ändert sich die politische „Großwetterlage". In Griechenland entsteht unter Alexander ein neues Weltreich, dem ab 332 v. Chr. auch Palästina* untersteht. Zwar hat es als Großreich keinen Bestand; aber auch die Nachfolgestaaten sind durch und durch griechisch geprägt. Für Palästina sind die Königreiche der Seleukiden (die vom nördlichen Syrien aus herrschen) und der Ptolemäer (Ägypten) wichtig; mehrfach wechselt die Vorherrschaft über Palästina zwischen ihnen. Der Befreiungskampf der Makkabäer* und die sich anschließende Hasmonäer-Herrschaft* führt noch einmal zu einer Eigenstaatlichkeit, bevor im Jahr 63 v. Chr. die Römer die Herrschaft über Palästina antreten. Aufstände führen zum Jüdisch-Römischen Krieg (66–70), in dessen Verlauf Jerusalem zerstört wird. Ein Aufstand unter Bar Kochba (132–135) führt zu einer erneuten Militärintervention Roms und einer Umgestaltung Jerusalems in eine römische Stadt (Aelia Capitolina).

Sowohl in at.licher als auch nt.licher Zeit ist die Geschichte Israels nur im Zusammenhang mit der politischen „Großwetterlage" verstehbar. Da die Großmächte militärisch, wirtschaftlich und kulturell, aber auch durch ihre jeweiligen Religionen großen Einfluss ausüben, ist die Einordnung der Geschichte Israels in den größeren Rahmen der Geschichte der Region gleichermaßen aus historischer und theologischer Perspektive wichtig. Die folgende Übersicht dient zur groben Orientierung.[2]

Ca. 1200 – 1000 Stämme und Stämmeverbund	Ende der Vorherrschaft Ägyptens; Einwanderung der Philister; Entstehung der Stämmegesellschaft „Israel"	
Ca. 1000 – 587 Eigenstaatliche Zeit	Frühes Königtum Aufbau staatlicher Strukturen unter Saul – David – Salomo 931 „Reichsteilung"	
	931–722 Nordreich Israel Ab 850 Druck des Aramäer- reichs auf Israel	931–587 Südreich Juda

---

[2]   In Anlehnung an Zenger, Einleitung, 36f.

	Ab 750 Expansion Assyriens 722 Eroberung Samarias und Eingliederung des Nordreichs ins assyrische Reich	733–622 assyrischer Vasallenstaat 605–587 babylonischer Vasallenstaat 597 und 587 erste und zweite Eroberung Jerusalems; Babylonisches Exil 587 Zerstörung der Stadt und des Tempels
587 – 129 Fremdstaatliche Herrschaft	587–539 Babylonische Herrschaft 539–332 Persische Herrschaft 332–301 Griechische Herrschaft 301–198 Ptolemäische Herrschaft 198–129 Seleukidische Herrschaft	
129 – 63 Hasmonäer*	167–164 Befreiungskampf der Makkabäer* und Hasmonäerherrschaft	

63 v. Chr. – 324 n. Chr. Fremdstaatliche Herrschaft	63 v. Chr. – 324 n. Chr. Römische Herrschaft 40 v. Chr. – 100 n. Chr. Klientelkönigtum der Herodianer 66–70 Jüdisch-Römischer Krieg 70 Zerstörung Jerusalems 132–135 Aufstand unter Bar Kochba

2.2 Literarische Eckpunkte

Die fünf Bücher Mose (Genesis, Exodus, Levitikus, Numeri, Deuteronomium) werden als Pentateuch bezeichnet. Im Anschluss an die Urgeschichte Gen 1–11 stellen sie die Anfänge des Volkes Israel dar. Ab dem Buch Exodus ist Mose die beherrschende Gestalt, nach Ex 17,14; 24,4; Num 33,2 auch der Verfasser der Bücher.

Verschiedene Beobachtungen stellen dies jedoch in Frage. Es gibt zwei verschiedene Schöpfungserzählungen und zwei Fassungen des Dekalogs (Ex 20; Dtn 5), die Gefährdung Sarahs findet sich gleich dreimal (Gen 12.20.26). Obwohl Gott sich Abraham nach Ex 6,3 noch nicht mit seinem Namen Jahwe offenbart hat, baut dieser bereits für Jahwe Altäre (12,7f. u. ö.). Gen 36,31 setzt die Königszeit voraus, obwohl sich der Pentateuch auf eine frühere Zeit bezieht. Auch Dtn 26,5ff. kann erst in einer Zeit geschrieben sein, in der Israel in Kanaan bereits sesshaft geworden ist. Diese und ähnliche Beobachtungen zeigen, dass der Pentateuch nicht aus einer Hand stammen kann. Die Bücher sind Traditionsliteratur, in denen verschiedene Überlieferungen in einem langen Prozess zusammengestellt wurden. Nahtstellen lassen erkennen, wo Erzählstränge verknüpft sind, ganz deutlich z. B. in Ex 6,3, wo die Erinnerungen an Abraham, Isaak und Jakob und ihrem Gott mit Mose in Verbindung gebracht werden.[3]

---

[3] Vgl. unten 34.

Lange hat man die Unausgewogenheiten mit verschiedenen Quellenschriften erklärt. Der Jahwist* (J) verwende durchgängig den Gottesnamen Jahwe und habe im 9. Jh. die Geschichte des Volkes von der Erschaffung des Menschen bis zur Landnahme beschrieben; der Elohist* (E) verwende die Gottesbezeichnung El bzw. Elohim und habe im 8. Jh. gewirkt; der Deuteronomist (D) habe im 6. Jh. zur Zeit des babylonischen Exils die Bücher Deuteronomium, Josua, Richter sowie die Samuel und Chronikbücher als Gesamtwerk verfasst; die Priester-schrift* (P) sei vor allem an kultischen und rituellen Fragen interessiert und ins 6. Jh. zu datieren. Verschiedene Schwierigkeiten lassen sich mit dieser Erklärung aber nicht lösen.[4] Die Texte, die der elohistischen* Quelle zugeordnet wurden, sind sehr unterschiedlich, stammen vermutlich aus verschiedenen Zeiten und lassen keinen zusammenhängenden Erzählfaden erkennen. Auch beim Jahwis-ten* sind Alter, innerer Zusammenhang und theologische Konzeption umstrit-ten. Größere Übereinstimmung besteht darin, dass die Priesterschrift als eigen-ständige Quelle anzusehen ist. Deshalb unterscheidet man heute im Wesentli-chen zwischen priesterschriftlichen und nicht-priesterschriftlichen Texten. Bei den nicht-priesterschriftlichen Texten rechnet man mit einzelnen Traditionsblö-cken (z. B. die Abraham- oder die Jakoberzählungen), die eine eigene Überliefe-rungsgeschichte hatten, bevor sie in den Pentateuch integriert wurden.

Das Deuteronomium hat eine Sonderstellung, die sich auf die anderen Mosebü-cher und die nachfolgenden Schriften auswirkt. Das Werk ist als Moserede un-mittelbar vor der „Landnahme" gestaltet. Im Zentrum steht eine Sammlung von Gesetzen (12–26), die gerahmt wird von einer ausführlichen Einleitung (1–11) und einem Schlussteil (27–34). Die Einleitung greift auf die Ereignisse am Sinai (bzw. Horeb) zurück. Die Tora gilt als Auszeichnung, die dem Volk von Gott zuteil geworden ist (4,8). Durch die Gottesbeziehung und die Tora unterscheidet sich Israel von allen anderen Völkern. Der legitime Ort der Jahweverehrung ist nach Dtn 12 Jerusalem. Diesen Ort hat Jahwe erwählt, um dort „seinen Namen wohnen zu lassen". Die Zentralisation des Kultes auf den Tempel gehört ge-schichtlich in die Zeit Josias (639–609, 1Kön 22f.), in die auch die Urfassung des Deuteronomiums datiert wird. Die Gesamtkomposition und -redaktion erfolgt erst nach dem Untergang Judas und dem babylonischen Exil. In dieser Zeit ist es wichtig sich der religiösen Tradition bewusst zu werden und sie für die eigene Zeit zu aktualisieren (vgl. das „heute" in Dtn 5,2f. u. ö.).

Die Bücher Josua, Richter, 1–2 Samuel und 1–2 Könige fasst man mit dem Deu-teronomium als das „deuteronomistische Geschichtswerk" zusammen; ihre Ver-fasser bzw. Redaktoren bezeichnet man als Deuteronomisten, weil sie in Sprache und Theologie eng mit dem Deuteronomium verwandt sind. Sie sind darauf bedacht, den Untergang des Landes und den Verlust der Eigenstaatlichkeit zu bewältigen und mit ihrem Glauben in Einklang zu bringen. Ihre Grundeinsicht

---

4   Vgl. zur Forschungsgeschichte Gertz, Grundinformation, 195–210, zum aktuellen Stand 205.

lautet, dass Jahwe Israel mit Nachkommen, einem Land und Frieden segnet, wenn es allein Jahwe verehrt und seine Gebote hält; dass er es umgekehrt aber bestraft, wenn es sich von ihm abwendet. Der Untergang wird damit zwar als schlimme Strafe für die Abwendung des Volkes von Gott gedeutet, ist damit aber zugleich verstehbar und kann, wenn das Volk sich Gott wieder zuwendet, in Hoffnung umgesetzt werden.

Die Propheten sind für die Deutung der Geschichte und die theologischen Einsichten Israels von entscheidender Bedeutung. Auf ihre Initiative geht die Konzentration auf Jahwe als dem allein zu verehrenden Gott zurück, die sich im Exil zum Monotheismus entwickelt. Ihre Kritik am Verhalten Israels, an seinen Königen, der Oberschicht, aber auch des Volkes, orientiert sich am Willen Gottes, der in die Freiheit führt. Die Zuwendung Jahwes zu seinem Volk wird bei ihnen zur theologischen und zur ethischen Leitvorstellung, an der das Verhalten Israels gemessen wird. Zu den Propheten gehören im Tanach* nicht nur die sogenannten Schriftpropheten*, unter deren Namen eigene Bücher überliefert sind, sondern auch die prophetischen Gestalten, von denen in den Büchern Josua, Richter, Samuel und Könige erzählt wird. Deshalb gehören diese Bücher im Tanach* zu den „vorderen Propheten". Die Aussprüche der Schriftpropheten* sind gesammelt, aktualisiert und allmählich zu Prophetenbüchern zusammengestellt worden. Dass sie den für den Pentateuch grundlegenden Text der „Zehn Gebote" trotz einer inhaltlichen Nähe nicht kennen, liegt daran, dass der Pentateuch zur Zeit ihrer Wirksamkeit in seiner heutigen Form noch nicht existierte. Bei der späteren Zusammenstellung der Schriften zum Tanach* rangiert gleichwohl die Tora, nunmehr als grundlegende Offenbarung Gottes für ein Volk verstanden, vor den Propheten, die sich auf sie beziehen.

Auch die übrigen Bücher legen die Tora aus. Sie werden als „Schriften" (Ketubim) bezeichnet. Zu ihnen gehören die Psalmen, Hiob, die Sprüche, dazu die fünf Megillot (Buchrollen), nämlich Rut, Hohelied, Kohelet (Prediger), Klagelieder und Ester[5], und schließlich Daniel, Esra, Nehemia und die Chronik (die im Tanach* ein Buch ist).

 Literatur zum Weiterlesen
Köhlmoos: Altes Testament, 146–259
Zwickel: Einführung in die biblische Landes- und Altertumskunde

---

[5]   In der späteren Tradition sind sie den fünf jüdischen Hauptfesten zugeordnet worden. Vgl. zur Anordnung der Bücher im Tanach und der Septuaginta das Zwischenkapitel.

3. Am Anfang schuf Gott Himmel und Erde (Gen 1,1)

Wo kommen wir her? Wo ist der Anfang von allem? Hat sich alles „von selbst" entwickelt? Gab es einen Big Bang, mit dem alles angefangen hat? Aber was war davor? Alles durcheinander, chaotisch? Oder hat (ein) Gott alles genau ausgemessen und geschaffen? Zu allen Zeiten haben Menschen über den Ursprung der Welt und ihren eigenen Ursprung nachgedacht. In diesem Kapitel geht es darum,

- die Schöpfungstexte in Gen 1–3 und ihre Bedeutung für die biblische Botschaft kennenzulernen;
- die Rede von der Schöpfung und Gott als Schöpfer nachzuvollziehen;
- in diesem Zusammenhang auch das Menschenbild der Bibel zu bedenken
- und Hinweise auf die Umsetzung des Schöpfungsgedankens im Unterricht zu geben.

Es liegt auf der Hand, dass es vom Beginn der Welt keine Berichte gibt. Die „Schöpfungsberichte" sind keine Dokumentationen, sondern Vorstellungen vom Anfang. Die Menschen, die sie aufgeschrieben haben, waren davon überzeugt, dass der urzeitliche Anfang zugleich Hinweise darauf gibt, wie die eigene Gegenwart verstanden werden kann. Texte, die solche Beziehungen herstellen, nennt man Ätiologien*.

3.1 Geschichten vom Anfang

Die ersten 11 Kapitel des Buches Genesis bezeichnet man als Urgeschichte. Was hier erzählt wird, liegt aller datierbaren Geschichte voraus. Die eigentlichen Schöpfungsgeschichten stehen in Gen 1–3. Der erste Text (Gen 1,1–2,4a, im Folgenden Gen 1) erzählt von der Erschaffung der Welt in sechs Tagen und von einem anschließenden Ruhetag; die zweite (Gen 2,4b–3,24, im Folgenden Gen 2f.) ist eine Erzählung vom Menschen im Garten Eden und von der Vertreibung daraus. Wenn man die beiden Geschichten miteinander vergleicht, sind Unterschiede und sogar Widersprüche unübersehbar:

Gen 1,1–2,4a	Gen 2,4b–3,24
Der Urzustand der Welt ist chaotisch; aus einer großen Flut taucht die Erdscheibe auf und wird durch die einzelnen Schöpfungswerke nach und nach belebt.	Der Urzustand der Erde ist eine trockene Wüstengegend. Das Gegenbild ist der Garten, den Gott pflanzt.

Es geht um Welt (mit den Gestirnen), in die die Lebewesen hineingesetzt werden.	Der Mensch steht am Anfang und im Zentrum, der Garten wird um ihn herum angelegt.
Jedes Schöpfungswerk endet mit der Feststellung, dass es gut ist.	Die Dynamik der Erzählung liegt darin, dass in der Schöpfung noch etwas fehlt oder fehlgeht.
Der Mensch wird als Abschluss der Schöpfungswerke geschaffen, und zwar männlich und weiblich.	Als erstes Schöpfungswerk wird der Mensch als Mann geschaffen, erst mit deutlicher zeitlicher Trennung die Frau.
Der (männliche und weibliche) Mensch wird von Anfang an als Ebenbild Gottes bezeichnet.	Der Mensch begegnet Gott unmittelbar; strebt das „Sein wie Gott" an und übertritt dazu auch das Gebot Gottes.
Der Mensch soll über die Erde herrschen; dies wird als Segen formuliert.	Der Mensch ist von der Erde genommen, die er bebauen soll; nach der Vertreibung ist die Erde als Lebensraum beschwerlich.
Gott wird als Elohim bezeichnet; Gott schafft allein durch sein Wort.	Gott wird als Jahwe bezeichnet; er erschafft wie ein Töpfer. Er stellt ein Gebot auf und bestraft dessen Übertretung.
Klare, streng gegliederte Darstellung.	Erzählung.
Der Herrschaftsauftrag ist als Segen formuliert.	Mann und Frau übertreten Gottes Gebot und werden aus dem Garten verwiesen.

Die Unterschiede beziehen sich auf die Vorstellung von der Welt (vor und nach der Schöpfung), vom Menschen und von Gott; Die beiden Schöpfungstexte können nicht zusammen konzipiert worden sein. Es sind ursprünglich selbständige Texte, sie stammen aus verschiedenen Milieus und setzen unterschiedliche Akzente. Der erste Bericht ist durch das Tagesschema klar gegliedert.

> Gen 1,1–5 Am Anfang schuf Gott Himmel und Erde. [2] Und die Erde war wüst und leer, und es war finster auf der Tiefe; und der Geist Gottes schwebte auf dem Wasser. [3] Und Gott sprach: Es werde Licht! Und es ward Licht. [4] Und Gott sah, dass das Licht gut war. Da schied Gott das Licht von der Finsternis [5] und nannte das Licht Tag und die Finsternis Nacht. Da ward aus Abend und Morgen der erste Tag.

Am Anfang steht nicht nichts, sondern Unordnung: Nach Gen 1,2 ist die Welt „wüst und leer" (tohu wa-bohu). Die Vorstellung vom urzeitlichen Chaos, das durch Götter oder einen Gott geordnet wird, ist im Alten Orient mehrfach anzutreffen. Die Urflut (t^{e}hom V. 2) hat bedrohlichen Charakter, was sich später in der großen Flut Gen 6–9 zeigt; aber Gott setzt dem Wasser eine Grenze (vgl. Hi 38,8–11; Ps 104,6f.). Im Anschluss werden sechs Schöpfungstage beschrieben, an denen Licht (1,3–5), Himmel (1,6–8), Land und Meer sowie Pflanzen (1,9–13), Sonne, Mond und Sterne (1,14–19), Vögel und Wassertiere (1,20–23) und schließlich Landtiere und Menschen (1,24–31) geschaffen werden. Das ursprüngliche Chaos muss nach und nach einer lebensdienlichen Ordnung weichen. Die Bewertungen „und Gott sah, dass es gut war" laufen auf die Bestätigung V. 31 hinaus: „Und siehe, es war sehr gut."

Die einzelnen Tage sind gleich aufgebaut: Auf eine Spruchformel („und Gott sprach"), ein Wort Gottes („es werde") und das Konstatieren des Vollzugs („und es geschah so") folgen eine Handlung/Benennung („Gott machte bzw. nannte"), eine Bewertung („dass es gut war") und die Tageformel („aus Abend und Morgen der … Tag"). Abweichungen von diesem Schema finden sich besonders in V. 22 und 28. In V. 22 werden die (Wasser-)Tiere und Vögel gesegnet, in V. 28 die Menschen. Sie sollen fruchtbar sein und ihren Lebensraum füllen; die Menschen sollen zudem über die Tiere und die ganze Erde herrschen. Dass dieser Herrschaftsauftrag als Segen formuliert wird, zeigt, dass nicht an schrankenlose Herrschaft gedacht ist, sondern an ein segensreiches Wirken der Menschen als Statthalter Gottes.

Der siebte Tag trägt besonderes Gewicht (2,2f.): An ihm ruht Gott von all seinen Werken. Das wird in zwei fast gleich lautenden Sätzen hervorgehoben; dazwischen findet sich ein Segen des Ruhetags selbst: „Und Gott segnete den siebten Tag und heiligte ihn." Die Schöpfung ist erst vollständig mit diesem Tag. Das Substantiv Sabbat findet sich im hebräischen Text nicht, wohl aber das ähnlich klingende Verb *šabat*, das „aufhören" bedeutet. So wird eine Beziehung zum Sabbat angedeutet. Überhaupt tritt der Aspekt der Zeit hervor: Am Anfang, sieben Tage, Abend und Morgen – die Zeit und ihre Rhythmisierung ist ein wesentliches Element des ersten Schöpfungsberichts.

Der zweite Schöpfungstext (Gen 2f.) *erzählt* von den Anfängen.

> **Gen 2,7–9** Da machte Gott der HERR den Menschen aus Erde vom Acker und blies ihm den Odem des Lebens in seine Nase. Und so ward der Mensch ein lebendiges Wesen. [8] Und Gott der HERR pflanzte einen Garten in Eden gegen Osten hin und setzte den Menschen hinein, den er gemacht hatte. [9] Und Gott der HERR ließ aufwachsen aus der Erde allerlei Bäume, verlockend anzusehen und gut zu essen, und den Baum des Lebens mitten im Garten und den Baum der Erkenntnis des Guten und Bösen.

Bereits der Urzustand wird anders gedacht als in Gen 1. Hier ist nicht von einer Urflut die Rede, sondern von trockenem Land. Zuerst wird aus Erde der Mensch gemacht. Im Hebräischen liegt ein Wortspiel vor: Der Mensch (*adam*, kein Name, sondern Gattungsbezeichnung) ist von der Erde (*adama*) genommen, er ist ein „Erdling". Er wird in den Garten hineingesetzt, der ihm als Lebensraum dient und den er nach 2,15 bebauen und bewahren soll.[1] Danach erschafft Gott die (Land-)Tiere, denen der Mensch die Namen zuweist. Da sie kein wirkliches Gegenüber sind, wird – erst jetzt – die Frau geschaffen (*ischa* – Männin, vom *isch* – dem Mann genommen). Die Gefährtin wird von ihm willkommen geheißen (V. 23). V. 24 folgert daraus die Zusammengehörigkeit von Mann und Frau, und

---

[1] Hier liegt ein Einspruch gegen den babylonischen Schöpfungsmythos Enuma eliš* vor, in dem die Menschen die Aufgabe haben den Göttern zu dienen. Der Text ist in Keilschrift auf Tontafeln erhalten, die Mitte des 19. Jh. in Ninive ausgegraben wurden.

so wird deutlich, dass die Erzählung diese allgemein menschliche Erfahrung
begründet (Ätiologie*).

Nun greift die Erzählung auf das Motiv der beiden Bäume zurück (2,9), von
denen in 3,1ff. zunächst nur der Baum der Erkenntnis aufgenommen wird. Die
folgende Szene wird meist als „Sündenfall" bezeichnet. Der Begriff Sünde kommt
aber noch nicht vor. Die Menschen verstecken sich nicht vor Gott, weil sie gegen
sein Gebot verstoßen haben, sondern weil sie erkennen, dass sie nackt sind. Es ist
diese neue Erkenntnis, die die Menschen von Gott entfernt. Sie erkennen sich
gegenseitig in ihrer Körperlichkeit, gewinnen die Fähigkeit zur Unterscheidung
von Gut und Böse und merken, dass sie zum Bösen fähig sind. Diese Erkenntnis
bringt ihnen einen Zuwachs an Leben, aber auch Verantwortung und die Möglichkeit des Scheiterns. Sünde im moralischen Sinn ist nicht im Blick. Die my-
thologischen Motive der Erzählung (z. B. Gott als Töpfer; die Schlange kann
sprechen; das Essen einer Frucht bewirkt Erkenntnis) zeigen, dass es nicht um
datierbare Geschichte geht, sondern um eine alle Menschen betreffende Zeit, in
der das Wesen des Menschen zutage tritt.

Mit ihrem Streben nach und dem Gewinn von Erkenntnis können die Menschen
nicht in dem Garten bleiben, den Gott für sie gepflanzt hat. 3,22 begründet dies
mit der Befürchtung Gottes, dass die Menschen auch noch vom Baum des Lebens essen und unsterblich werden könnten. Diese Erklärung ist nachgetragen.
Die „paradiesische" Existenz ist bereits mit der Erkenntnis von Gut und Böse
aufgehoben. Zwar sorgt Gott auch weiterhin für die Menschen (V. 21), aber die
unmittelbare Nähe Gottes ist ihnen nun verschlossen.

3.2 Kontexte

Die beiden Texte stehen nicht für sich. Die sogenannte Toledot-Formel (*toledot* –
„dies ist die *Abfolge* der Himmel und der Erde") schließt in Gen 2,4 den ersten
Schöpfungstext ab; sie findet sich auch in 5,1ff. (Genealogie von Adam bis
Noah), 6,9f. (Genealogie Noahs) und 10,1ff. (Söhne Noahs); ab 11,10 wird das
Geschlecht Sems beschrieben, das auf Abraham hinausläuft, von dem ab Gen 12
die Rede ist. Diese Texte gehören offenbar zusammen. Auch die zweite Schöpfungserzählung hat eine Fortsetzung: An die Vertreibung aus dem Garten schließen sich in Gen 4 der Bruderkonflikt zwischen Kain und Abel, eigene Akzente
der Flutgeschichte in Kapitel 6–9 und die Erzählung vom Turmbau in Kapitel 11
an. Auch von Gott ist auf verschiedene Weise die Rede: In Gen 1 und den daran
anschließenden Texten ist von Elohim die Rede, in Gen 2 und den dazu gehören-
den Abschnitten von Jahwe. Die beiden Schöpfungsberichte mit ihren Fortset-
zungen bilden jeweils einen Textzusammenhang, sind aber in Gen 1–11 ineinander gearbeitet.

Die klare Sprache und Struktur in Gen 1–2,4a sind Elemente der Priesterschrift*.

Sie ist in Priesterkreisen entstanden und hat großes Interesse am Kult und am Tempel, lässt (wie in Gen 1) einen monotheistischen Grundzug erkennen und propagiert den Sabbat als Feiertag. Dies verweist auf die babylonische Zeit[2], in der die Auseinandersetzung mit den religiösen Vorstellungen Babylons besondere Relevanz bekommt. Das Alter der Überlieferungen in Gen 2f. ist schwerer zu bestimmen. Die Verknüpfung verschiedener Aspekte im Gottesbild (Schöpfergott, strafender und zugleich fürsorglicher Gott, der sein Handeln angesichts der menschlichen Bosheit selbst einschränkt), im Menschenbild (Aussagen zum Wesen des Menschen und zu seinen Verfehlungen) und die Verknüpfung beider Linien in der von Gott gewährten Beständigkeit der Lebensordnungen verweisen auf ein theologisches Nachdenken, das eher in die Zeit der Propheten gehört.

Die beiden Texttraditionen verweisen nicht nur aufeinander, sondern auch auf die folgende, mit Abraham einsetzende Geschichte und die Zeit ihrer Verfasser. Sie schreiben ihre eigenen Erfahrungen in den Anfang ein. Vor diesem Hintergrund wird auch die Vorstellung von Gott entfaltet. Sie stammt nicht aus den Anfängen Israels. Gott als Schöpfer der ganzen Welt und aller Menschen rückt erst relativ spät in der Glaubensgeschichte Israels in den Vordergrund. Der Schöpfer aller Welt steht zwar am Anfang der erzählten Geschichte Gottes mit der Welt und den Menschen, literaturgeschichtlich steht er aber nicht am Anfang, sondern wird im Nachhinein, bei der Redaktion der Mosebücher, programmatisch an den Anfang gestellt.

3.3 Gott als Schöpfer

In biblischer Perspektive kann die Welt ohne Gott nicht gedacht werden; indem sie ist, ist sie geschaffen. Gottes Schöpfungshandeln zeigt sich in den Verben, die in Gen 1 verwendet werden: Gott „scheidet" das Licht von der Finsternis (1,4), das Wasser über und unter der Feste (1,7) sowie Wasser und Land unter dem Himmel (1,9); im Hintergrund stehen Vorstellungen aus der Umwelt, in denen die Welt durch eine „Scheidung" von Himmel und Erde entsteht.[3] Gott „benennt", d.h. er gibt dem, was als Lebenswelt für die Tiere und Menschen vorhanden ist, Namen (1,5.8.10); auch hier bedient sich der Text der Vorstellungen aus der Umwelt. Gott „bringt hervor", bzw. begabt die Erde mit Kraft, um Gras und Kraut, Bäume und Früchte hervorzubringen (1,11); er legt kreatürliche Kraft in seine Geschöpfe hinein.

Gott „macht" (asah) und „schafft" (bara) – und zwar das Firmament, die Gestirne, die Tiere und Menschen. bara kommt im biblischen Hebräisch nur mit Gott als Subjekt vor; das Verb betont die Andersartigkeit seines Schaffens im

---

[2]   Vgl. unten, 97–99.
[3]   Vgl. Staubli, Begleiter, 143.

Gegenüber zum menschlichen Tun. In einem Text aus der Exilszeit, Jes 40–45, wird mit Hilfe von *bara* bzw. dem Partizip (*bore*) ein interessanter Zusammenhang hergestellt (40,28; 42,5; 45,7f.18): So wie Gott am Anfang die Chaosmächte begrenzte und Ordnung schuf, so wird er auch dem „Chaos" des babylonischen Exils eine Grenze setzen und eine neue Ordnung schaffen.

Gott „segnet", er gibt den Tieren und Menschen die schöpferische Kraft der Fortpflanzung. Dass die Menschen als Stellvertreter Gottes herrschen sollen, ist nur im Zusammenspiel mit Gott denkbar. Nach Gen 2,7 formt Gott den Menschen und bläst ihm Lebenshauch in die Nase. Darin ist eine ältere Vorstellung von Gott als Töpfer zu erkennen, der den Menschen formt und ihm dann Leben einhaucht. In Gen 1 schafft er dagegen durch sein Wort.

Gott wird in Gen 1 *Elohim* genannt. Das Wort ist eine Pluralbildung von *El* (Gott). Elohim kann dementsprechend auch „der Gott" oder „Götter" bedeuten. El ist nicht nur der Gott Israels, sondern wird auch im kanaanäischen Umfeld verehrt; dort bezeichnet El den höchsten Gott. Israel hat diesen Gottesnamen aus seiner Umwelt übernommen. Die Bezeichnung El spielt im Glauben Israels eine besondere Rolle, wie z. B. die Namen Immanu-el (Jes 7,14; 8,8) und Isra-el (*El* streitet) zeigen. Mit El ist die Vorstellung der Weltschöpfung verbunden, wie Gen 14,19 noch erkennen lässt (*El-áljon*, der sehr mächtige Gott).[4]

Gen 1 spiegelt aber nicht die Zeit der Erzeltern oder der Einwanderung in das kanaanäische Kulturland, sondern die Zeit im und nach dem Exil wider: *Elohim* ist in Gen 1 der eine Gott, er ist der Herr über Himmel und Erde und sonst keiner – und dies muss nicht mehr begründet werden: Gott hat Himmel und Erde und alle Menschen geschaffen, nicht nur Israel. Die Schöpfungserzählung in Gen 1 setzt die Entwicklung hin zum Monotheismus* bereits voraus.

In Gen 2–3 ist von Gott als Jahwe die Rede.[5] Ursprünglich war dies der Gott einer Gruppe, die – aus Ägypten kommend – in Kanaan* eingewandert ist und dort sesshaft wurde. Nach und nach wurden Aufgaben und Wesenszüge anderer Götter (vor allem von El und Baal*) auf ihn übertragen und Jahwe wurde zum Gott ganz Israels. Dementsprechend ist in Gen 2f. von *Jahwe Elohim* die Rede. Es handelt sich um die Zusammenführung zweier Gottesbezeichnungen: Elohim und Jahwe sind ein und derselbe, einzige Gott. Diese Identifizierung ist nicht bruchlos verlaufen. Nach Gen 4,25 fing man zur Zeit der Enkel Adams an „den Namen des HERRN" anzurufen[6]. Obwohl in den Erzelterngeschichten vielfach von Jahwe die Rede ist, hat sich Gott (Elohim) nach Ex 6,2f. dem Abraham noch nicht mit seinem Namen Jahwe offenbart. Hier sind offensichtlich Unausgewogenheiten in den zugrunde liegenden Quellen vorhanden. Die frühe Erwähnung Jahwes in Gen 4 ist erst erklärlich in einer Zeit, in der Jahwe zum Gott ganz Is-

---

4   Vgl. zu El auch unten, 35f.
5   Vgl. den Exkurs zu Jahwe, 43–45.
6   In der Lutherbibel steht HERR für Jahwe; vgl. dazu unten, 43.

raels geworden ist. Dann aber ist klar: Jahwe ist der Schöpfer, Himmel und Erde hat er geschaffen mit allem, was darin ist.

Schöpfungstexte gibt es auch an anderen Stellen des AT. Häufig sprechen kurze Formeln das Schöpfungshandeln Gottes an: Jahwe hat Himmel und Erde geschaffen (Gen 14,19.22; Ps 89,13; 148,5; Jer 10,16). Psalmen singen das Lob der Schöpfung und des Schöpfers. Ps 8,4f. fragt erstaunt: „Wenn ich sehe den Himmel, deiner Finger Werk, den Mond und die Sterne, die du bereitet hast – was ist der Mensch, dass du seiner gedenkst, und des Menschen Kind, dass du dich seiner annimmst?" In Ps 104 sind die Schöpfung, ihre gute Ordnung, aber auch ihre Bedrohungen eingebettet in ein Lob der Herrlichkeit Gottes: *Hallelu-ja* – lobt Jahwe. Auch Ps 33,6–9 besingt die Treue und Zuverlässigkeit Gottes, durch dessen Wort alles gemacht ist. Ps 121 erwartet Hilfe „von dem Herrn, der Himmel und Erde gemacht hat."

Deuterojesaja* begründet nach dem Untergang des Königtums seine Heilsprophetie mit einem Rückgriff auf die Schöpfung (Jes 40,12ff.; 43,1 u. ö.). In Hi 38–40 bezeugt die Schöpfung Gottes Macht und Recht gegenüber der Ohnmacht und dem Unrecht der Menschen. Pred 3,11 hält an Gottes schöpferischer Macht fest, auch wenn der Mensch sie nicht ergründen kann. Viele Schöpfungstexte weisen demnach in die exilische und nachexilische Zeit: Mit der Erfahrung der Zerstörung Jerusalems gewinnt der Rückgriff auf die gute Schöpfung und die Erwählung des Volkes ganz neue Bedeutung, die zugleich Zukunft eröffnet. Wenn die Schöpfung gut ist (Gen 1) und das Unheil in der Welt nicht Gottes Schöpfung entspricht, kann daraus in der Prophetie der Exilzeit die Hoffnung auf eine Welt ohne Leid und Gefahr für Mensch und Tier entstehen; gewissermaßen eine Rückkehr zum Ursprung (Jes 11,6–8; 65,17).

Das NT nimmt die Schöpfungsaussagen des AT weitgehend auf. Eine eigenständige Kosmologie kennt das NT ebenso wenig wie das AT. Über die Welt und den Menschen in ihr wird nachgedacht, weil und insofern Welt und Mensch in einem Verhältnis zu Gott stehen. An einigen Stellen ist das Schöpfungshandeln Gottes ausdrücklich thematisiert (Mk 6,25–34; 10,6–8; Apg 14,15–17; 17,22–30 u. ö.), Gott wird auch vielfach in formelhaften Wendungen als Schöpfer bezeichnet (z. B. 1Petr 4,19; Röm 1,25; Eph 3,9; Kol 3,10). Er hat Himmel und Erde geschaffen und alles, was darinnen ist (Apg 4,24; 14,15; Hebr 1,10; Offb 10,6; 4,11b; 14,17). Aus Gott, durch ihn und auf ihn hin sind alle Dinge erschaffen (Röm 11,36). Hierin liegt eine Spitze gegenüber polytheistischen Anschauungen der Umwelt (Apg 14,15).

In Röm 4,17 ist – singulär im NT – von einer Schöpfung aus dem Nichts die Rede. Dieser Gedanke greift auf at.liche Aussagen zurück (vor allem Gen 1), interpretiert sie aber vor dem Hintergrund der griechischen Unterscheidung von Seiendem und Nichtseiendem die bereits in 2Makk 7,28 begegnet („Schau an den Himmel und die Erde ..., um zu erkennen, dass Gott sie nicht aus Seiendem erschaffen hat"). Die Vorstellung vom Schöpferhandeln Gottes aus dem Nichts ist in frühchristlicher Zeit von

Bedeutung, weil damit auch der Gedanke einer Neuschöpfung aus dem Tod begründet werden kann.

Daneben gibt es im NT einige Veränderungen in der Vorstellung von Gott als Schöpfer, die mit Christus zu tun haben. Eine wichtige Neuakzentuierung liegt vor, wenn von der Beteiligung Christi an der Schöpfung die Rede ist (Joh 1,3.10; 1Kor 8,6b; Kol 1,15–17; Hebr 1,2; Petr 1,20; Offb 3,14). Voraussetzung ist dabei, das Christus bereits vor seiner irdischen Existenz bei Gott war (Präexistenzchristologie*). Hier wird der Schöpfungsgedanke christologisch zugespitzt. Christus steht aber nicht nur am Anfang der Schöpfung, sie hat in ihm Bestand und zielt auf ihn hin (Kol 1,15–20). Wer sich an Christus orientiert, hat an der durch Christus neu gewordenen Schöpfung bereits Anteil (2Kor 5,17; vgl. Mk 7,37), zwar noch nicht endgültig, aber doch im Vorgriff.

3.4 Exkurs: Was ist der Mensch?

Der Aussage von Gott als Schöpfer korrespondiert diejenige vom Menschen als Geschöpf. Die Frage „Was ist der Mensch?" lässt sich nur beantworten, wenn seine Beziehung zu Gott berücksichtigt wird. Ps 8 zeigt diesen Zusammenhang in typischer Weise an. Eine „Lehre vom Menschen" sucht man in der Bibel vergebens, aber grundlegende Erfahrungen menschlicher Existenz sind oft angesprochen. Der Mensch muss essen, schlafen, wohnen, arbeiten. Er lebt in der Welt und hat die Aufgabe, sie zu gestalten. Diese Aufgabe kommt ihm als demjenigen zu, der „wenig niedriger ist als Gott", wie Ps 8,5f. erstaunt festhält. Gen 1,26–28 bringt dies mit der Vorstellung von der Ebenbildlichkeit zum Ausdruck.

> Gen 1,26–28: Und Gott sprach: Lasset uns Menschen machen, ein Bild, das uns gleich sei, die da herrschen über die Fische im Meer und über die Vögel unter dem Himmel und über das Vieh und über alle Tiere des Feldes und über alles Gewürm, das auf Erden kriecht. 27 Und Gott schuf den Menschen zu seinem Bilde, zum Bilde Gottes schuf er ihn; und schuf sie als Mann und Weib. 28 Und Gott segnete sie und sprach zu ihnen: Seid fruchtbar und mehret euch und füllet die Erde und machet sie euch untertan und herrschet über die Fische im Meer und über die Vögel unter dem Himmel und über das Vieh und über alles Getier, das auf Erden kriecht.

Diese Verse haben das Nachdenken über den Menschen immer wieder angeregt. Verschiedene Aspekte lassen sich erkennen. Geschaffen ist der Mensch „in unserem Bilde nach unserer Ähnlichkeit." Die hebräischen Begriffe zelem und d^emut (V. 27) rücken den Menschen nah an Gott heran, ohne aber die Grenze zu verwischen. Der Mensch ist „männlich und weiblich" erschaffen (1,27). Die Spannung zwischen dem Gattungsbegriff adam und der Näherbestimmung als Mann und Frau im Plural zeigt, dass erst in Beziehung zum Ausdruck kommt, was Menschsein heißt. Zur Gottebenbildlichkeit gehört auch der Auftrag über Erde und Tiere zu herrschen. Er hebt die Menschen aus allen Geschöpfen heraus, qualifiziert sie aber nicht als „Krone der Schöpfung". Die ganze Schöpfung verdankt sich Gott in gleicher Weise. Der Herrschaftsauftrag gilt dem Menschen als Wesen, das auf Gott bezogen ist. Dass Gott die Menschen mit denselben Worten *beauftragt* und *segnet*, zeigt die positive Wertung des Auftrags. Die Herrschaft bringt Verantwortung mit sich und die Freiheit, sich ihr zu entziehen. Der Mensch kann die Freiheit missbrauchen und ausnutzen; dies schlägt sich in den biblischen Erzählungen an vielen Stellen nieder.

Was Gen 1,26–28 andeutet, formuliert das AT in verschiedenen Richtungen aus. Deshalb gibt es im AT unterschiedliche Vorstellungen vom Menschen. Sie stimmen jedoch darin überein, dass Hoheit *und* Niedrigkeit den Menschen auszeichnen. Er ist endlich, und in dieser Endlichkeit anfällig für Versuchungen aller Art; aus seiner Hoheit folgt die Verantwortung gegenüber anderen Menschen und gegenüber Gott. Als Beziehungswesen ist der Mensch nicht nur auf Gott hin orientiert, sondern steht auch in vielfältigen Relationen zu den Mitmenschen. Grundlegend für die nt.liche Rede vom Menschen ist ihr Bezug zu Jesus Christus. Bei Paulus wird der Mensch innerhalb von Beziehungen betrachtet, die seine Existenz bestimmen. Zwar ist Gott Herr über alle Mächte und seine Macht wird sich am Ende der Zeit durchsetzen. Aber bis dahin ist auch die Sünde in der Welt wirksam und zieht die Menschen in ihren Wirkungskreis (Röm 5,12). Sich davon zu befreien gelingt aus eigener Kraft nicht. Das zeigt sich nicht zuletzt dann, wenn der Mensch versucht, über eigene Werke vor Gott gerecht zu leben. Solange er auf sie vertraut, bleibt er auf sich selbst angewiesen und kann damit nur scheitern (Röm 7,14ff.). Freiheit von Sünde und Schuld erreicht der Mensch nicht aus eigenem Vermögen, sondern dadurch, dass er sich einer befreienden Macht überlässt (Röm 6,12–14), nämlich Gott selbst, der den Menschen in Christus entgegen kommt. Deshalb muss man auf Jesus Christus sehen, wenn man verstehen will, was Menschsein bedeutet. Von seiner irdischen Geschichte (so vor allem in den Evangelien), seinem Tod und seiner Auferstehung her (so vor allem bei Paulus) kommt das Menschsein in den Blick, bis in das konkrete Handeln hinein (Phil 2,5–11).

Der Kolosserbrief greift diese Erkenntnis auf und spricht von Christus als Ebenbild des unsichtbaren Gottes (Kol 1,15–20). Die Bildmetapher hilft zum Begreifen Christi; an ihm kann man sehen, wie Gott ist. Und sie hilft zum Verstehen des Menschen, der dem Bild Christi gleichgestaltet werden wird. Die Frage „Was ist der Mensch?" ist nach nt.licher Auffassung deshalb im Rückblick, im Blick auf die Gegenwart und im Ausblick auf die Zukunft nur in der Orientierung an Jesus Christus zu beantworten.

3.5 Anregungen für den Unterricht

1) Die Rede von der Schöpfung wird oft auf Weltentstehungstheorien beschränkt. „Schöpfung" bezeichnet darüber hinaus aber ein bestimmtes Verständnis von Wirklichkeit. Der Vergleich eines einfachen naturwissenschaftlichen Textes zu Weltentstehung und Gen 1 macht dies deutlich. Die Aussage
„und siehe, es war sehr gut" wird man in einem naturwissenschaftlichen Text
vergeblich suchen. Ein solcher Text versucht den Anfang des Universums zu
beschreiben. Die biblischen Texte schreiben dem Anfang dagegen eine Bedeutung zu, die sich auf die Gegenwart auswirkt: Die ganze Welt verdankt sich dem
Handeln Gottes, zu dem der Mensch in Beziehung steht.

2) Mit Hilfe zweier Bilder können die biblischen Aussagen zu Gott als Schöpfer
mit heutigen Fragestellungen verknüpft werden. Die Umsetzung eines Textes in
eine „word cloud" lässt wesentliche Textelemente hervortreten. Worte werden
dabei ihrer Häufigkeit entsprechend hervorgehoben. Hilft die hier abgebildete
„word cloud" beim Verstehen des Textes (hier Gen 1,1–19)? Welche Aspekte des
Textes sind mit dieser Anordnung angesprochen (z. B. anfängliches Chaos;
Schöpfung als Ordnung)?

Was bedeutet es, dass Gott das häufigste Wort in diesem Textabschnitt ist? Was
könnte man bei einer eigenen Textcollage hervorheben?

3) Die mittelalterlichen Gelehrten sehen die Wissenschaften, darunter besonders
Geometrie und Astronomie, als von Gott geschaffen. Dies ist in dem Bild „Gott
als Baumeister" (Frontispiz der „Bible moralisée", um 1250, Frankreich, heute in
der Nationalbibliothek Wien) zu erkennen: Gott hat die Welt nach geometri-
schen Prinzipien geschaffen. Sie zu erforschen steht für die mittelalterlichen

Gelehrten deshalb nicht in Gegensatz zum Schöpfungsglauben, sondern dient der Ehre Gottes. Wie stellt sich dieses Verhältnis heute dar? Welche Konsequenzen hat die Erkenntnis, dass die Schöpfungserzählungen der Bibel a) die Entstehung der Welt nicht erklären, sondern deuten, und b) anhand der Schöpfung Aussagen über ihre eigene Zeit machen? Hilft der Kreationismus in diesem Zusammenhang oder verstellt er eher einen perspektivischen Zugang?

Literatur zum Weiterlesen
Löning/Zenger: Als Anfang schuf Gott.
Schmid, Konrad (Hg.): Schöpfung
Themenheft Schöpfung, entwurf 4/2008
EKD (Hg.), Weltentstehung, Evolutionstheorie und Schöpfungsglaube

4. Der Gott Abrahams, Isaaks und Jakobs (Ex 3,6)

> An Gottes Segen ist alles gelegen: Bei Taufe, Konfirmation, Hochzeit und Begräbnis erbitten Menschen den Segen Gottes – und nicht zuletzt in jedem Gottesdienst. „Segen" und „segnen" sind auch Leitworte im AT. Von Abraham an sind Verheißung und Segen Gottes Grundmotive in der Geschichte Israels. Die Frage, die dahinter steht, lautet: Wie kann man Gott erfahren in der Unübersichtlichkeit des Lebens? Josef formuliert in Gen 50,20 im Rückblick die Einsicht: „Gott gedachte es gut zu machen." Insgesamt erkennen die Erzählungen von den Erzeltern in der Rückschau die Begleitung und den Segen ihres Gottes. Vor diesem Hintergrund werden in diesem Kapitel
> – die Geschichte der Erzeltern Israels vorgestellt;
> – Verheißung und Segen Gottes sowie die Bundesvorstellung entfaltet;
> – die Rede vom Gott Abrahams, Isaaks und Jakobs erläutert
> – und der Segen als religionspädagogische Lernchance benannt.

Die Erzählungen in Gen 12–50 spielen in einer Zeit (ca. 16.–13. Jahrundert), in der das Volk Israel noch nicht existierte. Überlieferungen wurden mündlich weitergegeben. Erst sehr viel später wurden sie aufgeschrieben und zusammengestellt. Die Autoren haben dabei auch Erkenntnisse und Vorstellungen aus ihrer eigenen Zeit in die Vorzeit Israels zurück verlegt. Zentrale Motive der Erzählungen sind die Verheißungen und der Segen Gottes.

4.1 Das Land, das ich dir zeigen will

Der große Textzusammenhang der Erzeltern Abraham und Sara (Gen 12–25), Isaak und Rebekka (25–27) sowie Jakob, Lea, Rahel und ihren Söhnen (28–50) setzt mit dem Auftrag Gottes an Abram ein:

> Gen 12,1–9 Und der HERR sprach zu Abram: Geh aus deinem Vaterland und von deiner Verwandtschaft und aus deines Vaters Hause in ein Land, das ich dir zeigen will. ² Und ich will dich zum großen Volk machen und will dich segnen und dir einen großen Namen machen, und du sollst ein Segen sein. 3 Ich will segnen, die dich segnen, und verfluchen, die dich verfluchen; und in dir sollen gesegnet werden alle Geschlechter auf Erden. ⁴ Da zog Abram aus, wie der HERR zu ihm gesagt hatte.

Abram[1] soll Vaterland, Sippe und Familie verlassen, und bekommt im Gegenzug

---

[1] Abram bedeutet „der Vater ist erhaben" (vgl. Num 16,1ff.; 1Kön 16,34).

ein Land verheißen, eine große Nachkommenschaft und Segen.[2] Diese Verheißungen Gottes sind das Grundmotiv, das sich durch das ganze Buch Genesis hindurchzieht (12,7; 13,1–18; 15f.; 17f.; 20–22 u. ö.). Die für die Zahl der Nachkommen verwendeten Bilder vom Staub (13,16), den Sternen (15,5) und dem Sand am Meer (22,17) unterstreichen die Verheißungen. In der wiederholten Zusage der Begleitung Gottes haben die einzelnen Episoden ihren Grundton.

Von Anfang an gibt es an den Zusagen Gottes aber auch Zweifel, denn Sarai ist unfruchtbar (11,30) und sie und Abram sind alt (12,4). Auch dieses Motiv findet sich mehrfach: In 15,3f. geht Abram davon aus, dass er keinen Sohn mehr haben wird; in 16 versuchen Sarai und er das Problem mit Hilfe einer Leihmutter zu lösen[3]; in 18 kann Sarai angesichts der Kindesverheißung ihres Gastes nur lachen. Mehrfach kommt es wegen der Unfruchtbarkeit zu Konflikten (zwischen Sarai und Hagar (17), zwischen Rahel und Lea (30; vgl. 25,21; 29,31; 30,1). Betont wird damit, dass sich die Mehrung der Sippe Abrahams und seiner Nachkommen nur Gottes Zusage und Eingreifen verdankt.

Auf der anderen Seite wird das Vertrauen Abrahams hervorgehoben. Er macht sich mit seinen Verwandten widerspruchslos auf den Weg nach Kanaan (12,4). In 15,6f. vertraut er trotz seiner Fragen auf die Zusage Gottes: „Abram glaubte dem HERRN, und das rechnete er ihm zur Gerechtigkeit."[4] Mit dem hebräischen Wort *aman* (glauben) ist das bekräftigende Vertrauen angesprochen.[5] In Gen 17 erscheint Gott dem Abram erneut. Er schließt einen Bund* mit ihm und bekräftigt die Verheißung von Nachkommenschaft: „Du sollst ein Vater vieler Völker werden" (17,4). Dem entspricht die Umbenennung in Abraham (17,5)[6], die eine neue Verhältnisbestimmung darstellt: Es geht nicht nur um persönliche Nachkommenschaft, sondern Abraham wird zum Stammvater vieler Völker; der Bund* soll ewig gelten und seinen Nachkommen soll das Land, in dem Abraham selbst noch fremd ist, zum ewigen Besitz gegeben werden (17,8). Dieser Bund* wird mit dem Beschneidungszeichen versehen (17,23–27).

Abrahams Vertrauen auf Gott geht sogar noch weiter. Obwohl die Forderung, Isaak zu opfern (22,2), in sich widersinnig ist, folgt Abraham diesem Auftrag, der sowohl die Souveränität Gottes unterstreicht als auch den Gehorsam Abrahams. Die Erzählung macht „das Handeln Gottes in reichlich ambivalenter Weise sichtbar und schärft ein: Diese Geschichte folgt keinem bloß biologischen Me-

---

[2]   Galt der Schöpfungssegen allen Menschen und wurde von Generation zu Generation weitergegeben, wird er nun Abraham persönlich zugesprochen (vgl. Hiecke, Abraham).

[3]   Auch Hagars Sohn Ismael erhält Segen und Nachkommen (Gen 16,10; 21,13.18; 25,12–18), die für Israel bedeutsame Linie wird aber über Isaak weitergeführt.

[4]   Dieser Vers spielt in Röm 4 als Schriftbeleg für die Rechtfertigung Abrahams aus Glauben eine wichtige Rolle.

[5]   Vgl. unten, 109–112.

[6]   Abram und Abraham sind möglicherweise Dialektvarianten; der Wechsel wird in 17,5 aber theologisch als Bestätigung der Verheißung Gottes gedeutet. In 17,15f. wird Sarai in Sara umbenannt, vgl. die Namensänderung von Jakob in Israel, Gen 32,29; 35,10.

chanismus, sie kann an jeder Stelle die Freiheit Gottes sichtbar machen."[7] Am
Ende greift Gott ein, verhindert die Tötung des Kindes und erneuert den Segen,
den er auf Abraham gelegt hat (17,17f.). Wenn Gott in Gen 26,5 Abraham als
den bezeichnet, der „meiner Stimme gehorsam gewesen ist und gehalten hat
meine Rechte, meine Gebote, meine Weisungen und mein Gesetz", so wird das
Halten der Tora im Rückblick schon von Abraham ausgesagt (vgl. 18,19). Die
spätere jüdische Auslegung hebt dies besonders hervor.[8]
Als Sara in Hebron stirbt, erwirbt Abraham ein Grundstück bei Machpela, um
sie dort zu begraben (23). Damit verfügt er über ein rechtmäßig erworbenes
Stück Land in Kanaan. Am Ende des Buches (50,13) wird darauf zurückgegriffen:
Abrahams Enkel Jakob wird auf diesem Grundstück bestattet.

4.2 Kontexte

Die Erzählungen in Gen 12–25 sind erheblich jünger als die Personen und Ereignisse, von denen sie berichten: Abraham durchzieht Kanaan und baut Altäre für
Jahwe; damit wird die spätere Jahwe-Verehrung des Volkes Israel schon in der
Vorzeit Israels verankert. Mit der Bemerkung, dass Abraham „zwischen Bethel
und Ai" siedelt (Gen 12,8; 13,1), ist ungefähr die Grenze zwischen dem späteren
Nord- und Südreich bezeichnet; dort ruft er den Namen Jahwes an (13,3f.) und
beschaut „alles Land nach Norden, nach Süden, nach Osten und Westen"; hier
sind die späteren Grenzen der beiden Reiche im Blick; nach Gen 17,8 ist Abraham und seinen Nachkommen „das ganze Land Kanaan*" verheißen, in Gen
15,18 reicht das Land vom „Land am Strom Ägyptens bis zum großen Strom,
dem Eufrat". Die genannten Grenzen überschreiten das spätere Siedlungsgebiet
der Stämme Israels bei weitem und beziehen sich wohl auf das Reich Davids (vgl.
2Sam 8,3–10; 10,15–18). Hinter diesen Angaben stehen spätere Autoren, die
Vorstellungen einer späteren Zeit in die Vorgeschichte des Volkes eintragen.
Diese und ähnliche Beobachtungen zeigen, dass es in der Abrahamgeschichte
nicht um historische Genauigkeit geht, sondern um die theologische Aussage der
Verlässlichkeit von Gottes Verheißungen, die sich im Rückblick erweist. Alle in
den Abrahamerzählungen genannten Orte spielen in der späteren Geschichte
Israels eine Rolle. Indem sie mit Abraham in Verbindung gebracht werden, wer-
den sie als genuine Orte der Gottesverehrung Israels dargestellt. Auffällig ist die
Konzentration auf die Gegend um Hebron. Sie spricht dafür, dass die Redaktion
dieser Erzählungen erst stattfand, als das Nordreich Israel nicht mehr existierte
und Abraham als Gründungsgestalt Judas* verstanden wurde. Als literarischer
Kern sind die Südreichtraditionen von Abraham und Lot in Gen 18f. zu werten,

---

[7] Maurer, Abraham, 10.
[8] Vgl. im Babylonischen Talmud Qiddushin 4,14; Yoma 28,b.

an die sich die jüngeren Erzählungen von Gen 12f. anlagern. Nach dem babylonischen Exil (586–539) bekommt die Hoffnung darauf, dass Gottes Verheißung trotz des Niedergangs gilt, eine besondere Kraft. In dieser Zeit wird die Erzählung von Abraham, der als Fremder nach Kanaan kommt, mit mehreren Ergänzungen und Überarbeitungen weitergeschrieben.[9] Nun wird das Vertrauen Abrahams zum Vorbild für den eigenen Umgang mit der Fremdlingschaft im Land (Hes 33,24; Jes 51,1f.).

> Inwieweit die Erzählungen von Abraham Erinnerungen an eine geschichtliche Person aufbewahren, ist umstritten; dasselbe gilt für Isaak und Jakob. Das Fehlen außerbiblischer Dokumente, die Verknüpfung unterschiedlicher Traditionen in den Erzelterngeschichten und der große zeitliche Abstand zwischen den erzählten Ereignissen und ihrer redaktionellen Endgestalt lassen keine genauen Aussagen zu Abraham oder eine Datierung zu. Historisch plausibel erscheint dagegen die Beschreibung der nomadischen Lebensweise und ihre Einordnung in eine Zeit vor dem Auszug aus Ägypten. Archäologische Funde belegen die Existenz, aber auch rechtliche und religiöse Vorstellungen sogenannter Randnomaden, die als Sippenverband auf der Suche nach Weideland immer wieder in Kontakt zu Stadtbewohnern treten. Diese Lebensweise entspricht den in Gen 12–25 geschilderten Ereignissen (vgl. z. B. Gen 12,8).

Die Isaak-Überlieferung setzt wenig eigene Akzente. Sie verbindet den Segen und die Verheißung für Abraham mit Jakob, dem Vater der zwölf Söhne, die die „Stämme Israels" werden. Aber Rebekka spielt eine wichtige Rolle. Ihre Verbindung mit Isaak zeigt die hohe Bedeutung von Eheschließungen innerhalb des eigenen Sippenverbands (24,1–3).[10] Sie sorgt mit List dafür, dass Jakob Erbe und Segen des Vaters erhält (Gen 27). Mit ihm tritt „Israel" zum ersten Mal in der Bibel namentlich in Erscheinung. Bei seinem Kampf mit Gott am Jabbok erhält er diesen neuen Namen[11] und den Segen Gottes (Gen 32,29f.). Neben dieser geheimnisvollen Geschichte spielt auch die Gründungserzählung des Heiligtums in Beth-El eine wichtige Rolle (28,10–22): Jakob sieht im Traum auf einer Himmelsleiter die Engel auf- und niedersteigen und bekommt von Gott erneut die Verheißung des Landes, der Nachkommenschaft und des Segens. Am nächsten Morgen gelobt er an diesem Ort einen Tempel zu errichten.[12]
Auf die Söhne Jakobs berufen sich die späteren Stämme Israels als ihre Ahnherren. Der Segen, den Jakob/Israel ihnen in Gen 49 erteilt, rundet den Kranz der Jakoberzählungen ab und schließt zum anderen an die Segensverheißung an, die von Abraham her gilt. Mit Jakob und seinen Söhnen weitet sie sich zunehmend

---

9   Vgl. Tilly, Abraham, 20.
10   In den endogamen (innerhalb der Volksgruppe bleibenden) Eheschließungen deutet sich die nachexilische Zeit an, in der es nach der Rückkehr aus dem Exil um die Frage geht, ob Mischehen mit Nichtjüdinnen erlaubt sein sollen. Das Buch Rut vertritt eine Gegenposition.
11   Die ursprüngliche Bedeutung von „Israel" ist umstritten. Eine volksetymologische Deutung ist „er hat sich Gott gegenüber als stark erwiesen".
12   Nach der Reichsteilung* macht Jerobeam I Beth-El und Dan zu Staatsheiligtümern, die in Konkurrenz zum Tempel in Jerusalem stehen.

auf ein Volk aus. Hier liegt der genealogische Zielpunkt der gesamten Erzelternerzählungen.[13] Und während Abraham in den Erzählungen immer eine Einzelgestalt ist, kann Jakob/Israel die Person, aber auch das ganze Volk meinen (z. B. in
der Wendung „Haus Jakobs" Ex 19,3).

> Der Josefzyklus (Gen 37.39–50) verbindet die Erzählungen, die an verschiedenen Or-
> ten in Kanaan angesiedelt sind, mit der Zeit, die „das Volk Israel" in Ägypten erlebt.
> Josef spielt unter seinen Brüdern eine Sonderrolle (37,3), und seine Träume (37,7–11)
> machen ihn vollends unbeliebt. Sie verkaufen ihn als Sklaven nach Ägypten, wo er am
> Hof des Pharaos Karriere macht und schließlich nach verschiedenen Verwicklungen
> in höchster Position die Nahrungsversorgung Ägyptens sichert (Gen 41,47ff.). Als in
> Kanaan eine Hungersnot ausbricht, schickt Jakob seine Söhne nach Ägypten, wo sie
> auf Joseph treffen. Er sichert das Überleben der Sippe und veranlasst deren Übersied-
> lung nach Ägypten (Gen 42–47). Gen 50,20 schließt alle Erzelternerzählungen zu-
> sammen: „Ihr gedachtet es böse mit mir zu machen, aber Gott gedachte es gut zu ma-
> chen, um zu tun, was jetzt am Tage ist, nämlich am Leben zu erhalten ein großes
> Volk."

4.3 Der Gott Abrahams, Isaaks und Jakobs

In Gen 12,1ff., 15,1ff. und 17 fallen verschiedene Gottesbezeichnungen ins Auge:
In Gen 12 fordert Jahwe Abram zum Aufbruch auf; auch in Gen 15 spricht Jahwe
mit ihm. In Gen 17,1 ist einleitend von Jahwe die Rede: er stellt sich aber selbst
als *El Schaddai* vor („Gott, der sehr Mächtige"). Später, in Ex 6,2f. lässt Gott
Mose wissen, dass er sich Abraham als *El Schaddai* offenbart habe, „aber mit
meinem Namen Jahwe habe ich mich ihnen (Abraham, Isaak und Jakob) nicht
offenbart." In Gen 35,9–12 nennt sich Gott *Elohim*, in Beth-El wiederum *El
Schaddai*; dort gibt er Jakob den neuen Namen Israel und wiederholt die Verheißung von Nachkommenschaft und Land.
Gen 17; 35,9ff. und Ex 6,2–12 gehören zur Priesterschrift*. Sie verwendet für die
Urgeschichte* und die Anfangszeit Israels verschiedene Gottesnamen und grenzt
dadurch die Zeiten voneinander ab: In Gen 1–11 ist von Elohim die Rede, in der
Zeit der Erzeltern von El Schaddai und erst ab der Mosezeit von Jahwe. Die
Priesterschrift bringt in spätexilischer oder nachexilischer Zeit im Rückblick auf
die Anfänge die verschiedenen Gottesnamen in eine Abfolge und versteht sie
zugleich als Bezeichnungen des einen Gottes Israels.
In der Frühzeit selbst ist das nicht in gleicher Weise der Fall. Zunächst muss man
berücksichtigen, dass die Erzählungen von Abraham, Isaak und Jakob ursprünglich selbstständig umgelaufen und erst im Nachhinein genealogisch miteinander
verknüpft worden sind. Die Bezeichnung „der Gott Abrahams" besagt, dass
dieser Gott zum ersten Mal dem Abraham erschienen ist und dass Abraham

---

[13]   Gertz, Grundinformation, 263.

mit seiner Sippe den Kult dieses Gottes pflegte. Ähnliches gilt für den Gott Isaaks, der auch „der Schrecken Isaaks" genannt wird (Gen 31,42.53), und für den Gott Jakobs, der auch als „der Starke Jakobs" begegnet (Gen 49,24). Diese Gottheiten werden von der jeweiligen Sippe verehrt, deren Repräsentanten die Erzväter sind. Wesentlich für diese Gottesvorstellung sind folgende Merkmale: Der jeweilige Gott ist bei der Sippe gegenwärtig und mit ihr unterwegs, er ist also nicht an einen Ort gebunden, sondern an Menschen; es gibt keine Priester, die den Zugang zu ihm schaffen, sondern die Beziehung wird durch Anführer der Sippe gewährleistet; die zentrale Funktion dieses Gottes ist es der Sippe und dem Einzelnen darin Schutz, Geleit und Zukunft zu geben.[14] Dem entsprechen in den Erzelternerzählungen die Verheißungen, die auf Land und Nachkommenschaft zielen und die Begleitung durch Gott zusagen.

Wie Gen 12,6 zeigt, ist Kanaan zur Zeit der Erzeltern kein unbewohntes Land. Die Kanaanäer verehren an etlichen Heiligtümern verschiedene Götter, unter denen El eine besondere Bedeutung hat. In den Texten von Ugarit* ist El der Höchste unter den Göttern; er wird an verschiedenen Orten mit lokalen Eigenheiten verehrt. Dies ist im Heiligtum von Beth-El der Fall, von Pᵉnu-El (Angesicht Els) spricht Gen 32,31, in Gen 21,33 ist mit Beerscheba ein El olam (ewiger Gott) verbunden, ein Gott, der mich sieht (El-roï), kommt in Gen 16,13 vor. Zugleich ist El aber auch eine allgemeine Bezeichnung für Gott. Dies ermöglicht es, Elemente des El-Glaubens auch auf andere Gottesvorstellungen zu übertragen.

Die Abraham-, Isaak- und Jakobgruppen lassen sich in verschiedenen Gegenden Palästinas* nieder: Abraham in und um Hebron (Gen 18.23), Isaak bei Beerscheba (Gen 26,23–33), Jakob bei Beth-El (Gen 31f.), Sichem (Gen 33,18ff.; 35) und im Ostjordanland (Gen 31f.). Als sie sesshaft werden, kommen sie mit dem kanaanäischen El in Berührung, verbinden Elemente dieses Glaubens mit ihrer eigenen Vorstellung des Vatergottes und verknüpfen die vorhandenen Kultstätten mit den Erzvätern. Dabei setzt sich zunehmend die Erkenntnis durch, dass es sich um ein und denselben Gott handelt. In der weiteren Entwicklung treten die Sippenverbände miteinander in Verbindung. Dadurch wachsen auch die ursprünglich je für sich erzählten Erzelternüberlieferungen zusammen. Abraham, Isaak und Jakob werden genealogisch verknüpft und die Vätergötter werden einander angeglichen. Als Verbindungsglied dienen die Verheißungen, die im Rückblick die Einzeltraditionen mit der theologischen Erkenntnis verbinden, dass die Existenz Israels sich allein dem Handeln Gottes verdankt.

Andere Gruppen, die in das Land einwandern, bringen den Glauben an einen Gott mit, den sie Jahwe nennen. Auch Jahwe ist ein in erster Linie an Menschen, nicht an Orte gebundener Gott. Und die Jahweverehrer sprechen auch von einer

---

[14] Schmidt, Glaube, 22. Die Erzelternerzählungen drehen sich dementsprechend um „Familienprobleme": Brautwerbung, Heirat, Geburt von Kindern, Streit um das Erbe. Es ist von einer Familienreligion auszugehen (Gertz, Grundinformation, 266).

Erfahrung mit ihrem Gott, nämlich von der Befreiung aus Unterdrückung und Zwangsarbeit (Ex 20,2; Dtn 5,6).[15] Daraus wächst allmählich die Erkenntnis, dass der Gott Abrahams, Isaaks und Jakobs und Jahwe zusammengehören. Ex 6,2f. liest sich wie eine Zusammenfassung: „Und Gott redete mit Mose und sprach zu ihm: Ich bin der HERR und bin erschienen Abraham, Isaak und Jakob als der allmächtige Gott, aber mit meinem Namen ‚HERR' habe ich mich ihnen nicht offenbart." Auch wenn es derselbe Gott ist, so hat er sich Abraham, Isaak und Jakob doch noch nicht mit seinem Namen Jahwe offenbart. Dass Gott sich schon in Gen 28 als Jahwe vorstellt, ist dabei aus der Perspektive von Ex 6,3 ein Anachronismus, in dem sich aber zeigt, dass hier verschiedene Gottesprädikationen in Verbindung treten, die jeweils ihre eigene Geschichte haben und die erst in der Rückschau miteinander verknüpft werden.[16]

4.4 Exkurs: Bund und Bundesschluss

Neben verschiedenen Bundesschlüssen zwischen Menschen (Gen 21,27; 26,28; Jos 9,6–15 u. ö.) bezeichnet das Wort Bund* (b^erit) die Zuwendung Gottes zu den Menschen und hier wiederum besonders zu seinem Volk. Das AT kennt mehrere Bundesschlüsse. Nach der großen Flut schließt Gott einen Bund mit Noah und seinen Nachkommen und verpflichtet sich, den Bestand der Erde nicht mehr zu gefährden. (Gen 9,9ff.). Er versieht den Bund mit dem Zeichen des Regenbogens (9,12–17).

Nach Gen 15,18 schließt Gott mit Abram einen Bund, dessen Inhalt die Verheißung von Land und Nachkommen ist. In Gen 17,7 wird dieser Bund erneuert. Eine Verpflichtung Abrahams klingt in V. 7 an und wird in V. 9–13 konkretisiert: Er soll den Bund halten und dies durch die Beschneidung aller männlichen Nachkommen dokumentieren. Das Bundeszeichen ist hier in die Verantwortung der menschlichen Bundespartner gelegt. In 24,7 erinnert Abram Gott an diesen Bund.

In Ex 19,4f. schließt Gott einen Bund mit dem Volk Israel: Vor allen Völkern soll Israel Eigentum Gottes sein. Der Bund geht von Gott aus, schließt aber auf Seiten des Volkes das Bewahren und Tun des Gotteswillens ein, der ab Ex 20 ausdrücklich niedergelegt ist. In Ex 31,12–17 ist der Bund mit dem Sabbat verbunden, und zwar als „ewiges Zeichen zwischen mir und den Israeliten"; in Ex 34,10–26 ist die Alleinverehrung Jahwes angesprochen; nach Dtn 4,13 erscheinen die Gebotstafeln wie ein Bundeszeichen: „Alles, was der Herr geredet hat, wollen wir tun" (Ex 19,8) ist die feierliche Willenserklärung des Volkes. Die vergleichbare Aussage in Lev 26,12 („Ich will euer Gott sein und ihr sollt mein Volk sein") wird mit einer

---

[15]   Ausführlicher unten, 44f.
[16]   In der „Heiligtumserzählung" von Bethel in Gen 28,10–19: In V. 12 ist von Elohim die Rede, in V. 13–15 von Jahwe und in V. 16–19 sowohl von Jahwe als auch von El.

Strafandrohung verbunden, falls die Gebote nicht gehalten werden (V. 14ff.).
Obwohl Israel sich vielfach von Gott abwendet, wird er aber doch seines Bundes
mit den Vätern gedenken (V. 42–45).

Mit Pinhas schließt Gott einen Friedensbund, der ihm als Repräsentant der levi-
tischen Priester das ewige Priesteramt verleiht (Num 25,11–13). Auch mit David
schließt Gott einen Bund; der Begriff findet sich zwar nicht in 2Sam 7, wohl aber
in verschiedenen Rückverweisen (Ps 89,4; 2Sam 23,5), und nach Jes 55,3 schließt
Gott einen Bund mit dem ganzen Volk, in dem der Bund mit David lebendig
bleiben soll.

Angesichts dieser Bundesschlüsse fällt auf, dass das Wort *b^{e}rit* nirgends im Plural
begegnet. Der Bund mit den Vätern und der Bund am Sinai werden zwar unterschieden, aber nicht grundsätzlich getrennt. In Dtn 7,11f. sind sie aufeinander
bezogen: „So halte nun die Gebote und Gesetze und Rechte, die ich dir heute
gebiete, dass du danach tust. Und wenn ihr diese Rechte hört und sie haltet und
danach tut, so wird der HERR, dein Gott, auch halten den Bund und die Barmherzigkeit, wie er deinen Vätern geschworen hat." Und immer wieder wird deutlich, dass Gott es ist, der den Bund mit den Menschen schließt. Es handelt sich
nicht um eine Vereinbarung zwischen gleichberechtigten Partnern.

Vielfach ist vom Bruch des Bundes durch das Volk die Rede. Die Erzählung vom
goldenen Stier in Ex 32 wird zum Urbild des Abfalls von Gott; das ganze Dtn ist
durchzogen von Warnungen vor dem Abfall. Unter den Königen ragt Jerobeam
als einer heraus, der sich beständig von Gott ab- und anderen Götter zuwendet;
die „Sünde Jerobeams" (1Kön 13,34) wird zur sprichwörtlichen Bezeichnung des
Abfalls. Die Warnung vor dem Bundesbruch ist auch charakteristisch für die
Propheten Jeremia (11,10) und Hesekiel (16,59). Weil das Volk den Bund so oft
bricht, wird Gott einen neuen Bund schließen, „nicht wie der Bund gewesen ist,
den ich mit ihren Vätern schloss … Ich will mein Gesetz in ihr Herz geben und
in ihren Sinn schreiben, und sie sollen mein Volk sein, und ich will ihr Gott sein"
(Jer 31,31–33). Die Bundesformel in V. 33 bleibt bestehen, aber jetzt wird der
Bund ins Herz geschrieben sein, ewig bestehen und ein Bund des Friedens sein
(32,40), in dem nach Hos 2,20 auch Tiere ihren Platz haben.

Diese Vorstellung von einem neuen Bund wird im NT aufgegriffen und im Blick
auf das Wirken und Geschick Jesu konkretisiert. Nach 1Kor 11,25f. ist in den
Deuteworten des Herrenmahls das Blut Jesu das Kennzeichen des neuen Bundes.
Damit wird auf Ex 24,8 angespielt, wo Mose das Volk mit dem Blut eines Opfer-
tiers als Zeichen des Bundes besprengt. In Mk 14,24 ist bei dem Kelchwort dementsprechend vom „Blut des Bundes" die Rede. In 2Kor 3,6.14 spricht Paulus von
einem neuen Bund des Geistes und einem alten des Buchstabens; in Gal 4,22f
verbindet er den alten und den neuen Bund mit den Frauen Abrahams: Die Skla-
vin Hagar versinnbildlicht den alten, die Freie Sara mit ihrem Sohn Isaak dagegen den neuen Bund, der sich auf die Verheißung Gottes und den Glauben Abrahams bezieht. Sich selbst versteht der Apostel als Diener des neuen Bundes

(2Kor 3,6). Und nach Hebr 10,15–25, wo durch das Opfer Jesu Christi jedes weitere Opfer überflüssig geworden ist, ist der neue Bund in Christus ausdrücklich die Erfüllung der Verheißung aus Jer 31. Auf 2Kor 3,6 und Hebr 10,15ff. geht die Vorstellung vom Alten und Neuen Bund zurück. Schließlich wird das hebräische Wort *b^erit* über die griechische Übersetzung *diatheke* zum lateinischem *testamentum* und prägt unsere Terminologie vom Alten und Neuen Testament.[17]

4.5 Anregungen für den Unterricht

1) Im „Glaubens-ABC" der Evangelischen Kirche in Deutschland findet sich folgender Eintrag: Segen „bezieht sich auf das, was man mit Geld nicht erwerben kann: Man kann sich ein Haus kaufen, aber nicht das Gefühl, daheim zu sein. Man kann sich ein Bett kaufen, aber keinen ruhigen Schlaf. Tabletten, aber keine Gesundheit, Sex, aber keine Liebe, Fans, aber keine Freunde. Der Segen ist nicht käuflich. Er ist ein Geschenk."[18] Vor diesem Hintergrund kann man Segensversprechungen miteinander vergleichen, z. B. den „Segen der Unzerstörbarkeit" im Internet-Spiel „Drachenkrieg"[19] oder die zwölf „Segensränge" im Spiel „Runescape"[20] mit einem christlichen Segenswort: „Es sollen gesegnet sein Freund und Feind, damit sie Brüder werden und Schwestern. Es sollen gesegnet sein Alte und Junge, damit sie einander leben helfen. Es sollen gesegnet sein Einheimische und Fremde, dass sie einander Nähe und Weite schenken. Es sollen gesegnet sein Kirchgänger und Distanzierte, dass sie einander die Augen öffnen für das, was hinter dem Horizont liegt. Sie sollen gesegnet sein im Namen Jesu Christi. Amen."[21]

2) Magdalene Frettlöh hat den Segen als „Übergangswort"[22] beschrieben, als Wort zum Abschied, Loslassen, Ankunft, Neubeginn, als Wort für den Zwischenraum. Einige der bekannten „Irischen Segensworte" sind Beispiele für einen Abschiedssegen: Welche Übergangserfahrungen kennen die Schülerinnen und Schüler? Sie formulieren Segensworte für bestimmte Übergänge und fragen: In welchen Alltagserfahrungen können Segensworte helfen? Lassen sich Segensworte mit Übergangsriten ausgestalten? Wirkt Segen sich aus – und wenn ja, wie?

---

[17] Vgl. zum Verhältnis von AT und NT unten, 138.
[18] ekd.de/glauben/abc/segen.html am 28.12.2013.
[19] warofdragons.de/info/news/?show=news&id=11023 am 28.12.2013: „Ihr habt hier die Gelegenheit euch gegenseitig die Köpfe einzuschlagen, ohne dass einer eurer wertvollen Gegenstände dabei Schaden nimmt."
[20] services.runescape.com/m=rswiki/de/Segen am 28.12.2013.
[21] ekiba.de/html/content/segensworte.html am 28.12.2013.
[22] Frettlöh, Segen, 203.

3) Abraham ist für das Judentum, das Christentum und den Islam eine Identifikationsfigur. Bestimmte Überlieferungen kommen in den heiligen Schriften aller drei Religionen vor, z. B. die „Bindung Isaaks" (Gen 22,1–19; Koran, Sure 37,192–112). Die vergleichende Lektüre der Texte und charakteristischer Beispiele ihrer Wirkungsgeschichte (Röm 4; Babylonischer Talmud, Quiddushin 4,14; Yoma 28b) kann dazu helfen, das Judentum und den Islam aus ihrer jeweils eigenen Perspektive zu verstehen.

Literatur zum Weiterlesen
Hieke: Abraham
Maurer: Abraham
Pichler: Abraham

5. Ich bin, der ich bin (Ex 3,14)

Wer ist Gott? Kann man ihn ansprechen? Wie ist sein Name? In Goethes Faust stellt Margarethe die berühmte „Gretchenfrage": „Nun sag. Wie hast Du's mit der Religion?" Faust antwortet ausweichend: „… Nenn es dann, wie du willst, nenn's Glück! Herz! Liebe! Gott! Ich habe keinen Namen dafür! Gefühl ist alles; Name ist Schall und Rauch, umnebelnd Himmelsglut" (Faust I, 3454–58). Indem er mehrere Namen nennt, weicht Faust der Frage geschickt aus. Dass Namen „Schall und Rauch" sind, hat es in unseren Sprichwortschatz geschafft.

Ganz anders ist im Buch Exodus vom Namen Gottes die Rede. Dieser Name ist eine Art „Programm"; in ihm kommt etwas davon zum Ausdruck, was die Beziehung zwischen Gott und den Menschen ausmacht. Vor diesem Hintergrund geht es in diesem Kapitel darum

- die Erzählung vom „brennenden Dornbusch" und die damit verbundene Gottesoffenbarung kennenzulernen;
- den Gottesnamen Jahwe, seine Herkunft und Bedeutung zu verfolgen;
- einen Überblick über die Gestalt des Mose im AT und NT zu gewinnen
- und daraus Anregungen für den Unterricht zu entwickeln.

5.1 Ich will mit dir sein

Die Bibel spricht nicht von Gott „an sich", sondern davon, wie er handelt und in seinem Handeln erfahren werden kann. Grundlegend für die Erfahrung dieses Gottes ist, dass er seinen Namen kundtut. In der Erzählung vom brennenden Dornbusch (Ex 3,1–14) gibt Gott sich dem Mose zunächst als Gott Abrahams, Isaaks und Jakobs zu erkennen. Aus deren Nachkommen ist inzwischen ein Volk geworden, das in Ägypten unterdrückt wird. Seine Klagen sind vor Gott gekommen (V. 7), und er will es aus der Hand der Ägypter befreien (V. 8). Mose soll das Volk aus Ägypten führen.

Ex 3,13–14: Mose sprach zu Gott: Siehe, wenn ich zu den Israeliten komme und spreche zu ihnen: Der Gott eurer Väter hat mich zu euch gesandt! und sie mir sagen werden: Wie ist sein Name?, was soll ich ihnen sagen? Gott sprach zu Mose: Ich werde sein, der ich sein werde. Und sprach: So sollst du zu den Israeliten sagen: „Ich werde sein", der hat mich zu euch gesandt.

Die Erzählung spielt in Midian, am Gottesberg Horeb. Eine genaue Lokalisierung ist nicht möglich. Mose sucht für die Schafe seines Schwiegervaters nach Weide-

plätzen, ohne zu wissen, um welchen Ort es sich handelt. Der Engel Jahwes (V. 2)
bzw. Jahwe selbst (V. 4ff.)[1] erscheint Mose in einem brennenden Dornbusch
(s^{e}näh). In diesem Wort hören die Redaktoren der Erzählung den anderen Namen des Gottesbergs, Sinai, mit.

Mit der Vorstellung Gottes als Gott Abrahams, Isaaks und Jakobs werden alle
Erfahrungen aufgerufen, die die Väter mit ihrem Gott gemacht haben. Von den
Verheißungen ist eingetroffen, dass es inzwischen ein großes Volk gibt, aber es
wird im fremden Land unterdrückt (Ex 1). Gott jedoch ist „hernieder gefahren",
um einzugreifen und das Volk zu retten. Ziel dieses Handelns ist die Landgabe:
In ein gutes, weites Land will Gott das Volk führen, wo Milch und Honig fließen
(V. 8.16f.). Dies soll Mose dem Volk im Auftrag Gottes mitteilen.

V. 9f. setzt einen anderen Akzent: Erneut wird gesagt, dass Gott die Not der Israeliten wahrgenommen hat; hier aber ist es Mose, der das Volk aus Ägypten
führen soll. Mose ist skeptisch, aber Gott verspricht ihn mit dem auszurüsten,
was er für seinen Auftrag braucht. Mose befürchtet jedoch, dass sich die Israeliten nicht auf seine Botschaft einlassen, wenn er ihnen nicht den Namen Gottes
sagen kann. Vor den Israeliten nur im Namen des „Gottes eurer Väter" aufzu-
treten, scheint als Legitimation unzureichend zu sein. Offenbar ist seit der Väterzeit eine neue Situation entstanden. Die Nachkommen Jakobs/Israels sind in
Ägypten zahlreich geworden, sie sind jetzt das „Volk Israel" (Ex 1,9), und die
Familienreligion des Vätergottes reicht nicht mehr aus. Und so gibt Gott Mose
seinen Namen kund: Ich werde sein, der ich sein werde. Zu den Israeliten soll
Mose sagen: „Ich werde sein, der hat mich zu euch gesandt". Wichtig ist bei dieser Herleitung des Namens von dem Verb sein (hjh), dass das Hebräische das
Sein nicht im Sinne des Existierens versteht, sondern als „Wirksam-Sein": Gott
sagt mit dem Namen seine wirksame Gegenwart zu.

5.2 Kontexte

Die Erzählung von der Berufung des Mose gehört in den größeren Kontext von
Ex 1–19. Verschiedene Einzelszenen sind zu einer großen Komposition verbunden: Die Geburt und wunderbare Errettung des Mose; seine Flucht nach Midian,
wo Jahwe sich ihm offenbart und ihn mit der Befreiung des Volkes Israel beauftragt; ab Kapitel 5 folgen die Plagengeschichten, die schließlich dazu führen, dass
der Pharao die Israeliten ziehen lässt; dann aber ändert er seine Meinung und
jagt den Israeliten nach, kommt jedoch mit seinem ganzen Heer im Schilfmeer
um (Ex 14); Mose und seine Schwester Mirjam besingen diese Ereignisse in Gen
15 als Wundertat Jahwes.[2]

---

[1]   Die Differenzen zeigen, dass hier verschiedene Traditionen verknüpft worden sind.
[2]   Das kurze Lied Mirjams in 15,21 gehört zu den ältesten Stücken des AT.

15,22 setzt neu ein: Nach der Befreiung aus Ägypten führt Mose das Volk in die Wüste. Wunder halten es am Leben (15,22–17,7) und Mose führt es zum Sieg über die Amalekiter (17,8–16). Schließlich kommen sie zum Gottesberg Sinai (Ex19). Die Offenbarung Gottes am Sinai beschreibt jedoch nicht nur eine Gotteserscheinung, sondern legt in großer Ausführlichkeit viele Vorschriften und Gebote dar, bis das Volk endlich (am Ende des Buches Numeri) im Ostjordanland ankommt. Auffällig ist, dass kurze Zusammenfassungen des Glaubens Israels wie Dtn 26,5–9 zwar vom Auszug aus Ägypten und vom Einzug in das verheißene Land sprechen, nicht aber von den Sinaiereignissen. Dies deutet darauf hin, dass die Exodus- und Sinaierzählungen ursprünglich selbständig waren und erst später zusammengewachsen sind. Die Exoduserzählung zielt auf die Einsetzung und die Regularien des Passafestes (Ex 12f.); sie erklärt dieses jährlich zu wiederholende Fest, das an den Auszug Israels erinnert. Auch die Sinaitradition ist mit einem Fest verknüpft: Hier wird der Hintergrund des Wochenfestes (Schawuot) erhellt.[3]

Die beiden Überlieferungskomplexe werden durch die Gestalt des Mose verbunden. Mose hat dabei ganz unterschiedliche Funktionen: In Ex 3–15,22 weist er Züge eines Propheten auf, dessen Botschaft durch Wunder unterstrichen wird. In der Sinaitradition tritt er als Mittler zwischen Gott und dem Volk auf; er ist Lehrer des Volkes und tritt fürbittend für das Volk ein, wenn es sich von Gott abgewandt hat (Ex 32; Dtn 9,18ff.). Priesterliche Überlieferungen heben hervor, dass Mose den Bauplan für die Stiftshütte empfängt, in der Gott bei seinem Volk gegenwärtig ist (Ex 25,8ff.). Wie diese verschiedenen Überlieferungsstränge zusammengewachsen sind, wird in der at.lichen Forschung kontrovers diskutiert.

5.3 JHWH

Die hebräische Schrift ist eine Konsonantenschrift. Im Tanach* wird der Eigenname Gottes mit den vier Konsonanten Jod י, He ה, Waw ו und He ה geschrieben (Tetragramm). Sie ergeben das Wort יהוה Jahwe. Aus Ehrfurcht vermeiden die Juden aber ab dem vierten Jahrhundert v. Chr. diesen Namen auszusprechen. Sie ersetzen ihn durch die Bezeichnung *adonaj* (mein Herr). Als im fünften und sechsten Jahrhundert n. Chr. jüdische Gelehrte, die Masoreten, die Konsonanten mit Vokalen versehen, nehmen sie diese Tradition auf und ergänzten JHWH mit den Vokalen des Wortes *adonaj*. Dies wird teilweise missverstanden und das Wort als *JeHoWah* ausgesprochen. Tatsächlich handelt es sich um den Hinweis den Gottesnamen als *adonaj* zu lesen. Wo die Lutherübersetzung „HERR" schreibt, steht im hebräischen Text das Tetragramm.

---

[3]   Das Wochenfest (*Schawuot*) hat mit der Darbringung der Erstlingsfrüchte im Tempel eine auf die Natur und mit dem Gelübde des Volkes am Sinai eine auf die Tora bezogene Bedeutung.

In Ex 3,14 wird Jahwe als Name eingeführt und zugleich gedeutet. Die üblicherweise vom Verb *hjh* abgeleitete Deutung beschreibt „sein" im Sinne von „da sein, wirksam sein". Es geht also nicht um die Existenz Jahwes, sondern um seine wirksame Gegenwart, die er Mose (3,12) bzw. dem Volk zusagt.[4] Die Selbstvorstellung Gottes ist damit das Angebot einer Beziehung; der Name verweist auf das begleitende und befreiende Handeln dieses Gottes, der mit seinem Volk mitgeht. In dieser personalen Beziehung liegt ein grundlegendes Merkmal des Verhältnisses zwischen Gott und Israel vor, das sich durch das AT hindurchzieht.

Vor diesem Hintergrund wird „der Name" in der Bibel zum Synonym für Gott: Der Name wird verkündigt (Ex 9,16), gepriesen (Ps 103,1) und gefürchtet (Ps 86,11), mit dem Namen werden die Israeliten gesegnet (Num 6,27), Salomo soll „dem Namen ein Haus bauen" (2Sam 7,13). In den Psalmen kann beides nebeneinander stehen: „Preiset den Herrn mit mir, lasst uns miteinander seinen Namen erhöhen" (Ps 34,4)." So ist der Name Gottes Hinweis auf eine paradoxe Erfahrung: Gott ist ansprechbar, aber nicht „der Fall", und er lässt sich nicht endgültig definieren. Im Kontext der Dornbuscherzählung wird klar: Der „ich werde sein" ist kein weltabgewandter Gott, sondern einer, der das Leiden seines Volkes wahrnimmt, Befreiung schaffen wird – und zugleich in Kontinuität zum Gott der Väter steht. Die Erzählungen von den Erzeltern, vom Exodus und der Wüstenwanderung, wie sie im Kanon zusammengestellt sind, setzen diese Entwicklung voraus und erzählen diese Geschichte im Rückblick so, dass Jahwe von Anfang an die Geschicke Israels lenkt.

Die Herleitung des Namens von dem Verb *hjh* ist aber nicht die einzig mögliche und nicht einmal die etymologisch wahrscheinliche. Mehrfach ist davon die Rede, dass zu Jahwes Erscheinen Erdbeben, Regengüsse, Feuer und Rauch gehören (Ex 19,18; Dtn 33,2; Ri 5,4–5; Ps 68,8; Hab 3,3–6). Diese Erscheinungen führen zu einer Verbindung mit dem Verbstamm *hwj*, der „fallen, blasen, wehen" bedeuten kann. Vermutlich haben die frühen Jahwe-Verehrer ihren Gott mit entsprechenden Phänomenen in Verbindung gebracht. Dies ist vergleichbar mit Baal, der ebenfalls als Sturm- und Wettergott auftritt.[5]

Der älteste Beleg für den Gottesnamen Jahwe stammt aus Ägypten.[6] In einer aus der Zeit Ramses II (13. Jh.) erhaltenen Liste ist vom Land der „Schasu-Jahu" die Rede. Die Schasu sind Beduinenstämme, die bei längeren Trockenperioden Zuflucht in Ägypten suchen und deren Eindringen bzw. Abwandern festgehalten ist. In diesem Fall sind es Schasu-Beduinen aus dem Gebiet südlich von Palästina und östlich von Ägypten, die Jahu/Jahwe als ihren Gott verehren. Dies passt zu der in Ri 5,4; Dtn 32,2 und Ps 68,8 überlieferten Vorstellung, dass Jahwe aus

---

4   Die LXX* übersetzt dem griechischen Verständnis entsprechend dagegen mit „ich bin der Seiende" (Ex 3,14); dies gibt aber den Sinn des hebräischen Verbs nicht wieder.

5   Vgl. unten, 82f.

6   Details bei Becking, Jahwe.

Edom kommt, das ebenfalls in diesem Bereich zu verorten ist. Mose weist Verbindungen zu den Midianitern auf (Ex 2,1.16; 3,1; 18,1; Hab 3,7), und auch Midian gehört in diese Region. Wahrscheinlich war die Jahweverehrung ursprünglich in diesem Gebiet beheimatet und ist von dort über Wanderungsbewegungen von Nomaden auch nach Ägypten gekommen. Vermutlich wurde dann eine Flucht aus ägyptischer Unterdrückung mit Jahwe in Verbindung gebracht: Jahwe ist derjenige, der seine Anhänger aus dem Sklavenhaus befreit hat (Ex 20,2; Dtn 5,6). Diese Jahwe-Anhänger haben sich dann, wie Inschriften zeigen, an unterschiedlichen Orten niedergelassen und ihren Gott in verschiedenen Manifestationen verehrt.[7] Nach und nach haben sich diese Gruppierungen nicht nur selbst als Einheit verstanden, sondern auch verschiedene Elemente ihres Jahwe-Glaubens angeglichen.

5.4 Exkurs: Mose

Mose ist im Pentateuch* die beherrschende Gestalt. Er ist der Erste, der von Gott hört: „Ich will euer Gott sein" (Ex 6,7). Er trotz dem Pharao den Auszug ab und führt das Volk durch das Schilfmeer und in der Wüste. Nach Ex 19,3–6 empfängt er allein eine Gottesrede, die eine neue Situation ankündigt (V. 5): „Werdet ihr nun meinen Bund halten, so sollt ihr mein Eigentum sein vor allen Völkern …"

Das Volk willigt in diesen Bund ein (V. 8). Daraufhin erscheint Jahwe in einer gewaltigen Theophanie auf dem Sinai und spricht direkt zu dem Volk – die Zehn Gebote. Das Volk aber ist bestürzt und erschrocken und bittet Mose zwischen ihm und Gott zu vermitteln. Alle weiteren Gebote und Rechtssätze empfängt es durch Mose, der dadurch eine Mittlerstellung zwischen Gott und dem Volk gewinnt. Die Tora Jahwes kann deshalb auch als Tora des Mose bezeichnet werden (Jos 23,6 u. ö.). Nach Ex 31,9 nimmt er auch noch die schriftliche Fixierung des Willens Gottes selbst vor und schafft damit das „Buch der Tora" (V. 26), das in Jos 8,31 „Buch der Tora Moses" genannt wird. Es soll regelmäßig öffentlich verlesen werden (8,32–35) und ständig zur Hand und vor Augen sein (Jos 1,8; Ps 1). Als das Volk sich noch am Gottesberg von Jahwe abwendet und ein Gottesbild macht tritt Mose fürbittend für das Volk ein (Ex 32–34; Dtn 9f.; Num 11,2; 14,5–20; 20,7; 12,13); er baut auch das Zelt, in dem Jahwe selbst in der Mitte seines Volkes wohnt, und übernimmt damit pries-

---

[7]   In Inschriften von Kuntillet Ajrût ist von Jahwe von Samaria und Jahwe von Teman die Rede, beide Mal in Beziehung zu „seiner Aschera"; vgl. Hadley, Drawings, 180–213.

terliche Aufgaben (Ex 25,8ff.). Bei alledem ist Mose ein vorbildlicher Mensch, der nach Num 12,3 alle an Demut übertrifft. Als er stirbt, wird er von Gott begraben (Dtn 34,5f.), sein Grab ist bei den Menschen unbekannt. Nach 34,10 hat es in Israel keinen Propheten mehr wie Mose gegeben. Diese besondere Beziehung zu Jahwe kommt in dem göttlichen Glanz zum Ausdruck, der bei dem Abstieg vom Sinai auf Moses Gesicht liegt (Ex 34,29f.). Im Hebräischen sind die beiden Wörter „strahlend" und „gehört" ähnlich; die lateinischen Bibelübersetzer haben dies verwechselt und so einen „gehörnten" Mose erschaffen.[8] Moses' einmalige Beziehung zu Gott zeigt sich auch im Aufbau des Pentateuch: Am Beginn des Buches Exodus werden seine Geburt und Berufung erzählt, am Ende des Deuteronomiums sein Abschied und Tod.[9]

Allerdings bleiben auch dunkle Seiten nicht unerwähnt. Der Totschlag des ägyptischen Aufsehers setzt Mose ins Unrecht (Ex 2,12). Er braucht Aaron als seinen Sprecher (Ex 4,10ff.). Das Verhältnis zu Aaron ist ein klares Autoritätsverhältnis (Ex 4,16) und zugleich problematisch: Am Gottesberg gießt Aaron auf Drängen des Volkes ein Stierbild, damit Israel es verehren kann. Zusammen mit der Schwester Mirjam stellt er in Num 12 die exklusive Mittlerschaft Moses zwischen dem Volk und Jahwe in Frage. Auch das Volk begehrt mehrfach gegen Mose auf, der an seinem Auftrag zweifelt (Num 11,12–14). Die Ehen des Mose entsprechen nicht dem endogamen Ideal.[10] Dass er das verheißene Land nicht selbst betreten darf, wird mit einem Vergehen des Mose begründet (das aber nur vage angedeutet ist, Num 20,12.24; 27,14; Dtn 32,51). Trotz der einzigartigen Beziehung zu Gott bleibt Mose ein Mensch mit Ecken und Kanten.

Wie ist es zu erklären, dass es neben dieser einmaligen Gottesbeziehung des Mose auch Erinnerungen an den Exodus gibt (Dtn 6,21; 26,7; Am 2,10; Ps 136), die ohne ihn auskommen? Offenbar sind in der Gestalt des Mose verschiedene Überlieferungsströme miteinander verbunden: die Überlieferungen vom Auszug aus Ägypten, von der Offenbarung am Sinai und von der Wüstenzeit, schließlich als Ausblick der Einzug in das verheißene Land. Dass diese Traditionen verknüpft worden sind, kann man exemplarisch an der Berufung des Mose sehen: Ex 4,19 schließt nahtlos an 2,23a an und weist so auf die Einfügung der Dornbuscherzählung in diesen Textzusammenhang hin. Außerdem wird Mose in Ex 6 noch einmal berufen, obwohl er nach Ex 3f. seine Berufung bereits empfangen hat. Dies lässt auf eine komplexe Entstehungsgeschichte schließen.

Hinter den vielschichtigen Traditionen eine historische Gestalt zu erkennen ist kaum möglich. Der Name weist nach Ägypten; er geht auf die Wurzel *mses* zurück, die auch in *Ra-mses* oder *Thut-moses* vorkommt. Zwar muss der Träger eines ägyptischen Namens nicht selbst Ägypter sein. Allerdings wäre kaum zu

---

[8]   Mosestatue von Michelangelo in der römischen Kirche San Pietro in Vincoli.

[9]   Jesus Sirach 45,1–6; Philo, VitMose 1,1 weiten die Verehrung des Mose außerordentlich aus.

[10]   Vgl. dagegen die Brautsuche Abrahams für Isaak in Gen 24.

erklären, dass dem Befreier aus Ägypten und dem Mittler zwischen Jahwe und dem Volk Israel im Nachhinein ein ägyptischer Name beigelegt worden sei. Ex 2 deutet jedenfalls zwei Seiten der Mosegestalt an: Als Kind eines Mannes aus dem Stamm Levi, der aber im Fortgang der Erzählung keinerlei Erwähnung mehr findet, gehört Mose zum Volk Israel, aber er ist am ägyptischen Hof herangewachsen.

Ein Stammvater wie Abraham oder Jakob ist Mose nicht. Seine Herkunft ist nur angedeutet, Nachkommen spielen keine Rolle. Erst mit der Verknüpfung der verschiedenen Tradition wird er zur herausragenden Einzelgestalt. Einen Hinweis auf die Zeit, in der dies geschieht, gibt Hos 12,13: „Hernach führte der HERR Israel aus Ägypten durch einen Propheten und ließ ihn hüten durch einen Propheten" – und nach Ex 3,10 sendet Jahwe Mose wie einen Propheten zum Pharao. Hosea wirkt in der zweiten Hälfte des 8. Jh. im Nordreich. Dies ist die Zeit, in der Israel unter assyrischer Vorherrschaft steht. In diese Zeit weist auch die Erzählung von der Rettung des Mose aus dem Nil, die eine enge Verbindung zu einer Legende des akkadischen Königs Sargon erkennen lässt.[11]

Der Lobpreis auf Mose am Ende des Deuteronomiums (34,10–12) wurde zu einer Zeit formuliert, in der Israel schon jahrhundertelange Erfahrungen mit Propheten hatte. Jetzt wird Mose zu ihnen – oder besser: sie werden zu ihm in Beziehung gesetzt. „Kein Prophet wie Mose" formuliert einen Maßstab, an dem die Propheten gemessen werden. Dieser Maßstab ist die Tora. Der Empfang der Tora durch Mose ist einmalig und unwiederholbar. Die Sonderstellung des „Propheten" Mose schließt die Tora ab und leitet über zum unmittelbar folgenden, zweiten Kanonteil, zu den „Propheten".[12] Sie sind jetzt der Tora zeitlich nach- und von ihrer Bedeutung her untergeordnet.

Für die frühen Christen stellen die Moseerzählungen den Grundbestand ihrer religiösen Überlieferungen dar. Jesus und seine Anhänger sowie Paulus und die ganze apostolische Generation sind Juden, die am Sabbat in die Synagoge gehen und dort die wöchentlichen Lesungen aus der „Tora des Mose" hören (Apg 15,21). Mose ist Inbegriff der Tora und „Was hat Mose geboten?" eine charakteristische Frage (Mk 10,3; Röm 10,19 u. ö.). Nach Lk 16,29.31; 24,27 steht die Wendung „Mose und die Propheten" für das AT insgesamt, in Mt 5,17; 7,12 hat die Wendung „das ganze Gesetz und die Propheten" dieselbe Funktion (vgl. Röm 3,21). Jesus schickt einen geheilten Aussätzigen zu den Priestern, denen er sich nach dem Gesetz des Mose zu zeigen hat (Mk 1,44). Er selbst befolgt die Gebote der Tora und hält nach Mt 5,18 daran fest, dass kein Häkchen der Tora hinfällig ist. Auch wenn er sich, wie in den Antithesen der Bergpredigt, kritisch mit der Auslegung der Tora auseinandersetzt, will er sie keineswegs aufgeben (Mt 5,21–48), sondern sie mit ihrer Leben fördernden Intention hervorkehren.

---

[11]   Vgl. Gerhards, Aussetzungsgeschichte, 170–176.
[12]   Josua, Richter, 1.2 Samuel und 1.2 Könige gehören im Tanach* zu den vorderen Propheten.

Die Mosebiographie spielt im NT eine untergeordnete Rolle. Lediglich in der Stephanusrede Apg 7,1–53 ist ihr ein größerer Abschnitt gewidmet. Im Zentrum der Rede steht die Ankündigung eines Propheten wie Mose (V. 37); sie zielt auf Jesus, der dieser verheißene Prophet und wahre Nachfolger des Mose ist (7,52f.). Auch in Hebr 11,23–29 werden einige Ereignisse aus dem Leben des Mose genannt.

In Joh 1,17 werden der Mosetora die Gnade und Wahrheit gegenübergestellt, die durch Jesus Christus gekommen sind. Wenn „die Juden" Mose tatsächlich glauben würden, auf den sie sich doch berufen, dann würden sie auch Jesus glauben (Joh 5,45–47). In der Auseinandersetzung des johanneischen Christentums mit dem Judentum wird Mose zum Kronzeugen für die christliche Interpretation.

Gal 3 ordnet die Mosetora in die Geschichte der Abrahamverheißungen ein. Der eine, wahre Nachkomme Abrahams ist Christus (3,16), und so ergibt sich eine Verbindung von der Verheißung Gottes an Abraham zu Christus. Dann fragt sich, welche Bedeutung dem Gesetz des Mose zukommt. Es ist der Sünde wegen hinzugekommen (3,19), und zwar bis zu der Zeit des Nachkommen. So lange dient es als eine Art Erzieher: Zwar kann es nicht selbst lebendig machen, gerade dadurch aber stellt es den Glaubenden vor Augen, dass sie nur im Vertrauen auf die Verheißungen Gottes gerecht werden können, die in Jesus Christus erfüllt sind.

So beziehen sich die nt.lichen Schriften vielfach positiv auf Mose zurück. Gott hat durch ihn die Tora gegeben. Sie hat ihren Sinn aber, christlich gelesen, nicht in sich selbst. Sie weist vielmehr auf Christus hin. Dadurch wird Mose zu einem Vorläufer, dessen Tora hoch geschätzt wird, aber doch mit Christus nicht verglichen werden kann. Zwar leuchtete auf Moses Gesicht der Glanz Gottes, aber das war nichts im Vergleich mit der Herrlichkeit, die in Christus ist (2Kor 3,7–11).

5.5 Anregungen für den Unterricht

1) In Ex 3 stellt Gott sich dem Mose mit einem Namen vor: „Ich werde sein, der ich sein werde!" Man kann ein Gespräch darüber führen, was mit dem Namen als solchem (Jahwe ist keine Gottesbezeichnung) und was mit *diesem* Namen zum Ausdruck gebracht wird. Als Hilfestellung lassen sich verschiedene Übersetzungen vergleichen. Welche Akzente werden jeweils gesetzt?

Luther 84: Ich werde sein, der ich sein werde / Gute Nachricht 97: Ich bin da / Zürcher: Ich bin, der ich bin / Hoffnung für alle: ich bin euer Gott, der für euch da ist / Buber-Rosenzweig: Ich werde da sein als der ich da sein werde / Bibel in gerechter Sprache: „ICH-BIN-DA".

2) Friedrich Karl Barth und Peter Janssens haben 1985 zu den Namen Gottes ein Lied gedichtet. Allerdings ist der Name in Wesensbeschreibungen umgewandelt

worden („in dir wohnt die Lebendigkeit" etc.) und der Beziehungsaspekt nur vom Menschen aus formuliert. Lässt sich ein Gedicht oder ein Lied schreiben, in dem das Wirken Jahwes noch deutlicher zur Sprache kommt?

Wir strecken uns nach dir, in dir wohnt die Lebendigkeit.
Wir trauen uns zu dir, in dir wohnt die Barmherzigkeit.
Du bist, wie du bist, schön sind deine Namen,
Halleluja, Amen; Halleluja, Amen.

Wir öffnen uns vor dir, in dir wohnt die Wahrhaftigkeit.
Wir freuen uns an dir, in dir wohnt die Gerechtigkeit.
Du bist, wie du bist, schön sind deine Namen.
Halleluja, Amen; Halleluja, Amen.

Wir halten uns bei dir, in dir wohnt die Beständigkeit.
Wir sehnen uns nach dir, in dir wohnt die Vollkommenheit.
Du bist, wie du bist, schön sind deine Namen.
Halleluja, Amen; Halleluja, Amen. [3]

Literatur zum Weiterlesen
Böttrich/Ego/Eißler: Mose in Judentum, Christentum und Islam
Themenheft Mose, Welt und Umwelt der Bibel 3/2006
Müller: Schlüssel zur Bibel, 107–112

---

[13] Wir strecken uns nach dir, Text: Friedrich Karl Barth, Musik: Peter Janssen, aus: Wir fassen uns ein Herz, 1985, alle Rechte im Peter Janssens Musik Verlag, Telgte-Westfalen.

6. Die Gebote des Herrn, dir zum Guten (Dtn 10,13)

Gott ist für manche ein fordernder Gott: Du sollst nicht! Du darfst nicht! Gott gebietet und wir sollen gehorchen; er setzt Regeln und achtet kleinlich darauf, dass wir sie nicht übertreten. Die Mosebücher sind voll von Geboten. Andere sagen: Das ist nur der Gott des AT. Das NT stellt uns dagegen den Gott der Liebe vor. Stimmt das? Die eine Auffassung und die andere?
In diesem Kapitel geht es darum,
– die Zehn Gebote als Grundlagentext der Tora zu verstehen;
– den Zusammenhang von Geboten und Bund nachzuvollziehen;
– die Bedeutung der Tora für das AT und das NT zu formulieren
– und mit aktuellen Deutungen der Gebote zu spiegeln.

6.1 Die Worte des Bundes

Die Zehn Gebote gehören zu den bekanntesten Texten der gesamten Bibel und werden oft als „Grundgesetz" oder „Charta" des Judentums und des Christentums bezeichnet. Sie sind im AT zweimal überliefert (Ex 20,1–17; Dtn 5,6–21). Ihre Bezeichnung verdanken sie Ex 34,28 (Mose „schrieb auf die Tafeln die Worte des Bundes, zehn Worte"). In den Texten selbst ist die Zehnzahl nicht genau zu erkennen.[1] Nach Dtn 5,22 werden die Gebote auf Tafeln verteilt, die Mose nach Ex 32,15f.; 34,1.29 auf dem Gottesberg erhalten hat. Im Text der Gebote selbst gibt es diese Verbindung von Bundestafeln und Dekalog aber nicht.
Die beiden Fassungen sind weitgehend parallel, mit einigen charakteristischen Unterschieden. Die Exodus-Fassung (20,2–17) lautet folgendermaßen:

2 Ich bin der HERR, dein Gott, der ich dich aus Ägyptenland, aus der Knechtschaft, geführt habe. 3 Du sollst keine anderen Götter neben mir haben. 4 Du sollst dir kein Bildnis noch irgend ein Gleichnis machen, weder von dem, was oben im Himmel, noch von dem, was unten auf Erden, noch von dem, was im Wasser unter der Erde ist. 5 Bete sie nicht an und diene ihnen nicht. Denn ich, der HERR, dein Gott, bin ein eifernder Gott, der die Missetat der Väter heimsucht bis in das dritte und vierte Glied an den Kindern derer, die mich hassen; 6 aber Barmherzigkeit erweist an vielen Tausenden, die mich lieben und meine Gebote halten. 7 Du sollst den Namen des HERRN, deines Gottes, nicht missbrauchen; denn der HERR wird den nicht ungestraft lassen, der sei-

---

[1] Die Zählung der Gebote ist nicht einheitlich: In der jüdischen Tradition gilt allein V. 2 als erstes Gebot, V. 2–3 als zweites; Katholiken und Lutheraner zählen V. 2–6 als erstes Gebot und teilen V. 17 in zwei Gebote auf; in der reformierten und orthodoxen Tradition gelten V. 4–6 als zweites Gebot und die beiden Sätze in V. 17 als ein Gebot.

nen Namen missbraucht. [8] Gedenke des Sabbattags, dass Du ihn heiligest. [9] Sechs Tage sollst du arbeiten und alle deine Werke tun; [10] aber am siebenten Tage ist der Sabbat des HERRN, deines Gottes; da sollst du keine Arbeit tun, auch nicht dein Sohn, deine Tochter, dein Knecht, deine Magd, dein Vieh, auch nicht dein Fremdling, der in deiner Stadt lebt. [11] Denn in sechs Tagen hat der HERR Himmel und Erde gemacht und das Meer und alles, was darinnen ist, und ruhte am siebenten Tage. Darum segnete der HERR den Sabbattag und heiligte ihn. [12] Du sollst deinen Vater und deine Mutter ehren, auf dass du lange lebest in dem Lande, dass dir der HERR, dein Gott, geben wird. [13] Du sollst nicht töten. [14] Du sollst nicht ehebrechen. [15] Du sollst nicht stehlen. [16] Du sollst nicht falsch Zeugnis reden wider deinen Nächsten. [17] Du sollst nicht begehren deines Nächsten Haus. Du sollst nicht begehren deines Nächsten Weib, Knecht, Magd, Rind, Esel, noch alles, was dein Nächster hat.

Am Anfang stellt Gott sich vor: „Ich bin Jahwe" erinnert an die Befreiung des Volkes aus Ägypten. Dieser Satz hat grundlegende Bedeutung: Alle folgenden Gebote sind von Jahwe gegeben, der sich dem Volk als befreiender und mitgehender Gott erwiesen hat. Von vornherein ist deshalb zu erwarten, dass die Gebote die Freiheit bewahren sollen, in die Gott das Volk geführt hat. Auf diese Erinnerung folgt das Verbot der Verehrung anderer Götter. Dies setzt voraus, dass es sie gibt. Im bisherigen Verlauf der Genesis- und Exoduserzählungen spielten andere Götter keine herausragende Rolle und waren, wenn sie vorkamen, Jahwe unterlegen (Ex. 12,12). Es mag sie geben, aber das Volk Israel soll sie nicht anbeten.[2] Der Satz vom eifernden Gott (V. 5) legt das Missverständnis nahe, dass hier ein Gott eifersüchtig auf seine Privilegien achte. Aber das Gebot ergibt sich direkt aus der Erinnerung an den Exodus: Sich von dem befreienden Gott ab- und anderen Göttern zuzuwenden könnte nur in erneute Abhängigkeit führen.[3] Das soll Israel um Gottes und seiner selbst willen nicht tun. Das Verbot des Namensmissbrauchs Gottes schließt an und behandelt den „Gebrauch Gottes" in der Sprache. Es geht darum, den Namen Gottes nicht mit Dingen zusammenzubringen, die diesem Namen zuwiderlaufen. Hier folgt wie in V. 5 eine Strafandrohung, die aber in beiden Fällen unbestimmt bleibt und keine konkrete Rechtsfolge nach sich zieht.

Nach diesen auf Gott bezogenen Geboten folgt das Sabbatgebot. Es wird von Gen 1 abgeleitet: So wie Gott selbst sechs Tage lang Welt und Mensch geschaffen hat und am siebten Tag ruhte, soll es auch der Mensch tun. Niemand soll an diesem Tag arbeiten, auch der Sklave nicht und nicht einmal das Vieh. Der Ruhetag soll für alle eine Wohltat sein.

Die folgenden Gebote beziehen sich auf das Verhalten der Israeliten untereinander. Im Elterngebot geht es in erster Linie um die Sorge für die Eltern, wenn sie alt werden. Es findet sich auch in anderen ethischen Zusammenhängen im AT und steht oft als erstes Gebot in einer Reihe (Lev 19,13). Und es hat eine Verhei-

---

[2]   Vgl. unten 55f.
[3]   Vgl. zum Bilderverbot unten, 107–109.

ßung („auf dass du lange lebst …"), ihm wird also grundlegende Bedeutung für das eigene Wohlergehen beigemessen. Die drei folgenden Gebote sind äußerst knapp formuliert und haben kein direktes Objekt; sie können auf alle bezogen werden, auch auf Fremde, die bisher nicht im Blick waren. „Du sollst nicht töten" meint das mit Gewalt vollzogene Töten eines Menschen. In Ex 21,12ff. werden verschiedene Möglichkeiten des Tötens differenziert und mit Strafen bewehrt. Das Gebot selbst lässt das alles offen und gebietet ganz allgemein: Du sollst nicht töten.

Das Verbot des Ehebruchs ist vor dem Hintergrund der Ehe als sozialer Institution der biblischen Zeit zu verstehen. „Haus" und „Familie" haben einen größeren Umfang als die Kleinfamilie unserer Zeit; Frau und Kinder gehören dazu, der Besitz, das Ackerland, aber auch Altersvorsorge (Vater und Mutter ehren) sowie rechtliche und verwandtschaftliche Beziehungen. Wer in dieses System eingreift, gefährdet die Gemeinschaft und deren Lebensgrundlage. Eine Gefährdung der Lebensgemeinschaft stellt auch das Eingreifen in die Eigentumsrechte dar und ebenso die Falschaussage vor Gericht.

Die Zehn Gebote binden auf der Grundlage der Befreiung Israels durch Jahwe das Verhalten Gott gegenüber und den Menschen gegenüber zusammen. Es geht nicht an, Gott zu verehren und gleichzeitig Menschen zu verachten oder in ihre Rechte einzugreifen. Allgemeiner gesagt: Theologie und Ethik werden direkt aufeinander bezogen. Da die Selbstvorstellung Jahwes den Geboten voran steht, fehlen meistens nähere Begründungen. Es handelt sich um unbedingte Formulierungen, ohne Anspielung auf einen konkreten Fall. Solche Sätze werden als apodiktisches Recht* bezeichnet.[4]

6.2 Kontexte

Im jetzigen Kontext wirkt der Dekalog wie ein Einschub. Ex 20,18–21 schließen an die in Ex 19 beschriebene Gottesoffenbarung an. Dadurch werden diese ersten Gebote besonders herausgehoben: Nur diese Worte spricht Jahwe direkt zu Israel. Alle weiteren Gebote werden dem Volk durch Mose mitgeteilt.[5]
Die Wüstenwanderung des Volkes ist in drei Abschnitte unterteilt: Nach einem ersten Teil mit Erzählungen, die von Wasser- und Nahrungsmangel geprägt sind (Ex 16f.), kommt das Volk zum Sinai (19,1). Hier empfängt es „alle Gebote und Weisungen". In einem großen Textkomplex, der bis Num 4,10 geht, sind sie zusammengefasst. In 4,11 beginnt dann der dritte Teil der Wanderung, die sich

---

[4]   Apodiktische Rechtssätze sind meist in Reihen überliefert (vgl. Ex 21,12) und setzen eine Autorität voraus, in deren Namen sie gesprochen sind. Demgegenüber bezeichnet man konditional formulierte Rechtssätze (wenn-dann-Formulierung, die mit einer bestimmten Rechtsfolge versehen sind, z. B. Ex 21,18f.) als kasuistisches Recht* (von casus = der Fall).

[5]   Vgl. oben 45f.

bis zur Ankunft am verheißenen Land erstreckt. In diesem großen Komplex sind Gebote und Gesetze unterschiedlicher Art und Herkunft gesammelt.

> Das Bundesbuch (Ex 20,22–23,33, genannt nach 24,7) gilt als älteste Sammlung; sie beginnt und endet mit dem Gebot der Alleinverehrung Jahwes; eingefügt sind Bestimmungen zur Rechtsprechung (21,1–22,16) und Rechtssätze, die sich auf die Zuwendung zu den Fremden und der Armen beziehen.
> Das Heiligkeitsgesetz (Lev 17–26): So wie Jahwe sich gegenüber Israel als heilig erwiesen hat, so soll Israel sich Jahwe gegenüber als heilig erweisen, im Kult und im Alltag (Lev 19,2 u. ö.). Diese Sammlung stammt aus der priesterlichen Theologie.
> Das sogenannte Privilegrecht Jahwes bezieht sich auf die wiederhergestellten Gesetzestafeln in Ex 34,10–26.
> Im Deuteronomischen Gesetz (Dtn 12–26) spricht nicht Jahwe, sondern Mose. Im Vordergrund stehen die Zentralisierung des Kultes an einem von Jahwe gewählten Ort (Dtn 12) und die Gesetze in 16,18–18,22, in denen die Aufgaben des Königs, der Priester und Propheten beschrieben sind.

Gerahmt werden der Dekalog und das Bundesbuch von 19,4–6 und der Bundesschlusszeremonie in 24,3–8. Mose trägt dem Volk „alle Worte des Herrn" vor (24,3). Das Volk antwortet wie schon in 19,8: „Alle Worte, die der HERR gesprochen hat, wollen wir tun" (24,3.7). Hier wird die ideale Beziehung zwischen Gott und seinem Volk geschildert: Israel ist aus Ägypten befreit und von Gott als „heiliges Volk" auserwählt – und das Volk stimmt in diesen Bund* ein und erfüllt von seiner Seite aus die Bundesverpflichtung.

Der Bund* wird aber gleich darauf gebrochen: Während Mose auf dem Berg Anweisungen für den Bau und die Einrichtung eines Heiligtums erhält, das die Anwesenheit Gottes bei seinem Volk anzeigt, wendet sich das Volk von Jahwe ab und fordert die Errichtung eines Götterbilds (Ex 32,1–6). Gott erbarmt sich aber des Volkes um Moses' willen. Die Tafeln mit den Geboten, die Mose nach Ex 32,15ff. im Zorn zerstörte, werden neu geschrieben (34,1ff.) und Gott gibt sich Mose als barmherziger Gott zu erkennen (34,6f.).

Der Dekalog in Ex 20,1–17 muss eine literarische Vorgeschichte haben: Die Gebote sind unterschiedlich lang; teilweise enthalten sie eine Begründung, teilweise nicht; das göttliche „Ich" findet sich nur am Anfang, in V. 7 ist von Gott in der dritten Person die Rede, danach taucht das göttliche „Ich" nicht mehr auf. Diese Beobachtungen weisen auf eine Entwicklungsgeschichte hin. In einigen Geboten, vor allem den knappen Sätzen ab dem Tötungsverbot, schimmern alte Familienrechtssätze durch. Aber weder die Exodusfassung noch die des Deuteronomiums stammen in der jetzigen Form aus einer frühen Zeit: Die frühen Propheten, die vielfältige Überlegungen zu den religiösen und ethischen Grundlagen des Volkes anstellen und dabei zu mit den Geboten vergleichbaren Formulierungen kommen, erwähnen die Zehn Gebote nirgends.

Auch ein Vergleich von Ex 20 und Dtn 5,6–21 zeigt, dass der Dekalog eine Entwicklung durchlaufen hat. Beide Fassungen stimmen in großen Zügen überein, weisen aber im Detail Unterschiede auf, z. B. beim Sabbatgebot:

Ex 20,8 Gedenke des Sabbattages, dass du ihn heiligest. 9 Sechs Tage sollst du arbeiten und alle deine Werke tun. 10 Aber am siebenten Tage ist der Sabbat des HERRN, deines Gottes. Da sollst du keine Arbeit tun, auch nicht dein Sohn, deine Tochter, dein Knecht, deine Magd, dein Vieh, auch nicht dein Fremdling, der in deiner Stadt lebt. 11 Denn in sechs Tagen hat der HERR Himmel und Erde gemacht und das Meer und alles, was darinnen ist, und ruhte am siebenten Tage. Darum segnete der HERR den Sabbattag und heiligte ihn.

Dtn 5,12 Den Sabbattag sollst du halten, dass du ihn heiligest, wie dir der HERR, dein Gott, geboten hat. 13 Sechs Tage sollst du arbeiten und alle deine Werke tun. 14 Aber am siebenten Tage ist der Sabbat des HERRN, deines Gottes. Da sollst du keine Arbeit tun noch dein Sohn noch deine Tochter noch dein Knecht noch deine Magd noch dein Ochse noch dein Esel noch all dein Vieh noch dein Fremdling, der in deinen Toren ist, auf dass dein Knecht und deine Magd ruhe wie du. 15 Denn du sollst gedenken, dass du auch Knecht in Ägyptenland warst und der HERR, dein Gott, dich von dort ausgeführt hat mit einer mächtigen Hand und mit ausgerecktem Arm. Darum hat dir der HERR, dein Gott, geboten, dass du den Sabbattag halten sollst.

Das Gebot ist in Dtn 5,12.15 verstärkt und wird anders begründet als in Ex 20,11. Dient dort die Schöpfung als Begründung, so ist es hier der Exodus, und V. 14 zielt geradezu auf den sozialen Aspekt, „dass dein Knecht und deine Magd ruhe wie du". Dies weist in die Exilszeit, in der der Sabbat zum Unterscheidungsmerkmal des Judentums gegenüber seiner Umwelt wird.

Die letzten fünf Gebote in Dtn 5,17–21 sind miteinander verbunden. Damit wird ein inhaltlicher Akzent gesetzt: Auf die Jahweverehrung (5,6–10) folgt das Verbot des Namensmissbrauchs (V. 11), dann das Sabbatgebot (V. 12–15), das Elterngebot (V. 16) und weitere sittliche Gebote (V. 17–21), sodass das Sabbatgebot zentrale Bedeutung erlangt. In einer Zeit, in der viele Gesetze (zum Königtum, Kult usw.) durch den Untergang von Staat und Tempel den Realitätsbezug verloren haben und fremde Gesetze gelten, muss sich „für Israel die Lebensfrage der eigenen, nach wie vor gültigen Normen stellen. In dieser Situation dienen die Zehn Gebote als ‚Grundgesetz'", das seit Mose und für alle Zukunft gilt.[6] Im Deuteronomium wird der Dekalog dann zum Inbegriff des Bundes (Dtn 4,13) und Mittelpunkt des Offenbarungsgeschehens.

Für die historische Einordnung ist die Verknüpfung mit 2Kön 22f. grundlegend: Das unter König Josia 622 v. Chr. im Tempel gefundene Gesetzbuch kann nur das Deuteronomium bzw. eine Vorform sein, da die Reformmaßnahmen Josias auffallend mit den Vorschriften des Deuteronomiums übereinstimmen. Ein wichtiger Teil der Tora erweist sich damit als Produkt der späten Königszeit.[7] Die priesterlichen Gesetze sind

---

6   Rose, 5. Mose, Band 2, 423.
7   Rose, 5. Mose, Band 1, 22–26, unterscheidet folgende Phasen der Entstehung des Deuteronomiums: Deuteronomische Sammlung (Hiskia-Zeit, 715–696), deuteronomische Schule (Josia-

erst im Exil oder der nachexilischen Zeit entstanden. In der Endredaktion in persischer Zeit sind die einzelnen Sammlungen noch erkennbar; daraus ergeben sich manche Widersprüche (z. B. die Altargesetze in Ex 20,24f.; Dtn 27f. und Lev 17,3ff.).[8]

6.3 Gottes Gebote fördern Leben

Im Deuteronomium werden vorgegebene Gesetze zusammengefasst und aktualisiert. Hier bekommt der Begriff Tora umfassende Bedeutung (4,44f.; 17,18f.; 31,9-12). Er ist Ausdruck der heilsamen Zuwendung Jahwes zu seinem Volk, und das Gesetz ist nachvollziehbar im alltäglichen Leben: „Es ist das Wort ganz nahe bei dir, in deinem Munde und in deinem Herzen, dass du es tust" (Dtn 30,11-14).
Gottes Verheißungen, seine Rettung und Fürsorge gehen allen Geboten voraus. Nur im Rahmen dieser Grundstruktur bekommen die Gebote ihren Sinn. Zusammengefasst sind alle Gebote und Weisungen in Dtn 6,4-5: „Höre, Israel, der HERR ist unser Gott, der HERR allein. Und du sollst den HERRN, deinen Gott, liebhaben von ganzem Herzen, von ganzer Seele und mit all deiner Kraft." Dem einen Herrn, „unserem Gott" korrespondiert die ganze Hingabe seines Volkes, die in dem dreifachen „ganzes Herz, ganze Seele, ganze Kraft" zum Ausdruck kommt.[9] Die in V. 6-9 genannten Konkretionen dieser Zuwendung in Familie, Erziehung und dem alltäglichen Lebensraum unterstreichen dies. In Dtn 26,16 findet sich eine ähnlichen Wendung wieder, in V. 16-19 ergänzt durch eine gegenseitige Verpflichtung von Jahwe und Volk:

> Dtn 26,16-19 Heute gebietet dir der HERR, dein Gott, dass du tust nach allen diesen Geboten und Rechten, dass du sie hältst und danach tust von ganzem Herzen und von ganzer Seele. [17] Du hast dir heute vom HERRN sagen lassen, dass er dein Gott sein wolle und dass du sollest in allen seinen Wegen wandeln und halten seine Gesetze, Gebote und Rechte und seiner Stimme gehorchen. [18] Und der HERR hat dich heute sagen lassen, dass du sein eigenes Volk sein wollest, wie er dir zugesagt hat, und alle seine Gebote halten wollest [19] und dass er dich zum höchsten über alle Völker machen werde, die er geschaffen hat, und du gerühmt, gepriesen und geehrt werdest, damit du dem HERRN, deinem Gott, ein heiliges Volk seist, wie er zugesagt hat.

Wichtig ist zum einen das „heute", das die gegenseitige Verpflichtung aus einem einmaligen Akt in der Vergangenheit in die jeweilige Gegenwart derer bringt, die sich an den „Gesetzen, Geboten und Rechten" orientieren. Zum anderen zeich-

---

Zeit, 639-609), ältere deuteronomistische Sicht (Exilszeit, ab 587), jüngere deuteronomistische Schule (Ausgang des Exils ab 539 und frühe nachexilische Zeit).

[8]   Einzelheiten bei Crüsemann, Tora, 14f.

[9]   In V. 4 spiegeln sich zwei verschiedene Zeiten: Die Zeit der Josianischen Reform, in der die Verehrung Jahwes auf Jerusalem konzentriert wird, und die Zeit nach dem babylonischen Exil, in der die Erkenntnis des Monotheismus zusammengefasst ist (vgl. dazu unten, 97-99).

net das Verhältnis der Wechselseitigkeit den Text aus (V. 17f.). Hier verpflichten sich zwei Partner auf Zusammengehörigkeit: Gott für dich – das Volk für ihn.[10] Beide Partner gehören untrennbar zusammen, und es ist diese Zusammengehörigkeit, aus der heraus die Gebote zu verstehen sind. Wenn Ps 119 wiederholt die Freude an Gottes Tora hervorhebt (V. 16.24.47.70.77.114. 174), so steht dahinter derselbe Gedanke: Gottes Gebote wecken Freude und fördern das Leben, weil Gott sich auf die Seite seines Volkes gestellt hat und sich ihm verpflichtet. Die Gebote dienen Israel zum Guten (Dtn 10,13).

6.4 Exkurs: Tora im Alten und Neuen Testament

Der Begriff Tora hat im AT unterschiedliche Bedeutungen. In der Alltagssprache bezeichnet er die Mahnung von Mutter oder Vater (Spr 1,8; 4,1f. u. ö.), im Kult Weisungen der Priester (Jer 18,18; Hes 7,26), in der Weisheitsliteratur Ratschläge der Lehrer (Spr 7,2; 13,14) und bei den Propheten die Worte für das Volk (Jes 8,16.20). Ab der Zeit des Deuteronomiums steht Tora für den schriftlich niedergelegten Willen Gottes (Dtn 4,44f.; 30,10; 31,9). In Sir 1,1 bezeichnet Tora den ersten Teil des Kanons.

In den Kanon sind verschiedene Gesetzessammlungen eingegangen, die aus verschiedenen Zeiten stammen, sich auf unterschiedliche Lebensbereiche beziehen (z. B. Familie, Recht, Kult, König) und jeweils eigene Akzente aufweisen. Auch die Bezeichnungen sind nicht einheitlich: Neben Tora finden sich die Begriffe Gebote (*miswot*), Vorschriften (*huqqim*), Rechtssätze (*mišpatim*), Worte (*d*e*barim*). Entsprechend variantenreich sind die Texte auch hinsichtlich ihrer Form. Generell unterscheidet man apodiktisches Recht* von kasuistischem*, es finden sich Todesrechtssätze (Ex 21,12.15–17), Fluchworte (z. B. Dtn 27,16–25), kultische Ge- und Verbote (z. B. Ex 23,14), Tempelliturgien (Ps 15;24) oder das sogenannte ius talionis* (Vergeltungsrecht, vgl. Ex 21,23–25 „Auge um Auge, Zahn um Zahn"). Alle diese Rechtssätze sind eingebettet in Erzählungen (z. B. die Erzählung vom Sinai). Dieser Erzählrahmen ist wichtig. Er zeigt, dass es der mitgehende Gott ist, der sich ein Volk erwählt, mit ihm leidet, es aus der Sklaverei befreit, schließlich am Sinai einen Bund* mit ihm schließt und sich in diesem Bund auf die Treue seinem Volk gegenüber verpflichtet (Ex 19,4f.). Die Bundesverpflichtung geht allen Geboten voraus. Deshalb spricht man vom Bundesnomismus*, d.h. von der Einbettung der Tora in die heilvolle Geschichte Gottes mit seinem Volk. Die negativen Bestimmungen der Tora zeigen die Grenze, jenseits derer ein Leben nach dem Bund nicht gelingen kann; die positiv formulierten Rechtssätze gestalten den Raum innerhalb des Bundes aus. Zum Erzählrahmen gehört auch, dass Israel unmittelbar vor dem Einzug nach Kanaan eine Handlungsanweisung bekommt, die dazu anleitet, die Existenz als Gottesvolk nun im

---

[10]   Vgl. Rose, 5. Mose, 365 (364–369).

verheißenen Land zu verwirklichen. Die Befolgung der Tora ermöglicht dort das Leben in seiner ganzen Fülle. Ps 11;19;119 können dementsprechend die Tora Gottes als heilvolles, dem Menschen dienendes Gotteswort preisen.

Im nachexilischen Judentum werden die einzelnen Sammlungen überarbeitet und wachsen schließlich zum Pentateuch zusammen. Das Buch Esra lässt diesen Prozess ansatzweise erkennen (Esr 7,25–27). Erst jetzt, im 4. Jh. v. Chr., wird die Tora zur verbindlichen religiösen Tradition und zum das Leben bestimmenden Gesetz. Esra selbst wird deshalb später im Talmud (Sanhedrin 21b) als „zweiter Mose" bezeichnet.

Noch vor der schriftlichen Fixierung der Tora kritisieren die Propheten eine nur oberflächliche Befolgung der Weisungen Gottes. Wenn es keine Liebe und Erkenntnis Gottes gibt, dann sind die Opfer, die man ihm darbringt, nutzlos, sagt Hosea (6,6), und Amos pflichtet bei (5,22–24):

> Am 5,22–24 Und wenn ihr mir auch Brandopfer und Speisopfer opfert, so habe ich kein Gefallen daran und mag auch eure fetten Dankopfer nicht ansehen. [23] Tu weg von mir das Geplärr deiner Lieder; denn ich mag dein Harfenspiel nicht hören! [24] Es ströme aber das Recht wie Wasser und die Gerechtigkeit wie ein nie versiegender Bach.

Hier wird nicht der Opferkult als solcher kritisiert, sondern die Diskrepanz zwischen frommen religiösen Feiern auf der einen und Unterdrückung der Armen (2,6; 3,10; 4,1; 5,12) auf der anderen Seite. Kurz vor dem babylonischen Exil stimmt Jeremia in diese Kritik ein (7,4–10). Aufgrund seiner Klage über die herrschende Ungerechtigkeit sagt er Unheil voraus, kündigt aber auch einen „neuen Bund" an, der sich bei dem Volk nicht im Äußeren erschöpft, sondern in das Herz der Menschen geschrieben ist: In ihrem Inneren und von innen heraus soll die Tora unter ihnen wirksam sein – „und sie sollen mein Volk sein und ich will ihr Gott sein" (7,23; 11,4).

In den Evangelien spiegelt sich die spannungsreiche Haltung Jesu zur Tora wider. Nach Mt 5,17ff. ist er nicht gekommen, das Gesetz aufzulösen, sondern um seine lebensfördernde Intention herauszustellen. Dass er das Sabbatgebot missachtet (Mk 2,23–3,6), kultischen Reinheits- und Speisevorschriften sowie den Rechtssätzen zur Ehescheidung widerspricht (Mk 7,15; 10,2ff.), ist kein Bruch mit der jüdischen Tradition; Jesus steht damit in einer Linie mit der prophetischen Kritik. Dementsprechend geht es in Mt 5,23f. nicht um Versöhnung *oder* Opfer, sondern um die richtige Reihenfolge; prophetische Tradition scheint auch in der Reinheitsfrage auf, wenn Jesus auf das „Innere" des Menschen zielt und damit Reinheitsvorschriften, die zur Separation führen, kritisiert (Mk 7,15). Die Antithesen der Bergpredigt (Mt 5,21–48) zeigen eine kritische Distanz zur Tora, bei der es gleichwohl nicht um deren Aufhebung, sondern um ihre Intention geht. Motiviert ist dies durch die Überzeugung von der Nähe der Gottesherrschaft.

Paulus hebt die Torakritik auf eine prinzipielle Ebene: „Ein Mensch wird nicht durch Werke des Gesetzes gerecht, sondern aus Glauben an Jesus Christus" (Gal 2,16). Werke des Gesetzes sind vor allem die von der Tora gebotene Beschneidung, die Sabbatobservanz, die Speisegebote, die die Zugehörigkeit zum Volk Gottes zeigen, und dann die anderen in der Tora niedergelegten Satzungen und Gebote. Für Paulus ist der Maßstab dagegen der Glaube an Christus und von hier aus nimmt er die Tora in den Blick. In Gal 3 führt er dafür verschiedene Argumente an: Die Tora selbst stellt Abraham als Vorbild des Glaubens dar; Segen und Verheißung, die Abraham bekam, zielen auf alle, die wie Abraham auf Gott vertrauen. Dafür spricht auch das Altersargument: die Verheißung an Abraham galt schon lange, bevor die Tora durch Mose gegeben wurde; die Tora war (und ist) nötig wegen der Sünde, die vom Menschen Besitz ergriffen hat. Als „Pädagoge" weist sie auf Christus hin. Dies wurde häufig als Abfolge von Gesetz und Evangelium so verstanden, dass mit dem Evangelium das Gesetz abgetan und überholt sei. Dies trifft allerdings weder das AT noch das NT. Im AT gehören Bund* und Tora unauflöslich zusammen und die „frohe Botschaft" der Zusage und Treue Jahwes zu seinem Volk ist die Voraussetzung der Tora; und das NT hält an den Geboten fest, interpretiert sie aber im Licht der anbrechenden Gottesherrschaft.

6.5 Anregungen für den Unterricht

1) Im Internet gibt es verschiedene Paraphrasierungen und Persiflagen der Gebote, z. B. die folgenden, sehr gegensätzlichen Fassungen:

„1. Ich bin der Gott, der zu dir hält. Neben mir brauchst du keine anderen Götter. 2. Mach dir kein Bild von Gott. Denn Gott ist grösser als alle Gedanken über ihn. 3. Missbrauche den Namen Gottes nicht für deine Interessen 4. Gönne dir einen Tag der Ruhe in der Woche, damit du Zeit hast für deine Mitmenschen, selbst zur Besinnung kommst und Gott nicht vergisst. 5. Achte deinen Vater und deine Mutter, und kümmere dich um sie, wenn sie alt werden. 6. Schütze das Leben und zerstöre es nicht! 7. Zerstöre nicht das Vertrauen der Frau oder des Mannes, mit der/dem zu zusammenlebst. Setze nicht das Leben in der Familie aufs Spiel. 8. Nimm anderen nicht weg, was ihnen gehört. Achte die Freiheit und Würde des anderen Menschen. 9. Mach andere nicht schlecht, tritt für die Wahrheit ein. 10. Versuche nicht, an dich zu bringen, was dem Anderen gehört. Gönne ihm was er hat."[11]
Ganz anders lautet die „Neue Fassung für das dritte Jahrtausend nach Christus: 1. Nur Du selbst kannst Dich befreien, diene nur Deinen Interessen! 2. Mach Dir ununterbrochen Bilder von dem, was Du Dir wünschst, erhoffst, erträumst – die Medien geben Dir jede Unterstützung – als das umfassende Glück auf Erden! 3. Du sollst keinen anderen Göttern dienen als Geld und Konsum! 4. Zeit ist Geld und ein Tag der Ruhe und Stille ist überflüssig und macht nur nervös! 5. Du sollst Vater und Mutter recht-

---

[11]   www.reli.ch/index.php?id=einzel&no_cache=1&tx_ttnews%5Btt_news% am 10.1.2014.

zeitig in ein Altersheim bringen, denn du hast keine Zeit, die Wohnung ist zu klein und mit dem Altwerden zu tun zu haben macht nur Mühe! 6. Wenn es verlangt wird, töte die, die man zu Deinen Feinden erklärt und benutze dazu die neuesten atomaren, chemischen und sonstigen Waffen, die Du als Steuerzahler ja mitfinanziert hast! 7. Jeder ist – Heiratsversprechen spielen keine Rolle – frei und hat ein Recht auf Liebe, mit wem es ihm gefällt! 8. Wenn es der Wirtschaftsentwicklung und dem Wachstum förderlich ist, müssen private Besitz- und Eigentumsverhältnisse verändert werden! 9. Wenn es Deiner Karriere, Deinem Ansehen, Deiner Bekanntheit oder sonst irgendwie von Nutzen ist, sollst Du anderen nachreden, was immer Dir gefällt! 10. Bringe alles an Dich, was Dir ermöglicht, mehr und intensiver alles zu konsumieren, was Du Dir wünschst!"[12]

Welche Konsequenzen folgen jeweils aus diesen Texten? Ermöglichen Sie Freiheit, für den Einzelnen, für die Gemeinschaft? Wie kann man – z. B. in einer Schulklasse – das Verhältnis von Regeln und Freiheit beschreiben? Vor dem Hintergrund solcher Vorlagen lassen sich eigene Texte oder Antitexte formulieren.

2) Texte lassen sich mit Hilfe von Bildern deuten. Was sagt diese Karikatur zur Tora, zu Mose und Gott? Stimmt ihre Aussage mit den behandelten Texten überein?

Literatur zum Weiterlesen
Köckert: Die Zehn Gebote
Deuser: Die Zehn Gebote
Evangelische Kirche in Deutschland: Unsere Zehn Gebote (Kurzfilme)

---

[12]   www.n-hilden.de/die-zehn-gebote am 10.1.2014.

7. So gab Jahwe den Israeliten das ganze Land (Jos 21,43)

Ist Gott grausam und gewalttätig? Spätestens seit dem 11. September 2001 wirft man dies dem Islam, aber auch dem Judentum und dem Christentum und generell dem monotheistischen Denken vor. Häufig beruft man sich in der jüdisch-christlichen Tradition dabei auf das Buch Josua, in dem aus heutiger Perspektive oft und auf verstörende Weise von Gewalt die Rede ist, die von Gott ausgeht. Gerade deshalb muss man sich die Mühe machen die Texte im Zusammenhang zu lesen und ihrer Aussageabsicht nachspüren. In diesem Kapitel geht es deshalb darum,

- einen Eindruck von den Büchern Josua und Richter zu gewinnen;
- die sogenannte Landnahme Israels in ihrem geschichtlichen und literarischen Kontext zu verstehen;
- einen Blick auf den Zusammenhang von Gott und Gewalt zu werfen
- und nach der Relevanz dieser Aussagen für die Gegenwart zu fragen.

7.1 Die Landverheißung geht in Erfüllung

Am Ende des Buches Josua heißt es zusammenfassend:

21,43–45 So hat der HERR Israel das ganze Land gegeben, das er geschworen hatte, ihren Vätern zu geben, und sie nahmen es ein und wohnten darin. [44] Und der HERR gab ihnen Ruhe ringsumher, ganz wie er ihren Väter geschworen hatte; und keiner ihrer Feinde widerstand ihnen, sondern alle ihre Feinde gab er in ihre Hände. So gab Jahwe den Israeliten das ganze Land, das er ihren Vätern zu geben geschworen hatte. Sie nahmen es in Besitz und ließen sich darin nieder. Es war nichts dahingefallen von all dem guten Wort, das der HERR dem Hause Israel verkündigt hatte. Es war alles gekommen.

So sprechen nicht Historiker, sondern Theologen. Ihnen geht es nicht um die Genauigkeit der historischen Rekonstruktion, sondern um Deutung: Das Land, das Jahwe einst Abraham versprach, ist Gottes gute Gabe; nun ist es dem Volk zum Nutzen gegeben. Der kleine Abschnitt gehört mit der Aufforderung an Josua am Beginn des Buches zusammen: „Mein Knecht Mose ist gestorben; so mach dich nun auf und zieh über den Jordan, du und dies ganze Volk, in das Land, das ich ihnen, den Israeliten, gegeben habe" (1,2). Was hier als bereits gegeben behauptet ist, wird am Ende des Buches festgestellt.[1] Das Land ist auf die Stämme Israels aufgeteilt (19,49). Die Verse sind mit Hilfe formelhafter Wendungen gestaltet, die aus dem Deuteronomium bekannt sind: Das „ganze Land, das er ihren Vätern zu geben geschworen hatte" (Dtn 4,21; 15,4; 19,10; 20,16 u. ö.); Jahwes Schwur (Dtn 1,35; 2,14; 6,10 u. ö.); alle Feinde werden in die Hände der Israeliten gegeben (Dtn 7,24; 11,25); Ruhe (Dtn 3,20; 12,10; 25,19). Alles das bestätigt: Das Land ist ein gutes Land zum Wohnen.

Was im Rückblick festgehalten wird, stellt sich im Verlauf des Josuabuches allerdings weniger ruhig dar. Josua führt als Nachfolger des Mose (1,1–5) das Volk in einer ganzen Reihe kriegerischer Ereignisse an. Schon der Name Josua (Jahwe ist Hilfe) zeigt, dass Israel sich auf die Hilfe Gottes verlassen kann. Als Nachfolger wird er nah an Mose herangerückt: Jahwe sagt Mose und Josua seinen Beistand zu (Ex 3,12/Jos 1,5), beide senden Späher nach Kanaan (Num 13,1–3/Jos 2,1), durchqueren Wasser auf wundersame Weise (Ex 14/Jos 3,7–17), und wenn sie ihre Hände erheben, ist der militärische Sieg sicher (Ex 17,8–12/Jos 8,18–26). Mose vermittelt Israel den Bund mit Gott und erneuert ihn, und so tut es auch Josua (Ex 24,3–11; Dtn 29,2–30,20/Jos 24). Er sorgt für die Einhaltung kultischer Bestimmungen (Jos 5,2–12; 7; 8,30f.). Beim „Landtag von Sichem" (Jos 24) erinnert Josua an die Geschichte Gottes mit Israel und verpflichtet das Volk erneut darauf die Weisungen Gottes zu bewahren und zu halten (24,19–25). All dies zeigt: Josua ist der rechtmäßige Nachfolger des Mose. Wie Jahwe das Volk unter Mose bis zum verheißenen Land geführt hat, so führt er es nun unter Josua in das Land hinein.[2]

7.2 Kontexte

Die „Landnahme" wird im Buch Josua als Folge kriegerischer Aktionen dargestellt, bei denen Gott auf Seiten der Israeliten kämpft und ihnen so das verheißene Land zuteilwerden lässt. Jos 2–9 stellt verschiedene Ortssagen mit der charakteristischen Schlussformel „bis auf den heutigen Tag" zusammen (4,9; 7,26; 8,28f. u. ö.). Sie belegt die zeitliche Distanz, aus der heraus die Geschichten erzählt werden. Nach 10,12–40 erobert Josua sechs kanaanäische Städte auf gleiche Weise. 12,9–24 berichtet von 31 Königen, die Josua besiegt haben soll. In stereotyper Wiederholung veranschaulichen alle Berichte die Eingangssätze des Josuabuches: Niemand kann Josua widerstehen, weil Jahwe auf seiner Seite ist. Konkrete Erinnerungen an Kämpfe sehen allerdings anders aus.

---

[1] Das Josuabuch besteht aus einer Grundschicht und mehreren Redaktionen, bei der sich mindestens ein deuteronomistisch denkender und ein am Priestertum orientierter Redaktor unterscheiden lassen. Es hat in der Perserzeit seine jetzige Form bekommen (Fritz, Josua, 3f.).

[2] Über Josua als historische Gestalt lässt sich außer den Bemerkungen im Pentateuch und dem Josuabuch selbst nichts Sicheres sagen.

Die in Jos 2–9 genannten Ortsnamen liegen alle im kleinen Stammesgebiet von Benjamin im judäischen Bergland. Bei den Erzählungen handelt es sich ursprünglich um Stammesüberlieferungen. Sie bilden die Grundlage für die Erzählungen des Josuabuches und sind später auf ganz Israel übertragen worden.

Wie sich Traditionen verändern, kann man am Beispiel der „Eroberung Jerichos" sehen. Nach dem ältesten Stadium der Erzählung fällt Jericho durch Verrat in die Hand der Benjaminiter (Jos 2). Eine jüngere Fassung erzählt von einem Kampf außerhalb der Stadt, in dem Jahwe die ausfallenden Bewohner Jerichos den Israeliten in die Hand gibt (Jos 24,11). Ein weiteres Überlieferungsstadium spricht nicht mehr von einem Kampf; die Israeliten umziehen die Stadt und erheben das Kriegsgeschrei, woraufhin die Stadtmauer einstürzt. In einer jüngeren Variante wird dieser Kriegsumzug als Prozession geschildert. In Jos 6 sind alle diese Fassungen ineinander verwoben. Ausgrabungen zeigen indessen, dass die Stadt in der jüngeren Bronzezeit nur spärlich besiedelt war und anders als in der frühen und mittleren Bronzezeit über keine Befestigungsmauer mehr verfügte. Die Stadtmauer lag also bereits in Trümmern und die Stadt war kaum besiedelt, als sich die Benjaminiter ihrer bemächtigten.

Die spätere Überlieferung stellt die „Landnahme" als gemeinsames, kriegerisches Unternehmen aller Stämme dar. Das sogenannte Eroberungsmodell der „Landnahme" ist aber aus verschiedenen Gründen historisch wenig plausibel. Neben der Stereotypie der Texte lassen vor allem archäologische Zeugnisse erkennen, dass ab etwa 1200 die Bedeutung der kanaanäischen Städte abnimmt, während gleichzeitig in bis dahin wenig besiedelten Gebieten wie dem judäischen Bergland die Bevölkerung zunimmt. Etwa in derselben Zeit gehen das Hethiterreich im Norden unter und Ägypten wird in verschiedene Herrschaftsbereiche aufgeteilt; Halbnomadengruppen lassen sich an den Rändern des Kulturlandes nieder, südlich des Toten Meeres die Edomiter, südöstlich davon die Moabiter, die Ammoniter siedeln am Oberlauf des Jabbok. Die Philister gründen in der Küstenebene die Sädte Gaza, Aschkelon, Aschdod, Ekron und Gat. Sie werden für längere Zeit zur gefährlichsten Bedrohung für die Israeliten. Die fragliche Zeit ist also von politischen und sozialen Umbrüchen geprägt, zu denen auch die Entstehung des Volkes Israel gehört.

Deshalb hat man neben dem „Eroberungsmodell" andere Rekonstruktionen vorgeschlagen: Das „Infiltrationsmodell" geht davon aus, dass die israelitischen Stämme nach und nach in die kanaanäischen Gebiete eingedrungen sind. Das „Revolutionsmodell" stellt die Entstehung Israels als innerkanaanäischen Konflikt zwischen der Stadt- und der verschuldeten Landbevölkerung dar. Die verschuldete Landbevölkerung habe gegen die Städter opponiert. Das „Evolutionsmodell" nimmt die gleiche Ausgangslage an, hier ergehen sich die Veränderungen aber allmählich. Gemeinsam ist diesen Modellen, dass sich die „Landnahme" über einen längeren Zeitraum erstreckt und mit tiefgreifenden gesellschaftlichen Veränderungen verbunden ist.

Die einwandernden Stämme lassen sich zunächst in den gebirgigen Teilen Palästinas* nieder, da sie in den Ebenen wegen der Übermacht der kanaanäischen

Städte zunächst nicht Fuß fassen können (Ri 1,17–36; Jos 16,10; 17,12ff.16). In den spärlich besiedelten, gebirgigen Teilen des Landes, die kaum befestigt und landwirtschaftlich wenig genutzt sind, können sich einwandernde israelitische Stämme leichter ansiedeln, vermutlich im Rahmen des Weidewechsels.[3] Nach und nach nimmt die Bedeutung der kanaanäischen Städte ab, die der neu besiedelten Gebiete zu. Erst nachdem die israelitischen Stämme bereits längere Zeit im Land „erstarkt" sind (Jos 17,13), erreichen sie auch die Kontrolle über befestigte Städte und deren Umland. Weil diese Ereignisse besonders eindrücklich sind, werden vornehmlich sie Gegenstand der Überlieferung.

Mit der Besiedlung geht eine Veränderung der Sozialstruktur einher. Anders als die Gesellschaften der kanaanäischen Städte sind die einwandernden Gruppen in Sippen und Stämmen organisiert. Vor dem 10. Jahrhundert gibt es das „Volk Israel" im eigentlichen Wortsinn noch nicht; wir haben es vielmehr mit einer Stämmegesellschaft zu tun. Zwischen den Stämmen, die im Lauf der Zeit zu Israel zusammenwachsen, muss es allerdings ein Gefühl der Zusammengehörigkeit gegeben haben. Möglicherweise repräsentieren die in der Genesis genannten Söhne Leas die älteren, zuerst eingewanderten Stämme, die sich allmählich zusammenschließen. Sie werden mit dem Namen Israel in Verbindung gebracht: Vermutlich handelt es sich um Verehrer des Gottes El.[4] Die sogenannten Rahel-Stämme scheinen bereits vor ihrer Sesshaftwerdung Jahwe-Verehrer gewesen zu sein; vermutlich haben sie die Jahwe-Verehrung und die Exodusüberlieferung an die bis dahin El verehrenden Gruppen weitergegeben. Dass die im Land bereits ansässigen Stämme diesen „neuen" Gott als den ihren annehmen, könnte durch einen Kriegszug der Ägypter begünstigt worden sein, in dessen Folge vermutlich einige Stämme aus Mittelpalästina verdrängt worden sind.[5] Es ist denkbar, dass sich in dieser Situation die Botschaft von Jahwe, der aus der Knechtschaft der Ägypter befreite und seine Verehrer vor den Nachstellungen einer ägyptischen Streitwagenmacht errettete, Widerhall bei den Lea-Stämmen gefunden hat.

Eine einheitliche Struktur und klare Verfahrensregeln zwischen den Stämmen gibt es in dieser frühen Zeit nicht. Auch wenn die Stämme zunehmend Jahwe verehren, gibt es keinen gemeinsamen Kultort; auch ein gemeinsamer Name ist nicht bekannt. Andererseits müssen die Beziehungen untereinander so intensiv gewesen sein, dass man sich über den eigenen Stamm hinaus zunehmend als Teil einer größeren Gemeinschaft verstehen kann und in der eine gemeinsame Tra-

---

[3]   Wanderhirten, deren Herden im Sommer auf abgeernteten Feldern der Kulturlandbewohner weiden, kehren in der Regenzeit nicht in die Steppe zurück, sondern setzen sich allmählich in Teilen des Landes fest, die von den Bewohnern nicht genutzt werden.

[4]   Siehe oben, 35–37.

[5]   Die Merenptah-Stele (sie datiert ins 5. Regierungsjahr des Königs Merenptah von Ägypten, 1208 v. Chr.) spricht von einer Niederlage einer Gruppe, die Israel genannt wird („Israel ist verwüstet und seine Saat ist nicht mehr"). Sie stellt den ältesten außerbiblischen Beleg für den Namen Israel dar.

ditionsbildung stattfindet. Ereignisse, die nur einen Teil der Stämme betreffen, werden dabei auf die Gesamtheit übertragen.

Das Richterbuch beschreibt Ereignisse zwischen der Zeit der Besiedlung Palästinas* durch israelitische Stämme und dem Beginn des Königtums, also etwa zwischen 1200 und 1000. Im Zusammenleben zwischen Israeliten und Kanaanäern bleiben Konflikte nicht aus. Es kommt auch zu Auseinandersetzungen mit Nachbarvölkern im Osten und Südosten sowie mit den Philistern. Die Stämme Israels sind aber keine politische Größe und haben keine Führungsspitze. Bei Angriffen von außen ist der einzelne Stamm auf sich gestellt. In diesem Fall müssen wehrfähige Bauern rekrutiert werden. Als eigentlicher Anführer gilt Jahwe, der in Notsituationen einzelne Führerpersönlichkeiten mit seinem Geist ausrüstet. Diese Anführer werden als Richter bezeichnet.[6]

Das Richterbuch stellt Episoden aus dieser Zeit in theologischer Perspektive dar. Die Verhältnisse sind bisweilen chaotisch. Kaum ist eine Bedrohung überwunden, kündigt sich die nächste an. Ab Ri 2 begegnet wiederholt ein bestimmtes Schema: Da die Stämme sich anderen Göttern zugewandt haben, gibt Jahwe sie den Feinden preis; sie erkennen diesen Zusammenhang und flehen Jahwe um Hilfe an, der daraufhin einen Richter oder eine Richterin beruft, die sie aus der Hand der Feinde befreit; zunächst halten sich die Stämme an Jahwe, wenden sich aber nach dem Tod der Richter wieder von ihm ab (Ri 2,10–19). Die Richter agieren keineswegs immer vorbildhaft (z. B. 3,15–31; 4; 6,1–12.36–40). Durch ihre Unzulänglichkeiten hindurch zeigt sich aber die Hilfe, die Jahwe den Stämmen zuteilwerden lässt. Die Frage der Jahwe-Verehrung spielt deshalb eine wichtige Rolle (vgl. besonders 6,17–32; 8,22–27). In Ri 2,22f. und 3,2 wird dieses Schema mit theologischen Begründungen versehen:

> Ri 2,22f.   … damit ich Israel durch sie prüfe, ob sie auf dem Wege des HERRN bleiben und darauf wandeln, wie ihre Väter geblieben sind, oder nicht. So ließ der HERR diese Völker, die er nicht in Josuas Hand gegeben hatte, übrig, ohne sie sogleich zu vertreiben; Ri 3,1   Dies sind die Völker, die der HERR übrigließ, damit er durch sie Israel prüfte, alle, die nichts wussten von den Kriegen um Kanaan, ² und die Geschlechter Israels Krieg führen lehrte, die früher nichts davon wussten.

Es liegt auf der Hand, dass diese Begründungen aus späterer Zeit stammen. Ri 17–21 beschreiben weitere Bedrohungen, ohne dass Richter auftreten. Stattdessen ist mehrfach vermerkt, dass es zu dieser Zeit keinen König in Israel gab (17,6; 18,1; 19,1; 21,25). So erweist sich im Rückblick die Zeit der Richter als Übergangszeit und als Vorbereitung auf das Königtum. Die grundlegenden Überle-

---

6   „Richten", „Recht" und „Richter" sind nicht auf den juristischen Bereich beschränkt. Unter „Recht" (*mischpath*) ist eine heilvolle, lebensdienlich Ordnung zu verstehen. „Richten" meint jede Tätigkeit im politischen, juristischen, sozialen und militärischen Bereich, die eine solche heilvolle Ordnung zustande bringt.

gungen in Ri 2,22f. und 3,1f. deuten aber schon an, dass auch die kommende Königszeit nicht frei ist von Konflikten innerer und äußerer Art.

7.3 Gott, die Gewalt und der Krieg

Gewalt findet sich im AT in vielfältiger Gestalt. Es gibt Gewalt in Familie und Verwandtschaft (Gen 37; 2Sam 13), zwischen Herrschern und Beherrschten (2Sam 11; 1Kön 21; Mi 2). Arme, Witwen und Waisen werden unterdrückt (Sach 7,10; Mal 3,5) sexuelle Übergriffe (Gen 6,19; Ri 19; 2Sam 13,14) und Falschaussagen vor Gericht kommen vor (Ex 23,1; Dtn 19,16), Eifersucht und Neid wirken sich gewalttätig aus (Gen 4, 1Sam 13).

Begriffe aus dem Wortfeld „Krieg" finden sich in fast allen Schriften des AT, besonders häufig im deuteronomistischen Geschichtswerk*, der Chronik sowie bei Jesaja und Jeremia. In den Büchern, die von der „Landnahme" handeln, tritt Jahwe selbst wiederholt als Kriegsherr auf, der keine Gnade walten lässt: Die Besiegten werden getötet (Num 31,17; Dtn 20,13; Jos 6,21; 1Sam 15,8) oder zu Sklavenarbeit herangezogen (1Sam 11,2; 2Kön 25,7; Jer 39,7; Jos 9,21; 2Sam 12,31). Eroberte Städte werden zerstört (Ri 9,45; 2Kön 14,13f.; 24,13; 25,8–11), von Gräueltaten wird berichtet (Jes 13,16; 2Sam 8,2; 2Kön 8,12).

Krieg ist in der Antike in der Regel mit religiösen Vorstellungen, d.h. mit der Beteiligung der Götter verbunden. Der jeweilige Gott kämpft auf der Seite seines Volkes. In Israel ist dementsprechend von „Jahwe-Kriegen" die Rede. Sie lassen ein ungefähres Schema erkennen[7]: Nach dem Blasen der Posaune (Ri 6,34ff.) kommt das „Volk Jahwes" zusammen (Ri 5,11); das Heerlager unterliegt einer sakralen Ordnung und gilt als heilig, Gott selbst hält sich darin auf (Dtn 23,5); die Kämpfer halten sich rituell rein (Dtn 23,10–15) und bringen vor der Schlacht Opfer dar (1Sam 7,9); Gott wird befragt (Ri 20,23.27) und der Heerführer verkündet den Gottesentscheid („Jahwe hat … in eure Hand gegeben" Jos 2,24); Jahwe zieht dem Heer voran (Dtn 1,30; Ri 4,14; 2Sam 5,24); deshalb kommt es auf Zahl und Bewaffnung der Kämpfer nicht an; die Feinde sind „Feinde Jahwes" (1Sam 30,26); die Schlacht wird durch Kriegsgeschrei eröffnet (Jos 6,5; 1Sam 17,20.52), der „Gottesschrecken" überfällt die Feinde (Dtn 7,23; Ri 5,15; 1Sam 14,15) oder die Israeliten, die daraufhin „ausziehen wie ein Mann" (1Sam 11,7); mit dem Ruf „zu deinen Zelten, Israel" werden die Kämpfer nach dem Kampf entlassen (1Kön 12,16).

Mehrfach ist vom Bann* die Rede. Eigentlich ist damit die Weihe von Dingen oder Menschen für ein Heiligtum gemeint (Lev 27,21.28f.). Wird im Krieg gegen Nichtisraeliten der Bann verhängt (Jos 10,28–40; 1Sam 15,3), werden Menschen

---

[7]   Die Zusammenstellung ist eine Systematisierung; in keinem Text sind alle diese Elemente enthalten (vgl. Obermayer, „Heiliger Krieg").

und Tiere sowie aller Besitz Gott übereignet, d.h. getötet oder vernichtet. Wer sich nicht an das Banngebot hält, verfällt selbst dem Bann (Jos 7,15.24f.; 1Sam 15,18–23). Der Bann ist keine Sondervorschrift in Israel[8], findet sich aber wiederholt in der deuteronomistischen Darstellung der „Landnahme". Diese Geschichtsdeutung ist jedoch viel später entstanden als die Ereignisse, von denen berichtet wird, und zwar in einer Zeit, in der Israel selbst unter fremder Herrschaft steht. Es geht ihr nicht zuletzt um die Reinhaltung des Jahweglaubens. Aus diesem Grund wird der Bann an einigen Stellen auf Israel selbst bezogen: Wenn Ortschaften vom Glauben abfallen, sollen sie vernichtet werden (Ex 22,19; Dtn 27,26; 13,13–19). Es liegt auf der Hand, dass dies keine realistische Forderung darstellt, sondern im Rückblick auf die (fiktive) Geschichte der „Landnahme" die Exklusivität des Jahweglaubens hervorheben will. Der Heiligkeit Gottes soll die Heiligkeit des Volkes entsprechen. Hält Israel sich nicht daran, so hat dies ein Strafgericht zur Folge (Hes 16,38.42; 23,25).

Im Hintergrund solcher Aussagen stehen Vasallenverträge, wie sie aus dem hethitischen und assyrischen Kulturkreis bekannt sind. Dazu gehören eine Selbstvorstellung des Königs, ein geschichtlicher Rückblick, Grundsatzerklärungen und Einzelbestimmungen, Zeugenanrufung sowie Segen und Fluch (letzteres für den Fall der Nichteinhaltung des Vertrags).[9] Die Fluchbestimmungen machen im Vasallenvertrag wie im Bund* zwischen Jahwe und Israel die Folgen eines Bundesbruchs überdeutlich: Wo Jahwe die alleinige Verehrung verweigert wird, muss das Volk die Folgen tragen. Wichtig ist wiederum der zeitliche Aspekt: Jos 24,19–24 z. B. gehört zur deuteronomistischen Redaktion, beschreibt also die Ereignisse im Rückblick und angesichts der Katastrophe Jerusalems.

Die Vorstellung vom Jahwe-Krieg stuft den menschlichen Anteil an der Kriegführung gering ein (Ri 7,2–8; 1Sam 14,4–45; Dtn 20,1). Sie wird über die Kriegsberichte gelegt, um die Führung Jahwes hervortreten zu lassen. Besonders deutlich wird dies in 2Chr 13,1–18; 14,8–14; 20,1–30, wo Jahwe seinem Volk trotz erdrückender Überlegenheit der Gegner den Sieg verschafft. Ab der Königszeit wird der Krieg zunehmend vom König geführt. Deshalb kommt es zu Auseinandersetzungen darüber, wem die Kriegsbeute gehören soll. Als Saul Beute macht, tritt Samuel ihm entgegen mit der Ankündigung, dass Gott ihm das Königtum nehmen werde (1Sam 15,13–31). Insgesamt aber verändert sich ab der frühen Königszeit die Vorstellung vom Krieg: Je stärker die Institution des Königtums an Bedeutung gewinnt, umso mehr geht der Anteil Jahwes am unmittelbaren Kriegsgeschehen zurück.

---

[8]   Die Mescha-Stele spricht vom Bann, die der moabitische König Mescha an der Stadt Neb vollzieht und bei dem 7000 Menschen getötet worden sein sollen. Die 1868 entdeckte Stele erwähnt außerdem das Haus Omri, das im 9. Jh. die Könige im Nordreich Israel stellte; und es findet sich der Gottesname Jahwe in Form des Tetragramms*.

[9]   Vgl. Dtn 1–3; 31,9–13; 4,25; 30,19; 31,28 und zum Fluch Dtn 28,58–61. Rüterswördern, Deuteronomium, bietet einen Vergleich zwischen Dtn 28 und Vasallenverträgen Asarhaddons.

Jahwes Zorn kann sich auch gegen das eigene Volk richten. Militärische Niederlagen werden als Folge des Gotteszorns interpretiert (Klgl 2,1–5), vor allem im Zusammenhang des Untergangs von Nord- und Südreich. Der assyrische bzw. babylonische König werden dabei als Werkzeuge gesehen, derer Jahwe sich bedient (Jes 5,25–30; 7,20; Jer 25,9; 27,6). Umgekehrt beruft Jahwe den Perserkönig Kyros als seinen Gesalbten, der das Exil beenden soll (Jes 44,24–45,8).[10] Die Großmächte handeln nicht in Eigenregie, sondern „auf Anweisung" Jahwes. Die Mächte selbst haben das natürlich anders gesehen. In Israel aber ermöglicht es diese Sicht, selbst die größte Katastrophe mit dem eigenen Gott in Verbindung zu bringen und von ihm her zu verstehen.

Krieg wird aber keineswegs durchgängig befürwortet. Jes 11,6–9 entwirft die Vorstellung des universalen Friedens, der auch die Tiere einschließt. Jes 65,17–25 überliefert eine Vision vom neuen Himmel und der neuen Erde, wo es keinen Krieg und kein Leid mehr geben wird. Die Menschen vernichten ihre Waffen und verlernen das Kriegshandwerk (Hes 39,9f.; Jes 2,2–5; Mi 4,1–5), und mehr noch: Gott selbst zerstört die Kriegsbogen und Lanzen (Ps 76,4–10; Hos 2,20; Sach 9,10; Hag 2,22; Ps 46,10). So ist eine zunehmende Kritik am Krieg zu erkennen, weil Gott selbst dem Krieg eine Ende setzen wird.

Gewalt findet nicht nur im Krieg statt. Sie äußert sich ebenso in der Unterdrückung der Armen und in vielen Privilegien, die sich die Mächtigen herausnehmen. Aber immer wieder treten Propheten auf, klagen an und nehmen auch vor Königen kein Blatt vor den Mund (2Sam 11; 1Kön 21). Vielfach weisen sie darauf hin, dass sich Gewalt und Unterdrückung mit Gottes Willen nicht vereinbaren lassen (z. B. Jes 5,7). Die Aufdeckung der Gewalt ist faktisch bereits eine Strategie zu ihrer Eindämmung. Mit Hilfe des Rechts werden Gewalt zurückgedrängt, Konfliktlösungen angestrebt und Rache auf die Stufe der Wiedergutmachung gehoben, Dtn 25,1–3 sichert sogar das Recht des Schuldigen. Auch Gott selbst schränkt die Gewalt ein. Kain, der seinen Bruder getötet hat, wird vor der Gewalt anderer geschützt (Gen 4); Elia, der in 1Kön 18 die Baalspriester tötet, erfährt eine Korrektur seines Gottesbildes (19,11–15); Jona muss lernen, dass Gott eine berechtigte Strafe aufhebt, wenn die Menschen umkehren. Wiederholt sprechen die biblischen Texte davon, dass Gott eigene Gewalt durch Mitleiden oder Reue überwindet und Gericht und Erbarmen in sich selbst austrägt (Gen 8,21f.; Hos 11,7–11: „… aber meine Barmherzigkeit ist zu stark, sodass ich nicht meinem grimmigen Zorn gemäß handeln will").[11]

Wem Gewalt geschieht, der soll nun nicht mit Gegengewalt auftreten, denn er hat in Gott und seiner Tora einen Fürsprecher. Jahwe lässt sich als Helfer gegen die Gewalt anrufen (Ps 12,6; 17; 9,13; 62,11–13 u. ö.). Die Armen und Elenden unterstützt er (Ex 22,21–23; Dtn 10,13; Ps 68,6; Spr 22,22f. u. ö.), die Hochmüti-

---

[10] Vgl. unten, 99.
[11] Vgl. ausführlich Janowski, Gott, 113f.

gen demütigt er (Hi 40,11f.), gegen den Gewalttätigen steht er dem Glaubenden bei (Ps 54,5). Alle Rechtsbrüche werden von Gott sanktioniert (Ex 22,21f.) und er vergilt jedem nach seinem Tun (Tun-Ergehen-Zusammenhang*). Deshalb braucht man Rache nicht selbst in die Hand zu nehmen (Ps 94,1f.). In all dem zeigt sich die „Weltzugewandheit Gottes", der sich „in das geschichtliche Dasein der Geschöpfe hineinziehen" lässt und dabei selbst in die Situation hinein gerät Gewalt gegen die Gewalttäter anzuwenden.[12]

Das Offenlegen von Gewalt ist für das AT charakteristisch, eben weil Israel in der Tora ein Gesetz hat, das das Leben fördert. Der Eindruck, dass das AT ein von Gewalt bestimmtes Buch sei, entsteht nicht zuletzt dadurch, dass es die Gewalt beim Namen nennt und damit die Strategie, Gewalt zu verschweigen, durchkreuzt. In den Liedern vom Gottesknecht wird ein Gegenbild entworfen. Er wird das Recht aufrichten auf Erden, aber nicht mit Gewalt: Das geknickte Rohr wird er nicht zerbrechen und den glimmenden Docht nicht auslöschen (Jes 42,3). Dies ist die Perspektive, unter der Israel zum „Licht der Heiden" werden kann (42,6). Besonders beeindruckend geschieht dies im vierten Gottesknechtslied (Jes 52,13–53,12): Die Völker haben den Knecht Gottes vernichtet. Er aber hat sich ihrer Gewalt gestellt, bei seinem Gott Zuflucht gesucht und damit ein Gegenbild zur Gewalt geschaffen, das selbst diejenigen einschließt, die sich gegen ihn gestellt haben. In dieser Gestalt verdichtet sich „die schmerzliche Einsicht, dass es besser ist Opfer zu sein als gewalttätiger Sieger."[13]

Die frühen Christen verstehen diese Gottesknechtslieder als Hinweis auf Jesus (Mt 12,15–21; vgl. 11,29). Diejenigen, die Frieden stiften, werden das Land in Besitz nehmen, nicht die Kriegstreiber (Mt 5,5). Die Antithese von der Feindesliebe bringt die Friedensbotschaft Jesu auf den Punkt:

> Mt 5,43–48 Ihr habt gehört, dass gesagt ist: „Du sollst deinen Nächsten lieben" und deinen Feind hassen. [44] Ich aber sage euch: Liebt eure Feinde und bittet für die, die euch verfolgen, [45] damit ihr Kinder seid eures Vaters im Himmel. Denn er lässt seine Sonne aufgehen über Böse und Gute und lässt regnen über Gerechte und Ungerechte. [46] Denn wenn ihr liebt, die euch lieben, was werdet ihr für Lohn haben? Tun nicht dasselbe auch die Zöllner? [47] Und wenn ihr nur zu euren Brüdern freundlich seid, was tut ihr Besonderes? Tun nicht dasselbe auch die Heiden? 48 Darum sollt ihr vollkommen sein, wie euer Vater im Himmel vollkommen ist.

Hier ist zugespitzt formuliert: Dass ein Feind zu hassen wäre, findet sich nirgends im AT. Umgekehrt wird in Lev 19,18 deutlich, dass die Liebe dem eigenen Volksgenossen gilt; nach Dtn 10,19 sind auch die Fremdlinge eingeschlossen, die in Israel leben. Andere Völker sind aber zunächst nicht im Blick. So formuliert die Antithese etwas, was im AT nicht gefordert wird, was man aber als Konse-

---

[12]   A.a.O., 113.
[13]   A.a.O., 116.

quenz daraus lesen kann. Der Text spitzt aber auch die Forderung der Feindesliebe zu, besonders im Blick auf die abschließende Begründung: Die Nachfol-
ger/innen Jesu sollen vollkommen sein wie Gott selbst vollkommen ist, eine
unglaubliche Herausforderung, die das eigene Handeln nicht am Menschenmög-
lichen, sondern an dem bei Gott Möglichen misst.

Dies bedeutet nicht, dass im NT nicht von Gewalt die Rede wäre. Im Gleichnis
Mt 22,2–14 ist dies auf verschiedene Weise der Fall: Es ist Gewalt gegen die Boten, die zum Mahl laden, aber auch Gewalt vom König selbst (V. 7: „Da wurde
der König zornig und schickte seine Heere und brachte diese Mörder um und
zündete ihre Stadt an")[14] und schließlich gegen den, der ohne Hochzeitsgewand
an der Tafel sitzt (V. 13). Hananias und Saphira müssen sterben, weil sie nicht
alles Geld, das sie für den Verkauf eines Ackers bekommen haben, der Gemeinde
zur Verfügung stellen. Und die Zukunftsbilder, vor allem der Johannesoffenbarung, beschreiben Endzeitereignisse voller Schrecken. Diese Bilder sind nicht
real; sie deuten an, dass Gottes Recht sich am Ende gegen alle Ungerechtigkeit
durchsetzen wird.[15]

7.4 Exkurs: Rut

Das Buch Rut stellt in gewisser Hinsicht einen Gegenentwurf zum Buch Josua
und der Richter dar. Aufgrund einer Hungersnot ziehen Elimelech (mein Gott ist
König), seine Frau Noomi (die Liebliche) und zwei Söhne von Bethlehem (Brot-
haus) nach Moab. Dort heiraten die Söhne. Aber der Mann und die Söhne
Machlon (kränklich) und Kiljon (schwächlich) sterben. Noomi bleibt mit ihren
Schwiegertöchtern allein (1,1–5). Als sie hört, dass die Not in Bethlehem vorüber
ist, kehrt sie zurück. Orpa (die Umkehrende) bleibt in Moab, Rut (die Freundin)
jedoch kommt mit Noomi nach Bethlehem, zwei Frauen ohne Nachkommen.
Rut sammelt auf einem Feld Ähren; es gehört Boas (in ihm ist Kraft), einem
Verwandten Noomis. Rut bittet Boas um die Ehe aber ein näherer männlicher
Verwandten muss zunächst gefragt werden. Da dieser (er bleibt anonym) sein
Vorrecht nicht ausübt, heiratet Boas Rut, und Obed (Diener) wird geboren.

Die sprechenden Namen zeigen, dass es sich um eine fiktive Geschichte handelt.
Rechtliche, genealogische und theologische Aspekte sind in ihr verknüpft. Sie
spielt zur Zeit der Richter (1,1). Das Land ist den einzelnen Stämmen und Familien von Gott als Erbteil zugewiesen worden (vgl. Num 26,55; Jos 13–20). Deshalb soll es in der Familie bleiben (1Kön 21,4). Sind keine direkten Erben vorhanden, soll es an den nächsten männlichen Verwandten, den sogenannten
Löser (goel), übergehen. Er ist nach Dtn 25,5–19; Gen 38 auch verpflichtet, die

---

[14] Dieser Vers bezieht sich auf die Zerstörung Jerusalems durch die Römer im Jahr 70.

[15] Vgl. zur Apokalyptik unten, 217–220.

Frau zu heiraten, damit Nachkommen gezeugt werden können, von denen der Älteste den Namen des Verstorbenen tragen soll: Kein Name soll in Israel ausgelöscht sein (Dtn 25,6).[16] Landbesitz und Nachkommenschaft (vgl. 1,5 und 4,16) sind damit als zentrale Themen erkennbar. Am Ende wird Gott gepriesen, der alles zum Guten lenkt (4,14) – für die unmittelbar Beteiligten wie auch im großen Zusammenhang des Volkes; der Sohn Obed wird zum Großvater Davids (4,17).

Verschiedene Erzählzüge sind auffällig: Das Nachbarland Moab gilt als Zufluchtsort (anders Ri 3,29f.); während Gen 19,30–38 und Num 25 den Moabiterinnen Unzucht vorwerfen, ist Rut die ideale Schwiegertochter; im Bick auf das Land spielen der Erbbesitz und die Solidarität in der Familie eine wichtige Rolle. Wegen der Genealogie am Ende des Buches hat man die Novelle[17] früher in die vorexilische Zeit datiert. Alle anderen Erzählzüge weisen aber deutlich auf die Perserherrschaft. Gerade in dieser Zeit erweist sich Gott als treu und solidarisch mit den Machtlosen.[18]

In der Septuaginta* und der Lutherübersetzung ist das kleine Buch wegen 1,1 zwischen das Richterbuch und die Samuelbücher eingeordnet. Das hat insofern einen guten theologischen Sinn, als es die Frühzeit Israels eigenständig und deutlich anders darstellt als das Josua- und Richterbuch. Im Tanach* gehört das Buch dagegen zu den „Schriften" und steht zwischen den Sprüchen und dem Hohenlied. In der jüdischen Tradition wird es zum Wochenfest gelesen, weil es auf die Ernte anspielt.

Im NT kommt Rut bzw. das nach ihr benannte Buch einmal indirekt und einmal ausdrücklich vor. In Lk 3,31–33 ist die Genealogie von Rut 4,18–22 aufgenommen. Wichtiger aber ist Mt 1,5, wo Rut ausdrücklich genannt wird (neben Tamar, Rahab und Batseba, V. 4–6). Dies ist in einer Ahnenreihe, die von ihrer Gattung her eine legitimierende Funktion hat und deshalb die männliche Linie hervorhebt, auffällig. Hinzu kommt, dass diese vier Frauen Nichtjüdinnen sind. Damit setzt Matthäus bereits am Anfang seines Evangeliums ein wichtiges Signal, das er in 2,1ff. und im weiteren Verlauf seines Werks aufgreift (8,11; 15,21ff.) und in 28,19 abschließend vorstellt: Schon in der Ahnenreihe zeigt sich, dass die Botschaft von Jesus Christus alle Völker erreichen soll.

7.5 Anregungen für den Unterricht

1) Die Kritik am gewalttätigen und rachsüchtigen Gott ist alt: Der Gott des Alten Testaments ist „der Urheber des Bösen, der Anstifter der Kriege, unbeständig in

---

[16]   Man spricht von Levirats- bzw. Schwagerehe (*levir* – Schwager).
[17]   Vgl. hierzu ausführlich Zenger, Einleitung, 222–229.
[18]   Witte, Schriften, 451f.

seinen Entschlüssen und sich selbst widersprechend."[19] Die Kritik ist aber auch aktuell: Der Gott des AT ist „die unangenehmste Gestalt in der gesamten Literatur: Er ist eifersüchtig und auch noch stolz darauf; ein kleinlicher, ungerechter, nachtragender Überwachungsfanatiker; ein rachsüchtiger, blutrünstiger ethnischer Säuberer; ein frauenfeindlicher, homophober, rassistischer, Kinder und Völker mordender, ekliger, größenwahnsinniger, sadomasochistischer, launisch-boshafter Tyrann."[20] Auch wenn dieser Abschnitt keine ernsthafte Auseinandersetzung mit dem Josuabuch erkennen lässt, ist es wegen der großen medialen Aufmerksamkeit, die Dawkins' Buch und ähnliche Werke erfahren, unerlässlich, sich damit in höheren Klassen zu beschäftigen. Auch unabhängig von dieser Radikalkritik sind die Bibeltexte verstörend, und es bedarf der Anleitung um sie zu verstehen. Eine Möglichkeit besteht darin, Gegentexte bereitzustellen.

2) Die biblische Rede vom „Gott des Rechts" ist ein Gegenbild zum „Gott der Rache". Im AT ist Gerechtigkeit ein Beziehungs- und Gemeinschaftsbegriff. Gott sorgt für das Recht und wahrt es; er lässt sich anrufen von denen, die Unrecht leiden.
Schüler/innen legen großen Wert darauf, dass es in der Schule „gerecht" zugeht. Was das bedeutet, ist allerdings nicht immer leicht zu sagen. Was bedeutet es, wenn man diese Vorstellungen auf die Schule überträgt?

Literatur zum Weiterlesen
Crüsemann: Maßstab Tora
Baumann: Gottesbilder
Bucher: Ein zu lieber Gott?

---

[19] Markion von Sinope, um 150, zitiert nach Irenäus von Lyon, Wider die Häresien 1,27,2.
[20] Dawkins, Der Gotteswahn, 45 und 342.

8. Sollte Gott wirklich auf Erden wohnen? (1Kön 8,27)

Wo wohnt Gott? So fragen Kinder. Im Himmel, lautet die übliche Antwort. Erwachsene sagen eher: Er ist in der Natur, im ganzen Kosmos anzutreffen. Oder muss man das „Wohnen" im übertragenen Sinn verstehen? Ist Gott in der Liebe gegenwärtig, in der konkreten Zuwendung, als eine Art Energie? Neurobiologen sagen neuerdings, dass Gott im Gehirn wohne, also ein Produkt unserer Gehirnaktivität sei. In vielen Texten des AT ist davon die Rede, dass Jahwe den Zionsberg in Jerusalem erwählt hat, um dort zu wohnen. Die Vorstellung hängt mit dem Aufstieg Jerusalems als Königsstadt und Kultzentrum zusammen. Vor diesem Hintergrund geht es hier darum,
- die Entwicklung des Königtums in Israel nachzuzeichnen;
- die Bedeutung Jerusalems als politisch-religiöses Zentrum zu klären;
- der Frage nachzugehen, wie die Gegenwart Gottes im Tempel gedacht und problematisiert wird
- und diese Frage auf die Gegenwart zu beziehen.

8.1 Aller Himmel Himmel können dich nicht fassen

Die Frage „Sollte Gott wirklich auf Erden wohnen?" ist Teil eines Gebets, das König Salomo bei der Einweihung des Tempels in Jerusalem spricht (1Kön 8). Zu diesem Anlass wird die Bundeslade* ins Allerheiligste des Tempels gebracht (8,1–6). Als die Priester das Heiligtum verlassen, erfüllen die „Wolke und die Herrlichkeit des Herrn" den Tempel (8,10f.). Salomo spricht zuerst Gott an: „So habe ich nun ein Haus gebaut, dir zur Wohnung, eine Stätte, dass du ewiglich da wohnest" (8,13). Danach wendet er sich an das Volk. Er erinnert an den Auszug aus Ägypten und die Erwählung Davids und Jerusalems. Mit dem Bau des Tempels ist der Bund*, den Gott mit den Vätern geschlossen hat, bestätigt (8,20f.). Ab V. 22 führt er „angesichts der ganzen Gemeinde Israels" das Gebet an Gott weiter, der seinen Bund wie in der Vergangenheit auch in Zukunft halten möge (8,24–26.28). An den Tempel, in dem Gott seinen Namen wohnen lässt, können der König und das ganze Volk ihre Bitten richten (8,28–30). V. 27 aber fragt kritisch:

„Aber sollte Gott wirklich auf Erden wohnen? Siehe, der Himmel und aller Himmel Himmel können dich nicht fassen – wie sollte es dann dies Haus tun, das ich gebaut habe?"

Im Zusammenhang der Tempelweihe ist diese Aussage eher ein Fremdkörper; Salomo stellt ja ausdrücklich fest, dass der Tempel ein ewiger Wohnort Gottes sein soll (8,13.16). 8,27 hebt demgegenüber die Unfassbarkeit Gottes hervor, die die Vorstellung vom Tempel als Wohnort Gottes sprengt.[1] Im weiteren Gebet sind ab 8,30 Notfälle angesprochen, die den Einzelnen oder das Volk betreffen und in denen die Bitte um Hilfe zum Tempel hin ausgesprochen werden; Gott selbst aber wohnt im Himmel (8,32.34.36.38.43.46.49). In der Entstehungssituation der Königsbücher, die in der Exilszeit und den Jahrzehnten danach anzusetzen ist[2], ist diese Erkenntnis besonders gut zu verstehen: Zwar ist der Tempel zerstört, aber das Volk macht gerade in dieser Zeit die Erfahrung, dass Jahwe sich selbst jetzt nicht abwendet und von seiner Seite aus den Bund* hält. Im Rückblick wird diese Erfahrung Salomo schon bei der Weihe des Tempels in den Mund gelegt.

8.2 Kontexte

In der Erzählung von der Tempelweihe treffen verschiedene Entwicklungslinien aufeinander: Das Königtum hat sich in Israel über einen längeren Zeitraum hinweg entwickelt; erst mit Salomo ist diese Entwicklung so weit vorangeschritten, dass es mit den Herrschaftsstrukturen benachbarter Staaten vergleichbar wird; eine wichtige strategische Rolle kommt dabei der ursprünglich kanaanäischen, dann aber von David zur Hauptstadt gemachten Stadt Jerusalem zu. Die Bedeutung Jerusalems ist eng mit dem Tempel verbunden, der als „Wohnort Gottes" gilt und Jerusalem aus allen anderen Städten heraushebt.
Beim Übergang von der Richterzeit zum Königtum spielt Samuel eine herausragende Rolle. Er wächst unter Anleitung Elis in die Rolle des Priesters am Heiligtum von Silo hinein (1Sam 2,11), wirkt als Richter (Ri 1; 7,3–18), aber auch als Prophet (1Sam 3,20f.; vgl. 9,6.9.17f.). Ihm wird offenbart, dass Saul über das Volk herrschen soll. Dementsprechend salbt er Saul in 10,1–7 zum künftigen König.
Die Forderung der Stämme Israels nach einem König ist nicht unumstritten. 1Sam 8,4–20 geht auf das Für und Wider ein: Alle anderen Völker haben einen König (1Sam 8,5), und Israel versteht sich zunehmend als mit ihnen vergleichbar; ein König kann das Volk in Bedrohungssituationen führen und gegenüber anderen Völkern repräsentieren (8,20; 11,1–11). In der Forderung nach einem König steckt aber auch eine Abkehr von Jahwe (8,7; 12,12); ein irdischer König wird das Volk zu Abgaben, Dienstleistungen und Militärdienst verpflichten (8,11–13) und die Versorgung seines Hofstaats vom Volk eintreiben (8,14–18). Schließlich

---

[1] Fritz, 1Kön, 94.
[2] Eine genaue Datierung ist schwierig und hängt davon ab, wie man sich die Komposition der verschiedenen Traditionen vorstellt; vgl. Hentschel, Georg, Die Königsbücher, 342.

trauen nicht alle Stämme Saul die Königsrolle zu. Dann aber kommt der Geist Gottes über Saul (10,9–13) und nach einem Sieg über die Ammoniter wird er als König ausgerufen (11,13–15).

Saul wird vom Stamm Benjamin und anderen Nordstämmen während der Auseinandersetzungen mit den Philistern zum militärischen Führer erhoben (1Sam 10f.; 13,19ff.). Nach anfänglichen Erfolgen (1Sam 14) erleidet er mit seinem Heer eine vernichtende Niederlage (1Sam 31), bei der er und drei seiner Söhne ums Leben kommen. Ein anderer Sohn, Isch-Boschet/Ischbaal versucht die Führerschaft seines Vaters fortzuführen, wird aber nach kurzer Zeit von eigenen Leuten getötet (2Sam 4).

Unter Sauls Herrschaft tritt Israel zum ersten Mal als politisch-militärische Größe in Erscheinung (1Sam 10,27; 11,12f.). Er kann aber weder seine Macht im Inneren absichern noch eine Verwaltung aufbauen. 1Sam führt das Scheitern auf seinen Ungehorsam Jahwe gegenüber zurück: Nach 1Sam 13.15 maßt er sich priesterliche Funktionen an und vollstreckt nach einem Sieg gegen die Amalekiter den Bann* nur teilweise.[3] Saul wird so zum Prototypen des Königs, der aus Ungehorsam Jahwe gegenüber zum Scheitern verurteilt ist. Samuel tritt als prophetischer Gegenspieler des Machthabers auf (13,13f.; 15,11f.). Hier wird ein Konflikt zwischen politischer Macht und der Bindung an Jahwe erkennbar, der in der weiteren Geschichte Israels immer wieder aufbricht. Die Untreue Sauls wirkt sich zugleich auf das Volk aus, für das er steht. Das Volk, das einen König wollte, steht oder fällt nun auch mit ihm (1Sam 12,19.25).

Der Aufstieg Davids verläuft ähnlich wie der Sauls. Seine Heimat ist das judäische Hochland, Bethlehem gilt als Herkunftsort. Er entwickelt sich zum Anführer einer Söldnertruppe (1Sam 22) und tritt in den Dienst verschiedener Stämme, die er gegen die Philister unterstützt (1Sam 23); zunehmend wird er vom „Haus Juda" als Anführer anerkannt (2Sam 2,4). Er lässt sich aber auch von den Philistern anheuern (1Sam 27), die ihn offenbar als Vasall ansehen und möglicherweise gegen Saul unterstützen. Dies findet etwa zur gleichen Zeit statt wie die militärische Herrschaft Sauls über Benjamin und die Nordstämme. Saul ist zunächst mächtiger, David agiert aber weitsichtiger. Nach Sauls Tod gelingt es ihm die Nordstämme auf seine Seite zu ziehen, die ihm die Königswürde antragen (2Sam 5,1–5). Als strategisch kluge Maßnahme erweist sich die Eroberung Jerusalems (2Sam 5,6–9): Die kanaanäische Stadt liegt günstig zwischen den Nord- und Südstämmen. Indem er sie zur Hauptstadt macht, erweitert er seine Herrschaft um den Aspekt des kanaanäischen Stadtkönigs, der für den Schutz der Bevölkerung sowie für Recht und Ordnung zuständig ist; außerdem holt er die Bundeslade nach Jerusalem (2Sam 6) und schafft so die Grundlage für die Entwicklung Jerusalems zum religiösen Zentrum. Damit ist ein weiterer Schritt in Richtung Königtum getan.

---

[3]   Vgl. hierzu oben, 65f.

Die Darstellung des Aufstiegs Davids zum König in 1Sam 16 – 1Kön 2 vereinigt Texte unterschiedlicher Art, die nicht überall angeglichen sind (vgl. z. B. die verschiedenen Fassungen des Kampfs gegen Goliath in 1Sam 16,31–39; 17,55–58; 2Sam 21,19). Als der große König Israels hat David verschiedene Überlieferungen an sich gezogen: Er ist Feldherr (1Sam 30; 2Sam 5,17ff.; 8), Musiker (1Sam 16), Priester (2Sam 6,17f.), Gottesstreiter (1Sam 17), König (2Sam 5,1–5). Aber auch negative Züge sind ihm nicht fremd, wie vor allem der Ehebruch mit Batseba und die Anweisung, ihren Mann Uria im Krieg töten zu lassen (2Sam 11), zeigen. Was Samuel als Gefahr des Königtums aufgezeigt hat, wird hier als konkrete Begebenheit erzählt. Wie Samuel gegenüber Saul, so tritt Nathan hier gegen David auf (1Sam 12). Zwar muss er nicht sterben, wohl aber das aus der illegitimen Verbindung von David und Batseba hervorgegangene Kind. Der zweite Sohn, Salomo, steht dagegen nicht mehr unter dem Strafgericht Jahwes (1Sam 12,24f.).

Mit dem Regierungsantritt Salomos (2Sam 13ff.) setzt sich das dynastische Prinzip in Israel durch.[4] Außenpolitisch agiert Salomo mit diplomatischen Mitteln (1Kön 5,15ff.; 9f.), im Inneren konsolidiert er seine Herrschaft durch den Aufbau einer Verwaltung (1Kön 4) und eines Abgabenwesens (1Kön 5), das eine aufwändige Hofhaltung ermöglicht. Schreiber spielen dabei eine entscheidende Rolle (1Kön 4,1–3). Die beginnende Schriftkultur ist der Hintergrund dafür, dass Salomo als exemplarisch weiser König angesehen wird (1Kön 5,9ff.), der auch die spätere Weisheitsüberlieferung Israels an sich zieht (Sprüche Salomos, Weisheit Salomos). Aufgeschrieben und gesammelt wird, was für den Königshof, seine Aufrechterhaltung und geschichtliche Legitimation notwendig erscheint. Die frühesten Schriftzeugnisse Israels stammen deshalb weder aus der Zeit der Erzeltern noch der Besiedlung des Landes, sondern setzen diese bereits entwickelte staatliche Struktur voraus.

Auch der Bau des Jerusalemer Tempels ist mit Salomo verbunden (1Kön 6–9). Mit dem Tempelbau in der Hauptstadt bekommt Jahwe nun eine Funktion für das gesamte Königreich. Als die Bundeslade nach 1Kön 8 in den Tempel gebracht wird, tritt Salomo fürbittend und segnend für das Volk vor Gott ein (8,22–63) und übernimmt damit auch priesterliche Aufgaben. Diese Verbindung von König und Tempel stützt und stabilisiert die Herrschaft des Königshauses. Nach der militärischen Führung Sauls, der territorialen Erweiterung des Herrschaftsgebiets und der Etablierung Jerusalems als Hauptstadt und religiöses Zentrum durch David ist nun mit dem Aufbau einer Verwaltung und einer gebildeten Elite, der Etablierung diplomatischer Beziehungen und dem Ausbau Jerusalems als politisch-religiöses Zentrum der Übergang Israels zum Königtum vollzogen.[5]

---

[4] Weder von der davidischen noch von der salomonischen Herrschaft liegen genaue Daten vor; die jeweils genannten 40 Jahre (1Kön 2,11; 11,42) sind ideale Zahlen.

[5] Die Samuelbücher sind aus verschiedenen Überlieferungen (Saultradition, Ladeerzählung, Davids Aufstieg, Bathseba-Salomo-Novelle u. a.) zusammengewachsen. Die Überlieferungen werden später unter dem Eindruck des Deuteronomiums redigiert.

8.3 Jahwe hat Zion erwählt (Ps 132,13)

David hat Jerusalem erobert und zur Hauptstadt seines Reiches gemacht. Mehr noch: Jahwe selbst hat den Zionsberg erwählt und sich an den Tempel gebunden: Hier wird Gott irdisch erfahrbar. Jerusalem bedeutet für die Frommen deshalb immer mehr als das, was man äußerlich sehen kann.

Im Zentrum der Jerusalemfrömmigkeit steht der Tempel, der als Ort der Gegenwart Jahwes gedacht wird. Diese Ortsgebundenheit Jahwes war nicht immer ein Merkmal des Jahweglaubens. Nach Ex 3,13f. ist Jahwe ein Gott, der mitgeht. Anschaulich wird die Nähe Gottes in der Wolken- und Feuersäule, die das Volk bei seiner Wanderung leiten (Ex 13,21f.) und es in Auseinandersetzungen schützen (Ex 14,19f.). Nach Ex 33,7–10 kommt die Wolkensäule auf die Stiftshütte* hernieder und deutet damit Jahwes Anwesenheit an. Nach der Sinaioffenbarung wird die Bundeslade* (Ex 25,10–16) zum Ort der Verehrung Jahwes. Dass sie tragbar ist, unterstreicht, dass Jahwe sein Volk begleitet.

Die Bundeslade ist ein hölzerner Kasten, der nach Ex 25,21; 1Kön 8,9 die von Gott beschriebenen Tafeln des Gesetzes enthält (Ex 24,12; 31,18). Sie gilt als sichtbares Zeichen des Bundes zwischen Gott und Israel (Ex 34,27) und der Anwesenheit Gottes. Ihr folgen die Israeliten auf dem Weg nach Kanaan (Jos 3,3). Bei kriegerischen Auseinandersetzungen wird sie mitgenommen, um als „Lade des Bundes Jahwes" Gottes Hilfe zu gewährleisten (Jos 6,6; 1Sam 4,3 u. ö.). Als sie vorübergehend in die Hände der Philister fällt (1Sam 4,11), verbreitet sie dort Angst und Schrecken (1Sam 5). Im Heiligtum von Silo wird sie der Obhut Eleasars übergeben (1Sam 7,1). Die Erzählung von ihrer Überführung nach Jerusalem (2Sam 6) ist aufschlussreich: Sie belegt zum einen die Weitsicht Davids, der Jerusalem mit der Bundeslade eine besondere religiöse Bedeutung verschafft (2Sam 6,17). Sie verweist zugleich auf den religiösen Anspruch, den er selbst erhebt: Beim Einzug verhält er sich wie ein Priester, bringt Opfer dar, segnet das Volk im Namen von Jahwe Zebaoth (2Sam 6,14–19) und stellt sich damit als König in eine direkte Beziehung zu Jahwe.

Salomo baut diese Vorstellung aus. Form und Ausstattung seines Tempelbaus zeigen eine deutliche Nähe zu altorientalischen Tempeln, greifen aber auch Elemente aus der Jahwe-Tradition auf: Die Lade bildet als Ort der Gegenwart Gottes das Zentrum. Sie steht nun in einem ummauerten Raum und ist als Thron Gottes gedacht, der von zwei Cheruben beschützt wird (1Kön 8,6–8). Salomo sichert mit Hilfe des Tempelschatzes nicht nur den Tempeldienst finanziell ab, sondern beteiligt sich am Opfer, bittet Jahwe für das Volk, segnet es vom Tempel aus (1Kön 8,54f.) und stellt sich damit als König eng an die Seite Jahwes.

> Der Tempel in Jerusalem ist für Salomo nicht der einzige Kultort und Jahwe nicht der einzige Gott, der verehrt werden soll (1Kön 11,7–13). Dem Tempel kommt aber eine besondere Bedeutung zu, weil die Jahwe-Verehrung durch die Verortung in der Hauptstadt und die Bindung an das Königshaus zum offiziellen Staatskult avanciert.

Der Anbau eines Königspalastes und von Verwaltungsgebäuden an den Tempel unterstreicht diese enge Bindung (1Kön 7,1–12).

Durch den Tempel wird Jerusalem zum Ort der Gegenwart Jahwes, der nun auf
dem Zion wohnt (Ps 9,12). In den Psalmen wird diese Nähe Gottes eindrücklich
besungen, bei Jesaja wird der Zion zum Ausgangspunkt der Tora und zum Zielpunkt der Völker, die dorthin streben (Jes 2,1–5). Die Nähe des Tempelkults zum
davidisch-salomonischen Königtum führt dazu, dass auch Jahwe selbst mit der
Königsmetapher beschrieben werden kann. Die sogenannten Jahwe-Königs-
Psalmen bringen dies durch die Formel „Jahwe herrscht als König" zum Ausdruck (Ps 93,1; 96,10; 97,1; 99,1). Die Rede von Jahwe, der auf dem Zion thront,
zieht sich durch die folgenden Epochen der Geschichte Israels hindurch, sei es als
Klage darüber, dass Recht und Gerechtigkeit dort nicht herrschen, wie es von der
Tora aus zu erwarten wäre, als Drohung über der Stadt, die nur noch eine „Hütte
im Weinberg" ist (Jes 1,8), oder als Hoffnung, dass die Erlösten Jahwes nach Zion
kommen mit Jauchzen (Jes 51,11). Die Propheten warnen davor, aus der Heiligkeit des Tempels eine Heilsgarantie abzuleiten (Jer 7,4; Mi 3,11). Wenn der Opferkult nicht mit dem Halten der Gebote Gottes einhergeht, sondern nur äußerlich vollzogen wird, verliert er seinen Sinn (Jer 1,10–17; 7,26; Am 5,21–24). In
nachexilischer Zeit wird der (zweite) Tempel immer stärker als heiliger Bezirk
gedacht, der nur noch von Priestern, das Allerheiligste nur vom Hohepriester am
Versöhnungstag betreten werden darf. Die Erweiterungen des Tempels unter
Herodes machen dies deutlich: Verschiedene Vorhöfe sichern die Heiligkeit des
Tempels ab – und eindrücklich werden Nichtjuden davor gewarnt sich dem
heiligen Bereich zu nähern.
Die ersten Christen halten zum Tempel Kontakt (Apg 3,1; 21,23f.), die paulinischen Gemeinden sammeln eine Kollekte für die Gemeinde in Jerusalem (Röm
15,25–27.31; 1Kor 16,1–3). Die Kritik Jesu am Tempel, wie sie in der „Tempel-
reinigung" (Mk 11,15–17), in der Ankündigung der Zerstörung (Mk 13,2) und
im „Verwüstungswort" (Mk 13,14) zum Ausdruck kommt, lässt sich in prophetischer Tradition lesen und ist im Mund Jesu durchaus denkbar. Die späteren
Texte des NT setzen die Zerstörung des Tempels im Jahr 70 n. Chr. aber voraus
und verstehen die Worte unter dem Eindruck dieses Ereignisses. Apg 7,47–50
nimmt dabei ausdrücklich auf 1Kön 8,27 Bezug: Salomo baute Gott ein Haus.
„Aber der Allerhöchste wohnt nicht in Tempeln, die mit Händen gemacht sind,
wie der Prophet sagt …" Die Distanz zum Tempel wird im frühen Christentum
in verschiedener Weise ausformuliert: Das „Tempelwort" (Mk 14,58) sieht Gott
nicht im Tempel am Werk, sondern in Jesus Christus; Paulus entwickelt die
Vorstellung von der Gemeinde als Tempel Gottes (1Kor 3,16f.; 2Kor 6,16), und
in späteren Briefen kann der Tod Jesu als das ein für alle Mal dargebrachte Opfer
dem Opferkult im Tempel gegenübergestellt werden (1Petr 3,18; Hebr 7,27;
9,12.26.28; Eph 5,2). Nach Offb 21,3 wird es im himmlischen Jerusalem keinen
Tempel mehr geben, weil Gott selbst bei den Menschen sein wird.

8.4 Exkurs: Dein Königtum soll beständig sein

In gesamtbiblischer Perspektive ist die Nathanweissagung in 2Sam 7,12–16 von großer Bedeutung. Sie gehört in den Zusammenhang von 7,1–16 und setzt die Absicht Davids voraus, Jahwe einen Tempel zu bauen.

> 2Sam 7,12-16: Wenn nun deine Zeit um ist und du dich zu deinen Vätern schlafen legst, will ich dir einen Nachkommen erwecken, der von deinem Leibe kommen wird; dem will ich sein Königtum bestätigen. [13] Der soll meinem Namen ein Haus bauen, und ich will seinen Königsthron bestätigen ewiglich. [14] Ich will sein Vater sein, und er soll mein Sohn sein. Wenn er sündigt, will ich ihn mit Menschenruten und mit menschlichen Schlägen strafen; [15] aber meine Gnade soll nicht von ihm weichen, wie ich sie habe weichen lassen von Saul, den ich vor dir weggenommen habe. [16] Aber dein Haus und dein Königtum sollen beständig sein in Ewigkeit vor mir, und dein Thron soll ewiglich bestehen.

Der Text wirft eine Reihe von Fragen auf, die in der Forschung unterschiedlich beantwortet werden.[6] Einigkeit besteht aber weitgehend darin, dass Nathan aus Jerusalem stammt und in enger Verbindung zum Königshof, besonders zu Salomo, steht. Hierzu passt die Weissagung einer Dynastie gut. Die Verheißung eines „ewigen Hauses" lehnt sich an die Absicht Davids an, für Gott ein Haus zu bauen. Die Verbindung eines „Hauses für Jahwe" (7,2–4) und eines „Hauses für David" bildet deshalb vermutlich den Ausgangspunkt des heutigen Textes. Altorientalische Heilsorakel kennen denselben Zusammenhang: Wenn der König der Gottheit einen Tempel baut, sichert die Gottheit das Königtum. Da aber erst Salomo den Tempel errichtet, wird das Orakel auf ihn übertragen (2Sam 7,13f.15).

2Sam 7 bildet einen Höhepunkt in den Samuelbüchern. David wird ein Nachfolger verheißen, dessen Königtum bestätigt und auf Dauer gestellt wird. Der Nachfolger soll als „Sohn Gottes" Stellvertreter Gottes für Israel sein, und seine Nachfolger ebenso. „Die Verheißung ewiger Zuwendung Jahwes Israel gegenüber durch eine von ihm erwählte Dynastie ist Kerninhalt eines weiten Bereichs alttestamentlichen Glaubens."[7] Diese Zusage Gottes gilt selbst dann, wenn Salomo von Gottes Wegen abweicht, was er tatsächlich tut. Zwar zieht Gott seine Gnade nicht von ihm ab (V. 15), aber 1Kön 11,31–33 begründet die Teilung des Reiches nach Salomo damit, dass er Jahwe verlassen hat:

> Ich will das Königtum aus der Hand Salomos reißen und dir zehn Stämme geben – [32] einen Stamm soll er haben um meines Knechts David willen und um der Stadt Jerusalem willen, die ich erwählt habe aus allen Stämmen Israels –, [33] weil mich verlassen

---

[6]   Umstritten sind u. a. das Verhältnis von Tempelorakel V. 1–7 und Dynastieankündigung V. 8–17, die Motive des Bauverbots V. 5ff. und die literaturgeschichtliche Einordnung des Textes.

[7]   Stolz, 1.2 Samuel, 220.

> hat und angebetet die Astarte, die Göttin der Sidonier, Kemosch, den Gott der Moabi-
> ter, und Milkom, den Gott der Ammoniter, und nicht in meinen Wegen gewandelt ist
> und nicht getan hat, was mir wohlgefällt, meine Gebote und Rechte, wie sein Vater Da-
> vid.

Hier kommt die Erfahrung Israels zum Ausdruck, dass keineswegs alle Könige
und nicht einmal Salomo ihrem Auftrag gewachsen waren, zum anderen die
Erkenntnis, dass Jahwe auch durch Strafen hindurch an seiner Zusage festhält.
2Sam 7,12–16 zielt auf einen direkten Nachkommen Davids und die Gründung
einer Dynastie. Da sich die Verheißung eines ewigen Königtums irdisch nicht
verwirklichte, sie als Gottes Verheißung aber Bestand haben muss, wird sie zum
Ausgangspunkt der Erwartung eines künftigen Herrschers wie David. Dabei
lassen sich verschiedene Linien unterscheiden. Eine Linie bezieht die Weissagung
auf das Volk als Ganzes (Jes 55,1–5; Ps 89). Eine andere stellt den Tempelbau in
den Vordergrund; während nach dem hebräischen Text von 2Sam 7,11 Gott dem
David „ein Haus bauen wird", übersetzt die Septuaginta* „er wird sich ein Haus
bauen", nämlich den Tempel. Bis ins NT hinein hat die dritte Interpretationslinie
Wirkung entfaltet. Sie versteht 2Sam 7,12f. als Verheißung eines kommenden
Davidsohns im Sinne eines endzeitlichen königlichen Messias (Jes 9,6; PsSal
17,3.21ff.). Diese messianische Deutung wird im NT aufgenommen und auf Jesus
hin zugespitzt (Lk 1,26–38; Apg 2,14–21; 13,13–43). Besonders deutlich ist dies
in Lk 1,32 der Fall (vgl. Apg 13,33; Hebr 1,5[8]), wo mehrfach auf 2Sam 7 und die
davidische Messiasvorstellung angespielt wird, die sich in Jesu Auferweckung
und Erhöhung konkretisiert.

8.5 Anregungen für den Unterricht

1) Wo wohnt Gott? Antwortmöglichkeiten können je nach Klassenstufe variiert
und auf Karten notiert werden: In der Kirche – in der Natur – wo Gottes Wort
verkündigt wird – wo Menschen ihren Streit beenden – in uns – im Gehirn –
überall – im Himmel etc. Im Internet-Blog „Gutefrage.net" findet man alle mög-
lichen Antworten auf die Frage, wo Gott wohnt[9], z. B.
- – Überall.
- – In uns, um uns. Und schüttelt den Kopf.
- – Wo man ihn am wenigsten vermutet.
- – In meinem Herzen.
- – Gott ist die Analogie der Unendlichkeit, des Absoluten.
- – Da es keinen Gott gibt, kann er auch nirgendwo wohnen.

---

[8] An diesen beiden Stellen wird auch Ps 2,7 aufgenommen; damit wird eine Verbindung zwischen
     dem Messiaskönig und dem Gottessohntitel geschaffen.
[9] www.gutefrage.net/frage/wo-wohnt-gott, am 3.3.2014.

Mit ihrer Hilfe lassen sich theologische Gespräche initiieren, z. B. mit folgenden Elementen: Das habe ich früher geglaubt – Das glaube ich jetzt – Damit kann ich nichts anfangen – Darüber möchte ich weiter nachdenken.[10]

2) Eine Geschichte erzählt: Eines Tages war Gott der Menschen überdrüssig. Ständig lagen sie ihm mit ihren Bitten in den Ohren, wollten dies und jenes von ihm. Also sprach Gott: Ich werde weggehen und mich eine Weile verstecken. Er versammelte alle seine Ratgeber um sich und fragte sie: Wo soll ich mich verbergen? – Einige rieten: Versteck dich auf dem höchsten Berg der Welt. – Andere meinten: Nein, versteck dich im tiefsten Meeresgrund, dort werden sie dich nicht suchen. – Wieder andere empfahlen: Geh auf die dunkle Seite des Mondes, das ist das sicherste Versteck. Am Ende wandte sich Gott an seinen klügsten Engel und fragte ihn: Und was rätst du mir? Der Engel erwiderte: Versteck dich im menschlichen Herzen! Das ist der einzige Ort, auf den sie niemals kommen.[11]
Ist das ein guter Rat für ein sicheres Versteck? Oder lässt Gott sich im Herz vielleicht am ehesten finden?

3) Jerusalem ist für das Judentum, das Christentum und den Islam eine heilige Stadt. Mit dem Tempelberg verbinden vor allem Juden und Muslime zentrale religiöse Vorstellungen. Eine Einführung in die grundlegenden Daten der Geschichte dieser Stadt hilft zum Verstehen der gegenwärtigen Konflikte in der Region.

Literatur zum Weiterlesen
Murphy-O'Connor: Der Tempel in Jerusalem von Salomo bis Herodes
Themenheft „Salomo. König voller Widersprüche"
Themenheft Faszination Jerusalem, Welt und Umwelt der Bibel 16
2/2000

---

10   Vgl. Müller-Friese, Wer, wo, wie ist Gott? Station 4.
11   www.uni-muenster.de/FB2/philosophie/predigten/dernahegott_A.html, am 3.3.2014.

9. Jahwe, er ist Gott (1Kön 18,39)

Wir glauben doch alle an den gleichen Gott – so wird heute häufig argumentiert, wenn es um Unterschiede zwischen den Konfessionen und sogar den Religionen geht. Deshalb sehen es viele Menschen nicht als problematisch an verschiedene religiöse Traditionen miteinander zu verknüpfen. Wem der Glaube an den einen und einzigen Gott zu starr ist, kann sich einer Vielzahl hinduistischer Götter zuwenden, die christliche Auferweckungshoffnung wird durch den Gedanken der Reinkarnation ersetzt und Zen-Meditation tritt an die Stelle des Gebets. Diese Zusammenfügung unterschiedlicher religiöser Elemente bezeichnet man als Patchwork-Religion.

Vergleichbare Phänomene hat es bereits in biblischer Zeit gegeben. Elia ist ein entschiedener Vertreter der „Jahwe-allein-Bewegung" in Israel und wehrt sich dagegen, andere Götter zu verehren. Und die Schriftpropheten beschreiben eindringlich die Verpflichtung des Volkes, den Bund mit Jahwe zu halten und das Leben daran auszurichten. Vor diesem Hintergrund geht es in diesem Kapitel darum,

- die Inhalte und Formen prophetischer Verkündigung aufzuzeigen;
- die Prophetenerzählungen und Prophetenbücher zu charakterisieren;
- das Gottesbild der Propheten darzulegen;
- die Geschichte Israels und Judas im Überblick nachzuzeichnen;
- und dies auf das gegenwärtige Fragen nach Gott zu beziehen.

9.1 Wie lange wollt ihr noch auf beiden Seiten hinken?

Die Erzählung vom Gottesurteil auf dem Karmel in 1Kön 18 spielt in der Regierungszeit Ahabs, der im Nordreich Israel von 871–852 regiert. Schon bei seiner Einführung in 16,29f. wird er negativ beurteilt: Er tut, was Jahwe missfällt, mehr als alle Könige vor ihm. Besonders wird ihm zur Last gelegt, dass er die phönizische Prinzessin Isebel heiratet und nicht nur ihren Gott Baal anbetet, sondern ihm in Samaria einen Tempel baut; außerdem lässt er ein Bild der Göttermutter Aschera anfertigen (16,31–33). Daraufhin kündigt Elia eine Dürreperiode an (17,1). Während Elia selbst auf wunderbare Weise mit Nahrung und Wasser versorgt wird (1Kön 17), leiden das Land und das Königshaus unter der Dürre (18,5). Es kommt zu einer Begegnung zwischen Ahab und Elia (18,16–19), bei der Elia die Baalspriester zu einer Feuerprobe herausfordert: Sie sollen einen Stier auf einem Altar opfern und ihren Gott anrufen, dass er das Opfer mit Feuer verzehre; eigentlich sollte das möglich sein, ist doch Baal als Wettergott für den Blitz zuständig. Aber trotz aller Bemühungen reagiert Baal nicht (18,29). Der

Altar, den Elia daraufhin baut, ist mit einem Graben umgeben, der seine Heiligkeit von der Umgebung abgrenzt.[1] Elia lässt so viel Wasser über den Altar gießen
(woher es nach drei Dürrejahren kommt, bleibt offen), dass es sogar den Graben
füllt (18,30–37).

> 1 Kön 18,38f.   Da fiel das Feuer des HERRN herab und fraß Brandopfer, Holz, Steine
> und Erde und leckte das Wasser auf im Graben. Als das alles Volk sah, fielen sie auf ihr
> Angesicht und sprachen: Der HERR ist Gott, der HERR ist Gott!

Zuvor aber ruft Elia Jahwe an, und zwar als „Jahwe, Gott Abrahams, Isaaks und
Israels" (18,36). Damit wird die Kontinuität der Gottesverehrung Israels seit der
Väterzeit zum Ausdruck gebracht.[2]
Elias Name bedeutet „mein Gott ist Jahwe", und er ist Programm: Es geht um die
Auseinandersetzung zwischen Jahwe, Baal und Aschera und denen, die ihnen
jeweils folgen. Sie findet auf höchster Ebene statt, zwischen dem Königspaar und
dem von Jahwe beauftragten Propheten (17,1). Hier deutet sich an, dass die Forderung der Alleinverehrung Jahwes auf prophetische Kreise zurückgeht, während das Neben- und Ineinander von Jahwe- und Baalverehrung von staatlicher
Seite Förderung erfährt. Dass es um eine Grundsatzentscheidung geht, zeigt sich
auch im Zahlenverhältnis: Elia steht allein 450 Baalspriestern und 400 Propheten
der Aschera gegenüber (18,20), denn er allein ist übrig geblieben von den Propheten Jahwes (18,22; 19,10.14). Das Volk ist unentschieden und „hinkt auf beiden Seiten" (18,21). Der gewaltsame Schluss der Erzählung (18,40) unterstreicht,
dass es nach der Vorstellung Elias kein Nebeneinander von Baal und Jahwe geben kann.

9.2 Kontexte

Nach der Entscheidung am Karmel wird Elia verfolgt, er muss fliehen und
wünscht sich resigniert seinen Tod herbei (19,1–4). Gestärkt durch einen Engel
Gottes ist er jedoch in der Lage zum Gottesberg Horeb zu wandern und dort sein
Scheitern Gott vorzutragen (19,5–14). Der Horeb ist nicht zufällig gewählt: Es ist
der Ort, an dem Israel in den Bund* mit Gott eingetreten ist (Dtn 1,6; 4,10.15;
18,16; 28,69), sich aber von Jahwe gleich wieder abwandte (Dtn 9,8). Auch jetzt
hat Israel den Bund* mit Jahwe verlassen und die Jahwe-Propheten getötet.
Selbst mit seiner machtvollen Demonstration am Karmel fürchtet Elia erfolglos
zu bleiben (19,10.14). Die Erscheinung Gottes steht jedoch in deutlichem Wider-
spruch zu Elias eigenem Auftreten (V. 11–13): Jahwe ist weder im Sturm noch im

---

[1]   Das Opfer Elias entspricht den späteren kultischen Vorschriften (Fritz, 1 Kön, 172).
[2]   Vgl. hierzu oben, 35–38.

Erdbeben noch im Feuer. Dass Jahwe sich im „stillen, sanften Sausen" zeigt,
deutet auf ein neues, reflektiertes Verständnis Gottes hin, das auf das Hören des
Gotteswortes ausgerichtet ist.

Elia bekommt von Gott einen neuen Auftrag: Er soll Hasaël zum König von
Aram, Jehu zum König Israels salben und Elisa zu seinem Nachfolger machen.
Damit wird die weitere Geschichte angedeutet. Der künftige König der Aramäer
wird Israel bekämpfen, Jehu wird in Israel die Dynastie der Omriden[3] zu Fall
bringen. Ein Redaktor hat in 19,15–18 den weiteren Verlauf der Geschichte des
Nordreiches als Gericht Gottes über sein Volk eingearbeitet. Auf diese Weise
wird Elia zum Prototypen des Gerichtspropheten.

> Kurz ist auf das Ende Elias einzugehen. Nach 2Kön 2,1–18 wird Elia in einem feurigen
> Wagen in den Himmel entrückt. An diese Entrückung schließt sich die Erwartung
> einer künftigen Wiederkehr Elias an, die dem Tag des Herrn vorangeht: „Siehe, ich
> will euch senden den Propheten Elia, ehe der große und schreckliche Tag des HERRN
> kommt …" (Mal 3,23f.). Im frühen Christentum wird diese Ankündigung auf Johan-
> nes den Täufer bezogen, der nun dem Kommen des Messias vorangeht. Deshalb wird
> Johannes mehrfach in große Nähe zu Elia gerückt (Joh 1,28; Mk 1,6; Lk 3,17).

Vom Beginn des Königtums an begleiten Propheten die Geschichte Israels und
interpretieren sie. Zum Prophetenstand gehören in Israel die Propheten am Königshof; Kultpropheten stehen in Verbindung zu bestimmten Heiligtümern (Am
7,10–17). Für Israel charakteristisch sind aber unabhängigen Propheten, die
wiederholt in Opposition zur staatlichen Elite stehen, sich auf eine direkte Beauftragung durch Jahwe berufen und vom Glauben an Jahwe her die Ereignisse
ihrer Zeit bewerten. Obwohl sie wegen ihrer Verkündigung kritisiert und teilweise verfolgt werden, haben diese Propheten mit den Schriften, die sich auf sie
berufen, Eingang in den Kanon des AT gefunden. Dies verdankt sich der Tatsache, dass sie mit ihrer Unabhängigkeit von der Macht, der Übereinstimmung von
Botschaft und Lebensweise und ihrer Orientierung an Jahwe Israel auch in
schwierigen Zeiten Perspektiven über die Gegenwart hinaus eröffnet haben.
Gleichwohl sind die Propheten nicht in erster Linie Zukunftskünder; sie beurteilen vielmehr ihre jeweilige Gegenwart und unmittelbare Zukunft von Gottes
Willen her. Die Nathanepisode in 2Sam 12 ist ein charakteristisches Beispiel: „Du
bist der Mann" hält Nathan David vor, der in die Ehe von Uria und Bathseba
eingedrungen und für den Tod Urias verantwortlich ist. Das rücksichtslose
Machtgebaren des Herrschers ist mit dem von Gott verliehenen Auftrag, das
Volk zu leiten, unvereinbar. Wenn der Einzelne, der König oder das Volk diesen
Weisungen folgen, werden sie leben; wenn aber nicht, wird ihnen Unheil widerfahren. Insofern sagen die Propheten auch Zukunft an, die sich vom Verhalten in
der Gegenwart her erschließt. Dabei ist der Tun-Ergehens-Zusammenhang*

---

[3]   Vgl. zu den Königen von Israel den Exkurs in diesem Kapitel.

vorausgesetzt: Wer sich von Gott abwendet, den wird Gott strafen. Da dies oft
der Fall ist, ist die Botschaft der Propheten in vorexilischer Zeit in weiten Teilen
Unheilsbotschaft.

Von einigen Propheten (z. B. Nathan 2Sam 7–12, Elia 1Kön 17–19; 2Kön 1f.) gibt
es Erzählungen. Von anderen Propheten sind vor allem ihre Worte überliefert,
die gesammelt, kommentiert und in eigenen Büchern zusammengestellt worden
sind. Diese Propheten bezeichnet man als Schriftpropheten*. Amos aus Tekoa ist
der älteste Schriftprophet. Er stammt aus Juda*, wendet sich aber kompromisslos
gegen das Verhalten der reichen Oberschicht im Nordreich. Er spricht im Auftrag Gottes (1,3; 3,1) und lehnt es ausdrücklich ab ein bediensteter Prophet zu
sein (7,14f.).[4] Seine Kritik an der Oberschicht ist heftig:

> Amos 5,11   Darum, weil ihr die Armen unterdrückt und nehmt von ihnen hohe Ab-
> gaben an Korn, so sollt ihr in den Häusern nicht wohnen, die ihr von Quadersteinen
> gebaut habt, und den Wein nicht trinken, den ihr in den feinen Weinbergen gepflanzt
> habt. … [14] Suchet das Gute und nicht das Böse, auf dass ihr leben könnt, so wird der
> HERR, der Gott Zebaoth, bei euch sein, wie ihr rühmt. [15] Hasset das Böse und liebet
> das Gute, richtet das Recht auf im Tor, vielleicht wird der HERR, der Gott Zebaoth,
> doch gnädig sein denen, die von Josef übrigbleiben. … [21] Ich bin euren Feiertagen gram
> und verachte sie und mag eure Versammlungen nicht riechen … [23] Tu weg von mir das
> Geplärr deiner Lieder; denn ich mag dein Harfenspiel nicht hören. [24] Es ströme aber
> das Recht wie Wasser und die Gerechtigkeit wie ein nie versiegender Bach.

Amos stellt Feste, Opfer und Musik nicht als solche in Frage; es wird nicht
„falsch" geopfert; vielmehr erreicht der Gottesdienst Gott gar nicht, „weil ein
Gotteskontakt Israels ohne ‚Recht und Gerechtigkeit' (V. 24) unmöglich ist."[5]
Obwohl Israel Gottes Zuwendung und seine Gerechtigkeit erfahren hat (2,9),
beugen die Mächtigen das Recht; die Verfälschung des Rechts aber führt zum
Zusammenbruch der Gesellschaft, der auch die Mächtigen ereilt (V. 11). Sozial-
kritik (Am 2,6-8; 4,1f.; 5,10-12; 6,1-6; 8,4-6) und Kultkritik (4,4f.; 5,4f.21-25)
haben ihren Grund in diesem Mangel an Recht und Gerechtigkeit. Würden die
Reichen in Bethel und Gilgal wirklich Gott suchen, so würden sie nach Gerech-
tigkeit fragen.[6] Stattdessen handeln sie böse und ziehen sich damit den Zorn
Jahwes zu. Zwar ist es nicht ausgeschlossen, dass ein „Rest Josefs" gerettet wird
(V. 15), aber eben nur ein „Rest" – und sicher ist dies keineswegs (5,16f.).

Interessant ist ein Vergleich mit Hosea, der etwas später als Amos dem Nordreich den
Untergang ankündigt. Sozialkritik spielt für ihn kaum eine Rolle und in der Kultkritik

---

[4]   In seiner jetzigen Form ist das Buch ist eine literarische Arbeit, die das Wirken des Amos im
      Rückblick systematisiert und aktualisiert.
[5]   Jeremias, Amos, 79.
[6]   Dies ist die ursprüngliche Kritik Die Ankündigung der Zerstörung der Kultorte in 3,13–15; 5,5f.;
      7,9 setzt dagegen ihre Illegitimität voraus und ist späterer Redaktion zuzuschreiben.

werden die Akzente anders gesetzt. Amos kritisiert, dass die Abkehr von Gottes Gerechtigkeit die Feier Gottes im Kult geradezu auflöst; Hosea wendet sich gegen die falsche Baalverehrung (Hos 8,4-6; 10,5f.; 13,2). Kritik an der Hinwendung zu fremden Göttern findet sich bei Amos dagegen nur sporadisch (2,4; 5,26; 8,14); vermutlich haben spätere Redaktoren unter dem Eindruck der Prophetie Hoseas diese Thematik in das Amosbuch eingeschrieben.

Bei den Schriftpropheten* muss man zwischen ihrer Wirkungszeit und der Abfassungszeit der ihnen zugeschriebenen Bücher unterscheiden. Alle Prophetenbücher haben Redaktionsprozesse durchlaufen, die zum Teil mehrere Jahrhunderte umfassen. Dies lässt sich exemplarisch am Jesajabuch zeigen. Es deckt eine Zeitspanne ab, die von der Berufung Jesajas um 734 v. Chr. (Jes 6-9) über den Untergang des Nordreiches und die Zerstörung Jerusalems bis zur Rückkehr (Jes 44,28; 45,1) und zum Wiederaufbau reicht. Eine Zäsur ist zwischen Jes 39 und 40 zu erkennen: Bis Jes 39 herrscht Unheilsprophetie vor, ab Jes 40 steht das kommende Heil im Vordergrund. Deshalb bezeichnet man den anonymen Verfasser von Jes 40-55 als Deuterojesaja. Noch einmal in spätere Zeit (nach 538) gehören Jes 56-66 die man Tritojesaja zuordnet. Jesaja ist also nicht der Verfasser des Gesamtwerks, sondern der Prophet, auf dessen Autorität sich das ganze Buch und auch seine späteren Teile berufen.

Wenn die Propheten von Gottes Willen, seinem Wort und seinen Geboten sprechen, so ist damit nicht die Tora gemeint, die im Tanach* den Propheten vorausgeht. Die Redaktion des Pentateuch ist erst später erfolgt. Dies zeigt sich z. B. daran, dass die Zehn Gebote, die mit der prophetischen Kritik an vielen Punkten übereinstimmen, bei den Propheten nirgends erwähnt werden. Sie beziehen sich auf den Bund*, den Jahwe mit dem Volk geschlossen hat, auf seine Treue und Gerechtigkeit, die darin zum Ausdruck kommen und darauf, dass sich Gottes Treue im Verhalten des Volkes widerspiegeln soll.

Für die prophetische Verkündigung sind verschiedene Redeformen charakteristisch. Mit dem Botenspruch „So hat Jahwe gesprochen …" bezeichnet sich der Prophet als Sprachrohr und legitimer Repräsentant Gottes. Für die Unheilsverkündigung charakteristisch ist das Gerichtswort, dessen Sitz im Leben* das Gerichtsverfahren ist; damit wird unterstrichen, dass das angekündigte Unheil als gerechte Konsequenz der Verfehlungen Israels bzw. Judas anzusehen ist. Es besteht aus einer kurzen Analyse der Situation und einer daraus folgenden Unheilsankündigung (z. B. Mi 2,2f.). Vorausgesetzt ist der Tun-Ergehens-Zusammenhang*. Mehrfach werden andere Völker in die Unheilsverkündigung einbezogen (Fremdvölkersprüche). Wenn Ankündigungen von Unheil mit einer Aufforderung zur Verhaltensänderung verbunden sind, kann man von einem Mahnwort sprechen (z. B. Am 4,6). Mehrfach unterstreichen Propheten ihre Verkündigung durch begleitende Zeichenhandlungen (Hos 1,2; 3,1-3; Jer 13,1-11; Hes 3,1-3; 4,1-13 u. ö.).
Neben Unheilsankündigungen gibt es in fast allen Prophetenschriften auch Worte, die ein heilvolles Eingreifen Jahwes ankündigen. Dies wird mit der bleibenden Gültigkeit der Zusagen Jahwes begründet, der sich trotz der Abkehr Israels an das Volk bindet (z. B. Jes 43,1–3). Nach dem Untergang des Nord- und Südreiches kommen die Re-

daktoren der Prophetenbücher zu der Einsicht, dass die Katastrophen der Läuterung des Volkes dienen. Diese Einsicht führt zu einer Verkündigung, die über die trostlose Gegenwart hinaus auf die Verheißungen Gottes vertraut. Selbst bei Amos ist dies der Fall (Am 9,7–10). Das Heil Gottes wird einem geläuterten Israel zugesagt, kann aber auch andere Völker einschließen (Jes 55,5; 56,1–7; 66,18f.; Sach 14,16). Heilsorakel (z. B. Jes 43,1) sind als direkte Gottesrede formuliert: „Fürchte dich nicht". Ursprünglich gehören sie in den Kult (als Antwort auf Notlagen, die im Tempel vor Gott gebracht werden). Heilsschilderungen beschreiben erzählend, wie die Heilszeit aussehen wird (Mi 4,1–4).

Was sich am Ende des Amosbuches zeigt, gilt in ähnlicher Weise für andere Prophetenschriften. Im Lauf der Überlieferung der Prophetenworte bildet sich ein Schema heraus, bei dem Heilsworte an das Ende der Schriften rücken. Häufig folgt der Aufbau der Prophetenbücher einem dreiteiligen Schema: Unheilsankündigungen, auf Israel bzw. Juda* bezogen – Fremdvölkersprüche – Heilsankündigungen für Israel bzw. Juda.

9.3 Ich bin dein Gott von Ägyptenland her

Das Gottesbild der Propheten kreist um die Begriffe Erwählung und Exodus. Die Grunderfahrung ist, dass Gott das Volk aus Ägypten gerettet hat und seitdem begleitet: „Ich bin der Herr, dein Gott, vom Land Ägypten her" (Hos 12,10; 13,4; Am 2,9f.). Aus dieser Überzeugung ziehen die Propheten eine Konsequenz: Die Erwählung des Volkes und die Begleitung durch Jahwe hebt Israel aus allen Völkern heraus, ist aber zugleich Verpflichtung. Am 3,2 zeigt dies deutlich: Während bei dem ersten Satz „Aus allen Geschlechtern habe ich allein euch erkannt" Übereinstimmung mit den Angesprochenen herrscht, ist dies für den Folgesatz nicht in gleicher Weise der Fall: „darum will ich auch euch heimsuchen in all eurer Missetat." Weil Gott Israel aus Ägypten geführt hat, steht das Volk in besonderer Verantwortung Gott gegenüber, die sich gerade im Verhalten gegenüber den Armen und Schwachen zeigt.

Der Zusammenhang der prophetischen Botschaft mit dem Erwählungsgedanken kann auf verschiedene Weise ausgeführt werden. Amos erkennt einen Gegensatz zwischen dem Handeln Gottes und dem Verhalten Israels im Kult und im sozialen Bereich. Hosea verwirft aus demselben Gedankengang heraus die Hinwendung Israels zu anderen Göttern (2,10; 13,1). Jes 30,1–5; 31,1–3 klagen mit dem gleichen Argument eine verfehlte Politik an, die das Heil in Koalitionen mit mächtigen Nachbarstaaten sieht, aber nicht auf die Führung durch Gott vertraut. Die Grundvorstellung ist jeweils vergleichbar: Da Israel von Gott erwählt wurde, muss es sich der Erwählung angemessen verhalten. Wenn dies nicht der Fall ist, ist die Strafe Gottes unausweichlich. Hier haben die vielen Unheilsankündigungen der Propheten ihren Grund. Für die Zeitgenossen waren sie oft nicht nachvollziehbar; spätere Generationen konnten aber im Rückblick ihre Wahrheit erkennen und die Katastrophen in der Geschichte des Volkes als Strafe Gottes begreifen. Aus diesem Grund bleibt die Botschaft der Propheten aktuell über ihre eigene Zeit hinaus.

In der Erwählung und Begleitung des Volkes durch Gott liegt auch der Grund für die Heilsverheißungen. Hos 11 zeigt den Umschwung an: Eigentlich müsste Gott Israel auf Grund seines Verhaltens vernichten (11,6), „aber mein Herz ist anderen Sinnes, meine Barmherzigkeit ist zu stark" (11,8); Gott ist der Heilige (11,9), und darin liegt beides begründet: Sein Zorn über die Verfehlungen des Volkes und seine Barmherzigkeit. Jahwe kann nicht anders als zu seinem Volk zu stehen, durch die Katastrophen hindurch. Besonders im Exil wird diese Erkenntnis zur Gewissheit und führt dazu, dass die bis dahin existierenden Prophetenbücher mit einer Heilsperspektive überarbeitet werden. Dadurch bekommt selbst das Amosbuch einen Schluss, der das Heil zumindest offenhält (Am 9,7–15). Die Bilder vom Heil in V. 12f. verweisen nicht nur auf die Endredaktion des Amosbuchs als solchem, sondern als Teil des Zwölfprophetenbuches, das in der biblischen Tradition als ein einziges Buch gilt und im Zusammenhang gelesen werden will.

Gerade weil die prophetische Botschaft um Erwählung und Exodus kreist, wird die Hinwendung zu anderen Göttern grundlegend kritisiert, von Elia an bis in die Zeit des Exils und darüber hinaus. Schon bei der Annäherung der Israeliten an das verheißene Land wenden sie sich den dort verehrten Göttern zu (Num 25,1–3); kaum haben sie Land besiedelt, dienen sie den Baalen (Ri 2,10–11.13; 3,7); Könige lassen Tempel für fremden Götter bauen (1Kön 11,4–8; 16,33). Für Elia gibt es in dieser Frage dagegen nur ein klares entweder – oder. Während die Königsbücher das Verhalten der politisch Mächtigen ins Zentrum stellen, rückt bei den Schriftpropheten* das Verhalten der Einzelnen und der Gemeinschaft in den Vordergrund. Exemplarisch klagt Hosea in 3,1 darüber, dass die Israeliten sich fremden Göttern zuwenden, obwohl doch Jahwe um sie wirbt. Nach 13,1 verehren sie *Baal*, in 2,15; 11,2 ist von den *Baalen* im Plural die Rede. Man bringt ihnen Rauchopfer dar und verehrt ihre Bilder, obwohl sie doch nur handgemachte Götzen sind (8,4; 13,2).

Baal ist der Name einer kanaanäischen Gottheit, die im syrischen Raum ab der Mitte des zweiten Jahrtausends v. Chr. verehrt wurde und sich zunehmend gegen die Urgötter El und Aschera durchsetzte. Keilschriftenfunde aus Ugarit in Nordsyrien beschreiben Baal als Herrscher über Wolken und Winde, Regen, Blitze und Donner. Als Wettergott spielt er in einer agrarischen Gesellschaft eine herausragende Rolle. Er tritt oft zusammen mit einer Göttin auf, sei es *Anat*, Schwester und Gattin Baals, Astarte (Ri 2,13; 10.6; 1Sam 7,3f. u. ö.) oder Aschera (Ri 3,7; 1Kön 18,19). In Palästina* scheint *Baal*

ab der Mitte des 13. Jahrhunderts verstärkt verehrt worden zu sein, und zwar in verschiedenen lokalen Manifestationen wie *Baal-Peor* (ein Berg in Moab, Num 25,3.5; 31,16; Dtn 4,3; Ps 106,28; Hos 9,10) zeigt. Zur gleichen Zeit verbreitet sich aber auch die Verehrung Jahwes in Palästina, sodass *Baal* und Jahwe, denen als Symboltier gleichermaßen der Stier zugeordnet ist (vgl. für Jahwe Ex 32; Num 23 u. ö.) von Anfang an in Konkurrenz stehen.

Obwohl *Baal* in Konkurrenz zu Jahwe steht, können seine Eigenschaften oder die anderer Götter mit Jahwe verbunden werden. So wird in Inschriften aus dem 9. und 8. Jahrhundert Jahwe zusammen mit „seiner Aschera" genannt, was unabhängig von der genauen Deutung darauf hinweist, dass Jahwe zumindest lokal zusammen mit einer weiblichen Göttin verehrt wurde.[7] Vermutlich gehen auch der Kampf gegen Leviathan (Ps 74,14) und die Vorstellungen vom Regenspender (Jer 14,22) und vom Wettergott (Dtn 11,11–17; Ps 65,10–14) von *Baal* auf Jahwe über. Trotz der in 1Kön 18 erzählten Niederlage der Baalspriester bleibt die Verehrung *Baals*, wie Hosea (ca. 750–725) belegt, im Nordreich bestehen. Die Verehrung Jahwes im Rahmen des von den Königen geförderten Staatskultes schließt die Verehrung anderer Götter nicht aus. Demgegenüber vertritt Elia die Vorrangstellung des Jahwe-Glaubens und strebt dessen Alleinverehrung an, eine Entwicklung, die in Israel von Jehu ab 841 politisch unterstützt wird (2Kön 10,18–31). Allerdings führt Jehu das Nordreich in seiner Regierungszeit auch in die politische Abhängigkeit von Assyrien, und ab der zweiten Hälfte des 8. Jahrhunderts lässt sich zunehmend die Verehrung assyrischer und babylonischer Gottheiten nachweisen. Hosea deutet die assyrische Invasion als Strafe Jahwes für Israels Untreue und fordert vehement die alleinige Verehrung Jahwes, ohne dass dabei jedoch die Existenz anderer Götter in Frage gestellt ist. Diese Alleinverehrung Jahwes bezeichnet man als Monolatrie*.

Auch im Südreich werden neben Jahwe andere Götter verehrt. Nach 2Kön 18f. und 22–23 kommt es unter den judäischen Königen Hiskia (727–698) und Josia (640–609) zwar zu Kultreformen in Jerusalem, als deren Folge die Alleinverehrung Jahwes und die Abschaffung anderer Heiligtümer beschrieben wird (vgl. Hiskias Gebet 19,14–15). Aber auch noch nach Josias Tod klagen die Propheten im Südreich die Verehrung Baals, der Himmelskönigin und des Tammuz an (Jer 7,9.18; 44,15–19; Hes 8,14, nach Hes 8,15–18 soll dies sogar im Tempel stattgefunden haben). Jeremia (ca. 625–585) polemisiert wiederholt gegen die Baalsverehrung (7,9; 12,16): „So viele Städte, so viele Götter hast du, Juda" (Jer 2,28). Erst in der Exilszeit (597–520) kommt es zu einer Gottesvorstellung, die man als monotheistisch* bezeichnen kann.[8]

---

[7]   Vgl. im Folgenden die Verehrung der Himmels-Königin.
[8]   Vgl. unten, 97–99.

9.4 Exkurs: Israel und Juda

David hatte die Nord- und die Südstämme unter seiner Herrschaft vereint. Unter Salomo hält diese Allianz noch, es zeichnen sich aber schon Spannungen ab (1Kön 11,26.40). Nach Salomos Tod führen die Differenzen zur Trennung: Jerobeam (926–907) wird König über die Nordstämme, die von nun an als Israel bezeichnet werden, Salomos Sohn Rehabeam (926–910) herrscht über Juda (2Sam 2; 19,42–44; 1Kön 12). Jerusalem ist fortan nur noch Hauptstadt und kultisches Zentrum des Südreichs Juda*.

In Israel regieren in den ersten Jahrzehnten Herrscher, die zum Teil gewaltsam den Thron annektieren und ihre Herrschaft durch Siege gegen Nachbarvölker sichern. Erst Omri (882–871) gelingt es eine Dynastie zu gründen[9]; er verlegt den Königssitz nach Samaria, wo am Kreuzungspunkt verschiedener Handelsrouten eine größere Stadt entsteht. Mit einer geschickten Heiratspolitik sichert er sich gegen die Interessen der phönizischen Küstenstädte ab: Omris Sohn Ahab heiratet die phönizische Königstochter, Isebel (1Kön 16,31). Unter Omri und Ahab kommt es auch zu israelitischen Übergriffen auf das östlich des Jordans gelegene Moab. Israel entwickelt sich in dieser Zeit zu einem ernst zu nehmenden Machtfaktor.[10] Nach innen sind die Omriden bestrebt religiöse Spannungen zwischen den Israeliten und den Kanaanäern abzubauen. Neben Jahwe werden deshalb auch andere Kulte staatlich gefördert.

Die Dynastie der Omriden wird durch einen Putsch Jehus (845–818) beendet. Dabei spielt die Opposition der Propheten eine Rolle (2Kön 9–11), aber auch der stärker werdende Druck des nordöstlich gelegenen Staates Aram. Faktisch sind Jehu und seine Nachfolger Könige mit der Duldung der Aramäer. Diese geraten jedoch selbst in Konflikte mit Assyrien, das in der Folgezeit die Geschicke Israels bestimmt. Das neuassyrische Reich auf dem Gebiet des heutigen Irak vertritt eine Expansionspolitik, die sich auf die im Westen und Süden gelegenen Länder und damit auch auf Aram ausdehnt. Diese Situation nutzt Jerobeam II zur Rückgewinnung einiger an Aram verlorener Gebiete (2Kön 14,25); Israel erlebt unter seiner Regierung auch einen wirtschaftlichen Aufschwung, der allerdings mit sozialer Ungleichheit einhergeht: Die Propheten Amos und Hosea prangern diese Entwicklung an.

Die letzten drei Jahrzehnte der Existenz Israels stehen ganz im Zeichen der assyrischen Expansion und verschiedener Reaktionen darauf. Sie reichen von Unterwerfung (unter Menachem) bis zu anti-assyrischen Bündnissen mit Damaskus (unter Pekach). Der Versuch, das Südreich Juda in eine antiassyrische Koalition einzubinden, misslingt (Jes 7,5f.), da der judäische König Ahas die

---

[9]   Zu den Omriden gehören noch Ahab (871–852), Ahasja (852–851) und Joram (851–845).
[10] Ein Bericht des assyrischen Königs Salmanassar III zu der Schlacht bei Qarqar (vgl. Wagner, Schlacht) beziffert Ahabs Militäreinsatz mit 2000 Streitwagen und 10.000 Mann.

Assyrer um militärische Unterstützung bittet. Der Assyrerkönig Tiglat-Pileser III unternimmt 733/2 eine Strafexpedition nach Damaskus und Israel. Aram wird assyrische Provinz, von Israel werden die nördlichen Teile abgetrennt und es bleibt nur „Ephraim" von Samaria bis Beth-El erhalten. Hosea ben Ela wird als Vasallenkönig eingesetzt. Als dieser die Tributzahlungen an Assur einstellt, reagiert der neue assyrische König Salmanassar V umgehend: Hosea wird gefangen (2Kön 7,14), Samaria eingenommen (722/20); Israel wird assyrische Provinz mit Samaria als Verwaltungszentrum. Das Nordreich Israel hört damit auf zu existieren. Ein assyrischer Text berichtet von einer Deportation von 27.820 Personen und von der Ansiedlung von Menschen aus anderen Teilen des assyrischen Reiches in Israel.[11] Hier liegt der Ursprung der Mischbevölkerung der Samaritaner.

In Juda* bleibt die Königswürde in der Hand der Nachkommen Davids. Die davidische Dynastie und die abgelegenere Lage im Bergland bewirken eine relativ ruhige politische Entwicklung, die aber ebenfalls durch die Politik der Großmächte geprägt ist. Während König Ahas (741–725) die Assyrer gegen die Koalition von Israel und Aram um Unterstützung bittet, versucht sein Nachfolger Hiskia (725–697) sich mit Hilfe einer Koalition mit Ägypten von Assur zu befreien. Der assyrische König Sanherib (705–681) belagert daraufhin Jerusalem, nimmt die Stadt aber nicht ein. In 2Kön 18,14–16 und 19,35 werden dafür verschiedene Gründe genannt: Hohe Tributzahlungen auf der einen, ein wunderbares Eingreifen Gottes auf der anderen Seite. An die Vorstellung vom Eingreifen Gottes schließt sich die Überzeugung von der Uneinnehmbarkeit Jerusalems an. In der Folge bleibt Juda aber bis zum Zusammenbruch des assyrischen Reiches faktisch ein Vasallenstaat Assurs. Erst unter Josia (639–609) kann es sich von der assyrischen Vorherrschaft befreien, allerdings nur, weil sich gegen Ende des siebten Jahrhunderts der Untergang des neuassyrischen Reiches abzeichnet. Dies nutzt Josia zur Rückgewinnung nördlicher Gebiete; aber auch Ägypten nutzt die Schwäche Assyriens und greift wieder nach Norden aus. Josia fällt in einer Schlacht gegen Ägypten bei Megiddo.

Hiskia und seine Nachfolger Manasse und Josia werden in 2Kön 18 und 21 ganz unterschiedlich beurteilt. Kriterium ist die Nähe zum Jahwe-Kult: Während Hiskia nach 1Kön 18,3f. die Verehrung Jahwes fördert und andere Kulte unterbindet, leben in der Regierungszeit Manasses assyrische Gestirnkulte und kanaanäische Kulte wieder auf. Manasses Nachfolger Josia wird in 1Kön 22–23 wieder positiv beurteilt, weil er sich von Assur abgrenzt und die assyrischen Kulte erneut untersagt. Im Tempel in Jerusalem dürfen unter Josia nur noch Jahwe-Opfer dargebracht werden (das bezeichnet man als Kultreform bzw. -zentralisation). Nach Josias Tod wird von den Ägyptern Jojakim, Josias zweiter Sohn (608–597), als Nachfolger eingesetzt.

Die ägyptische Oberherrschaft ist schnell wieder vorbei: Die Babylonier als die

---

[11]   Vgl. das Kalah-Primsa Sargons II, in: Kaiser u. a., TUAT I, 382.

neuen politischen Machthaber in Mesopotamien schlagen Ägypten bei Karkemisch (605). Jojakim stellt unter Verkennung der neuen Situation die Tributzahlungen an die Babylonier ein, woraufhin der babylonische König Nebukadnezar Jerusalem belagert. Während der Belagerung stirbt Jojakim und wird von seinem Sohn Jojachin (597) beerbt, der aber die Stadt nur noch den babylonischen Truppen übergeben kann. Hierauf kommt es zu einer ersten Deportation von Angehörigen der Oberschicht nach Mesopotamien. Der von Nebukadnezar eingesetzte König Zedekia (597–587) stellt sich im Vertrauen auf die Unterstützung Ägyptens erneut gegen die Babylonier; Nebukadnezar lässt daraufhin Jerusalem erneut belagern und erobert die Stadt 587. Jerusalem wird geplündert, Tempel (mit der Bundeslade) und Königspalast werden ein Raub der Flammen. Mit dem Fall Jerusalems kommt die politische Selbstständigkeit Judas an ihr Ende. Bis zur Makkabäerzeit im 2. Jh. ist Juda eine Provinz verschiedener Großmächte.

9.5 Anregungen für den Unterricht

1) Martin Luther Kings Traum von einer Welt, in der die verschiedenen Rassen friedlich zusammenleben, ist ein ähnlich hellsichtiger Text wie manche prophetischen Texte des AT. Das Lied „We shall overcome" spielte in der amerikanischen Bürgerrechtsbewegung ebenso eine Rolle wie in der Anti-Apartheids-Bewegung in Südafrika und in anderen Konflikten. Offenbar hat das Lied eine prophetische Kraft, die Menschen bewegen kann.

2) „Religionsunterricht muss realistisch vom Patchwork der Sinnorientierung ausgehen. Aber er soll die Dinge profilieren, aufklären und zur Unterscheidung helfen. Religionsunterricht verbreitet Klarheit und nicht die Faszination der Nacht, da alle Götter grau sind. Religionsunterricht führt nicht zum christlichen Bekenntnis, wohl aber zum Verstehen dieses Bekenntnisses. Wer Patchwork-Religiosität nicht wahrnimmt, ist naiv. Doch wer dabei stehen bleibt, handelt verantwortungslos und gegen seine Profession."[12] Denn nicht alles passt wirklich zusammen. Dies gilt z. B. für die Kombination des Auferstehungsglaubens mit der Vorstellung von Wiedergeburt. Hier kann der Religionsunterricht tatsächlich aufklären, indem man fragt: Welche Vorstellungen verbinden die östlichen Religionen mit dem Gedanken der Reinkarnation? Welche Vorstellungen werden üblicherweise im Westen damit verbunden? Die Karma-Belastung des Reinkarnationsglaubens mag man nicht so gern. Für diese Zusammenhänge sind Aufklärung und Wissen hilfreich.
Für den at.lichen Glauben sind Verlässlichkeit und Treue grundlegend – von

---

[12] Meyer-Blank, Patchwork-Religiosität.

Gott aus im Blick auf die Menschen und umgekehrt. Hier lohnt es sich ein theologisches Gespräch darüber zu beginnen, was Glauben bedeutet und welche Rolle dabei die Verlässlichkeit spielt.

3) Jochen Klepper hat in seinem Gedicht „Der Prophet"[13] nachempfunden, wie der Auftrag Gottes auf manchen der Propheten lastete, als Gegensatz zu Selbstdarstellung und Selbstmächtigkeit.

> Kein Prophet sprach: „Mich Geweihten sende!"
> Eingebrannt als Mal war es in allen:
> Furchtbar ist es dem Menschen, in die Hände
> Gottes des Lebendigen zu fallen.
>
> Kein Prophet sprach: „Mich Bereiten wähle!"
> Jeder war von Gottes Zorn befehdet.
> Gott stand dennoch jedem vor der Seele,
> wie ein Mann mit seinem Freunde redet.
>
> Kein Prophet sprach: „Gott, ich brenne!"
> Jeder ward von Gott verbrannt.
> Kein Prophet sprach: „Ich erkenne!"
> Jeder war von Gott erkannt.

Literatur zum Weiterlesen
Jeremias: Der Prophet Amos,
Krispenz: Prophetische Redeformen
Kratz: Die Propheten Israels

---

[13] In: Ziel der Zeit.

10. Kein Gott ist außer mir (Jes 45,5)

Pluralisierung und Individualisierung sind Kennzeichen gegenwärtiger Religiosität. Dies gilt auch für die Gottesfrage. Ob Jahwe, Gott, Allah, Shiva oder Krishna, das mag jede/r für sich entscheiden. Andere fragen: Warum muss man sich entscheiden? Kann man nicht das Gute aus verschiedenen Religionen verbinden? Oder gibt es am Ende nur einen Gott in verschiedenen Manifestationen? Gottesglaube gibt es gegenwärtig nur in der Vielfalt

Israel hat im babylonischen Exil die Erkenntnis gewonnen, dass es nur einen Gott gibt, d.h. in einer Zeit, in der es mit anderen, scheinbar mächtigen Göttern konfrontiert war. Das zeigt von vornherein, dass der Monotheismus nicht als Machtideologie taugt. In diesem Kapitel geht es darum,
- Ps 137 kennenzulernen;
- die grundlegende Bedeutung des babylonischen Exils für die Geschichte und die Literaturgeschichte Israels zu verstehen;
- die Bedeutung des Monotheismus für den Glauben Israels darzustellen;
- vor diesem Hintergrund die Gestalt des Messias darzustellen
- und Anregungen für die Umsetzung im Unterricht zu geben.

10.1 An den Wassern zu Babel saßen wir und weinten

Ps 137 setzt die Situation des Exils voraus: Jerusalem und der Tempel sind zerstört, viele Bewohner sind von den Siegern nach Babylonien deportiert worden. Dort erinnern sie sich an die Heimat. Während die Babylonier spotten und in der Niederlage der Judäer den Beweis für die Ohnmacht Jahwes sehen, versuchen die Exilanten an ihrem Glauben festzuhalten. V. 3f. stellen den Kontrast zwischen dem lobenden Zionslied und der Situation der Exilsgemeinde dar.[1]

Ps 137,1 An den Wassern zu Babel saßen wir und weinten, wenn wir an Zion gedachten. [2] Unsere Harfen hängten wir an die Weiden dort im Lande. [3] Denn die uns gefangen hielten, hießen uns dort singen und in unserm Heulen fröhlich sein: Singet uns ein Lied von Zion! [4] Wie könnten wir des HERRN Lied singen in fremdem Lande? [5] Vergesse ich dich, Jerusalem, so verdorre meine Rechte. [6] Meine Zunge soll an meinem Gaumen kleben, wenn ich deiner nicht gedenke, wenn ich nicht lasse Jerusalem meine höchste Freude sein. [7] HERR, vergiss den Söhnen Edom nicht, was sie sagten am Tage Jerusalems: Reißt nieder, reißt nieder bis auf den Grund. [8] Du Tochter Babel, du Verwüsterin, wohl dem, der dir vergilt, was du uns angetan hast. 9 Wohl dem, der deine jungen Kinder nimmt und sie am Felsen zerschmettert.

---

[1] Zenger, Psalmen 4, 109.

Der Text lässt freilich auch erkennen, dass Gefahr nicht nur von der babyloni-
schen Herrschaft ausgeht, sondern auch vom eigenen Vergessen. Warum soll
man sich angesichts der offenkundigen Niederlage Jahwes und seines Volkes
noch an Zion orientieren? „Der Psalm ist der poetisch-emotionale Ausdruck des
Gotteszweifels und der vitalen Ängste der Deportierten."[2]
V. 7–9 richten sich gegen Edom und Babel. Die Edomiter hatten sich beim
Untergang Jerusalems auf die Seite der Babylonier gestellt (Hes 25,12f.; 35,5ff.;
Ob 8–15). So ergreifend der Psalm einsetzt, so brutal endet er in V. 8f.: „Wohl
dem, der deine jungen Kinder nimmt und zerschmettert sie an dem Stein!" Der
Psalmbeter singt er im fremden Land trotzig gegen die babylonische Macht an
und klagt das Eingreifen Gottes ein: Es kann nicht sein, dass Jahwe Jerusalem
vergisst – und so soll Gott denn auch eingreifen. So gesehen hat der Psalm eine
politische Botschaft, nämlich das Ende der übermächtigen Macht Babylons.
Genau darum geht es am Schluss: Die Kinder Babylons sind die Nachkommen
des Königshauses, die den Fortbestand der Fremdherrschaft sichern (vgl. Jes
7,14–16; 9,1–6). Die Dynastie der Macht soll aber ein Ende haben. Und weil der
Psalmist zutiefst verstört ist in seiner Situation, greift er zu drastischen Worten,
um ihr Ende herbeizusehnen[3], das er aber Jahwe anheimstellt. Er appelliert an die
„Geschichtsmächtigkeit Jahwes ... Mitten im geschichtlichen Leben steht es zur
Entscheidung, ob Jahwe – Gott ist oder ob die Großmächte triumphieren."[4]

10.2 Kontexte

Seit 605 steht Juda* unter babylonischer Oberherrschaft. Der judäische König
Jojakim (609–598) lehnt sich gegen die Babylonier auf, die daraufhin in den
Jahren 598–97 Jerusalem belagern. Während der Belagerung stirbt der König,
sein Sohn Jojachin ergibt sich und erspart der Stadt die Zerstörung. Jojachin und
sein Gefolge werden mit zahlreichen Angehörigen der Oberschicht und der
Handwerkerschaft nach Babylonien deportiert (2Kön 24,10–16; Jer 24,1; 29,1).
Mit diesen Ereignissen beginnt das „babylonische Exil".[5] Da sich der von den
Babyloniern zum König eingesetzte Zedekia erneut (und gegen den Einspruch
Jeremias) gegen die Oberherrschaft wendet, kommt es 587 zu einer zweiten Eroberung Jerusalems. Nun werden Stadt und Tempel zerstört und es kommt zu
weiteren Deportationen. Die Zahlenangaben schwanken stark[6], am ehesten wird
man 20–25% der Gesamtbevölkerung annehmen können.
Diese Ereignisse sind ein tiefer Einschnitt in der Geschichte Israels. Jerusalem ist

---

[2]   Zenger, Psalmen 4, 112.
[3]   Zenger, ebd., 113.
[4]   Kraus, Psalmen, 908.
[5]   Vgl. zu den Problemen der Datierung Wagner, Exil / Exilszeit.
[6]   Vgl. Albertz, Exilszeit, 72–80.

der Wohnsitz Jahwes (1Kön 8,13), von ihm selbst erwählt (Dtn 12,5). Im syrisch-
efraimitischen Krieg 733/32 war Jerusalem unversehrt geblieben und Sanherib
war 701 wieder abgezogen, ohne die Stadt zu erobern; die Kultzentralisation
unter Josia hatte die Bedeutung Jerusalems erhöht; selbst Nebukadnezar (597)
hatte bei dem ersten Feldzug die Stadt verschont. Alle diese Ereignisse nähren die
Hoffnung, dass Jerusalem sicher sei (Mi 3,11; Jer 7,34.10) – eine dramatische
Fehleinschätzung. Nun ist das verheißene Land verloren, der von Gott eingesetzte König ist entmachtet, Stadt und Tempel sind zerstört.
Während die im Land Verbliebenen ihr alltägliches Leben neu organisieren (und
dabei auch den Kult, z. T. aber auch Kulte anderer Götter aufleben lassen, Jer
44,17–19), erleben sich die Deportierten im Exil als sozial und kulturell entwur-
zelt. Sie klammern sich an die Erinnerung an Jerusalem und geben die Bewahrung dieser Erinnerung als Aufgabe an die folgende Generation weiter. Verschiedene Aspekte spielen dabei eine wichtige Rolle.
Anders als bei den assyrischen Deportationen[7] werden die Exilanten in Babylonien in geschlossenen Gruppen angesiedelt (Hes 1,2; 3,15). Sie erhalten Land zur
Bewirtschaftung (2Kön 18,32; Jer 29,4–7) und müssen dafür Dienstleistungen
und Zahlungen erbringen. Judäische Handwerker werden in königlichen Bau-
projekten eingesetzt. Spenden für Jerusalem (Sach 6,10f.; Esr 2,69; 8,25ff.) deuten
darauf hin, dass die wirtschaftliche Situation erträglich ist. Die Siedlungspolitik
der Babylonier ermöglicht den Exilanten das Leben in Familienverbänden (Esr
2,59) und den Aufbau einer Selbstverwaltung (Jer 29,1; Hes 8,1; 14,1; 20,1), in der
Älteste, Priester und Propheten Leitungsfunktionen ausüben. Diese vergleichsweise guten Rahmenbedingungen spielen eine wichtige Rolle für das Selbstverständnis der Exilanten.
König Jojachin lebt im Exil in auskömmlichen Verhältnissen. Mit seinen Söhnen
bleibt die Hoffnung lebendig, dass die davidische Dynastie das Exil überleben
und zurückkehren werde (Jer 28,4). Eine zeitweise Inhaftierung schmälert allerdings die Hoffnung auf eine baldige Rückkehr. Gleichwohl ist seine Haftentlas-
sung unter Nebukadnezars Nachfolger Amel-Marduk für die Redaktoren des
deuteronomistischen Geschichtswerks* so wichtig, dass sie mit ihr das Werk
abschließen (2Kön 25,27–30, eine der wenigen Angaben zur Exilszeit überhaupt).

Nach Jer 27–29 gibt es in Juda wie in Babylonien die Erwartung eines baldigen Zu-
sammenbruchs des babylonischen Reiches und damit verbunden die Hoffnung auf die
Rückkehr Jojachins. Jeremia verurteilt diese Erwartung (27,9f.) und ruft dazu auf sich
auf eine längere Zeit im Exil einzurichten (29,1–7), was ihm heftige Kritik einbringt
(28,10; 29,24–32). Der im Exil wirkende Hesekiel stellt Jojachins Verbannung aber
ebenfalls als endgültig heraus (19,5–9).

---

7   Die Assyrer achteten darauf, dass im Zuge ihrer Umsiedlungen (733, 722 und 701, vgl. Sasse,
     Geschichte, 6f.) die Deportierten nicht unter sich bleiben konnten. In den besiegten Gebieten
     wurden Angehörige anderer Völker angesiedelt, um antiassyrische Bewegungen unmöglich zu
     machen (vgl. in Israel 2Kön 17,24).

Neben diesen äußeren Faktoren tragen Entwicklungen rituell-religiöser Natur zum Erhalt der Identität bei. Die Beschneidung von Kleinkindern wird in Babylonien zum allgemein geübten und verpflichtenden Brauch (Gen 17; 21,4; Lev 12,3). Sie war ursprünglich ein Ritus im Zusammenhang der Pubertät (Ex 4,25; Gen 17,25), der in Israel und bei angrenzenden Völkern (Ägypter, Edomiter, Moabiter, Ammoniter) bekannt war, nicht aber in Mesopotamien. Gerade deshalb wird die Beschneidung im Exil zum Unterscheidungsmerkmal nach innen und außen: Nach außen dokumentiert sie die Andersartigkeit der Exilanten, nach innen die Treue des Familienvaters zur väterlichen Religion.[8] Erst jetzt wird die Beschneidung zur allgemeinen Praxis und zum Erkennungszeichen jüdischen Glaubens. Zugleich betonen Hes 44,6–9 und Jer 4,4, dass die äußerliche Beschneidung und die „Beschneidung des Herzens", die sich in einem entsprechenden Verhalten äußert, zusammengehören.

Dieselbe Funktion gewinnen die Speisegebote. Sie stiften Identität und dienen zur Abgrenzung. Eine Reihe der Gebote, z. B. das Schächten von Tieren, sind bereits aus vorexilischer Zeit bekannt (1Sam 4,32–34). Ihre Zusammenstellung und Ausformulierung ist aber wahrscheinlich erst im Exil erfolgt (Dtn 14; Lev 11), weil man damit die eigene religiöse Zugehörigkeit im Alltag demonstrieren kann. Dan 1,8–16 greift später auf diese Vorstellung zurück.

Wichtig ist schließlich der Sabbat. Aus vorexilischer Zeit sind ein Vollmond- und Neumondfest bekannt, die im Tempel gefeiert wurden (2Kön 4,29; Jes 1,13; Hos 2,13), außerdem die Regel, alle sieben Tage die Arbeit auf dem Acker zu unterbrechen (Ex 23,13; 34,21). Dieser Ruhetag wurde aber noch nicht kultisch begangen. Im Exil werden beide Traditionen verbunden: Der Ruhetag wird nun in der Schöpfung verankert (Gen 2,2f.), er gewinnt kultische Bedeutung und wird zum „Sabbat für Jahwe, deinen Gott" (Dtn 5,12–15; Ex 20,8–11). Damit ist die Möglichkeit eröffnet auch unabhängig vom Tempel einen regelmäßigen Gottesdienst feiern zu können. Der Sabbat ermöglicht die regelmäßige Erinnerung an die grundlegenden Daten der Geschichte Jahwes mit seinem Volk. Die Exilstheologie ist somit für den jüdischen Glauben grundlegend, weil sie die Vergangenheit als wiederholte Abfallsgeschichte von Jahwe, die Gegenwart als Folge dieses Abfalls bezeichnet und Orientierung für die Zukunft gibt.

Beschneidung, Speisegebote und Sabbat kommen ohne Bezug zum Tempel aus. Mit diesen Änderungen vollzieht sich die Entwicklung von einer „Nationalreligion – mit ihrer Bindung an die Institution des Tempels und ihrer Inanspruchnahme durch das Königtum – hin zu einer Bekenntnisreligion, die nicht an nationale Grenzen gebunden" ist.[9] Gleichwohl wird die die Verbundenheit mit dem

---

8   Albertz, Exilszeit, 93. Der Abgrenzung dient auch das Verbot fremde Frauen zu heiraten (Gen 27,46; 34,14), das in persischer und hellenistischer Zeit betont wird (Esr 9f.; Neh 10,30f.; 13,23–27; Mal 2,10–16).

9   Sasse, Geschichte, 1.

Tempel aufrechterhalten, wenn auch in Babylonien zunächst nur als Hoffnungs-
bild (Hes 40–44), das mit der Rückkehr dann aber tatsächlich Gestalt annimmt.

> Die Wiederaufnahme des Kultes wäre auch in Babylonien möglich gewesen. Entspre-
> chende Tendenzen scheint es gegeben zu haben, jedenfalls lehnt Hes 20,32 dies mit
> dem Hinweis ab, dass Babylonien unreines Land (Hes 4,13; vgl. auch 1Sam 26,19;
> 2Kön 5,17) und deshalb die Ausübung des Kultes unmöglich sei. Stattdessen stehen
> Klage und Fasten im Vordergrund und vermutlich hat es Klagegottesdienste gegeben.

Die Situation in Juda* wird in den Texten verschieden dargestellt. Nach 2Chr
36,20f. war das Land siebzig Jahre lang entvölkert. Diese Darstellung ist jedoch
ein theologisches Urteil: Gott hat sein Volk verstoßen und das Land zur Wüste
gemacht. Nach dem Selbstverständnis der Exilanten ist Jahwe mit ins Exil gezogen; sie verstehen sich deshalb als die legitimen Vertreter der Jahwe-Religion. Die
Vorstellung des unbewohnten Landes widerspricht jedoch dem archäologischen
Befund. In Galiläa, Samaria und in dem nördlich von Jerusalem gelegenen Gebiet
von Benjamin lassen sich keine Zerstörungen nachweisen; Mizpa, Bethel, Gibeon
und andere Städte sind bewohnt und selbst Jerusalem ist keineswegs menschen-
leer (Jer 39–43; 2Kön 25,22ff.), wenngleich die Lebensbedingungen vermutlich
bescheiden sind. Selbst einen Opferkult scheint es in Jerusalem gegeben zu haben
(Jer 41,4f.). Die Reformen, die unter dem persischen Statthalter Gedalja eingeleitet werden, führen faktisch zu einer Aufwertung der im Lande Verbliebenen.
Hes 33,21–27, Klgl 5,2 und Jes 62,8 deuten darauf hin, dass das bisher den Angehörigen der Oberschicht gehörende Land neu verteilt wird. Es liegt auf der Hand,
dass daraus bei der Rückkehr der Exilanten Konflikte entstehen werden.

10.3 Der eine und einzige Gott

In der Zeit des Exils erhält auch die Vorstellung von dem einen und einzigen
Gott ihre Konturen. Sie war in Israel nicht immer vorhanden. Einige Beispiele
können das belegen. In Ri 6,25ff. wird berichtet, dass der Vater Gideons einen
Baalsaltar besitzt und dort Opfer bringt. Als Gideon den Altar zerstört, zieht er
den Zorn aller Bewohner auf sich. Bei der Flucht Davids in 1Sam 19 legt seine
Frau Michal eine Götterfigur ins Bett, um die Verfolger zu täuschen (V. 12f.).
Das setzt voraus, dass es im Haus eine solche, offenbar lebensgroße Figur gab.
Nicht so groß ist der Hausgott, von dem in Gen 31,19ff. die Rede ist. Bei ihrer
Flucht nimmt Rahel ihn mit; ihr Vater Laban sucht ihn aber überall – und Rahel
setzt sich darauf, um ihn zu verstecken. Aufgabe solcher Haus- und Schutzgötter
ist es, für das Wohlergehen in der Familie oder Sippe zu sorgen, neben Jahwe,
der als Gott des Exodus oder als Staatsgott verehrt wurde. Auch Göttinnen sind
bekannt. In Jer 44,17.19 ist von der „Himmelskönigin" die Rede; beliebt sind
auch Amulette, die man um den Hals tragen kann (vgl. Hos 2,4).

Neben Schutz- und Familiengöttern ist verschiedentlich auch von andern Göttern mit größerem Anspruch die Rede. Von El als dem höchsten Gott im kanaanäischen Götterpantheon* hat Jahwe verschiedene Eigenschaften übernommen; dies gilt auch für Baal, zu dem Jahwe aber von Anfang an in Konkurrenz steht.[10] In Ex 12,12 ist davon Rede, dass Jahwe an allen Göttern Ägyptens ein Strafgericht vollziehen will: Diese Götter mögen existieren, aber sie sind Jahwe untergeordnet. Auch das erste Gebot „Du sollst keine anderen Götter neben mir haben" (Ex 20,3) setzt die Existenz anderer Götter voraus. Und Mi 4,5 zeigt, dass auch in nachexilischer Zeit die Monolatrie* eine mögliche Form der Jahwe-Verehrung blieb: Es mag verschiedene Götter geben, „aber wir wandeln im Namen des HERRN, unseres Gottes, immer und ewig."

Angesichts dieser verschiedenen Aussagen stellt sich die Frage, wieso es gerade in Israel zu einer Entwicklung hin zum Monotheismus kam. Verschiedene Aspekte sind hierbei zu berücksichtigen. Von den frühesten Formen der Jahwe-Verehrung an zeigt sich Jahwe als eigenständiger Gott. Zwar zieht er Aufgaben und Elemente anderer Götter an sich[11], er wird aber nicht in eine Göttergenealogie eingeordnet, sondern bleibt selbst da, wo er gemeinsam mit anderen Göttern auftritt (Ps 82; 86), eigenständig. Hinzu kommt, dass er als Gott verehrt wird, der mit den Menschen mitzieht und deshalb nicht an einen bestimmten Ort gebunden ist. Zwar werden bestimmte Kultstätten nachträglich als Orte der Gottesbegegnung beschrieben und legitimiert, aber Jahwe ist nicht auf diese Orte festgelegt. Und als der Tempel zerstört ist, halten die Exilierten die Hoffnung fest, dass Jahwe sogar ins Exil mitgeht. Ein von Menschen gebautes Haus kann die Herrlichkeit Gottes gar nicht umfassen.[12]

Die Verknüpfung ursprünglich landwirtschaftlich geprägter Feste mit Ereignissen aus der Geschichte des Volkes mit seinem Gott spielt ebenfalls eine Rolle. Besonders deutlich wird dies beim Laubhüttenfest: Die Hütten, die man auf den Feldern errichtet (Jes 1,8; 5,2; vgl. Ex 23,16; 34,22), werden mit der Wüstenwanderung und dem Wohnen in Zelten verbunden (vgl. Lev 23,39–44). Auch das Passafest war ursprünglich vermutlich landwirtschaftlich geprägt.

Verehrt wird Jahwe in einem bildlosen Kult. Zwar gibt es in der Königszeit verschiedene Symbole der göttlichen Gegenwart: Masseben* (Gen 28,18), Stierbilder (Ex 32; 1Kön 12,26–30), Götterbilder (Ri 8,22–28). Unter prophetischem Einfluss mit seiner Polemik gegen Abbildungen Gottes (Hos 8,4; 13,2; Jes 44,9ff.) setzt sich der bildlose Kult jedoch zunehmend durch, wird ab der Exilzeit bestimmend und trägt zur Entwicklung der monotheistischen Gottesvorstellung mit bei. Bilder können die Größe Jahwes nicht erfassen.

Vor dem Hintergrund dieser Entwicklungen wird die Frage nach der Wirksam-

---

[10]   Vgl. oben, 88.
[11]   Vgl. oben, 88.
[12]   Vgl. oben, 72f.

keit Gottes im Exil noch einmal ausgeweitet. Die Verbannten halten nicht nur an Jahwe fest, sondern erkennen gerade im Exil, dass Gott sie auch im fremden Land nicht allein lässt. Wenn Jahwe sich aber durch die Katastrophe hindurch und angesichts der babylonischen Götter als gegenwärtig und wirksam erweist, dann nur deshalb, weil er auch die Geschicke der Babylonier lenkt. Diese Ausweitung des Jahweglaubens wird vor allem von Deuterojesaja vertreten: „Ich bin der HERR, und sonst keiner mehr, kein Gott ist außer mir" (Jes 45,5). Zwar gibt es Vorstufen dieser Erkenntnis (vgl. Jes 10,5–19; 2Kön 5,15), ausformuliert aber findet sie sich erst hier:

> Jes 44,6.9: „Vor mir ist kein Gott gemacht, so wird auch nach mir keiner sein. Ich, ich bin der HERR, und außer mir ist kein Heiland." Jes 43,10f.: „Ich bin der Erste und der Letzte, und außer mir ist kein Gott ... Gedenket des Vorigen, wie es von alters her war: Ich bin Gott, und sonst keiner mehr, ein Gott, dem nichts gleicht."

Wenn Menschen verschiedene Götter anbeten, so sind dies in Wirklichkeit von Menschen gemachte Götter, denen keinerlei Macht zukommt (Jes 44,9–20). Sie bewirken nichts, auch wenn viele sie verehren (Jes 41,23–24). Und wenn die Babylonier meinen, ihre Götter hätten ihnen den Sieg über Israel gegeben, hält Deuterojesaja dagegen: „Von Norden habe ich einen kommen lassen, und er ist gekommen vom Aufgang der Sonne her, der meinen Namen anruft" (Jes 41,25). Gleichwohl erschließt Jahwe sich nicht so, dass er „berechenbar" wäre; er ist der Retter Israels und zugleich ein verborgener Gott (Jes 45,15; Jer 23,23f.).

10.4 Exkurs: Der Messias

Das Wort Messias (mit der Grundbedeutung „Gesalbter") wird im Tanach* auf eine von Gott berufene Amtsperson wie den (Hohen-)Priester (Lev 4,2.5.16; 6,15), einen Prophet (Jes 61,1), vor allem aber den König (1Sam 2,10; 26,9.11.23; Jes 45,1; Ps 2,2; 89,39.52 u. ö.) bezogen. Samuel salbt Saul und David zum König (1Sam 10,1.6; 16,13); der Geist Gottes überkommt die Gesalbten und rüstet sie für ihre Aufgabe aus. In 1Kön 1,39 erfolgt die Salbung bei der Amtseinführung Salomos und stellt den König unter Gottes Schutz (1Sam 24,7.11; 2Sam 1,14; Ps 89,21–25). Der Messias ist in dieser Perspektive demnach ein zur Führung Israels bevollmächtigter König. Auch der Perserkönig Kyros kann in diesem Sinn als Messias bezeichnet werden (Jes 45,1).
Nach 2Sam 8,15 ist David „König über ganz Israel und schafft seinem ganzen Volk Recht und Gerechtigkeit." Gott verheißt ihm einen Nachkommen und sichert der dadurch entstehenden Dynastie ewigen Bestand zu (2Sam 7,12–16). Mit der Zerstörung Jerusalems und dem Niedergang des Königtums gerät diese Überzeugung ins Wanken. Dass sie nicht aufgegeben wird, liegt an der Gewiss-

heit, dass Jahwe alle seine Verheißungen erfüllt. Wenn das Königtum in der genealogischen Linie Davids untergeht, kann das nach der Überzeugung der Exilierten nur bedeuten, dass sich die Verheißungen anders erfüllen als gedacht. Hier liegt der Ansatzpunkt für die ihre Übertragung in die Zukunft: Gott wird einen König wie David schicken, der in seinem Auftrag dem Volk Recht schaffen und in der ganzen Welt Gerechtigkeit herstellen wird. Jes 11,1–5 hebt diese Funktion „des Sprosses aus dem Stamm Isais" besonders hervor: „Und es wird ein Reis hervorgehen aus dem Stamm Isais und ein Zweig aus seiner Wurzel Frucht bringen. Auf ihm wird ruhen der Geist des HERRN, der Geist der Weisheit und des Verstandes, der Geist des Rates und der Stärke, der Geist der Erkenntnis und der Furcht des HERRN ..." Dieser „Spross aus dem Stamm Isais" wird ein von Gott erwählter Retter sein, ein Mensch, der aber anders als alle Führergestalten vor ihm dauerhaftes Heil bringt, und der wegen dieses grundlegenden Unterschieds nicht Messias genannt wird. Jes 9,1–6 spricht von ihm, ebenso Mi 5,1–5; Hos 2,2f.; Jer 23,5f.; Hes 34,23f.; 37,22f. u. ö. Außerdem werden Texte, die ursprünglich den gesalbten König meinten, auf den künftigen Herrscher bezogen (2Sam 7,12–15). Ihm werden bestimmte Voraussetzungen und Aufgaben zugeschrieben: Er wird Nachkomme Davids sein (z. B. Jer 33,17; 1Chr 17,11 u. ö.), das Volk in Israel zusammenführen (Jes 11,12; 27,12), den Tempel neu errichten (Mi 4,1), der ganzen Welt Frieden bringen (Jes 2,4; 11,6; Mi 4,3) und alle Menschen dazu bringen, Jahwe als Gott zu erkennen (Jes 11,9; 40,5). Hes 37,24–28 liest sich wie eine Zusammenfassung dieser Erwartungen.

Als Konsequenz auf den Untergang des judäischen Königtums wächst nach der Rückkehr der Exilierten dem Hohenpriester stärkeres Gewicht zu. So wird nach 1Chr 29,22 nicht nur Salomo, sondern auch der Priester Zadok gesalbt; nach Sir 45,15 hat Mose Aaron ins Priesteramt eingesetzt und ihn mit heiligem Öl gesalbt. Vor allem in Qumran hat man mit zwei Messiasgestalten gerechnet (vgl. Sach 4,14), einem „Messias Israels", der das Volk erretten und seine Unterdrücker besiegen wird (1QSb 5,29ff.), und einen „priesterlichen Messias", dessen Aufgabe die Auslegung des Gesetzes ist (4Q175, vgl. Dtn 33,8–11). Mit 4QFlor 1,10–13 ist auch ein Beleg dafür vorhanden, dass der Messias mit der Gottessohnschaft verbunden werden kann.

Die umfassendsten Erwartungen eines kommenden Messias finden sich in jüdischen Schriften, die nicht in den Tanach* aufgenommen wurden, so vor allem in den Psalmen Salomos (1. Jh. v. Chr.), im Äthiopischen Henochbuch (Mitte 1. Jh.) und dem 4. Buch Esra (ca. 100 n. Chr.). In PsSal 17f. verheißt Gott das Kommen eines „Gesalbten des Herrn", der durch Gottes Geist mächtig, weise und gerecht ist, sein heiliges Volk sammeln und alle Völker mit Weisheit und Gerechtigkeit richten wird. In ÄthHen werden der königliche Heilsbringer und der kommende Menschensohn miteinander verbunden (48,10; 52,4), in 4Esr 7,28f. schafft der Messias eine 400-jährige Heilszeit, an deren Ende sein Tod und der Anbruch einer neuen Weltzeit steht.

Zur Zeit des frühen Christentums ist die Hoffnung auf einen messianischen Heilsbringer in Palästina* sehr lebendig. Indem die frühen Christen Jesus den Christustitel beilegen, greifen sie diese Erwartungen auf und sehen sie in Jesus erfüllt.[13] Anknüpfungspunkte für die Übertragung des Titels auf Jesus sind zum einen seine Hinrichtung als „König der Juden" mit der damit verbundenen Umdeutung der Anklage in eine Glaubensaussage, zum anderen Ps 101,1 („Der HERR sagte zu meinem Herrn: Setze dich zu meiner Rechten, bis ich dir deine Feinde als Schemel zu Füßen lege"); die dort auf die Inthronisation des Königs bezogene Aussage wird auf das Sitzen des erhöhten Christus zur Rechten Gottes bezogen.[14] Hinzu kommen die Vorstellungen vom Gottesknecht (vor allem Jes 53), die im Tanach* aber noch nicht messianisch gedeutet wurde. Aufgrund dieses Interpretationszusammenhangs können falsche Erwartungen abgewehrt werden, die an Jesus herangetragen worden sind. Die Verknüpfung der Messiasbezeichnung mit der Vorstellung vom leidenden Menschensohn in Mk 8,27–33 ist dafür charakteristisch. Im Hintergrund steht das Auftreten verschiedener Gestalten, die messianische Erwartungen wecken und viele Menschen damit beeindrucken (vgl. Josephus, Bell 2,258–260; Ant 18,85–88. 20,97–99.167–172.257f.; Apg 21,38). Im NT wird deshalb wiederholt vor falschen Messiassen gewarnt (Mk 13,6 u. ö.).

10.5 Anregungen für den Unterricht

1) Der Monotheismus wird heute vielfach mit Macht in Verbindung gebracht. Den monotheistischen Religionen wird ein Hang zu innerer Gewalt zugeschrieben. Für das Judentum verweist man auf viele Gewaltszenen im Tanach, für das Christentum auf die Kreuzzüge, für den Islam auf den 11. September 2001. Die monotheistischen Religionen gelten als intrinsisch gewalttätig.
In höheren Klassen kann mit einem Text von Jan Assmann gearbeitet werden. Er bezeichnet darin die Gewalt als eine in der Religion angelegte Möglichkeit, nicht als eine logische Konsequenz:

> „Die Quelle dieser *potentiellen Gewalt* sehe ich in dem, was ich die ‚mosaische Unterscheidung' genannt habe. … Gemeint ist die Unterscheidung zwischen wahr und falsch im Bereich der Religion, die einer Unterscheidung entspricht, die etwa Parmenides, Platon und Aristoteles in den Bereich des Denkens eingeführt haben. Sie beruht auf einem emphatischen Wahrheitsbegriff, der die Kategorie der Unvereinbarkeit impliziert. Was als wahr gelten soll, schließt alles aus, was damit unvereinbar ist. So ist mit der Vorstellung eines wahren Gottes die Verehrung von anderen Götter und deren Bildern unvereinbar. Die Unterscheidung schließt keineswegs aus, dass andere Religionen andere Götter weiterhin anbeten. Im Rahmen einer auf einem solchen

---

[13] *Christos* ist von *chrio* – salben abgeleitet und Übersetzung des hebräischen Messiasbegriffs.
[14] Vgl. unten, 195f.

Wahrheitsbegriff basierenden Religion entfaltet sich eine Orthodoxie, die für die eigene Gruppe das Falsche festlegt und ausmerzt. Im Kern handelt es sich also um eine Gewalt, die nach innen wirkt und sich gegen die Abtrünnigen aus den eigenen Reihen richtet."[15]

Das Problem mit dem Monotheismus ist, dass man nie eine zweite Meinung zu hören bekommt!

2) Die Aussage des Strichmännchens nimmt die vermeintliche Uniformität des Monotheimus aufs Korn. Sie kann zunächst für sich betrachtet und dann mit den vielfältigen Aspekten des Gottesbildes der Bibel verglichen werden. Ist der Monotheismus notwendigerweise eindimensional? Gibt es Pluralität innerhalb des Monotheismus?

Literatur zum Weiterlesen
Zenger: Ein Gott der Rache. Feindpsalmen verstehen
Stolz: Einführung in den biblischen Monotheismus
Bauks: Monotheismus (AT)

---

[15] Monotheismus. In Assmanns Essay sind seine wichtigsten Thesen in Auseinandersetzung mit Kritikern zusammengefasst.

11. Der Herr ist mein Hirte (Ps 23,1)

Wie kann man von Gott reden? Viele haben gesagt: So wie die Psalmen es vorsprechen. Freude, Lob, Geborgenheit und überschwänglicher Dank finden sich ebenso darin wie Klage, Trauer oder der unbezwingbare Wunsch nach Rache, menschliches Verzagen und Hoffen in allen Spielarten. Über Jahrhunderte hinweg sind sie entstanden und in immer neue Situationen hinein gesprochen worden. In diesem Kapitel geht es darum,
- die Psalmen als Glaubenstexte und Meditationen zu verstehen;
- die Entstehung des Psalmenbuchs nachzuvollziehen;
- die verschiedenen Gottesbilder in den Psalmen zu entschlüsseln;
- sie in Beziehung zum Verbot von Gottesbildern zu setzen
- und sich zum eigenen Sprechen von und mit Gott anregen zu lassen.

11.1 Und ob ich schon wanderte im finsteren Tal

Psalm 23: Der HERR ist mein Hirte, mir wird nichts mangeln. 2 Er weidet mich auf einer grünen Aue und führet mich zum frischen Wasser. 3 Er erquicket meine Seele. Er führet mich auf rechter Straße um seines Namens willen. 4 Und ob ich schon wanderte im finstern Tal, fürchte ich kein Unglück; denn du bist bei mir, dein Stecken und Stab trösten mich. 5 Du bereitest vor mir einen Tisch im Angesicht meiner Feinde. Du salbest mein Haupt mit Öl und schenkest mir voll ein. 6 Gutes und Barmherzigkeit werden mir folgen mein Leben lang, und ich werde bleiben im Hause des HERRN immerdar.

In diesem bekannten Psalm lassen sich zwei Abschnitte unterscheiden: In V. 1–3 ist von Jahwe in der dritten Person die Rede, V. 4b–5 sprechen ihn direkt als „du" an. V. 6 überblickt den Lebensweg des Psalmsprechers.

Die in V. 1–3 verwendeten Bilder stammen aus der nomadischen Lebenswelt: Hirte, Herde, Wasser, Gras und Weg sind elementare Begriffe für eine Lebensweise, die von Weideplätzen für die Herden abhängt. Mit „Stecken und Stab" stützt der Hirte schwache Tiere und wehrt Raubtiere ab. In V5f. ändert sich das Bild: Jetzt geht es um Gott als Gastgeber, der seinen Gast willkommen heißt und ihm einschenkt, den Feinden zum Trotz, und dies nicht nur für kurze Zeit, sondern „mein Leben lang". Der Schlusssatz zeigt, dass es das Haus Jahwes ist, in dem der Beter die Gastlichkeit Gottes genießt. Die beiden Abschnitte mit ihren Bildwelten haben einen vergleichbaren Aufbau: Jahwe wird als Hirte / Gastgeber beschrieben, Bewahrung wird angedeutet (finsteres Tal / Feinde) und es folgt ein vertrauensvoller Ausblick auf die Zukunft.

Über ihren Lebensweltbezug hinaus haben die Bilder eine Tiefendimension. Die „Weide" bezeichnet das Land, das Jahwe Israel geben wird bzw. gegeben hat (Ex 15; 13; Jer 23,2; 25,30; 31,23; Hes 34,14), und die „Ruhe" (V. 2, wörtlich: zur Ruhe am Wasser führt er mich) beschreibt den Frieden, den Israel im Land haben soll (Dtn 12,9; 1Kön 8,56; Jes 32, 18). Die Zeit Israels in Ägypten war eine Zeit der Finsternis und der Exodus ein Weg in die Freiheit (Jer 2,6). Die Zeit der Wüstenwanderung wird in Dtn 2,7 mit den Worten beschrieben: „Gott war mit dir und es hat dir nichts gefehlt." So spielen die Bilder auf den nomadischen Alltag und zugleich auf die Erfahrungen an, die Israel mit Gott gemacht hat. Die Funktionen des Hirten werden im AT auf den König übertragen, der sein Volk „weidet" (2Sam 5,2), es leiten, versorgen und gegen Feinde beschützen soll. Von hier aus wird das Bild auch auf Gott bezogen. So entwirft der Psalm ein Bild von Gott, der als mächtiger und gütiger König sein Volk und jeden Einzelnen darin bereits geleitet hat und weiterhin leiten wird.

Die Bankettszene gehört in der Umwelt Israels in den Rahmen von Siegesfeiern; dies macht auch den Hinweis auf die Feinde verständlich, die allerdings nicht näher benannt werden. Man kann an die Genesung von einer Krankheit denken oder an andere Widrigkeiten. Gerade dadurch werden aber Möglichkeiten zur Identifikation eröffnet. Die Szene ist im Haus Jahwes angesiedelt, das für den Psalmbeter zum Ort des Vertrauens und der Zuflucht wird. Deswegen hat man an ein Dankopfer am Tempel als Sitz im Leben* gedacht; das ist möglich, wobei aber bei einem solchen Opfermahl die Initiative von den dankenden Menschen ausgeht, in Ps 23,5 dagegen von Gott. Und während das Bild von der Herde an eine größere Menge denken lässt, konzentrieren sich V. 5f. eher auf den Einzelnen. Wer diesen Psalm singt, tut dies im Vertrauen darauf, dass Jahwe sich auch weiterhin seinem Volk und dem Einzelnen gegenüber segensreich verhalten wird. Der Tempel als Wohnort Gottes ist dafür der Garant.

Der Aufbau des Psalms (Vertrauensäußerung, Rückblick auf Gefahren, heilvolle Zukunftsperspektive) spiegelt sich im Kontext des Psalms wider: Unmittelbar voran steht der Klagepsalm 22 (der im NT für die Leidensgeschichte Jesu prägende Kraft hat), der am Ende mit seiner Gewissheit der Errettung den 23. Psalm bereits präludiert; in Ps 24 folgt eine Einzugsprozession, die in den Tempel und in die heilvolle Nähe Jahwes führt. In der Überschrift wird David als Verfasser genannt. Dies ist eine spätere Zuschreibung; sie legte sich aufgrund von 1Sam 16 (David als Hirte) nahe. Dass in Ps 23 ausschließlich von Gott als Hirte und König die Rede ist, aber nicht von einem irdischen König, spricht sogar dafür, den Psalm erst in die nachexilische Zeit zu datieren. Gerade diese Offenheit hat dazu geführt, dass der Psalm Menschen in unterschiedlichen Situationen als Ausdruck des Vertrauens auf Gott dienen konnte und kann.

11.2 Kontexte

Ps 23 weist eine Reihe von Eigenschaften auf, die für die Psalmen insgesamt charakteristisch sind: Die poetische, bilderreiche Sprache, der gestaltete Aufbau, lediglich angedeutete Situationsangaben, die Aktualisierung ermöglichen, sowie Vertrauensaussagen, die Gefährdungen nicht verschweigen.

Der Psalter ist eine Sammlung von 150 poetischen Psalmen.[1] Ganz unterschiedliche Texte sind hier versammelt: Gebete von Notleidenden, Dank und Bitte, Klage und Lob, Erinnerungen an die Führung Gottes, Lob des (irdischen und himmlischen) Königtums, Wallfahrts- und Schöpfungslieder. Sowohl die einzelnen Psalmen als auch der Psalter insgesamt sind in einem langen Prozess der Aktualisierung und Überarbeitung entstanden. Die hebräische Bezeichnung t^{e}hillim = Preisungen zeigt, dass auch Klage und Bitte als Lob Gottes verstanden werden, an den man sich in der Not wenden kann. Dabei lassen sich zwei Grundaussagen erkennen: Aus der Not entspringt die Klage vor Gott, aus Dank und Freude entsteht das Lob.

In der *Klage von Einzelnen* werden individuelle Notsituationen vor Gott gebracht: Krankheit, Verfolgung, Einsamkeit, Anfeindungen, Zweifel, Tod, häufig in metaphorischer Sprache (z. B. Ps 5,9; 57,5). Gott wird als Wahrer der Gerechtigkeit um Hilfe angerufen. Der Wunsch, die gute Ordnung Gottes wieder herzustellen, kann sich bis zum Schrei nach Rache verdichten (Ps 137), die aber Gott anheimgestellt wird. Die Beschreibung der Notsituationen ist oft allgemein, sodass sie für unterschiedliche Situationen offen ist. In den *Klageliedern des Volkes* geht es um Krieg, Vertreibung oder die Zerstörung des Heiligtums (Ps 44; 74; 79–80; 83; 85). Der Aufbau entspricht dem individuellen Klagepsalm: Anrufung Gottes, Klage, Beschreibung einer Notsituation und Bitte um ein Eingreifen Gottes. Der Beter erwartet das Eingreifen Gottes so intensiv, dass er es als schon eingetreten beschreiben kann. Das Hoffen auf Gottes Hilfe wird oft durch einen Rückgriff auf sein früheres Eingreifen begründet. Das *Danklied des Einzelnen* besteht aus einer Anrede Gottes und dem Bericht erfahrener Rettung (z. B. aus Krankheit, Ps 30; 32; 41; 69; 103), der aufgeteilt sein kann in einen Rückblick auf die Notsituation, die Anrufung Gottes und die Erhörung. *Kollektive Lobpsalmen* bezeichnet man auch als *Hymnen* (8; 19; 29; 33; 100; 103–105; 111; 113–114; 135; 145–150). Diese Grundformen sind in der Psalmenforschung weiter ausdifferenziert worden, ohne dass hier aber Einigkeit besteht. Am ehesten lassen sich bestimmte Psalmen thematischen Schwerpunkten zuordnen: Geschichtspsalmen (Ps 77; 78; 105;1 06; 114); Königspsalmen (Ps 2; 72; 89; 132[2]); Jahwe-Königspsalmen (Ps 29; 47; 93; 96–99); Tora-Psalmen (Ps 1; 19; 119, außerdem 111–118 und 146–150); Schöpfungspsalmen (8; 29; 104); Wallfahrtspsalmen (Ps 120–134); Weisheitspsalmen (Ps 1; 37; 49; 73[3]);

---

[1] Gegenüber der Abfolge der Psalmen im Tanach* bietet die Septuaginta* eine andere Zählung: Hier sind Ps 9+10 und 114+115 jeweils zu einem Psalm zusammengefasst, Ps 116 und 147 aber in je zwei Psalmen aufgeteilt, sodass die Gesamtzahl gleich bleibt.

[2] Sie haben zunächst den irdischen König im Blick. Mit ihrer Einfügung ins Gesamtwerk (vgl. besonders Ps 2; 89) erhalten sie einen messianischen und theokratischen Akzent.

[3] Sie beschäftigen sich mit dem guten und bösen Handeln, dem Gelingen des Lebens, mit der Schöpfung und dem Gesetz.

Zionspsalmen (Ps 46; 48; 110, auch 84; 87; 122); Liturgien (Ps 15; 24, auch Ps 20; 115; 118).

Die Psalmen sind poetische Texte. Die Grundform der hebräischen Poesie ist der parallelismus membrorum*, der „Gedankenreim". Er kommt in den Psalmen und der Weisheitsliteratur* vor und zeichnet sich dadurch aus, dass er einen Gedanken auf ähnliche Weise wiederholt, z. B. Ps 19,8: „Das Gesetz des HERRN ist vollkommen und erquickt die Seele. Das Zeugnis des HERRN ist gewiss und macht die Unverständigen weise." Neben diesem sogenannten synonymen Parallelismus gibt es den synthetischen, der einen Gedanken fortführt („Gott ist ja mein König von alters her, der alle Hilfe tut, die auf Erden geschieht", Ps 74,12) und den antithetischen Parallelismus („Der Gottlosen Opfer ist dem HERRN ein Gräuel; aber das Gebet der Frommen ist ihm wohlgefällig", Spr 15,8). Von einem parabolischen Parallelismus spricht man, wenn zwei Versteile sich wie Bild- und Sachhälfte verhalten (Ps 103,13 „Wie sich ein Vater über Kinder erbarmt, so erbarmt sich Jahwe über die, die ihn fürchten"). Aber auch andere Wiederholungsmuster kommen vor, z. B. die Wiederholung einzelner Leitwörter (vgl. Ps 29; 77), alphabetisch geordnete Satzanfänge (Ps 9f.; 111f. u. ö.), Alliterationen u.ä. Hinzu kommt eine anschauliche Bildsprache z. B. „es sollen jauchzen alle Bäume im Walde vor dem HERRN", Ps 96,12f. Alle diese Merkmale weisen auf eine gebundene, feierliche Sprache, die der Kommunikation mit Gott dient und zudem das Auswendiglernen fördert.[4]

72 der 150 Psalmen werden David als Verfasser zugeschrieben. Mehrfach wird auf Ereignisse im Leben Davids angespielt, besonders auf die Verfolgungen durch Saul (Ps 18,1; 52,2; 54,2 u. ö.). Auch einige andere Personen oder Gruppen werden als Autoren genannt: Mose (Ps 90), Salomo (Ps 72), Asaph (Ps 73–83), Korach (Ps 42; 44–49; 84–85; 87–88). Trotz dieser Zuschreibungen sind die Psalmen oft nur schwer in bestimmten Entstehungssituationen (Sitz im Leben*) zu verorten. Das liegt an ihrer Sprache und daran, dass viele Generationen die Psalmen gebetet und im Gebrauch verändert haben.

Für einige Psalmen nimmt man eine vorexilische Entstehungszeit an (Ps 3–14; 21; 24; 29; 45; 46–48; 72; 76; 93; 110.). Die Vorstellung von der Sicherheit Zions aufgrund der Gegenwart Jahwes ist vor dem Hintergrund der ausgebliebenen Einnahme Jerusalems durch die Assyrer im Jahr 701[5] gut verständlich. Die Zionspsalmen 46 und 48 sind deshalb vorexilisch anzusetzen, auch Ps 72 setzt die Existenz des Königtums in Juda voraus. Den Volksklagepsalm 80 kann man auf den Untergang des Nordreiches im Jahr 722 beziehen, Ps 74 auf die Zerstörung Jerusalems. Einige Psalmen gehen davon aus, dass es keinen irdischen König Israels gibt, dass vielmehr Jahwe der Schöpfer und König der Welt ist, der ohne einen irdischen Mittler verehrt werden kann (Ps 145–147). Sie gehören in die

---

4   Vgl. zu den Formen hebräischer Poesie ausführlich Weber, Poesie (AT).
5   Vgl. oben, 90.

Zeit der persischen Herrschaft. Ps 2,1f. und 89,51f. sprechen von Jahwe und seinem Gesandten, gegen die alle Völker sich erheben. Diese universale Perspektive gehört bereits in die Zeit der griechischen Vorherrschaft. Aus der Makkabäerzeit* stammt vermutlich Ps 149.[6]
Im Psalter sind demnach Texte aus unterschiedlichen Zeiten zusammengestellt worden. Dabei lassen sich verschiedene kleine Sammlungen erkennen[7]: Ps 3–14 sind inhaltlich aufeinander bezogen, ebenso Ps 90–92. In Ps 22–26 findet sich eine Sammlung von Vertrauensaussagen. Auch die Wallfahrtspsalmen 120–136 und die Korachpsalmen 42–49 und 84–88 sind inhaltlich miteinander verknüpft. Die Zuschreibung an bestimmte Personen deutet größere Sammlungen und verschiedene Entwicklungsstufen an, so vor allem bei den Davidpsalmen (Ps 3–41; 51–72; 101–103; 108–110; 138–145). Im Elohistischen Psalter (42–83) ist von Gott überwiegend als Elohim die Rede. Ps 2 und 89 sprechen von einem Gesalbten Gottes. Die von ihnen eingerahmte Sammlung wird deshalb messianischer Psalter genannt. Mit Ps 1 und der Erweiterung um Ps 90–119 bekommt die Sammlung einen weisheitlichen Akzent. Schließlich werden Ps 120–150 angefügt, die ihrerseits aus kleineren Sammlungen bestehen. In der vorliegenden Endgestalt des Psalters lassen sich fünf Abschnitte erkennen, die jeweils mit einer Lob-Formel abgeschlossen werden: „Gelobt sei der HERR von Ewigkeit zu Ewigkeit! Amen, Amen!" (41,14; 72,18f.; 89,53; 106,48; 145,21). So ergeben sich 5 Bücher: 1–41, 42–72, 73–89, 90–106, 107–150. Diese Aufteilung ist vermutlich in Analogie zur Tora vorgenommen worden.
In vielen Einzelpsalmen und im Psalter insgesamt ist eine Bewegung von der Klage zum Lob zu erkennen. Damit und mit der Bezeichnung „Lobpreisungen" ist eine theologische Leitlinie angedeutet: Zwar ist der größere Teil des Psalters nicht Lob, sondern Klage, aber die Psalmen sind ein Lese- und Lebensbuch, das sich mitten in Angst und Not an Gott wendet und Zukunft von ihm erhofft und erbittet, für Israel und die ganze Schöpfung.

11.3 Von Gott in Bildern sprechen

Obwohl Jahwe mit keinem Bild erfasst werden kann, sind das AT und besonders die Psalmen voll von Gottesbildern und -prädikationen.
Von Gott als *König* ist im AT vergleichsweise selten die Rede. Vor allem in den Psalmen finden sich solche Aussagen. Im Hintergrund stehen Vorstellungen von Jahwe als Gottkönig, der an der Spitze anderer Götter steht: „Denn Jahwe ist ein großer Gott und ein großer König über alle Götter" (Ps 95,3; vgl. Ps 29,1f.9; 97,7–9). Ähnliche Äußerungen finden sich in den ugaritischen Mythen. In den frühen Gottesaussagen, beim Gott Abrahams und dem Gott vom Sinai, sucht man sie

---

[6]   Schmid, Literaturgeschichte, 205.
[7]   Zenger, Einleitung, 351–356; Gertz, Grundinformation, 407f.

vergeblich. Offenbar setzt die Rede von Gott als König ein Königtum voraus, an dem man sich orientieren kann. Haftpunkt wird dann vor allem Jerusalem, die Stadt des „großen Königs" (Ps 48,3), wo Gott im Tempel thront (Jes 6,1–6; Jer 17,12 u. ö.). Je mehr Jahwe Elemente anderer Götter an sich zieht und schließlich im Exil zum einzigen Gott wird, umso stärker wird sein Machtbereich ausgedehnt: Er herrscht über alle Völker (Ps 47,9; 96,7), die ganze Erde (Ps 47,3.8) und über Himmel und Erde (Ps 103,19; Jes 66,1). Der räumlichen Entgrenzung korrespondiert in der Folge auch eine zeitliche: Gottes Reich ist ein ewiges Reich und seine Herrschaft währt für und für (Ps 145,13; Dan 3,33; Ex 15,18). Bei Deuterojesaja wird die Herrschaft Gottes für die baldige Zukunft proklamiert (Jes 52,7–9) und in Ps 96,10 kann dies als schon geschehen verkündet werden: „Jahwe ist König" (Ps 96,10).

Auch die Vorstellung von Gott als Richter setzt das Königtum voraus. Der König setzt das Recht und hält es in Geltung. Auf Gott übertragen ist die Orientierungsgröße die Tora, an der sich entscheidet, wer als Gerechter und wer als Frevler zu gelten hat. Gott kennt die Menschen und prüft sie im Inneren (Jer 11,20). Gerechtigkeit kommt Gott wesenhaft zu und ist die Stütze seines Thrones (Ps 97,1f.; 9,5). Er richtet den Einzelnen und die Gemeinschaft, er richtet über Himmel (Ps 50,6), Erde und alle Völker, wie in monotheistischer Perspektive gesagt werden kann (Ps 94,2; 7,9). Auch Israel steht unter dem Gericht Gottes, denn jeder wird „nach seinem Weg" gerichtet (Hes 18,30; 33,20).

In einer agrarischen Gesellschaft sind Hirten häufig anzutreffen. Vor diesem Hintergrund wird das Verhältnis Gottes zu Israel im Bild von Hirte und Herde dargestellt (Ps 97,13; 100,3). In erster Linie geht es dabei um Führung und Bewahrung (da die Hirtenmetaphorik auch auf den König übertragen wird, können auch Vorstellungen aus diesem Bildfeld mitschwingen). Notsituationen werden geschildert, in denen die Hilfe des Hirten erbeten wird (z. B. Ps 80). Das Vertrauen auf Gott führt dazu, dass die erhoffte Hilfe als sicher angesagt wird.

Die Fürsorge der Eltern für ihre Kinder wird ebenfalls zum Bild für Gott. Dass der Vater öfter genannt wird als die Mutter, gehört zur patriarchal geprägten Vorstellungwelt des AT und seiner Umwelt. Gott hat seinen Sohn aus Ägypten gerufen (Hos 11,1) und ihn in der Zeit der Wanderung getragen „wie ein Mann seinen Sohn trägt" (Dtn 1,31). Aber auch wie eine Mutter (und sogar wie eine Gebärende Dtn 32,18) verhält er sich gegenüber Israel: Selbst wenn eine Frau ihr Kind vergäße, wird Gott Israel doch nicht vergessen (Jes 49,15; Jes 66,10–13). Dass Israel sich dennoch immer wieder von Gott abwendet, stürzt Gott gewissermaßen in einen inneren Konflikt: „Ist nicht Ephraim mein teurer Sohn und mein liebes Kind? Denn sooft ich ihm auch drohe, muss ich doch seiner gedenken; darum bricht mir mein Herz, dass ich mich seiner erbarmen muss, spricht der HERR" (Jer 31,20; vgl. Hos 11,8f.).

Hinzu kommen andere Bilder, in denen Gott als Zufluchtsort beschrieben wird, als Fels (Ps 18,32; 31,3f. u. ö.) oder Burg (Ps 71,3; 91,2 u. ö.). Es handelt sich dabei um metaphorische Rede; Gott ist kein Fels, keine Burg, kein Hirte, kein Vater, keine Mutter, sondern wie ein Fels, wie eine Mutter. Die Bildlosigkeit Jahwes ermöglicht es von Jahwe in vielen Bildern zu sprechen und gleichzeitig die Differenz zu diesen Bildern zu wahren.

Das at.liche Bilderverbot findet sich vor allem in Ex 20,4–6.23; 34,15–17; Lev 19,4; 26,1 und Dtn 5,6–9. Das Gebot „Du sollst dir kein Bildnis (*päsäl*) noch irgendein Abbild (*t⁽muna*) machen" bezieht sich auf den handwerklich-künstlerischen Ausdruck wie auf das Aussehen und die äußere Form. Es geht dabei um das Verbot der Verehrung fremder Götter, deren Existenz nicht bestritten wird, und ihrer Kultbilder (1Kön 18; Hos 13,1–9; 2,9ff.). Dtn 4 verschärft das Bilderverbot gegenüber der Exodusfassung: Weil Gott sich am Sinai/Horeb nicht in einer erkennbaren Gestalt gezeigt hat (Dtn 4,15), darf Israel sich auch kein Bild von Gott machen und ihn weder in Gestalt eines Mannes, einer Frau oder irgendeines Tiers im Himmel, auf der Erde oder im Wasser verehren (4,16–18). Aber auch Sonne, Mond und Sterne haben keine göttliche Qualität und dürfen nicht als Götter angebetet werden (4,19), wie in Abgrenzung zu Gestirnskulten der Nachbarvölker ergänzt wird.

Um ein prinzipielles Verbot von Bildern handelt es sich dabei gleichwohl nicht. Verboten ist das Bild, dem der Mensch göttliche Verehrung entgegen bringt, nicht das Bild als solches. Obwohl die Episode des „goldenen Kalbs" das Urbild des Abfalls von Jahwe darstellt, wird das „eherne Meer", ein großes Wasserbecken im Tempel, von bronzenen Rindern getragen (1Kön 7,23–26). Den Thron Gottes im Tempel flankieren zwei geflügelten Wesen, die Cherubim (Ex 25,16). Die eherne Schlange (Num 21,4–9) wird von Gott als Rettungszeichen gegeben; erst unter König Hiskia wird sie, weil sie zum Götzendienst missbraucht wurde, zerstört (2Kön 18,4). Vor allem aber enthält das AT eine große Zahl von Sprachbildern, mit denen Gott umschrieben wird, besonders deutlich in Ps 18,3: „HERR, mein Feld, meine Burg, mein Erretter, mein Gott, mein Hort, auf den ich traue, mein Schild und Berg meines Heils und mein Schutz."

11.4 Exkurs: Glauben, sich fest machen

Im AT bedeutet der hebräische Wortstamm *aman* „fest, sicher, zuverlässig sein". Er kann sich auf Menschen beziehen, die zuverlässig sind (Num 12,7; Spr 25,13; Jes 8,2), oder auf Gott, dessen Treue Bestand hat: (Dtn 7,9). Diese Treue hat Gott vielfach bewiesen. Er hat das Volk aus Ägypten befreit, gemehrt und ihm ein Land gegeben. Der Glaube Israels ist in solchen Erfahrungen der Zuverlässigkeit Gottes begründet. Deshalb geht es nicht in erster Linie um bestimmte Glaubensinhalte, sondern um eine Beziehung, von der sich erzählen lässt.[8] Zuverläs-

---

[8] In der Dogmatik unterscheidet man den Glaubensinhalt (fides quae creditur) vom Glaubensakt (fides qua creditur).

sigkeit und Übereinstimmung von Wort und Handeln sind bei Gott und den Menschen gleichermaßen wichtig (1Kön 8,26; 1Chr 17,23f. im Blick auf Gott, Gen 42,20 im Blick auf Menschen). Nach Ex 4,1–9 befürchtet Mose, dass ihm das Volk seine Beauftragung durch Gott nicht abnimmt. Deshalb lässt Gott Mose Wunder vollbringen, die seine Zuverlässigkeit bestätigen sollen (Ex 4,1–5). Vertrauen und Zuverlässigkeit hängen aber nicht vom bestätigenden Wunder ab. Abraham bekommt von Gott die Zusage einer großen Nachkommenschaft (Gen 15,5f.) – und vertraut ohne Beweis auf ihre Verlässlichkeit:

> Gen 15,5f.: Und er hieß ihn hinausgehen und sprach: Sieh gen Himmel und zähle die Sterne; kannst du sie zählen? Und sprach zu ihm: So zahlreich sollen deine Nachkommen sein! Abram glaubte dem HERRN und das rechnete er ihm zur Gerechtigkeit.

In gleicher Weise hatte Abraham sich schon nach Gen 12,4 auf die Zusage Gottes hin auf den Weg in ein unbekanntes Land gemacht. In den Psalmen werden die Treue Gottes und die Zuverlässigkeit seiner Werke und Ordnungen hervorgehoben. Sie sind Grund für das Lob: „Die Werke seiner Hände sind Wahrheit und Recht; alle seine Ordnungen sind beständig. Sie stehen fest für immer und ewig; sie sind recht und verlässlich" (Ps 111,7f.). Ebenso sind sie Vorbild für die Treue Israels und des einzelnen Glaubenden. Ps 119,66 zieht die entsprechende Konsequenz: „Lehre mich heilsame Einsicht und Erkenntnis, denn ich glaube deinen Geboten." Das Vertrauen in die Zusagen Gottes und die Orientierung an seinen Geboten stehen allerdings manchmal in Zweifel, denn den Gottlosen geht es gut, obwohl sie sich nicht um Gott scheren und tun, was sie wollen (Ps 73,1–12). Für den Glauben ist das dennoch keine Option. Er hält an den Ordnungen Gottes fest, weil es Gottes dauerhaft verlässliche Ordnungen sind: „Dennoch bleibe ich stets an dir, denn du hältst mich bei meiner rechten Hand" (Ps 73,23). Diese „Dennoch-Struktur" findet sich auch in anderen Psalmen (z. B. 27,3; 46,5; 73,1; 119, 51.87; 129,2). Sie verbindet das Festhalten an den Ordnungen Gottes mit dem Vertrauen darauf, dass diese Ordnungen Bestand haben und sich gegen allen Augenschein durchsetzen. Angefochtener Glaube findet sich im AT in herausragender Weise im Hiobbuch – obwohl die entsprechenden Worte nur selten vorkommen. Selbst im Elend hält Hiob sein Vertrauen fest, u.z. selbstbewusst, klagend und anklagend. Gott mag unverständlich sein, aber er bleibt der Ansprechpartner.[9]

Glaube in diesem Sinn betrifft den ganzen Menschen, im Inneren wie im Verhalten nach außen. Dies gilt für den Einzelnen, aber auch für das Volk und seine Politik. Jesaja 7,1ff. spielt auf eine Situation kurz vor dem Ende des Nordreichs Israel an. König Ahas von Juda (741–725) weigert sich, einem Bündnis von Aram und Israel beizutreten und erhält von den Verbündeten eine Kriegsdrohung. Er

---

[9]   Vgl. unten, 114f.

erwägt verschiedene politische Optionen, bekommt vom Propheten Jesaja aber die knappe Antwort: „Glaubt ihr nicht, so bleibt ihr nicht" (7,9). Anstatt auf seine politischen Strategien soll Ahas auf Gott vertrauen, der die Geschicke der Welt lenkt. Denn mit seinen Ordnungen und dem Vertrauen darauf hat Gott in Zion einen Grundstein gelegt, der festen Halt und Dauer verspricht, während sich die Politiker (28,14) ihrer Aufrüstung und Bündnispolitik rühmen.

Eine Art Kurzfassung des at.lichen Glaubensverständnisses findet sich in Hab 2,4. Die Lutherübersetzung lautet: „Der Gerechte aber wird durch seinen Glauben leben." Wörtlich muss man übersetzen: Der Gerechte, durch seine Zuverlässigkeit und Treue wird er leben. Dieser Satz dient bei Paulus (Röm 1,17; Gal 3,10) als alttestamentlicher Beleg für die Gerechtigkeit aus Glauben. In seinem eigenen Kontext handelt es sich aber um einen Richterspruch im Gottesgericht: Der Gerechte wird auf Grund der erwiesenen Festigkeit und Treue freigesprochen und am Leben bleiben. Der Glaube bewährt sich im gelebten Leben, verdichtet sich in Gehorsam und Gebet und lässt so den Einzelnen wie Israel im Ganzen seinen Gott erfahren. Glaube ist keine Haltung, die im Menschen selbst gründet und Bestand hat, sondern ein Ausgerichtetsein auf Gott.

Jesus greift in seiner Verkündigung das Glaubensverständnis des AT auf (Mk 11,22f.). Er versteht Glauben als ein Rechnen mit Gott, das sich auf das hin öffnet, was von Gott her möglich werden kann. Dem steht der „Zweifel im Herzen" gegenüber (V. 23), der sich auf Wissen und Erfahrung beruft und Gott damit ebenfalls auf Erfahrung und Wissen begrenzt. In Mt 17,19–21 und Lk 17,5–6 gibt es Parallelüberlieferungen zu diesem Jesuswort. In Mt 17,19–21 wird der „Kleinglaube" der Jünger am Glauben Jesu gemessen. Ihr Glaube ist ein eingeschränktes Vertrauen auf Gottes Möglichkeiten (vgl. Mt 6,30; 8,26; 14,31; 16,8). Das Jesuswort, das noch durch die Unterschiede der drei Fassungen hindurch scheint, weist eine paradoxe Struktur auf. Es geht nicht um Kritik an einem schwachen Glauben, sondern um den Glauben wie ein Senfkorn im Verhältnis zu dem, was er bewirken kann (Bäume entwurzeln, Felsen und Berge versetzen). Um einen solchen Glauben bitten die Jünger in Lk 17,5. Jesus sagt: Wer auf diese Weise Gott vertraut, wird sein Wunder mit der Wirklichkeit erleben.

Im Rahmen von Wundererzählungen ist in den Evangelien wiederholt vom Glauben die Rede (Mk 11,20–24; Mt 17,19f. u. ö.), und zwar, wie z. B. in Mk 9,14–29, vor der wunderbaren Tat. Nicht weil Jesus Wunder getan hat, glauben die Menschen an ihn, sondern sie erfahren Wunder, weil sie an ihn glauben. In Mk 2,1–12 ist Glaube als vertrauensvolles, aktives Sich-Einsetzen und Überwinden von Hindernissen verstanden. Die Mutter, die für ihre Tochter Heilung erbittet, geht so sicher davon aus, dass Jesus dazu in der Lage ist, dass sie sich auch von seiner anfänglichen Abweisung nicht entmutigen lässt (Mk 7,24–31). Dasselbe grundlegende Vertrauen auf Gott spricht aus der zentralen Bitte der Bergpredigt „bittet, und es wird euch gegeben" (Mt 7,7; Lk 11,9).

In den Briefen des Neuen Testaments sind die Aussagen über das „glauben an"

(z. B. Gal 2,16; Joh 1,12; 3,18) und die „glauben, dass ...“-Sätze (z. B. 1Thess 4,14; Röm 10,9) charakteristisch. Sie haben in aller Regel christologischen Inhalt – glauben an Jesus Christus, bzw. glauben, dass Christus gestorben ist und auferweckt wurde. Gott ist dabei immer mit gemeint: Wo vom Glauben an Christus die Rede ist, steht Gott im Hintergrund, der an Christus gehandelt hat, und wo vom Glauben an Gott die Rede ist, geht es immer auch um Jesus Christus, der Gottes Nähe und Gnade repräsentiert.

Paulus greift in seinen Briefen mehrfach Traditionsstücke auf. Nach Röm 1,3f. ist Jesus Christus „geboren aus dem Geschlecht Davids nach dem Fleisch, und nach dem Geist, der heiligt, eingesetzt als Sohn Gottes in Kraft durch die Auferstehung von den Toten.“ In 1Kor 15,3–5 gibt Paulus das Bekenntnis weiter, dass „Christus gestorben ist für unsre Sünden nach der Schrift; und dass er begraben worden ist; und dass er auferstanden ist am dritten Tage nach der Schrift; und dass er gesehen worden ist von Kephas, danach von den Zwölfen.“ Und Gott ist der, „der unsern Herrn Jesus auferweckt hat von den Toten, welcher ist um unsrer Sünden willen dahingegeben und um unsrer Rechtfertigung willen auferweckt“ (Röm 4,25). Mit diesen und ähnlichen Aussagen konzentriert Paulus den Glauben stark auf Tod und Auferweckung Jesu. Das schließt andere Aspekte der Christusbotschaft nicht aus; sie treten aber in den Hintergrund angesichts der zentralen Bedeutung dieses Geschehens. Glaube ist für Paulus das Vertrauen darauf, dass der Mensch trotz der Verstrickung in die Sünde durch Tod und Auferweckung Jesu einen neuen Anfang geschenkt bekommt. Die Sünde ist eine Macht, die den Menschen im Griff hat und die sogar Heilswege verschließen kann. Selbst das Gesetz, das „heilig, gerecht und gut ist“ (Röm 7,12), führt nicht zum Heil. Entweder führt es in Verzweiflung, wenn man erkennt, dass man ihm nicht in allem folgt; oder es führt auf einen Weg des Rühmens, weil man doch vieles gut macht. Beides sind menschliche Irrwege, die Paulus in Röm 7,7–25; 2Kor 11,16ff. beschreibt. Ihnen stellt er den Glauben als Vertrauen auf Gott entgegen, der in Christus gehandelt hat. Deshalb ist nach Paulus das Rühmen ausgeschlossen, hat aber auch die Verzweiflung nicht das letzte Wort. Dieser Glaube ist für Paulus nicht eigene Glaubensleistung, sondern ist geradezu eine „Kraft Gottes“ und zugleich Lebenskraft für diejenigen, die sich ihm öffnen (Röm 1,16f.).

11.5 Anregungen für den Unterricht

1) In allen Klassenstufen kann man „Psalmen“ verfassen, die Klage oder Lob zum Ausdruck bringen. Als Beispiel für einen modernen „Dankpsalm“ kann Enzensbergers „Empfänger unbekannt – Retour à l'expéditeur“ dienen[10]:

---

[10]   „Empfänger unbekannt – Retour à l'expéditeur“, aus: Hans Magnus Enzensberger, Kiosk. Neue Gedichte. © Suhrkamp Verlag Frankfurt am Main 1995. Alle Rechte bei und vorbehalten durch Suhrkamp Verlag Berlin.

Vielen Dank für die Wolken.
Vielen Dank für das Wohltemperierte Klavier
und, warum nicht, für die warmen Winterstiefel.
Vielen Dank für mein sonderbares Gehirn
und für allerhand verborgene Organe,
für die Luft, und natürlich für den Bordeaux.
Herzlichen Dank dafür, dass mir das Feuerzeug
nicht ausgeht,
und die Begierde, und das Bedauern, das
inständige Bedauern.
Vielen Dank für die Jahreszeiten
für die Zahl und für das Koffein,
und natürlich für die Erdbeeren auf dem Teller,
gemalt von Chardin, sowie für den Schlaf,
für den Schlaf ganz besonders,
und, damit ich es nicht vergesse,
für den Anfang und das Ende
und die paar Minuten dazwischen
inständigen Dank
meinetwegen für die Wühlmäuse draußen im
Garten auch.

2) Unterrichtsvorschläge zu den Psalmen gibt es in großer Zahl. Anstelle eines
weiteren seien einige Gründe angeführt, warum Psalmtexte im Unterricht vorkommen sollen[11]: „Mit Psalmtexten kann diskutiert und gelernt werden, wer und
wie dieser Gott Jahwe ist" und „wie Glauben geht". Sie zeigen, „wie der Mensch
in der biblischen Tradition gesehen wird." Ihre Form und Gattung eröffnen
Chancen „für ein sachgemäßes Verstehen biblische Aussagen." Die Psalmen
verleihen unterschiedlichsten Nöten Ausdruck und führen zum Lob und zu
„Hoffnungsalternativen". Auf Psalmtexte kann und darf schließlich „im Religionsunterricht nicht verzichtet werden, weil der Psalter – mit Martin Luther
gesprochen – die ‚kleine biblia' ist, weil sich die Psalmen mit den für die gesamte
Bibel zentralen Fragen beschäftigen und so verdichtet jene roten Fäden entdeckt
werden können, die deutlich machen, dass es sich bei dem Gesamttext Bibel
wirklich um ein ‚textum', um ein ‚Gewebe' handelt."

Literatur zum Weiterlesen
Millard: Psalter
Seybold: Die Psalmen
Zenger: Ich will die Morgenröte wecken.
RU-Notizen 1/2011: Das Leben vor Gott zur Sprache bringen.

---

[11] Zitiert nach Gnandt, Psalmen, 6–8.

12. Haben wir Gutes empfangen von Gott und sollten das Böse nicht auch annehmen? (Hi 2,10)

Wie kann Gott das Leid in der Welt zulassen? So fragen heute viele angesichts von Naturkatastrophen, Kriegen, weltweiten Flüchtlingsströmen oder Unglücksfällen und Verbrechen im eigenen Land. Warum greift er nicht ein? Ist er denn ein gütiger Gott, wenn er das alles zulässt? Und wo ist er, wenn einen das Leid ganz persönlich trifft? Ist er überhaupt da? Diese letzte Frage stellt sich für die biblischen Autoren nicht. Die Welt kann für sie ohne Gott gar nicht gedacht werden. Die Frage nach der Gerechtigkeit Gottes stellt sich aber durchaus. Im AT ist sie vor allem mit dem Namen Hiob verbunden. Gleich zu Beginn des nach ihm benannten Buches bekommt er eine Unglücksnachricht nach der anderen. Bis heute bezeichnen wir schlechte Nachrichten als Hiobsbotschaften. In diesem Kapitel geht es darum,
- die Geschichte Hiobs kennenzulernen;
- die verschiedenen Antworten auf die Frage nach dem Leid nachzuvollziehen, die im Hiobbuch gegeben werden;
- die Frage nach dem Gottesbild zu stellen, das Leiderfahrungen einschließt;
- das Buch Hiob im Zusammenhang der at.lichen Weisheit zu verstehen
- und Anregungen für eine pädagogische Umsetzung zu formulieren.

12.1 Der Name Jahwes sei gelobt

Die Überschrift zu diesem Kapitel ist einem kleinen Abschnitt aus dem Prolog des Hiobbuches entnommen. Zu Beginn des Buches wird Hiob vorgestellt: Er ist ein reicher Mann im Land Uz; er ist fromm und rechtschaffen und meidet alles Böse (1,1–5). An einem einzigen Tag aber bricht alles, was er hat und ist, zusammen: Seine Tiere werden geraubt, die Knechte erschlagen und seine Kinder kommen um (1,13–19). Hiob trauert, gibt aber alles in Gottes Hand: „Jahwe hat's gegeben, Jahwe hat's genommen, der Name Jahwes sei gelobt" (1,21). Kurz darauf erkrankt Hiob; von Kopf bis Fuß ist er mit Geschwüren bedeckt.

Hi 2,9 Und seine Frau sprach zu ihm: Hältst du noch fest an deiner Frömmigkeit? Sage Gott ab und stirb! 10 Er aber sprach zu ihr: Du redest, wie die törichten Weiber reden. Haben wir Gutes empfangen von Gott und sollten das Böse nicht auch annehmen? In diesem allen versündigte sich Hiob nicht mit seinen Lippen.

Die Antworten Hiobs klingen unglaublich abgeklärt. Obwohl er alles verloren hat und selbst ein Bild des Jammers ist, hält er an Gott fest und ist bereit alles aus seiner Hand anzunehmen. Aber schon sein Name deutet an, dass es noch eine andere Dimension gibt. Hiob bedeutet „Wo ist der (göttliche) Vater?" – und eben dies steht in Frage: Wo ist Gott angesichts des Leides und der Ungerechtigkeiten der Welt? Nimmt man das Wortspiel in 13,24 hinzu (im Hebräischen haben *Ijob* und *ojeb* fast dieselbe Konsonantenfolge), wird die Frage noch drängender: Ist Gott der Feind (*ojeb*) Hiobs? Der „sprechende Name" Hiobs gehört mit seiner Herkunft zusammen. Nach 1,1 war da „ein Mensch"; weder wird eine Zeit genannt noch ein genauer Ort, das Land Uz liegt irgendwo im Osten (1,3). Hiob wird dadurch zu einem exemplarischen Einzelnen vor Gott.

Die Szene wird noch einmal ausgeweitet, und zwar für die Leser. Was weder Hiob, seine Frau noch seine Freunde wissen können, das wissen sie: „Eines Tages" kommt es im Himmel zu einem Gespräch zwischen Gott und dem Satan (1,6–12). Während Gott die Frömmigkeit Hiobs lobt, ist der Satan anderer Meinung: Hiob sei nicht „umsonst" so fromm, sondern weil es ihm gut gehe, da könne er leicht gottesfürchtig sein. Jahwe ist überzeugt von Hiob und lässt zu, dass der Satan Hiobs Besitz wegnimmt. Hiob aber gibt alles in Gottes Hand. Der Satan gibt jedoch nicht auf. In einer zweiten Himmelsszene (2,1–6) geht der noch einen Schritt weiter: Leib und Leben werden Hiob wichtiger sein als seine Frömmigkeit, und erneut erhält er die Erlaubnis sich an Hiob zu vergreifen. Das alles wissen die Leser; Hiob, seine Frau und seine Freunde wissen es nicht. Was Hiob widerfährt, ist für ihn und sie dramatisches Leid. Die Frage stellt sich, wieso es ihm widerfährt.

12.2 Kontexte

Als die Freunde Hiobs kommen und mit ihm trauern, bricht es aus ihm heraus: „Ausgelöscht sei der Tag, an dem ich geboren bin" (3,3). Ab Kapitel 3 begegnet ein ganz anderer Hiob, einer, der klagt, sein Leben verwünscht und Gott zur Rede stellt. Die Klage ist total: Die Schöpfung verkehrt sich in Chaos (3,3–10), der Tod wird zum einzigen Ziel (3,11–19), das fröhliche Leben zum unerträglichen Jammer (3,20–26) – und dies alles geschieht nicht irgendjemandem, sondern dem gottesfürchtigen Hiob. Die Frage nach der Gerechtigkeit lässt sich nicht unterdrücken (7,11). Gott bringt den Gottlosen wie den Frommen um und spottet noch über die Verzweiflung der Unschuldigen (9,22–24). Hiob weiß, dass er gegen den übermächtigen Gott nichts ausrichten kann und wendet sich doch (an-)klagend an ihn. Die Nähe Gottes wird ihm zur Bedrohung (14,13), seine Gerechtigkeit, auf die Verlass war, erscheint als Willkür (9,15ff.). Wie kann das sein?

In verschiedenen Redegängen nennen Hiobs Freunde Gründe für sein Leid, worauf Hiob jedes Mal höchst engagiert antwortet (Hi 4–28) und in 29–31 Gott selbst zu einer Antwort herausfordert. Davor aber ergreift ein weiterer Mann das Wort, Elihu, der in vier Redegängen auf Hiobs Verteidigungen eingeht. Schließlich spricht Gott selbst, und Hiob antwortet noch einmal kurz darauf (Hi 38,42,6). Der Abschluss des Buches (42,7–16) greift auf Kapitel 1f. zurück. Gott ist über die Antworten der Freunde erzürnt, lässt sie aber auf Hiobs Fürbitte hin ungestraft. Außerdem wird Hiob in seinen früheren Stand eingesetzt, erhält doppelt so viel wie er hatte und stirbt schließlich alt und lebenssatt.

> Die Rahmenerzählung im Himmel ist in Prosa verfasst, der Redeteil weist poetische Stilformen auf. Im Rahmen ist Hiob ein frommer Dulder, in den Reden aufbegrehrender Rebell. Gott wird im Rahmen Jahwe genannt, in den Reden finden sich überwiegend andere Gottesbezeichnungen (*El, Eloah, Šaddaj*). Die verschiedenen Redegänge sind formal und inhaltlich unausgewogen. Diese Unterschiede haben zu verschiedenen literarkritischen Modellen geführt[1]; klar ist, dass das Hiobbuch aus verschiedenen Traditionen gespeist, zumindest aber redaktionell überarbeitet ist.

Welche Antworten werden gegeben? In der Rahmenerzählung geht es um das Leiden des Gerechten, der sich in allen Anfechtungen als standhaft erweist. Hier dient das Leiden Hiobs seiner Bewährung, und Hiob wird zum Vorbild für alle, die in Anfechtungen an ihrem Glauben festhalten sollen (vgl. Jak 5,11).
Die Freunde sind der Auffassung, dass das Leiden eine Strafe Gottes für Hiobs Sünden ist. Elifas trägt dies noch zurückhaltend vor (4,7), aber sein und der anderen Freunde Ton wird immer schärfer; Zofar spricht ausdrücklich von Hiobs Sünden (11,6), bis wiederum Elifas ihm ein umfangreiches Sündenregister vorhält (22). Sie sind sich darin einig, dass Leiden eine Folge von Schuld ist. Tun und Ergehen entsprechen sich, Reue und Demut vor Gott sind deshalb die einzigen Möglichkeiten sich davon zu befreien.
In den Reden Elihus kommt ein anderer Aspekt zum Vorschein. Er ist zornig über Hiob, weil der sich für gerechter hält als Gott, aber auch über die Freunde, die keine befriedigende Antwort finden (32,1–5). Anders als sie fragt er nicht nach der Ursache für Hiobs Leiden, sondern nach dem Zweck, den Gott damit verfolgt. In 33,12ff. legt er dar, dass Gott durch das Leiden warnt und damit den Sünder auf den rechten Weg zurückbringen will. Gott deswegen anzuklagen wäre unklug, weil der Sünder damit seine Sünde noch vergrößerte (34,35–37).
In den Gottesreden kommt noch eine weitere Antwort zum Vorschein. Gott antwortet „aus dem Wettersturm" mit vielen Fragen. Bereits die erste rückt Hiobs Weltsicht zurecht: „Wer ist's, der den Ratschluss verdunkelt mit Worten ohne Verstand?" Die gleich darauf folgende rhetorische Aufforderung „du lehre

---

[1]   Vgl. Witte, Schriften, 427. Vermutlich steht hinter der Rahmenerzählung eine alte Überlieferung (umstritten ist, ob der Satan ursprünglich dazu gehört), die später mit dem poetischen Redematerial aufgefüllt wurden. Eine späte Einfügung ist auch das Lied von der Weisheit in Kapitel 28. Die Endredaktion muss bis ca. 200 v. Chr. abgeschlossen gewesen sein.

mich" macht deutlich, dass Hiobs Versuch, Gottes Handeln zu verstehen, erfolglos bleiben muss (Hi 38,2). Die folgenden, die ganze Schöpfung umspannen-
den Hinweise auf Gottes Handeln zeigen, dass der Mensch Gottes Ordnung nicht
durchschauen kann; in der zweiten Rede folgt daraus die Einsicht, dass der
Mensch auch Gottes Gerechtigkeit nicht durchschaut (40,8).

Die Gottesreden antworten nicht direkt auf Hiobs Klagen und lösen die Frage
nach dem Leid nicht. Eigentlich sagt Gott nur, wer er ist: Jahwe – gibt Hiob damit aber in zweifacher Hinsicht eine Perspektive: Gott bleibt nicht schweigend
im Himmel, sondern nimmt Hiob als Gesprächspartner an; und in seiner Antwort stellt er das Leid in den Zusammenhang der gesamten Schöpfung. In 42,1–6
spricht Hiob noch einmal. Offenbar hat er eine Erkenntnis gewonnen, die sich
aber nicht lehrmäßig zusammenfassen lässt: „Ich hatte von dir nur vom Hören-
sagen vernommen; aber nun hat mein Auge dich gesehen." Hiob erkennt seine
Kreatürlichkeit. Wie Jahwe ihn vorher aufforderte „lehre du mich", so ist es jetzt
Hiob, der Lehre erbittet. Obwohl er noch immer in seinem Aschehaufen sitzt,
spricht er Gott an und erwartet alles von ihm. Dadurch schließt sich ein Bogen
zurück zum Eingangskapitel, aber auf eine neue Weise: Indem Jahwe ausdrücklich bestätigt, dass „sein Knecht Hiob recht von ihm geredet hat", wird deutlich,
dass er das klagende und rebellische Reden Hiobs respektiert, weil er darin –
jenseits der theologisch „richtigen" Antworten der Freunde – das Festhalten an
der Beziehung zu ihm erkennt. Die verschiedenen Antworten und die offen bleibenden Fragen machen die Faszination des Hiobbuches aus.

12.3 Gott und das Leid

Bereits Amos konnte fragen „Ist auch ein Unglück in der Stadt, das der HERR
nicht tut?" (3,6). Jes 45,7 weiß, dass Jahwe Licht und Finsternis schafft, Frieden
und Übel. Im babylonischen Exil setzt sich zunehmend die Erkenntnis durch,
dass Jahwe der einzige Gott ist, der Herr über alles Leben, und dass neben ihm
kein anderer Gott existiert. Diese großartige Erkenntnis schafft zugleich ein
Problem: Wenn es nur einen Gott gibt und alles von ihm kommt, kommen dann
auch das Böse und das Leid von ihm? Je mehr der Glaube an den einen Gott
nicht nur die Macht, sondern auch die Existenz anderer Götter ausschließt, umso
stärker muss alles, was geschieht, dem einen Gott zugeschrieben werden. Diese
Erkenntnis konnte nicht ohne Konsequenzen bleiben. Sie zeigen sich in verschiedener Hinsicht.

In vorexilischer Zeit gilt der Zusammenhang von Tun und Ergehen* als Grundlage des von Gott in Geltung gesetzten Geschicks der Menschen. Dieser Zusammenhang setzt ein Wissen um Gut und Böse und die Ordnungen des Lebens
voraus, die dem, der Gutes tut, Gutes widerfahren lassen und auch dem Bösen
sein böses Tun vergelten. Sie werden in Israel und der Umwelt als Teil der göttli-

chen Ordnung der Welt verstanden.[2] Ihnen nachzuspüren, dadurch ein angemessenes Verständnis der komplexen Ordnung der Welt zu gewinnen und daraus Handlungsanweisungen für ein gelingendes Leben abzuleiten ist ein wichtiges Anliegen der weisheitlichen Literatur.[3] Zunehmend erkennt man jedoch, dass von einem Ausgleich des Guten oder Bösen nicht immer die Rede sein kann. Wie kann es aber sein, dass Gottes Hand gerade dem Guten Böses zuteilt und dem Bösen Gutes? Steht damit nicht Gottes Gerechtigkeit in Frage? Während die Freunde Hiobs am Tun-Ergehen-Zusammenhang festhalten, weiß Hiob sich unschuldig und kommt folgerichtig mit der Vorstellung von Gottes Gerechtigkeit in Konflikt. Diese Frage begleitet fortan das Nachdenken über Gott.

> Vielfach behandelt wurde Hi 19,25: „Aber ich weiß, dass mein Erlöser lebt, und als der letzte wird er über dem Staub sich erheben." Vor allem in der christlichen Tradition ist der Vers auf die Auferstehung gedeutet worden. Nach allem, was Hiob über den Tod sagt (7,6f.9f.; 9,25; 10,21; 13,15 u. ö.), ist dies aber ganz unwahrscheinlich. Der Mensch wird vom Tod nicht zurückkehren. Hier ist nicht vom auferstandenen „Erlöser", sondern von einem „Löser" die Rede, der als Anwalt Hiobs für seine Rechte eintreten wird.

Im Hiobbuch begegnet uns ein komplexes Gottesbild. Archaisch mutet die Vorstellung von einer „Versammlung der Gottessöhne" an (1,6). Sie hat ihre Vorbilder im Alten Orient, wo in vielen Variationen von Götterversammlungen die Rede ist. Diese Vorstellung ist vermutlich aus der kanaanäischen Religion übernommen worden. Sie findet sich auch an anderen Stellen im AT (1Kön 22,19–22; Dan 7,9f.). Dass die Himmelswesen Gottessöhne genannt werden (Gen 6,2.4; Ps 82,6; 1Kön 22,19; Ps 103,20f.; 148,2), ist nicht genealogisch zu verstehen. Es handelt sich um die Vorstellung von Gottes Hofstaat, dessen Mitglieder seinen Thron umgeben und die ihm dienen.
Unter den Gottessöhnen ist auch „der Satan". Er ist Teil des göttlichen Hofstaats und hat die Rolle eines Anklägers, der dem menschlichen Tun skeptisch gegenübersteht. Er beobachtet das Tun der Menschen genau und sieht darin selbstsüchtige Motive. Satan ist Gott hier klar unterstellt; er führt aus, wozu Gott ihm die Erlaubnis gibt, wobei auch seine Grenze klar bestimmt wird (1,12).[4] Eben deshalb ist es letztlich Gott selbst, der Hiob auf die Probe stellt. Das Unheil kommt nicht gegen Gottes Willen über Hiob, sondern mit seiner Billigung. „Das erst verleiht dem Problem seine Schärfe und Zwielichtigkeit."[5]
Das zweite Gespräch zwischen Gott und Satan in 2,1–6 nimmt das Wort „um-

---

[2]   Diese der göttlichen Weisheit zugeschriebene Ordnung nannte man in den mesopotamischen Kulturen *Me*, in Ägypten *Ma'at*, in Israel *zedakah*. Verschiedene sumerische, babylonische und ägyptische Texte befassen sich mit der Frage nach Herkunft und Begründung des Leids; zum Teil weisen sie Ähnlichkeiten mit dem Hiobbuch auf (vgl. Witte, Schriften, 430f.).

[3]   Vgl. hierzu den Exkurs in diesem Kapitel.

[4]   Vgl. zu Satan als Gegenspieler Gottes unten, 131–133.

[5]   Fohrer, Hiob, 84.

sonst" aus 1,9 auf (dient Hiob Gott „umsonst", ohne Gewinn?) und wandelt es ab: Da sich die Lauterkeit Hiobs nach der ersten Probe erwiesen hat, ist klar, dass Jahwe ihn „umsonst", grundlos geschädigt hat. Was als Vorwurf gegenüber dem Satan formuliert ist (2,3: „du hast mich dazu bewogen"), fällt auf Gott zurück. Trotz dieser Einsicht willigt Gott erneut in eine weitere Probe ein, schlimmer als die erste.

Vergleicht man diese Unergründlichkeit Gottes mit dem Schluss der Hioberzählung, klärt sich manches: Jahwe erkennt nach 42,7 auch das Aufbegehren Hiobs ausdrücklich an, weil es sich selbst als Anklage noch an Gott wendet. Deshalb muss man Anfang und Schluss der Erzählung zusammen sehen, weil nur so die Vorstellung eines letztlich am Menschen zweifelnden Gottes abgewehrt werden kann. Gott bleibt zwar auch am Ende der Hioberzählung unergründlich, aber als einer, der sich herausfordern lässt und der antwortet.

12.4 Exkurs: Weisheit

> **Spr 1,1–7** Dies sind die Sprüche Salomos, des Sohnes Davids, des Königs von Israel, 2 um zu lernen Weisheit und Zucht und zu verstehen verständige Rede, 3 dass man annehme Zucht, die da klug macht, Gerechtigkeit, Recht und Redlichkeit; 4 dass die Unverständigen klug werden und die Jünglinge vernünftig und besonnen. 5 Wer weise ist, der höre zu und wachse an Weisheit, und wer verständig ist, der lasse sich raten, 6 da er verstehe Sprüche und Gleichnisse, die Worte der Weisen und ihre Rätsel. 7 Die Furcht des HERRN ist der Anfang der Erkenntnis. Die Toren verachten Weisheit und Zucht.

An diesem einführenden Abschnitt des Sprüchebuches lassen sich einige Aspekte der at.lichen Weisheitsliteratur ablesen: Die verschiedenen Synonyme stellen die Weisheit in den Zusammenhang von Bildung, Lebenspraxis und Gottesfurcht. Als weise gilt, wer Bildung, kluges und besonnenes Handeln und das Wissen um den Unterschied von Gott und Mensch miteinander verbindet. Die Sprüche werden auf Salomo zurückgeführt, der als exemplarisch Weiser gilt (1Kön 3,16–28; 5,9–14) und dem viele Weisheitraditionen zugeschrieben werden. Außerdem wird der „Spruch" als wichtige Form weisheitlicher Rede vorgestellt (z. B. Spr 16,18 „Hochmut kommt vor dem Fall"). Es gibt Aussagen über gut bzw. besser (17,1 „Besser ein trockener Bissen mit Frieden als ein Haus voll Geschlachtetem mit Streit"), Zahlensprüche (30,18f.: „Drei sind mir zu wundersam, und vier verstehe ich nicht: des Adlers Weg am Himmel, der Schlage Weg auf dem Felsen, des Schiffes Weg mitten im Meer und des Mannes Weg beim Weibe") und Vergleichsworte (Spr 26,14 „Ein Fauler wendet sich im Bett wie die Tür in der Angel").

Kurze Sprüche werden zusammengefügt zu Spruchreihen, Weisheitsgedichten, Lehrreden und Traktaten (Spr 1–9 und Prediger). Sie zielen auf Belehrung und

Einsicht oder denken, wie die Weisheitspsalmen (Ps 37; 49; 731; 119,10–18), über Gott und seine Schöpfung und die eigene Stellung darin nach. Der Glückwunsch verbindet die Mahnung mit der Zusage: „Wohl dem Menschen, der Weisheit erlangt, und dem Menschen, der Einsicht gewinnt" (Spr 3,13). Das Sprüchebuch schließt in Kapitel 30 mit einem Gebet (30,5–7), einem Staunen angesichts der Rätsel der Welt (15–33), einem Aufruf zu Gerechtigkeit (31,8f.) und dem Lob der gottesfürchtigen Frau (31,10–31).

„Weisheit" (*chokmah*) bezeichnet im antiken Judentum und den umgebenden Kulturen den Versuch den Menschen zu verstehen, im Gegenüber zu Gott bzw. den Göttern, den Mitmenschen und dem Kosmos. Vorausgesetzt ist die Überzeugung, dass der Welt eine Ordnung zugrunde gelegt ist, die den Menschen und sein Tun umfasst. In Israel ist der Tun-Ergehen-Zusammenhang* Ausdruck dieser Ordnung. Jahwe hat diesen Zusammenhang in Kraft gesetzt und wacht darüber. Aus diesem Grund ist das Wissen und Verstehen des Menschen im Gegenüber zu Gott Grundlage und Prinzip der Weisheit (Spr 1,7; 9,10; 15,32; Hi 28,28).[6] Der Tun-Ergehen-Zusammenhang begründet das eigene Handeln und die Erwartung, dass das getane Gute auf das eigene Ergehen zurück wirkt. Da Gott die Welt mit einer gerechten Ordnung geschaffen hat und selbst gerecht und barmherzig handelt, sind Gerechtigkeit und Barmherzigkeit Maßstab für gelingendes menschliches Leben. Wer seine Umwelt beachtet, auf die Weisungen der Alten hört und sein Leben an der gerechten Ordnung Gottes ausrichtet, der gilt als weise und fromm. Vor diesem Hintergrund wird verständlich, dass auch Erzählungen, vor allem die von Josef (Gen 37–50) und Rut, der Weisheitsliteratur zugeordnet werden. Gen 50,20 („Ihr gedachtet es böse mit mir zu machen, aber Gott gedachte es gut zu machen") formuliert die Verlässlichkeit Gottes als Grundsatz, und das Buch Rut verbindet die Solidarität Gottes mit den Machtlosen und seine Treue seinem Volk und einzelnen Menschen gegenüber.[7]

Entwickelt hat sich das weisheitliche Denken aus der alltäglichen Erfahrung in Beruf, Familie und dörflicher Gemeinschaft, und dann aus der Notwendigkeit staatlicher Organisation und Verwaltung sowie politischer und wirtschaftlicher Beziehungen zu den Nachbarstaaten. Die höfisch-städtische Weisheit hat vielfach Gedanken aus der Umwelt aufgegriffen, wie überhaupt die Beziehungen Israels zu den umgebenden Kulturen in der Weisheitsliteratur deutlich zutage treten.[8] Im AT wird die Weisheit in nachexilischer Zeit zunehmend theologisch reflektiert.[9] Dies zeigt sich vor allem an zwei Entwicklungslinien:

– In den Ordnungen der Welt und des Lebens hat Gott seine Weisheit offenbart, sodass sie in Schöpfung und Geschichte gesucht und gefunden werden

---

[6]   Zenger, Einleitung, 392ff.
[7]   Vgl. Witte, Schriften, 451f., und oben, 69f.
[8]   Exemplarisch ist dies in Spr 22,17–23,11 der Fall, wo die ägyptischen Lehren des Amenemope anklingen; vgl. Laisney, Lehre des Amenemope.
[9]   Vgl. Zenger, Einleitung, 329ff.

kann. Dies führt zunehmend zu einer Personifizierung der Weisheit (vgl. Spr
8,22–31; Sir 24; Weish 6,22–11,1), ohne dass dies aber der Einheit Gottes Ab-
bruch tut.[10] Die Aussage, dass Jahwe die Erde durch Weisheit gegründet hat
(Spr 3,19), führt zu der Überlegung, dass die Weisheit schon bei der Schöpfung gegenwärtig war (Hi 28). Spr 8,22–31 bringt die Freude Gottes an der
guten Schöpfung mit einem Bild zum Ausdruck: „Als er die Grundfesten der
Erde legte, da war ich als sein Liebling bei ihm; ich war seine Lust täglich und
spielte vor ihm allezeit" (V. 30).

– In der zweiten Entwicklungslinie wird die Weisheit zunehmend mit dem
  Wort Gottes gleichgesetzt (Sir 24,4); sein Schöpferwort sucht einen Platz in
  der Welt, findet ihn auf dem Zion (24,12–15) und geht als Wort der Tora
  vom Zion aus (24,34–40).

Mit Hiob gewinnt das Nachdenken über die Weisheit einen weiten, über die
bisherigen Denkmöglichkeiten hinausgehenden Horizont. Der Tun-Ergehen-
Zusammenhang* wird fraglich. Das Hiobbuch gibt keine fertigen Antworten,
durchdringt aber das Problem in verschiedene Richtungen und zeigt mit Gott als
Gegenüber neue Perspektiven.

Das Buch Kohelet (Prediger)[11] klingt viel skeptischer: „Alles ist flüchtig" steht
schon in 1,2, und wird am Schluss in 12,8 wiederholt. Das hebräische *häbäl* ist
ein Vorzugswort des Predigers. Es hebt die Vergänglichkeit alles Irdischen hervor[12], das „Haschen nach dem Wind" (1,14.17; 2,11.17.26; 4,4.6.16; 6,9). Zu Beginn schlüpft Kohelet in die Rolle Salomos (1,1): Wenn irgendeinem Menschen
dauerhaftes Glück zuzutrauen ist, dann einem, dem alle irdischen Güter zu Gebote stehen (2,4–9). Aber selbst sein Leben und seine Weisheit (3,16; 4,1f.; 4,17–
5,6; 8,10–13) sind vergänglich. Der Weise und der Tor – alle müssen sie dahin
(2,15; 3,9). Diese Relativierung herkömmlicher weisheitlicher Vorstellungen vom
Wohlergehen durchzieht die ganze Schrift. Die Konsequenz klingt irdisch-mate-
riell: Der Mensch hat nichts Besseres „als zu essen und zu trinken und fröhlich zu
sein" (8,15; vgl. 2,24; 3,12.22). Aber die Freude weist zugleich darüber hinaus;
denn sie ergibt sich nicht von selbst. Mühe und Arbeit (2,24; 3,22; 8,15) könnte
man auch freudlos verrichten. Die Freude daran kommt als Gottesgabe für die
Zeit des Lebens hinzu (5,17–19). Zwar sind die Wege Gottes verschlossen (5,1;
8,17), aber er hat den Menschen das Leben und die Freude ins Herz gegeben und
ohne ihn kann man nicht fröhlich essen und genießen (2,24f.). Damit ist ein

---

[10] In der Umwelt Israels wird die Weisheit Göttinnen zugeschrieben, während sie im AT eine
      Dimension des einen Gottes charakterisieren (vgl. Staubli, Begleiter, 87).

[11] Das Buch ist wahrscheinlich zwischen 250 und 190 v. Chr. in Jerusalem entstanden. Seine theo-
      logische Ausrichtung wird kontrovers diskutiert; neben der Betonung eines pessimistischen
      Grundzuges (1,2; 12,8 „alles ist absurd") steht eine Deutung, die den Aufruf zur Freude (5,17–19
      u. ö.) als Schlüssel zum Gesamtwerk ansieht.

[12] Die Grundbedeutung „Windhauch" spielt auf die Flüchtigkeit an, nicht auf Eitelkeit oder Nich-
      tigkeit, vgl. Witte, Koheletbuch, 459, Anm. 97.

Verständnis von der Welt als Gottes Schöpfung angedeutet. In 9,7–10 zieht Kohelet daraus die Konsequenz: Essen und Trinken (9,7), Arbeit, Fest (9,8f.), Liebe (9,9) und alles, was in seiner Macht liegt zu tun, soll der Mensch mit Freude gestalten, „denn das ist dein Teil am Leben" (9,9).

In eine ganz andere Richtung kann man den Tun-Ergehen-Zusammenhang* weiterdenken, wenn man ihn nicht auf das innerweltliche Ergehen beschränkt, sondern auf die Zukunft hin ausweitet. Die Vergeltung des Guten oder Bösen wird dann nicht im irdischen Leben, sondern in der Zukunft Gottes erwartet, z. B. in einem künftigen Gericht, in dem der Ausgleich vorgenommen wird. Diese eschatologische* Perspektive tritt vor allem im apokalyptischen* Denken hervor.[13]

Im NT ist die Weisheit mit Jesus Christus verbunden. In Mk 6,2 wundern sich die Bewohner von Nazareth über die Weisheit, die Jesus gegeben ist, nach Lk 2,40 erfüllt sie Jesus schon von klein auf. Die Präexistenzchristologie bei Johannes (vgl. 1,1–3) spricht zwar vom Wort (*logos*), das von Anfang an bei Gott war; aber schon im hellenistisch geprägten Judentum wurden die Weisheit und das Wort Gottes einander angeglichen. Nach Paulus hat Gott die Weisheit der Welt zunichte gemacht (1Kor 1,18ff.), indem er sich zu gekreuzigten Jesus bekannt und ihn auferweckt hat. In Christus zeigt sich Gottes Kraft und Weisheit (1,24). Kol 2,2f. formuliert vor diesem Hintergrund den Spitzensatz, das in Christus alle Schätze der Weisheit und der Erkenntnis verborgen sind.

12.5 Anregungen für den Unterricht

1) In ihrem Buch „Ich geb dir noch eine Chance, Gott" (Ravensburg 2008) erzählt Gudrun Pausewang von Nina, die mitansehen muss, wie eine Katzenmutter von einem Auto überfahren wird und ihr Katzenkind allein zurückbleibt. Da Gott nicht eingreift, verkündet sie, dass sie nicht mehr an Gott glaubt. Nina verspricht der sterbenden Katze, dass sie auf das Katzenkind aufpassen wird. Aber ihre Mutter will keine Tiere in der Wohnung haben. Da läuft Tina mit dem Kätzchen weg und sucht einen Platz, wo sie bleiben können. Unterwegs trifft sie verschiedene Menschen, die ihr Ratschläge geben. Hilfe bekommt sie schließlich von einem jungen Sprayer, der ihr bei Verstehen und Akzeptieren und auf den Weg zurück nach Hause hilft. Das Hiobbuch steht im Hintergrund dieses Kinderbuchs, in dem es Pausewang gelingt, die Theodizee-Frage kindgerecht anzugehen und sie offenzuhalten, ohne in Verlorenheit zu geraten.[14]

---

[13]   Vgl. unten, 217–220.
[14]   Eine Reihe von Unterrichtsvorschlägen (nicht nur) für die Grundschule sind gesammelt bei Oberthür, Kinder fragen nach Leid und Gott, 83–131.

2) In den Sekundarstufen I und II kann die Gebrochenheit des Gottesbildes angesprochen werden. Die Aufgabe wäre, Gott in doppeldeutigen Sätzen beschreiben, z.B: Wir können zu Gott sprechen, aber ...; Gott ist schwer zu verstehen,
aber ... Neben verbalen Arbeitsformen legt sich bei dem schwierigen Thema des
Leids rauch die Arbeit mit Bildern nahe. Man kann ein Bild von Hiob (z. B. das
von Walter Habdank) auf ein größeres Blatt kleben, es weitermalen, beschriften
(z. B. mit Zitaten aus dem Hiobbuch), in eine Collage einfügen etc.

Literatur zum Weiterlesen
Ebach: Streiten mit Gott
Lachmann: Hiob, in: Elementare Bibeltexte, 122–134
Schwienhorst-Schönberger: Das Buch Kohelet
Witte: Das Koheletbuch (Der Prediger Salomo)

13. Wer das Gesetz deines Gottes nicht kennt, den sollt ihr es lehren (Esr 7,25)

Wir lesen die Bibel üblicherweise in Übersetzungen. Manche Eigenheiten der Ursprungssprachen Hebräisch und Griechisch lassen sich dabei kaum mit derselben Bedeutung im Deutschen wiedergeben. Vor allem die Juden in der Diaspora* brauchten eine Übersetzung der biblischen Bücher in die ihnen verständliche Sprache, das Griechische. Mit der Sprache bekommt auch das griechische Denken großen Einfluss, in der Diaspora wie in Palästina* selbst. Diese Entwicklung führt aber auch zu Gegenbewegungen.

In diesem Kapitel geht es darum,
- die biblischen Bücher in den Blick zu nehmen, die den Abschluss des Tanach bilden;
- die darin sich spiegelnden zeitgeschichtlichen und theologischen Entwicklungen nachzuzeichnen;
- auf die damit verbundenen Gottesvorstellungen zu achten;
- das Verhältnis von Gott, den Engeln und Satan zu beleuchten
- und Anregungen für den Unterricht zu geben.

13.1 Der neue Tempel

2Chr 36,22–23: „Aber im ersten Jahr des Kyros, des Königs von Persien – damit das Wort des HERRN erfüllt wurde, das er durch den Mund Jeremias geredet hatte –, erweckte der HERR den Geist des Kyros, des Königs von Persien, sodass er durch sein ganzes Königreich ausrufen ließ, auch durch Schreiben: 23 So spricht Kyros, der König von Persien: Der HERR, der Gott des Himmels, hat mir alle Königreiche der Erde gegeben, und er hat mir befohlen, ihm in Jerusalem in Juda ein Haus zu bauen. Wer nun unter euch zu seinem Volk gehört, mit dem sei der HERR, sein Gott, und er ziehe hinauf.

In diesem die beiden Chronikbücher abschließenden Text[1] finden sich einige Elemente konzentriert, die für die Chronik charakteristisch sind. Jahwe ist Herr über die ganze Welt und hat auch dem Kyros die Herrschaft verliehen; Kyros gehorcht dem Auftrag Jahwes; er baut in Jerusalem einen Tempel für Jahwe; dorthin sollen alle Jahwe-Gläubigen ziehen; in all dem erfüllt sich, was Jahwe durch den Propheten Jeremia geredet hat.

---

[1] Der Tanach* schließt mit den Chronikbüchern ab, die dort Teil der „Schriften" sind. In der Septuaginta bekommen sie einen anderen Platz, und zwar nach den Samuel- und den Königebüchern und vor Esra und Nehemia, und zählen damit zu den Geschichtsbüchern.

Im Jahr 539/38 erobert Kyros Babylonien. Darin erkennt der Text die grundlegende Wende zum Heil für Israel. Jahwe „erweckt den Geist des Kyros" (vgl. Jes 45,13) und löst dadurch die neue Entwicklung aus. Deshalb klingt im Erlass auch die prophetische Botenformel an, ebenso die Vorstellung vom fremden Herrscher als Werkzeug Gottes (vgl. Jes 10,5). Von der Einsetzung eines Königs in Juda* ist keine Rede; Kyros ist der königliche Herrscher auch über Juda, und als solcher ordnet er nun im Auftrag Jahwes den Neubau des Tempels an. Damit steht er in der Tradition Davids (1Chr 15,12; 16–17; 22).

> Der sogenannte Kyros-Erlass ist im AT in drei Fassungen überliefert (2Chr 36,23; Esr 1,1–4; 6,3–5), von denen die letztgenannte in Aramäisch formuliert ist. Außerdem ist eine Zusammenfassung der Maßnahmen des Großkönigs auf einem persischen Tonzylinder erhalten. Keine der at.lichen Fassungen stimmt ganz mit dem Kyros-Zylinder überein. Ein Zusammenhang von Rückkehr und Tempelbau findet sich dort nicht. Die Texte im AT sind im Rückblick formuliert und passen eher zu der in Jes 45,1 formulierten Vorstellung von Kyros als dem Beauftragten Jahwes.

Die gesamte Königsgeschichte wird in den Chronikbüchern auf die davidische Linie konzentriert. In 2Chr 6,5–11 wird die Nathanweissagung (2Sam 7,12–16) mit der Erwählung Jerusalems und dem Tempelbau kombiniert; auf David und Salomo (1Chr 11–29; 2Chr 1–9) entfällt fast die Hälfte des Gesamtwerks. Alle Könige Judas (die Könige Israels bleiben unerwähnt) werden an David gemessen: Er ist der herausragende Kriegsherr, hält treu die Gebote Gottes, gründet den Tempel und seine Liturgie, und ist insgesamt ein „neuer Mose" (1Chr 28,11f.) und ein „Mann Gottes" (1Chr 23,14; 2Chr 30,16). Negative Erinnerungen (2Sam 11–13) bleiben unerwähnt, und auch auf Salomo liegt kein Makel. Alle weiteren Könige werden an ihrem Gehorsam gegenüber Gott und dem Verhalten gegenüber dem Tempel gemessen: Gehorsam Gott gegenüber und Förderung des Tempels bringen Erfolg, Ungehorsam und Vernachlässigung des Tempels bringen Misserfolg und Niederlagen. Interessant ist die Deutung Manasses in 2Chr 33,1–20; die lange Friedenszeit während seiner Herrschaft muss nach der Logik der Chronikbücher in seinem Gehorsam gegenüber Gott begründet sein. Deshalb werden zwar seine Vergehen geschildert, anders als in 2Kön 21,1–17 wird aber eine Bekehrung zu Gott berichtet (V. 12f.), nach der er sich wieder ganz Jahwe zuwendet.

Der Tempel steht im Zentrum der Chronikbücher (1Chr 21 – 2Chr 7). Darin spiegelt sich die Bedeutung, die der zweite Tempel im nachexilischen Judentum spielt. Die gesamte Königsgeschichte wird aus der Perspektive des Tempels erzählt. Der Bau wird von David detailliert vorbereitet.[2] Die Überstellung der Bundeslade nach Jerusalem (1Chr 15) und schließlich in den Tempel (2Chr 5) stellt die Kontinuität heraus: Wie Gottes Segen einst auf der Lade lag, so ruht er jetzt

---

[2] Vgl. Steins, Chronik, 261.

auf dem Tempel, wobei der davidisch-salomonische Tempel und der zur Zeit der Chronik real existierende zweite Tempel gleichgesetzt werden. Durch die Abgaben, die die Familien zu erbringen haben, bildet der Tempel auch das ökonomische (2Chr 31,3ff.; 34,9f.) und gesellschaftliche Zentrum Judas*.

Die Bezeichnung des Tempels als „Opferhaus" (2Chr 7,12) stellt – anders als 1Kön 9,3 – Feste und Opferhandlungen als zentrale Gelegenheiten der Gottesbegegnung heraus (2Chr 29,20–34), bei denen sich die Menschen an seine Heilstaten erinnern und seinen Segen neu erfahren. Das Tempelpersonal und besonders die Leviten spielen eine wichtige Rolle. Ihre Stammbäume (1Chr 5,27–6,66; 23–27) und Tätigkeiten (1Chr 9,17–33 u. ö.) werden ausführlich beschrieben. Sie sind die für die Aufrechterhaltung des Kultes wichtig, einschließlich der Wächterfunktionen und der Musik. Auch die Propheten werden hervorgehoben. Durch ihre Rufe zur Buße zeigen sie dem Volk den Willen Gottes (2Chr 12,5; 15,2–7 u. ö.). Anders als im deuteronomistischen Geschichtswerk* haben sie hier aber auch eine Lehrfunktion; sie geben die bereits Schrift gewordene Verkündigung weiter und interpretieren sie (2Chr 17,7–9; 20; 35,3.15).

Der Schluss von 2Chr 36,22–23 findet sich mit geringen Abweichungen und etwas erweitert auch in Esr 1,1–4. Dies zeigt die enge Verbindung der Chronik mit den Büchern Esra und Nehemia, die durch vergleichbare Vorstellungen von Tempel und Kult unterstrichen wird.[3]

Die Bücher Esra und Nehemia stellen die Geschichte Judas in der frühen Perserzeit (von Kyros II, 559–530, bis Artaxerxes I, 465–425) in einem fortlaufenden Zusammenhang dar. In der hebräischen Überlieferung bilden beide Bücher ein zusammenhängendes Werk. Sie beschreiben die Neuordnung Jehuds* nach der Rückkehr aus dem Exil in theologischer Perspektive. Im Zentrum dieser Neuordnung stehen der Wiederaufbau des Tempels und die Tora, wobei der Priester und „Schriftgelehrte" Esra und der Statthalter Nehemia zusammenwirken. Die Verpflichtung auf die Tora ist zugleich eine Selbstverpflichtung des Volkes.

13.2 Kontexte

Mit den zurückkehrenden Exilanten (Esr 2 zählt über 40 000 Rückkehrer, die tatsächliche Zahl dürfte deutlich darunter gelegen haben) entsteht eine neue Situation. Sie bringen im Exil gewonnene theologische Einsichten (Beschneidung, Sabbatobservanz, Speise- und Festgebote; Einzigkeit Jahwes und seine Verehrung in einem bildlosen Kult) und stellen den Wiederaufbau des Tempels und den Tempelkult ins Zentrum.[4] Es kommt zu Spannungen mit der in Juda*

---

3   Die Vorschläge zur Abfassungszeit der Chronikbücher gehen weit auseinander (von früh-nachexilisch bis ca. 190 v. Chr.). Mehrheitlich wird die Abfassung in die ausgehende persische oder die beginnende hellenistische Zeit datiert.

4   Vgl. Berlejung, Geschichte, 170–172.

verblieben Bevölkerung und den Bewohnern Samarias, zumal Jerusalem und sein Umland zunächst von Samaria aus mit verwaltet werden. Da die Samaritaner von der babylonischen Deportation nicht betroffen waren, beanspruchten sie während der Exilszeit die Kontrolle über Jerusalem und sehen diesen Anspruch durch die Rückkehrer gefährdet. In Sichem und Beth-El hatten sich kleinere religiöse Zentren gebildet, von denen aus man den (zunächst schleppenden) Wiederaufbau des Jerusalemer Tempels mit Misstrauen verfolgt. Mit politischer und finanzieller Unterstützung der Perser setzen die Rückkehrer ihre Vorstellungen jedoch faktisch durch. Sie schließen die Samaritaner von der Beteiligung am Aufbau des Tempels aus (Esr 4,1–5; Neh 13,4–9).[5] Als Folge lehnen die Samaritaner ihrerseits den Tempel in Jerusalem ab und erklären den Garizim bei Sichem zu ihrem Kultort. Mit der Anerkennung Jehuds* als eigenständiger persischer Provinz (unter Artaxerxes, 465–425, oder Darius II, 424–404) gehen die Spannungen etwas zurück, aber um den Preis einer verstärkten Abgrenzung.

Aufschwung und Stabilisierung Jehuds werden mit Nehemia in Verbindung gebracht, der als persischer Beauftragter die Stadtmauer Jerusalems wieder aufbaut (Neh 2,11–18; 3; 6,15ff.), Missstände im Tempel beseitigt (13,4–22), ein Mischehenverbot durchgesetzt (13,23–31) sowie ein Umsiedlungsprogramm durchgeführt (Neh 7; 11) und verschiedene soziale Maßnahmen ergriffen haben soll (Neh 5). Die pro-persische Position des Nehemia-Buches ist mit Händen zu greifen (Neh 2).

Das davidische Königtum existiert nicht mehr und Jehud* ist persische Provinz. Der Tempel wird nun zunehmend zum geistigen und ökonomischen Zentrum des Landes. Damit bekommen das Amt des Hohepriesters und das Priestertum insgesamt eine wichtige Funktion. Der Hohepriester muss von der persischen Verwaltung bestätigt werden (Esr 7,11–26), gewinnt aber zunehmend die Position des führenden religiösen und politischen Repräsentanten. Er soll aus der Priesterdynastie der Zadokiden stammen (Esr 7,1–6; 2Sam 8,17; 15,24–29) und damit die Verbindung zur vorexilischen Zeit gewährleisten.
Jetzt bilden sich aber auch unterschiedliche theologische Strömungen heraus: Priesterliche, prophetische und weisheitliche Kreise sammeln ihre jeweiligen Traditionen. Im Pentateuch* werden sie zusammengefügt, er wird dadurch zum Grundlagentext. Esra wird als der beschrieben, der im Auftrag des persischen Königs das „Gesetz des Himmelsgottes" (Esr 7,12) in Jehud bekanntmacht und durchsetzt:

Esr 7,25 Du aber, Esra, setze nach der Weisheit deines Gottes, die in deiner Hand ist, Richter und Rechtspfleger ein, die allem Volk Recht sprechen, das jenseits des Euphrat

---

[5]   Hintergrund ist der Sachverhalt, dass sich die Bevölkerung Samarias seit der assyrischen Okkupation 722 v. Chr. zu einem Mischvolk entwickelt und dabei auch andere religiöse Strömungen integriert hatte.

wohnt, nämlich allen, die das Gesetz deines Gottes kennen; und wer es nicht kennt, den sollt ihr es lehren. 26 Aber jeder, der nicht sorgfältig das Gesetz deines Gottes und das Gesetz des Königs hält, der soll sein Urteil empfangen, es sei Tod oder Acht oder Buße an Hab und Gut oder Gefängnis. 27 Gelobt sei der HERR, der Gott unserer Väter, der solches dem König eingegeben hat, dass er das Haus des HERRN in Jerusalem so herrlich mache …

Mit dem „Gesetz des Himmelsgottes" ist der Pentateuch gemeint (vgl. Esr 7,6), kaum aber dessen Endgestalt. Vermutlich handelte es sich um eine Sammlung von „Vorschriften und Satzungen" (Esr 7,10f.), und es ist als Leistung Esras anzusehen, diese Sammlung im Bewusstsein der Rückkehrergemeinde verankert zu haben (Neh 8). Im Rückblick wird sie mit der Tora identifiziert, die Esra nach Neh 8,1–12 vorträgt. Sie wird nun zur verbindlichen religiösen Tradition. Parallel dazu entwickelt sich ein Gelehrtenstand, dem zunehmend die Interpretation der Schriften obliegt. Als einer der ersten „Schriftgelehrten" wird Esra selbst vorgestellt (Esr 7,6). Dies führt dazu, dass er später im Talmud als „zweiter Mose" gekennzeichnet wird.[6] Neben den Opferkult im Tempel treten nun auch Gottesdienste in den Synagogen, die von Gesetzesauslegung, Lehre und Gebet bestimmt sind. Die Schrift wird damit zu einem weiteren Erkennungszeichen jüdischen Lebens.

Ab 332 steht Palästina* unter hellenistischer Oberherrschaft[7]; nach dem Tod Alexanders befindet sich das Land zwischen den Diadochenreichen der Ptolemäer in Ägypten und der Seleukiden in Syrien. Ab 301 gehören Jerusalem und Judäa* zum Ptolemäerreich, ab 199 zum Reich der Seleukiden. Die griechische Sprache sowie hellenistische Philosophie, Religion und Lebenspraxis beeinflussen zunehmend das Denken, den Glauben und Alltag auch in Palästina. Dem setzen konservative Kreise eine zunehmende Orientierung an der Tora entgegen. Dies führt zu einer Spaltung der Oberschicht und zur Bildung verschiedener religionspolitischer Gruppierungen. Ein hellenistisch gesinnter Teil der Priesterschaft ist bestrebt, Jerusalem in eine hellenistische Stadt umzuwandeln. Der Seleukidenherrscher Antiochus IV (mit dem Beinamen Epiphanes – der offenbare Gott, ca. 215–164) schätzt bei seiner Hellenisierungspolitik (Verbot des Opferkults gemäß der Tora, Einführung eines Zeuskultes) den Widerstand der Gegenkräfte falsch ein. Es kommt zum Aufstand der Makkabäer (164), die militärisch geschickt agieren und denen schließlich die Gründung der eigenen Herrscherdynastie der Hasmonäer* gelingt. Jerusalem wird nun zum Zentrum eines unabhängigen Königreiches. Die Beschneidung und Einhaltung der Sabbat- und Speisegebote werden teilweise gewaltsam durchgesetzt, das Bilderverbot wird auf alle Bilder ausgedehnt, die regulative Bedeutung der Tora rückt in den Vordergrund. Trotz der Religionspolitik der Makkabäer* schreitet aber auch die Hellenisierung

---

6   Babylonischer Talmud, Sanhedrin 21b. Vgl. Hiecke, Esra.
7   Vgl. hierzu Berlejung, Geschichte, 182–185.

weiter fort. Die daraus entstehenden Spannungen führen zur Bildung verschiedener Gruppierungen, die bis zur Zerstörung des zweiten Tempels 70 n. Chr. das palästinische Judentum bestimmen, vor allem die Sadduzäer, die Pharisäer und die Essener.[8] Auseinandersetzungen um das Hohepriesteramt und dessen Rechtmäßigkeit führen zur Gründung einer essenischen Gemeinschaft, die in der Wüste bei Qumran ihre Vorstellungen der reinen Jahwe-Verehrung zu leben versucht. Die Pharisäer (die „Abgesonderten") versuchen die Reinheit, die für die Priester beim Tempeldienst vorgeschrieben ist, im Alltag zu wahren; der Gehorsam den Geboten der Tora gegenüber rückt damit ins Zentrum des Lebens. Damit grenzen sie sich sowohl von den Hellenisierungsbestrebungen als auch von dem im Alltag weniger toraobservanten Volk ab. Die Sadduzäer (die sich auf den Priester Zadok zurückführen, 2Sam 15) stellen die herrschende Schicht der Priesteraristokratie dar; Tempel und Tempelstaat stehen im Zentrum ihres theologischen Vorstellungen und stellen die Grundlage ihre politischen Einflusses dar. Sie verbinden konservative Positionen mit pragmatischer Politik gegenüber der nichtjüdischen Herrschaft und der hellenistischen Kultur.

Daneben gibt es Strömungen, die offenere theologische Konzepte vertreten. Die weisheitlich geprägte Theologie stellt nicht nur den tradierten Tun-Ergehen-Zusammenhang* in Frage (Hiob), sondern kommt auch zu einer Deutung der Reinheit, die nicht in erster Linie auf kultische Reinheit bedacht ist, sondern auf eine Verbindung von innerer Reinheit mit einem entsprechenden Handeln (vgl. Ps 51,4.9.12; Hi 4,17; Spr 20,9). Die Ethik kann mit einem intensiven Torastudium verbunden werden.

13.3 Die Gegenwart Gottes

Die Wiedereinweihung des Tempels bringt die Frage mit sich, wie man sich die Gegenwart Jahwes im Tempel vorstellen kann. Für die Deuteronomisten* gilt der Name als Repräsentation Jahwes (Jahwe thront im Himmel und lässt seinen Namen auf Erden wohnen), priesterliche Kreise vertreten eine kabod-Theologie: Die Herrlichkeit Gottes (kabod) erfüllt den Tempel. In Erinnerung an Züge des Sonnengottes können die Lichtmetapher auf Jahwe übertragen (vgl. Jes 60,1–3; Weish 5,6) und der Himmel als Wohnort Gottes bezeichnet werden (wobei für beide Züge persische Vorbilder Pate stehen). Aufgenommen wird auch die vorexilische Zionstheologie (vgl. Sach 4,14; 6,5; Haggai).

Daneben werden die Gottesvorstellungen vor allem von zwei Entwicklungen nachhaltig geprägt, von der Hellenisierung und einem zunehmenden apokalyptischen Denken. Der Hellenisierungsprozess schreitet in der Diaspora* schneller voran als in Palästina*, ist aber auch dort festzustellen. Eine Übersetzung des

---

8   Tilly / Zwickel, Religionsgeschichte, 140–149.

Tanach* ins Griechische war für die große jüdische Gemeinschaft in Ägypten ein zunehmendes Bedürfnis, im Blick sowohl auf den gottesdienstlichen Gebrauch als auch den kulturellen Austausch. In der Mitte des 3. Jh. wurde zunächst der Pentateuch übersetzt, erst nach und nach folgten die anderen Schriften. Mit der Sprache finden auch hellenistische Vorstellungen Eingang in die Schriften. Die Septuaginta* ist deshalb ein herausragendes Dokument für den Einfluss hellenistischen Gedankenguts auf die biblischen Schriften. Am Beginn steht die dezidiert monotheistische Aussage „Im Anfang machte der Gott Himmel und Erde" (Gen 1,1). Gott hat sich als Gott Israels offenbart, ist aber zugleich der eine Gott der ganzen Welt. Der Gottesname Jahwe wird überwiegend mit *kyrios* – Herr übersetzt, und zwar in der Regel ohne Artikel, sodass das Wort wie ein Eigenname wirkt. Wenn dagegen Nichtisraeliten von Gott sprechen (z. B. der Pharao in Ex 10,11), wird das Tetragramm mit *theos* wiedergegeben. Die Deutung des Namens Jahwe in Ex 3,14 („Ich werde sein, der ich sein werde") lautet in der Septuaginta „Ich bin der Seiende; der Seiende hat mich zu euch gesandt"; anders als im hebräischen Text, der die Wirksamkeit Gottes hervorhebt, rückt hier seine Existenz in den Vordergrund.

Anthropomorphe* Gottesvorstellungen werden verändert. So lautet beispielsweise die Übersetzung des hebräischen Textes von Ex 15,3 „Jahwe ist ein Kriegsmann" in der Septuaginta „Der Herr zerschmettert die Kriege". Nach Ex 21,6 wird der Sklave vor Gott gebracht, in der Septuaginta „vor das Gericht Gottes". In Ex lässt die Septuaginta Mose nicht „zu Gott" auf den Berg hinauf steigen, sondern auf den „Berg Gottes". Mose, Aaron, Nadab, Abihu und die siebzig Ältesten sehen in Ex 24,10 nicht Gott selbst, sondern nur seinen Ort.

Die Rückkehr nach Jerusalem konnte man als Erfüllung dessen ansehen, was Deutero- und Tritojesaja, Haggai und Sacharja verkündet hatten. Die Diskrepanz zwischen den prophetischen Bildern eines herrlichen Jerusalem (Hag 2,9; Sach 1,17) und der Realität einer unter fremder Herrschaft stehenden Provinz führt dazu, dass die Weissagungen zunehmend als Erwartung einer künftigen Heilszeit in einem eschatologischen* Sinn verstanden werden: Nicht mehr in der Geschichte werden sich die Geschicke Israels völlig zum Guten wenden, sondern an deren Ende wird Gott eine neue Welt schaffen. Diese Erwartung wird in der Apokalyptik* in ein umfassendes Geschichtsbild eingeschrieben, das auch die Gottesvorstellung selbst beeinflusst. Er lenkt die Geschichte und bedient sich dazu auch fremder Mächte. Der Lauf der Geschichte ist bei ihm bereits fest beschlossen, und es ist der Geschichtsverlauf der Menschheit insgesamt im Blick, nicht mehr nur das Ergehen Israels. Das Buch Daniel verknüpft ältere Vorstellungen mit universalen Ausblicken.

> Die Endredaktion des Buches ist in die frühe Makkabäerzeit* zu datieren. In Dan 1.3.6 geht es um das Ende des babylonischen Reiches und dessen Deutung. Dan 2.7 thematisiert das Ende des Perserreiches. Die Traumvisionen in Dan 7–12 setzen die Kenntnis des Makkabäeraufstands voraus und deuten ihn als Anbruch der Heilszeit.

Daniel ist damit das jüngste Buch des Tanach*. Die verschiedenen historischen Hintergründe und der Wechsel der Sprachen (Daniel ist teilweise in aramäischer Sprache verfasst) weisen auf eine komplexe Entstehungsgeschichte hin. Die Erinnerungen an die babylonische und persische Herrschaft und das Geschick Daniels orientieren sich strikt am JHWH-Glauben und den religiösen Geboten. Dan 7–12 gehen darüber deutlich hinaus. Sie stellen in einem gewaltigen Gemälde die Geschichte der verschiedenen Reiche und ihr Ende dar, wobei JHWH selbst die Geschicke der Völker lenkt. Bei ihm ist der Lauf der Geschichte bereits fest beschlossen; was sich den fremden Königen als konfuser Traum darstellt, erschließt sich dem von Gott erwählten Deuter in Träumen und Symbolen. Das Danielbuch steht damit in prophetischer Tradition, die nun aber apokalyptisch verstanden wird, und es wird insbesondere mit seinen Anspielungen auf die Ereignisse unter Antiochus IV zum literarischen Vorbild späterer, auch nt.licher Schriften.

Eine theoretische Bestreitung der Existenz Gottes kennt das AT nicht. Allerdings werden, wie Zeph 1,12; Jer 5,12, Hes 8,12; 9,9; Mal 2,17; 3,14 zeigen, Zweifel an Macht und Handlungsfähigkeit Gottes geäußert. Nach Ps 14,1 sagen die Törichten „Es gibt keinen Gott" im Sinne von: er wirkt nicht.

13.4 Exkurs: Engel und Satan

Das AT kennt keine ausformulierte Engellehre. Aufgabe der Engel ist es, den Menschen den Willen Gottes bekannt zu machen. Weitergehende Überlegungen zu ihrem Verhältnis zu Gott und zu den Menschen werden nicht angestellt. In den nachexilischen Schriften werden die Engel stärker individualisiert, bis dahin, dass ihnen Namen beigelegt werden: Rafael (Tob 3,25), Gabriel (Dan 8,16; 9,21), Michael (Dan 10,13), um nur die bekanntesten zu nennen. In den zwischentestamentlichen Schriften werden die Engelvorstellungen stark ausgebaut. Von Engelhierarchien ist die Rede: Sieben Erzengel (grHen 20,7); von einem „Großengel", der alle anderen überragt, ist in rabbinischen Schriften die Rede; viele Engel umgeben den Thron Gottes Auch die Apokalyptik* betont die Überweltlichkeit Gottes. Mittler- und Engelwesen überbrücken die große Kluft zwischen der Welt und dem jenseitigen Gott. Den dienstbaren Engeln Gottes stehen aber auch abgefallene Gegenspieler gegenüber.

Vom Satan ist nur selten die Rede. Das hebräische *satan* bedeutet Widersacher, Gegner, Feind. An vier der fünf Stellen im AT hat es diese Bedeutung (1Kön 5,18; 11,14.23.25). Einzig in 1Chr 21,1 ist von einem übernatürlichen Widersacher die Rede: Hier zeigt sich, dass man Eigenschaften, die man ursprünglich Gott zuschrieb, in nachexilischer Zeit gewissermaßen „auslagert".

2Sam 24,1	1Chr 21,1
Und der Zorn des Herrn entbrannte abermals gegen Israel, und er reizte David gegen das Volk.	Und Satan stellte sich gegen Israel und reizte David, dass er Israel zählen ließe und sprach: Geh hin, zähle Israel und Juda.

Nunmehr ist Satan zuständig dafür, die Menschen zu versuchen und anzuklagen. Im Zuge dieser Veränderung wird das Wort mit dem Artikel verwendet: Der Satan. Als solcher tritt er vor allem im Hiobbuch in Erscheinung (Hi 1,6–12; 2,1–7). Als Mitglied des göttlichen Hofstaates hat er das Privileg des Zugangs zu Gott, ist aber völlig von ihm abhängig.[9] Er ist also keineswegs Feind Gottes, wohl aber Ankläger der Menschen (vgl. Sach 3,1).[10]

Auch andere Bezeichnungen für den Teufel finden sich im AT insgesamt nur selten. Der Wüstendämon Asasel begegnet im Zusammenhang mit dem Sühnopfer am Versöhnungsfest (Lev 16,16). In der späteren jüdischen Tradition wird er genauer beschrieben: Er gilt als Anführer gefallener Engel (äthHen 8,1; 9,6; 10,4–9; u. ö.). Auch die urzeitlichen Chaosmächte, vor allem der Leviathan, treten jetzt als widergöttliche Dämonen in Erscheinung (Ps 74,12–17; 104,25f.; Hi 40,15–32; 41,1–26). Diese Vorstellungen werden in den nachalttestamentlichen jüdischen Schriften ausgeschmückt. Nun wird der Satan mehr und mehr zum Gegenspieler Gottes. Er ist der Anführer von Engeln, die sich gegen Gott stellten und deswegen aus dem Himmel ausgestoßen wurden (äthHen 6ff.; Jub 10). Nun trachten sie danach, die Menschen zu verderben und Gottes Heilsplan zu stören (Jub 48,2.10). Außerdem tritt der Verführer bei Gott als Verleumder und Ankläger der Menschen auf (äthHen 40,7; Jub 48,15.19). Eine besondere Lehre vom Teufel findet sich in Qumran (1QS 3,13–4,26). Hier stehen der „Fürst der Lichter" und der „Engel der Finsternis" einander gegenüber. Der Teufel führt hier überwiegend den Namen Belial. Er bietet alle Macht der Unterdrückung und Verfolgung auf, um die Gerechten zu Fall zu bringen. Doch wider alle List Belials sind Gott und der Engel des Lichts Zuflucht und Hilfe (1QH IX, 28f.). Die Endzeit wird in einem letzten großen Kampf das Ende Belials und das Gericht über ihn und seine Engel bringen.[11]

Das hebräische *satan* übersetzt die Septuaginta mit *diabolos*. Der Diabolos ist derjenige, der alles durcheinander bringt, verwirrt und verleumdet. Im NT finden sich beide Begriffe. Die Vorstellung vom Teufel ist hier in Aufnahme der zwischentestamentlichen Schriften deutlich umfangreicher als im AT. Der Diabolos ist der oberste Dämonenherrscher, die Dämonen sind seine „Engel" (Mt 25,41; Offb 12,7.9). Durch Versuchungen will er die Menschen zum Abfall von Gott anstiften (Mt 4,1ff par.; Lk 4,2ff.; Offb 2,10; 12,9; 20,10). Wer seiner Verführung erliegt, gehört zu den Kindern des Teufels (Joh 8,44). Der Teufel sät den Unglauben unter den Menschen wie Unkraut in einem Weizenfeld (Mt 13,24ff.). Er verfolgt die Gemeinden und bedroht ihren Bestand (1Petr 5,8; Offb 2,8ff.; 3,9)

---

[9]   Fohrer, Hiob, 81.

[10]   Vgl. oben, 118.

[11]   Die Vorstellung von Luzifer geht in biblischer Perspektive auf Jes 14,12–15 zurück, wo in mythischen Worten vom Sturz eines Weltenherrschers die Rede ist. Verschiedene Kirchenväter haben in diesem Text eine Parallele zu vergleichbaren Gestalten der griechisch-römischen Mythologie erkannt und dem gestürzten Herrscher den Namen Luzifer gegeben.

durch vielerlei Versuchungen (Apg 5,3; 1Kor 7,5 2Kor 11,14; u. ö.). In der Endzeit werden seine Versuchungen besonders gefährlich. Nun wird der Antichrist
auftreten (2Thess 2,3–12; Offb 13,1–18; 17,1–18). Die verwendeten Bilder in
diesen Texten sind unterschiedlich, stimmen aber darin überein, dass ein wider-
göttliches Wesen am Ende der Zeit in einer Weise auftritt, dass man den Eindruck gewinnen kann, es komme von Gott. Zeichen und Wundertaten wird es
vollbringen und die Menschen werden es bestaunen und anbeten. Das furchtbare
Wirken des Teufels ist aber befristet (Offb 12,12). Vor dem Anbruch des 1000-
jährigen Reiches wird er gefesselt (Offb 20,2), und schließlich vernichtet (1Tim
3,6; Offb 20,1–10). Bis zu seiner endgültigen Vernichtung ist er aber mächtig und
er bringt viele Menschen von Gott ab.

Vor diesem Hintergrund sind auch die Exorzismen in der Evangelienüberlieferung zu verstehen (Mk 1,23–28 u. ö.). Ein wesentliches Merkmal der kommenden Gottesherrschaft ist, dass die Macht aller anderen Mächte, also auch des
Teufels und der Dämonen, gebrochen ist. Wenn Jesus deshalb gleich zu Beginn
seiner Wirksamkeit einen Dämon austreibt, so ist das für die Leserinnen und
Leser des Evangeliums ein Hinweis darauf, dass mit seiner Wirksamkeit die
Gottesherrschaft anbricht. Damit steht Jesu Sieg über alle Todesmächte bereits
fest. In der Gegenwart ist die Welt aber noch Ort der Entscheidung zwischen
dem Glauben und dem Unglauben. Die Rede vom Teufel hat demnach im NT
eine dreifache Funktion[12]: Sie erklärt das Böse, indem sie es auf übergeschichtli-
che Größen zurückführt; sie tröstet die Angefochtenen, indem sie auf das Ende
des Bösen hinweist; und indem sie erklärt und tröstet, ermahnt sie die gegenwärtig Gefährdeten, an der Hoffnung auf Gott festzuhalten.

13.5 Anregungen für den Unterricht

1) Engel[13] sind aus unserer Welt nicht wegzudenken. In Kirchen, Kunst und
Volksfrömmigkeit sind sie ebenso anzutreffen wie in Literatur und Film und vor
allem in der Werbung. Besonders in der Weihnachtszeit umgibt uns die „Menge
der himmlischen Heerscharen". Wichtig ist zunächst die Wahrnehmung dieses
Phänomens als Teil unserer Lebenswelt; religionspädagogisch kommt es dann
darauf an, deutlich zu machen, dass Engel in biblischer Perspektive nicht in eigener Vollmacht auftreten, sondern als Boten Gottes und in seinem Auftrag. Sie
verweisen auf Gott. Ohne diesen Bezug verlieren sie ihre Funktion und Legitimation. So betrachtet sind sie ein Symbol, das auf Gott verweist.

---

[12]   Nach Wolter, Der altböse Feind, 28.
[13]   Vgl. Lachmann, Engel; ders., Teufel.

2) Auch Teufel kommen vielfach vor, wiederum in Kirchen, Kunst und Werbung. So oft vom Teufel oder von Dämonen im NT auch die Rede ist, so gilt grundsätzlich, dass es keinen Glauben an sie im Sinne einer Gott gleichgestellten Größe gibt. Teufel und Dämonen sind symbolischer Ausdruck für die unfassbare Realität des Bösen.

Literatur zum Weiterlesen
Das Böse – eine oft verdrängte Herausforderung, GuL 1/1997
Saur: Einführung in die alttestamentliche Weisheitsliteratur
Köhlmoos: Altes Testament, 131–145

14. Zwischenkapitel:
Bibel – Kanon – Altes und Neues Testament

14.1 Kein einheitlicher Kanon

Die 1534/1545 von Martin Luther herausgegebene Übersetzung des AT und NT trägt den Titel „Biblia, das ist: Die gantze Heilige Schrifft". Biblia wird hier im Sinne des Plurals *biblia sacra*, heilige Schriften, verwendet, faktisch aber als Singular verstanden: Die Bibel, die Heilige Schrift.

Die Bibel begegnet uns als kleine Bibliothek, die in AT (mit 39 Einzelschriften) und NT (mit 27 Einzelschriften) aufgeteilt ist. Diese 66 Schriften bilden den Kanon, den die protestantischen Kirchen als Heilige Schrift festgelegt haben. Schlägt man die in der katholischen Kirche verwendete Einheitsübersetzung auf, stellt man fest, dass sie im NT in der Reihenfolge der Bücher leicht abweicht, im Alten Testament aber einige Schriften enthält, die in der Lutherbibel nicht vorhanden sind, nämlich die Bücher Tobit, Judit, 1 und 2 Makkabäer, Sirach und Baruch. Im Kanon der griechisch-orthodoxen Kirche finden sich noch weitere Schriften, nämlich 3Esra, die Oden, die Weisheit und die Psalmen Salomos, der Brief Jeremias sowie das Buch Bel und der Drache. Sowohl im Umfang als auch in der Anordnung der Schriften unterscheidet sich der Kanon der heiligen Schriften in den verschiedenen Konfessionen.

Der Grund für diese Differenzen ist im Tanach* und der Septuaginta* zu suchen. Bei den jüdischen Schriften hat ab dem 4. Jh. v. Chr. ein Kanonisierungsprozess eingesetzt, und zwar zunächst im Blick auf die Tora und später bei den Propheten (*Nebiim*). Diese beiden Teile des Tanach* stehen bereits in vorchristlicher Zeit fest. Die Anordnung in drei Teile ist zum ersten Mal um 190 v. Chr. in Sir 38,34–39,1 angedeutet und im Prolog zum Sirachbuch (um 117 v. Chr.) formuliert (1,7–10: „… widmete sich mein Großvater Jesus intensiver der Lektüre des Gesetzes und der Propheten und der anderen Bücher der Väter"). Zahl und Anordnung der „anderen Bücher", der sogenannten Schriften (*Ketubim*), sind in dieser Zeit aber noch fließend. Erst am Ende des 1. Jh. n. Chr. wird eine Entscheidung über den Umfang der „Schriften" getroffen. Jetzt werden Umfang und Anordnung der einzelnen Schriften der „Hebräischen Bibel" verbindlich festgelegt. Die Tora stellt die gültige Offenbarung dar, die Gott dem Volk Israel durch Mose kundgegeben hat, sie ist Glaubensgrundlage und Lebensregel in einem. Die Propheten legen diese Weisung Gottes in ihre jeweilige Situation hinein aus; zu den Propheten gehören nicht nur die Bücher der Schriftpropheten*, sondern auch diejenigen Bücher, die vom Auftreten von Propheten erzählen, also Josua, Richter, die Samuel- und Königebücher. Daran schließen sich die Schriften an, die weitere Auslegungen und Aktualisierungen der Tora enthalten. Aus den Anfangsbuchstaben von *Tora – Nebiim – Ketubim* wird das Wort *Tanach* (Tanak, Tenach) als Bezeichnung für den hebräischen Kanon gebildet. Die drei Teile sind nach ihrer Wichtigkeit gegliedert (mit der Tora am Anfang), die Schlussabschnitte der drei Teile sind aufeinander bezogen (Dtn 34,10–12; Mal 3,22–24; 2Chr 36,22–23).

Ab dem 3. Jh. v. Chr. werden die hebräischen Schriften, beginnend mit der Tora, nach und nach ins Griechische übersetzt. Sie sollen auch den Juden in der Diaspora*, vor allem in Ägypten zugänglich sein, die das Hebräische nicht (mehr) beherrschen. Diese Übersetzung nennt man Septuaginta (LXX).[1] Da sie zusätzlich zu den Schriften des Tanach* einige religiöse Schriften aus dem griechischsprachigen Judentum aufgenommen hat, ist der griechische Kanon umfangreicher als der hebräische. Hinzu kommen die Bücher 3. Esra, Judit, Tobit, die Makkabäerbücher, Weisheit, Sirach, Psalmen Salomos, Baruch, Brief des Jeremia, Susanna, Bel und der Drache. Außerdem ändert die Septuaginta die Reihenfolge der einzelnen Schriften: Auf die Tora, die auch hier am Anfang steht, folgen jetzt die Bücher, die sich mit der Geschichte Gottes mit seinem Volk befassen, nämlich die Bücher Josua, Richter, Samuel und Könige, ergänzt durch 3. Esra, Judit, Tobit und die Makkabäerbücher, denen nun auch einige Bücher aus den „Schriften" zugeordnet werden (Rut, Chronik, Esra, Nehemia, Ester). Da die Propheten von der kommenden Welt Gottes sprechen, rücken sie ans Ende des griechischen Kanons; die Klagelieder und der Brief des Jeremia sowie Daniel, Susanna und Bel und der Drache werden ihnen zugeordnet. Die „großen Propheten" Jesaja, Jeremia und Hesekiel stehen am Ende.

Die Schriften des AT werden im NT ganz überwiegend nach der Septuaginta zitiert. Dies ist umso leichter möglich, als die Anordnung der Septuaginta mit den Propheten am Ende einen idealen Übergang zur christlichen Überzeugung bietet, dass nämlich in Jesus Christus die Verheißungen des Alten Testaments erfüllt sind. Die Septuaginta liefert (mit einigen Auslassungen) auch die Grundlage für die lateinischen Übersetzungen, zunächst der „Itala", dann auch der von Hieronymus am hebräischen Text überprüften „Vulgata". Im Konzil von Trient wird die Vulgata 1546 als kanonische Gestalt des christlich rezipierten AT festgeschrieben. Diese Kanonform des AT bildet die Grundlage der heutigen Einheitsübersetzung.

Die Reformation hat demgegenüber unter humanistischem Einfluss sowohl für das NT als auch das AT auf die jeweiligen Ursprachen zurückgegriffen. Beim AT wird dabei der hebräische Text und der im Vergleich zur Septuaginta geringere Umfang des Tanach* zugrunde gelegt. Da die Reformatoren das AT aber auf

---

[1]   Nach einer Erzählung des Aristeasbriefs sollen auf Initiative des Ptolemäerkönigs Ptolemaios II Philadelphos (285–246) je sechs Gelehrte aus jedem der zwölf Stämme Israels in Alexandria die Tora in wunderbarer Übereinstimmung ins Griechische übersetzt haben. Die Zahl 72 ist dann zu siebzig geworden und hat den griechischen Übersetzungen den Namen Septuaginta gegeben.

Christus hin lesen, behalten sie die Reihenfolge der at.lichen Bücher (mit einigen Umstellungen) bei, wie sie die Septuaginta* bietet, also mit den Propheten am Ende. Die gegenüber dem Tanach in der Septuaginta zusätzlich vorhandenen Schriften bezeichnet Luther als „Apokryphen", die der Heiligen Schrift nicht gleich, wohl aber gut und nützlich zu lesen seien. Dieser Kanon ist in den protestantischen Kirchen verbreitet.

Hebräische Bibel	Septuaginta (LXX)	Vulgata
Tora	Geschichtsbücher	Geschichtsbücher
Genesis	Genesis	Genesis
Exodus	Exodus	Exodus
Leviticus	Leviticus	Leviticus
Numeri	Numeri	Numeri
Deuteronomium	Deuteronomium	Deuteronomium
Propheten	Josua	Josua
Vordere Propheten	Richter	Richter
Josua	Rut	Rut
Richter	1.–4. Könige (= Sam + Kön)	1./2. Samuel
1./2. Samuel	1./2. Chronik	1./2. Könige
1./2. Könige	1. Esra	1./2. Chronik
Hintere Propheten	2. Esra (= Esr und Neh)	1./2. Esra (= Esr und Neh)
Jesaja	Ester	Tobit
Jeremia	Judit	Judit
Hesekiel	Tobit	Ester
Zwölfprophetenbuch	1./2. Makkabäer	
	3./4. Makkabäer	
Schriften	Poetische Bücher	Poetische Bücher
Psalmen	Psalmen (und Ps 161)	Hiob
Hiob	Oden (12 = Gebet Manasses)	Psalmen
Sprüche (Proverbien)	Sprüche	Sprüche
Rut	Prediger	Prediger
Hohes Lied (Canticum)	Hohes Lied	Hohes Lied
Prediger (Kohelet)	Hiob	Weisheit Salomos
Klagelieder (Threni)	Weisheit Salomos	Jesus Sirach
Ester	Jesus Sirach	
Daniel	Psalmen Salomos	
Esra / Nehemia	Propheten	Propheten
1./2. Chronik	Zwölf kleine Propheten	Jesaja
	Jesaja	Jeremia
	Jeremia	Klagelieder
	Baruch	Baruch (mit Brief Jeremias)
	Klagelieder	Hesekiel
	Brief Jeremias	Daniel (mit Susanna, Bel / Drache
	Hesekiel	Zwölf kleine Propheten
	Daniel	1./2. Makkabäer

	Susanna	Anhang
	Bel / Drache	Gebet Manasses
		3./4. Esra
		Ps 151

Die frühchristlichen Schriften greifen auf die Schriften des AT zurück und erschließen sich oft erst vor deren Hintergrund. Diese sind, auch wenn der Umfang des AT noch nicht endgültig feststeht, die Heilige Schrift des frühen Christentums. Während das AT aus sich heraus verständlich ist, lassen sich weite Teile des NT, beispielsweise die Bergpredigt Jesu, die Briefe des Paulus oder die Offenbarung, erst vor dem Hintergrund des AT nachvollziehen. Besonders eindrücklich ist dies bei Matthäus, der mit den sogenannten Erfüllungszitaten (auch Reflexionszitate genannt) den Zusammenhang zwischen den prophetischen Verheißungen und deren Erfüllung im Wirken und Geschick Jesu herausstellt (Mt 1,22f.; 2,5f.15.17; 3,3; 4,14 u. ö.). In Mt 13,52 ist sogar ausdrücklich von christlichen Schriftgelehrten die Rede; dies zeigt, dass das AT für das frühe Christentum einerseits unaufgebbar ist, andererseits aber von dem Offenbarungsgeschehen in Jesus Christus her neu gelesen und interpretiert wird. Von daher wird auch verständlich, dass diejenigen Texte des AT, die auf das künftige Handeln Gottes vorausweisen (vor allem Jesaja und die Psalmen) im NT besonders häufig erwähnt werden.

Auch die frühchristlichen Schriften entstehen als Einzelschriften, die allmählich gesammelt und zusammengestellt werden. Durch ihren Gebrauch im Gottesdienst wächst ihnen Verbindlichkeit zu. Da nicht alle Schriften überall in gleicher Weise akzeptiert sind (dies gilt vor allem für den Hebräerbrief und die Offenbarung), kommt es zu verschiedenen Sammlungen. Der Sichtungs- und Entscheidungsprozess wird erst im 4. Jh. durch den sogenannten Osterfestbrief des Athanasius 367 und die Synode von Hippo Regius 393 im Wesentlichen abgeschlossen. Im NT stimmt der Kanon in den Kirchen, von kleinen Umstellungen abgesehen (sie betreffen die Abfolge des Hebräer- und des Jakobsbriefs sowie der Petrus- und Johannesbriefe), überein.

14.2 Altes Testament – Erstes Testament – Hebräische Bibel?

In jüngerer Zeit ist vorgeschlagen worden, die Rede vom Alten Testament zugunsten anderer Bezeichnungen aufzugeben und stattdessen vom „Ersten Testament" oder von der „Hebräischen Bibel" zu sprechen. Damit soll der Eigenwert des AT verdeutlicht und die negative Konnotation des „Veralteten" abgewehrt werden. Die Wendung „Altes Testament", *palaià diathéke*, findet sich zum ersten Mal in 2Kor 3,14 und bezeichnet dort sowohl den Bund* zwischen Gott und Israel als auch die Tora als Bundesurkunde. Anders als der hebräische Begriff b^erit, der die Bedeutungselemente Zusage, (Selbst-)Verpflichtung und auch Sat-

zung enthält, geht es bei *diathéke* stärker um die (letztwillige) Verfügung. Dem
entspricht auch die lateinische Übersetzung *testamentum*, die in der deutschen
Wendung „Altes Testament" aufgegriffen ist. Das Missverständnis des Vergan-
genen und Veralteten liegt von hier aus nahe.
Die vorgeschlagenen Alternativbezeichnungen sind aber ihrerseits nicht un-
problematisch. Auch „Erstes und Zweites Testament" können im Sinne einer
Rangfolge oder der Ablösung des Ersten durch das Zweite Testament gelesen
werden; außerdem spricht Hebr 8,13, die einzige Stelle, an der die Wendung im
NT vorkommt, tatsächlich davon, dass die Kultordnung des AT veraltet sei.
Auch die Bezeichnung „Hebräische Bibel" trifft den Sachverhalt nicht wirklich.
Im jüdisch-christlichen Dialog kann sie sinnvoll sein, um den Eigenwert und die
genuin jüdische Herkunft der Schriften hervorzuheben. Wirklich zutreffend ist
sie gleichwohl nicht: Einige Teile des AT sind nicht in hebräischer, sondern in
aramäischer Sprache verfasst; eine „Hebräische Bibel" im Sinne eines festgelegten
Kanons jüdischer Schriften gibt es in der Entstehungszeit der nt.lichen Schriften
noch nicht; schließlich berücksichtigt die Wendung aus christlicher Perspektive
nicht, dass das NT die at.lichen Schriften überwiegend nach dem griechischen
Text der Septuaginta kennt und zitiert. Es empfiehlt sich von daher im Zusammenhang der christlichen Bibel bei der Bezeichnung „Altes Testament" zu bleiben und sie im Sinne von „ursprünglich" und „grundlegend" zu verstehen.
Spricht man dagegen allein vom AT als der jüdischen Heiligen Schrift, legt sich
die Bezeichnung Tanach* nahe.

14.3 Zum Aufbau des Neuen Testaments

Der Aufbau des NT präsentiert sich auf den ersten Blick als in sich stimmig und
folgerichtig: Die Evangelien erzählen von Jesus, von seiner Verkündigung, seinen
Taten und seinem Geschick. Sie schließen mit dem gewaltsamen Tod Jesu und
seiner Auferweckung, die den Anstoß zur Verkündigung Jesu als auferwecktem
Herrn und Christus gegeben haben. Die Apostelgeschichte berichtet im Anschluss daran, wie die ersten Gemeinden entstanden sind und die christliche
Mission weitere Kreise gezogen hat. Ab Apg 12 ist die Heidenmission im Blick,
die Paulus, ihren herausragenden Vertreter, bis nach Rom führt. Dass Paulus mit
den von ihm gegründeten Gemeinden in brieflichem Kontakt steht, zeigen im
Anschluss daran seine Briefe; hinzu kommen Briefe anderer wichtiger Christus-
zeugen (Petrus, Judas, Timotheus, Titus). Den Abschluss bildet die Johannesoffenbarung mit ihrem Ausblick auf zukünftige Ereignisse und das Kommen der
Gottesherrschaft.
Dieser Aufbau spiegelt allerdings nicht die Entstehung der nt.lichen Schriften.
Die ältesten christlichen Zeugnisse sind die Paulusbriefe. Sie sind zwischen 50
und 56 geschrieben worden. In ihrem Zentrum stehen Tod und Auferweckung;

von hier aus entwickelt Paulus seine theologischen Überlegungen, während der
irdische Jesus (Jesus „dem Fleisch nach") nur eine untergeordnete Rolle spielt.
Das ist bei den Evangelien anders. Zwar sind auch für sie Tod und Auferweckung
Jesu zentral wichtig. Anders als Paulus fragen sie aber nach dem Leben des irdischen Jesus vor seiner Auferweckung zurück. Sie sammeln (zwischen 70 und ca.
95) Worte und Erzählungen Jesu und stellen sie – mit jeweils eigenen Akzentset-
zungen – zusammen.[2]

Dieser Blick auf die Entstehung und Zusammenstellung dieser Schriften führt zu
einer wichtigen Erkenntnis: Alle Texte des NT sind „im Rückblick" geschrieben:
Sie setzen die Auferweckung Jesu voraus. Auch wenn die Evangelien von der
Verkündigung und den Taten des irdischen Jesus erzählen, tun sie das unter der
Prämisse, dass Jesus an Ostern von den Toten auferweckt worden ist. Deshalb
können sie diese Überzeugung schon in die vorösterlichen Erzählungen hinein
schreiben. Wenn Jesus in den Evangelien Christus, Herr oder Gottessohn genannt wird, handelt es sich deshalb nicht um Bezeichnungen bereits des irdischen Jesus; sie sind ihm erst nach der Auferweckung und dann in einer längeren
Entwicklung allmählich beigelegt worden. Im Rückblick haben die frühen
Christen die Hoheit Jesu aber schon in seinem irdischen Leben wahrgenommen
und die Geschichten von ihm entsprechend erzählt – als „Jesus-Christus-Geschichte".[3]

Die historische Forschung fragt demgegenüber danach, was über den Menschen
Jesus vor der Auferweckung gesagt werden kann.[4] Dazu muss man die Evangelien gewissermaßen „gegen den Strich" lesen; sie wollen ja nicht in erster Linie
historische Informationen vermitteln. Wenn man sie aber daraufhin befragt,
geben sie auch historische Informationen preis, die man zu einem plausiblen Bild
des irdischen Jesus verknüpfen kann. Dieser Irdische[5] ist nicht mit dem „wirklichen" Jesus zu verwechseln. Wirklichkeit ist keineswegs unstrittig und objektiv
vorhanden, sodass die Aufgabe nur wäre, sie möglichst exakt zu beschreiben.
Wirklichkeit ist immer ein Ineinander von Vorhandenem und zugeschriebenen
Bedeutungen. Den „wirklichen" Jesus auf die historisch beschreibbare Gestalt zu
reduzieren wird der komplexen Wirklichkeit Jesu nicht gerecht. Für die Menschen, die Jesus nachgefolgt sind, war Jesus „wirklich" der Messias, der Herr, der
Gottessohn. Diese Wirklichkeit war für sie so bestimmend, dass – wie bei Paulus
– die historische Gestalt dabei in den Hintergrund treten konnte. Die Frage, wer
Jesus „wirklich" war, ist deshalb so lange falsch gestellt, wie man mit ihr letzte
Objektivität verbindet. Die historische Rückfrage ist damit aber keineswegs unwichtig. Sie ist nötig, um die vielen Jesusbilder, die oft mehr über ihre Autoren

---

2   Vgl. unten, 147–150.
3   Dieser Begriff wurde von dem Neutestamentler Eckart Reinmuth zuerst verwendet.
4   Vgl. unten, 157–159.
5   Oft spricht man vom „historischen Jesus". Weil das Wort aber Objektivität suggeriert, verwendet
     man sachgemäßer die Bezeichnung irdischer Jesus.

als über Jesus sagen, an die historische Gestalt zurück zu binden und von ihr aus zu befragen. Sie ermöglicht zudem viele Einblicke in Zeit und Umwelt des NT, ohne die viele Details und theologische Aussagen unverständlich blieben.

Literatur zum Weiterlesen
Hahn: Theologie des Neuen Testaments II, 38–44
Zenger: Das Erste Testament

15. „Vater Unser im Himmel" (Mt 6,9)

Das Vater Unser ist das Gebet der Christenheit; in jedem Gottesdienst wird es gesprochen, bei jeder Taufe, jeder kirchlichen Hochzeit und Bestattung. Und im Glaubensbekenntnis heißt es: „Ich glaube an Gott, den Vater ..." Von der Psychoanalyse bis zur feministischen Theologie reicht aber auch die Kritik an einem einseitig männlich dominierten Vaterbild Gottes, und in der Soziologie und Psychologie wird das Problem der „abwesenden Väter" breit diskutiert. In diesem Kapitel geht es darum,
- das Vater Unser in seiner nt.lichen Fassung zu betrachten
- und in den Kontext der Bergpredigt einzuordnen;
- die Vorstellung von Gott als Vater Jesu und der Glaubenden darzulegen;
- einen knappen Überblick über die Evangelien
- und Anregungen zum Umgang mit dem Gebet im Unterricht zu geben.

15.1 Zwei Fassungen

Das Vater Unser ist das Gebet, das Jesus seine Jünger gelehrt hat. Es findet sich in zwei Fassungen in Mt 6,6–9 und Lk 11,2–4.

Mt 6,9–13 Unser Vater im Himmel! Dein Name werde geheiligt. 10 Dein Reich komme. Dein Wille geschehe wie im Himmel so auf Erden. 11 Unser tägliches Brot gib uns heute. 12 Und vergib uns unsere Schuld, wie auch wir vergeben unsern Schuldigern. 13 Und führe uns nicht in Versuchung, sondern erlöse uns von dem Bösen.	Lk 11,2–4 Vater! Dein Name werde geheiligt. Dein Reich komme. 3 Unser tägliches Brot gib uns Tag für Tag 4 und vergib uns unsre Sünden; denn auch wir vergeben allen, die an uns schuldig werden. Und führe uns nicht in Versuchung.

Der geläufige Abschluss des Gebets findet sich erst in einer frühchristlichen Schrift aus dem 2. Jh., der Didache (8,2): „Denn dein ist das Reich und die Kraft und die Herrlichkeit in Ewigkeit." Dieser spätere lobende Zusatz (Doxologie) weist darauf hin, dass das Gebet schon früh im christlichen Gottesdienst seinen Platz hatte (vgl. auch Did 9,4; 10,5).

Das Vater Unser geht vermutlich auf eine aramäische Urfassung zurück. Dafür sprechen vor allem drei Gründe: Hinter der Vater-Anrede bei Lukas steht das aramäische *abba*; das griechische Wort für „Schulden" (*opheilema* bezieht sich auf Geldschulden) lässt das aramäische *tobā* zu erkennen, das sich gleichermaßen auf geschuldetes Geld und Sünden bezieht; schließlich ist das jüdische Kaddisch-gebet, auf das das sich Vater Unser vor allem mit den beiden ersten Bitten be-zieht, ebenfalls ursprünglich aramäisch überliefert. In seiner aramäischen Fas-sung geht das Vater Unser auf Jesus zurück. Matthäus und Lukas haben es aber bereits in einer griechischen Fassung gekannt. Die meisten Exegeten/innen ge-hen davon aus, dass die Fünfzahl der Bitten bei Lk ursprünglich ist. Matthäus stellt eine gegenüber Lukas bereits erweiterte Fassung des Gebets dar, die in der Didache noch durch die Schlussdoxologie ergänzt worden ist.

Die ursprüngliche Gottesanrede ist bei Lukas überliefert und lautet nur „Vater". Das dahinter stehende aramäische *abba* dient als respektvolle Anrede des Vaters oder des älteren Mannes. In jüdischen Texten wird Gott bisweilen als Vater be-zeichnet, so in Jes 63,7–64,11 (vor allem 63,16; 64,7 „Du bist doch unser Vater"), Weish 2,16 und in Qumran 1QH 9,35f.; im Achtzehnbittengebet 4–6 findet sich die Anrede „unser Vater". Die Vateranrede im Vater Unser ist also nicht völlig singulär. Dass Jesus sie aber als eine für ihn charakteristische Anrede Gottes verwendet hat, ist aus zwei Gründen wahrscheinlich. Neben dem Vater Unser wird sie Jesus auch in der Gethsemane-Perikope zugeschrieben (Mk 14,36); und in einem anderen literarischen Zusammenhang, der paulinischen Vorstellung der Gotteskindschaft, hat sie sich als Fremdwort im griechischen Kontext erhal-ten (Röm 8,15; Gal 4,6). Offenbar haben die frühen Christen in dieser Gottes-anrede Jesu etwas Besonderes gesehen und sich in ihrer eigenen Gebetspraxis daran orientiert.

Matthäus kennt gegenüber Lukas eine ausführlichere Formulierung „unser Va-ter, der in den Himmeln (ist)". „In den Himmeln" verweist auf den Unterschied zu irdischen Vätern und bringt einen Herrschaftsaspekt mit ein; der als Vater angesprochene Gott ist zugleich der Herr der Welt. Beide Aspekte sind wichtig: Gott ist der Herr im Himmel, dessen Fußschemel die Erde ist (Mt 5,34f.), der aber nahbar ist und sich als Vater ansprechen lässt. Das Possessivpronomen „unser" schließt den einzelnen Beter mit der ganzen Gemeinde zusammen.

Bei Matthäus weist das Vater Unser drei Bitten auf, die auf Gott, seine Herrschaft und die Durchsetzung seines Willens bezogen sind, sowie drei weitere Bitten, die die Menschen, ihre Bedürfnisse und Verstrickungen im Blick haben. Die letzte Bitte („und führe uns nicht in Versuchung, sondern erlöse uns von dem Bösen") wird häufig in zwei Bitten aufgeteilt, sodass von den sieben Bitten des Gebets die Rede ist. Die drei ersten Bitten sind tief in at.lich-jüdischer Tradition verwurzelt. „Der Name" steht als Synonym für Jahwe (vgl. Ps 103,1).[1] Die Erwartung der Gottesherrschaft ist in nachexilischer Zeit immer stärker auf die Zukunft und schließlich in die Endzeit verlagert worden (Sach 14,9; Jes 24,21–23). Wenn Gott seine Herrschaft über die ganze Welt sichtbar antritt, wird sich sein Wille durch-setzen. Dies soll aber auch in der Gegenwart schon geschehen, wie die folgenden

---

[1] Vgl. oben, 44.

„Wir-Bitten" zeigen: die Bitte um Brot ist ausdrücklich auf das „heute" bezogen; die Vergebung der Schuld ist mit der eigenen Bereitschaft zum Vergeben verknüpft, und die Versuchungsbitte kann man auf die Bedrängnisse der Endzeit ebenso beziehen wie auf Versuchungen alltäglicher Art. Diese Verschränkung von Zukunft und Gegenwart ist für das Gebet Jesu charakteristisch; sie ordnet das alltägliche Leben in den weiten Horizont der kommenden Gottesherrschaft ein.

15.2 Kontexte

Das Vater Unser steht nicht isoliert in der Bergpredigt, sondern weist enge Verbindungen zum Kontext auf. Die Brotbitte liest sich wie ein Beispiel für den Satz in 6,8 „Euer Vater weiß, was ihr braucht, bevor ihr ihn bittet", und die Bitte um Vergebung findet eine Bestätigung und Erläuterung in 6,14f. Mehr noch: Das Vater Unser bildet formal und inhaltlich das Zentrum der Bergpredigt. Die Rede ist konzentrisch aufgebaut: Situation und Reaktion der Menschen rahmen sie ein (5,1f.; 7,28f.). Ein eröffnender (5,3–12.13–15) und ein abschließender Abschnitt (7,13–20.24–27) korrespondieren einander und sind auf die Gottesherrschaft bezogen. In 5,17–20 und 7,12 findet sich je ein grundlegendes Wort, das mit einem Hinweis auf „das Gesetz und die Propheten" verbunden ist. 5,21–7,11 kann man als den zentralen Teil der Bergpredigt bezeichnen, der wiederum einen konzentrischen Aufbau erkennen lässt. Die Antithesen (5,21–48) und die Mahnungen im Blick auf Besitz, Richten und Bitten (6,19–7,11) rahmen den mittleren Abschnitt ein, in dem es um konkrete Äußerungen der Frömmigkeit geht, um Almosen, Beten und Fasten (6,1–18). Ganz im Zentrum steht das Vater Unser (6,9–13).
In der Bergpredigt hat Matthäus Jesusworte zusammengestellt, die teilweise auch bei Lukas in der sogenannten Feldrede Lk 6 zu finden sind. Beide Evangelisten kennen aus ihrer Tradition eine Reihe von Jesusworten, die bereits in der Spruchquelle Q zusammen überliefert waren.[2] Darüber hinaus hat Matthäus das theologische Interesse, Jesus als den darzustellen, der seine Lehre in großen Reden zusammenfasst (Mt 5–7; 10; 13; 18; 23–25). Er hat deshalb die Sammlung von Jesusworten aus der Spruchquelle mit anderen Worten ergänzt und auf diese Weise die Bergpredigt geschaffen.
Jesus selbst hat kein ethisches System entwickelt, sondern in konkreten Situationen Verhaltensregeln formuliert; diese Regeln wurden weiter tradiert, schließlich von Matthäus aufgegriffen und zusammengeführt. Ihm geht es darum, wie sich die Gemeinde angesichts der kommenden Gottesherrschaft verhalten soll. Dabei wird die Bitte des Vater Unsers, dass Gott die Schuld vergeben möge (Mt 6,12),

---

[2]   Vgl. hierzu den Exkurs zu den Evangelien in diesem Kapitel.

zur Regel für das Verhalten der Gemeinde. Die Vergebung soll sich in ihrem
konkreten Verhalten widerspiegeln. Die Vateranrede und die Bitte um das
Kommen der Gottesherrschaft dienen faktisch als Begründung der ethischen
Forderungen der Bergpredigt, die nur von hier aus in ihrer grandiosen Einseitigkeit (vgl. die sogenannten Antithesen Mt 5,21–48) nachvollziehbar sind.

15.3 Gott der Vater

Die Vateranrede in Mt 6,9 ist eingebettet in andere Vater-Bezeichnungen Gottes:
In 6,1 ist von „eurem Vater im Himmel" die Rede, in 6,14f. von „eurem Vater",
in 6,4.6.18 von „deinem Vater". Die Gebetsanrede steht im Zentrum eines Gottesverständnisses, das sich grundlegend als Beziehung zum Vater versteht. Im
NT wird Vater zur grundlegend wichtigen Bezeichnung für Gott.
Im AT macht die Vaterbenennung Gottes keine naturhaft-biologische Aussage,
sondern verweist auf seine Liebe, Fürsorge, Erziehung und Autorität. Der Vater
steht in einer engen Beziehung zu den Kindern. Von Gotteskindschaft ist vor
allem in drei Bereichen die Rede: Der erwählte König wird als „Gottes Sohn"
angesprochen (Ps 2,7); zum anderen spricht Gott von dem Volk insgesamt als
von seinem Sohn bzw. seinen Söhnen (Ex 4,22f.; Dtn 14,1; Jer 31,9.20; Hos 11,1);
Gerechte und Weise (Sir 4,10f.; Weish 2,19), aber auch Arme (Ps 68,6; 103,13)
können ebenfalls als „Söhne Gottes" bezeichnet werden. So wird die Rede von
den „Kindern Gottes" auf Gruppen innerhalb Israels oder auf Einzelne übertragen und damit jeweils eine besonders enge Verbundenheit mit Gott zum Ausdruck gebracht. In Jes 43,6; Jub 1,24f.; Test Jud 24,3; Ps Sal 17,27; Weish 5,5
kommt die Gotteskindschaft als eschatologisches Gut in den Blick.
Vor diesem Hintergrund eröffnet die Bezeichnung Gottes als Vater eine bezie-
hungsreiche Bildwelt. In der biblischen Tradition lassen sich dabei folgende
Aspekte erkennen: Der Vater ist die geachtete Autoritätsperson; ihm werden von
den Kindern Ehrerbietung und Gehorsam entgegengebracht (vgl. Gen 37,10; Ex
20,12; Dtn 21,18ff.; Spr 30,17; Mt 19,19; 21,28–31; Lk 15,18f.). Der Vater sorgt für
seine Kinder, ernährt und beschützt sie und fühlt sich mit ihnen verbunden;
umgekehrt haben die Kinder, besonders die Söhne, die Verpflichtung, Vater und
Mutter zu ehren und für sie zu sorgen (1Sam 10,1; Ex 20,12; Dtn 5,16; Mk 10,19;
Mt 7,9f.; Lk 11,11–13). Der Besitz des Vaters geht auf den Sohn über; Sohn zu
sein heißt zugleich Erbe zu sein (Mt 21,38; Lk 15,31; Gal 4,7). Der Vater erzieht
den Sohn und führt ihn vor allem in die Tora ein; indem der Sohn die Tora selbständig zu achten beginnt, stellt er sich in die väterliche Tradition (Jubiläen 8,2;
Eph 6,4; Hebr 13,7).
Die Anrede Gottes als Vater bei Jesus spielt auf diese Vorstellungswelt an und
prägt ihrerseits die nt.lichen Schriften in starkem Maß. Zusammen mit seinem
Auftrag, Gott als Vater anzusprechen, ist sie ein grundlegender Impuls dafür,

dass die Vorstellung von Gott als Vater im frühen Christentum breiten Raum eingenommen hat. Die Gnadenwünsche in den Briefeingängen der paulinischen Briefe (Röm 1,7; 1Kor 1,3; 2Kor 1,2; Gal 1,3; Phil 1,2; 1Thess 1,3) zeigen, dass diese Gottesbezeichnung schon früh als bedeutsam angesehen wurde. Die Anrufung Gottes als Vater im Gottesdienst (Röm 8,15; Gal 4,6) weist die Glaubenden als Kinder Gottes aus, die den Geist der Kindschaft empfangen haben. Im Gebet wird in Dank oder Klage, in Fürbitte oder Bitte das eigene Leben zu Gott in Beziehung gesetzt.

Jesus wendet er sich an keiner Stelle gemeinsam mit seinen Jüngern an ‚unseren Vater'. Zwischen ‚mein Vater' bei Jesus und ‚euer bzw. unser Vater' im Munde der Jünger wird in den frühchristlichen Schriften offenbar ein Unterschied empfunden. Nach Matthäus ist es ja Jesus als der „Sohn Gottes" (vgl. Mt 1,21; 2,15; 3,17 u. ö.), der seine Jünger lehrt, Gott Vater zu nennen (Mt 6,9).[3] Indem die Jünger diese Gottesanrede Jesu weitergeben, geben sie ihr zugleich eine an Jesus und seinem Verhalten orientierte Zuspitzung. Wenn deshalb in Mt 5,9 die „Söhne Gottes" Friedensstifter genannt werden, dann geschieht dies in Aufnahme dessen, was die frühen Christen an Jesus gesehen und verstanden haben.

In besonderer Weise ist bei Johannes von Gott als Vater und Jesus als Sohn die Rede. Jesus spricht mehrfach im Rahmen von Auseinandersetzungen mit „den Juden" von Gott als Vater (vgl. 5,18; 6,32; 8,18f.), er verwendet auch die Gebetsanrede (11,41; 12,27; 17,1), und dementsprechend oft ist von Jesus als dem Sohn die Rede; Selbstaussagen Jesu als „Sohn" finden sich im ganzen Evangelium (vgl. 1,18; 3,16f.35f.; 5,19–26; 6,40; 8,35f.; 14,13; 17,1). Charakteristisch ist der Abschnitt 5,18–23: Der Sohn tut nichts von sich aus, sondern das, was er den Vater tun sieht (V. 19); der Vater liebt den Sohn und zeigt ihm alles, was er tut (V. 20); er wird ihm auch noch größere Werke zeigen (V. 20), und zwar die Auferweckung von den Toten (V. 21) und das Gericht, das der Vater dem Sohn übergeben hat (V. 22) mit dem Ziel, dass alle den Sohn wie den Vater ehren (V. 23). Mehrfach ist die Rede davon, dass der Vater den Sohn gesandt hat (5,37; 6,44; 8,16.18; 12,49; 14,24.26). In seiner Sendung ist alles umschlossen, was Jesus von Gott empfangen hat (vgl. 4,34; 5,26.36; 13,3; 17,4.8). Deshalb sieht, wer den Sohn sieht, zugleich den Vater. Die „Spitzenaussage" findet sich in 10,30: „Ich und der Vater sind eins." Das Vater-Sohn-Verhältnis ist ein Schlüssel zum Verständnis des johanneischen Jesus.

Paulus stellt die Vorstellung von den „Kindern Gottes" in den Rahmen der Beziehung zwischen irdischen Vätern und ihren Kindern. Röm 8,14–17 knüpft ein ganzes Netz von Aussagen. „Kindschaft" ist ein im hellenistischen Bereich bekannter Begriff für die Adoption; mit der Einsetzung in die Kindschaft ist zugleich das Erbe verbunden; rechtliche Aspekte stehen hier also im Vordergrund. Indem Gott Vater genannt wird, können die Glaubenden sich selbst als Kinder

---

[3]   Vgl. oben, 142f.

und Erben ansehen. Der Rahmen der Vater-Kind-Beziehung verschafft der Gottesbeziehung einen konkreten Erfahrungshorizont, und so können die Glaubenden zu Gott Vater, abba, sagen (8,15).

15.4 Exkurs: Die Evangelien

Jesus ist in den Evangelien die zentrale Gestalt. Seine Taten und Worte werden zwischen Geburt (Mt, Lk), Taufe (Mk) oder seiner Präexistenz bei Gott (Joh) und Tod und Auferstehung (bzw. Himmelfahrt) eingeordnet. Insofern haben die Evangelien ein gewisses biographisches Interesse. Allerdings geht es ihnen nicht um eine detaillierte Darstellung des Lebens Jesu. Sie beschreiben Ereignisse daraus vielmehr in einer Weise, die ihre Bedeutung für die eigene Gegenwart erkennen lässt. Sie erzählen von Verkündigung und Handeln Jesu während seiner irdischen Wirksamkeit im Rückblick, von ihrem Standpunkt nach der Auferstehung aus und setzen diese von Anfang an voraus. Jesus ist deshalb für sie nicht lediglich eine Gestalt der Vergangenheit, sondern der gegenwärtige Herr. Was er während seiner irdischen Existenz sagte und tat, hat für die Gemeinde der „heute" Glaubenden grundlegende Bedeutung (vgl. Lk 2,11; 4,21; 5,26). Diese Verknüpfung der Zeiten und die damit verbundene Aktualisierung ist charakteristisch für die Erzählweise der Evangelien.

Die drei ersten Evangelien bezeichnet man als Synoptiker. Der Begriff beruht auf der Beobachtung, dass Matthäus, Markus und Lukas im Blick auf Inhalt und Anordnung große Ähnlichkeiten und eine „gemeinsame Sicht (gr. syn-opsis) aufweisen. Allerdings setzen sie auch je eigene Akzente, Matthäus etwa mit den großen Reden Jesu oder Lukas mit seinen Gleichnissen vom Verlorenen. Jeder der drei Synoptiker erweist sich als eigenständiger Autor. Allerdings muss man berücksichtigen, dass die Evangelien ursprünglich anonym überliefert sind. Nirgendwo in den Texten finden sich die Namen ihrer Verfasser. Erst ab dem zweiten Jahrhundert sind sie als Evangelium nach Matthäus, Markus und Lukas bezeichnet worden. Obwohl die Evangelisten individuelle Züge erkennen lassen, treten sie nicht als Schriftstellerpersönlichkeiten in den Vordergrund.

Das Markusevangelium ist das älteste Evangelium. Es greift noch ältere Quellen auf (z. B. die Passionsgeschichte), stellt nun aber die Wirksamkeit Jesu in einem großen Rahmen von der Taufe bis zur Auferstehung dar. Dabei bleiben ganze Lebensphasen, die Kindheit und die Jugend Jesu, unerwähnt, während die Kapitel 11–15 die Ereignisse einer einzigen Woche zusammenfassen. Offensichtlich findet sich in dieser Woche auf besondere Weise das verdichtet, was dem Evangelisten und seiner Gemeinde an Jesus wichtig ist. Auch in den ersten Kapiteln heben einzelne Geschichten Bedeutsames hervor, Jesu Verkündigung und Wirken in Schlaglichtern gewissermaßen, aber ohne eine wirklich stringente zeitliche Anordnung; mehrfach finden sich zusammenfassende Äußerungen (z. B. 1,32–34.39; 6,12), in denen die Einzelerzählungen verbreitert werden. Vergangenheit,

Gegenwart und Zukunft werden miteinander verschränkt. Diese Verschränkung zeigt sich im Markusevangelium auf verschiedene Weise. Das Werk setzt ein mit der Erinnerung an den „Anfang des Evangeliums von Jesus Christus" (1,1) und schließt mit einer Aufforderung an die Frauen und die Jünger, zu erzählen, was sie gesehen haben (16,7).[4] Was Jesus vier Jüngern auf dem Ölberg eröffnet (13,3), gilt am Ende seiner Rede „allen" (13,37). Auch die Auseinandersetzung um die Frage von Reinheit und Unreinheit in 7,1–23 geht über die konkrete Situation hinaus (V. 14): „Hört mir alle zu und begreift's!" Mit diesen Hinweisen wird ein Kommunikationsprozess in Gang gesetzt zwischen dem erzählenden Werk und seinen Leser/-innen. Wer das Evangelium liest, soll selbst eine Beziehung zum Erzählten aufnehmen.

Matthäus und Lukas setzen das Markusevangelium voraus. Sie verwenden für ihre Darstellung der Jesus-Christus-Geschichte auch noch eine weitere Quelle, in der Aussprüche Jesu gesammelt sind. Man bezeichnet sie deshalb als Spruch- oder Logienquelle (Q). Vermutlich hat sie in verschiedenen Fassungen existiert. Außerdem verwenden beide Evangelien noch je eigene Quellen, die man als Sondergut bezeichnet (bei Matthäus z. B. 20,1–16, bei Lukas z. B. 10,30–37; 15,11–32).

Im Matthäusevangelium ergeben die fünf großen Reden Jesu ein Grundgerüst für die Gliederung: Bergpredigt (5–7), Aussendungsrede (10), Gleichnisrede (13), Gemeinderede (18), Rede gegen die Pharisäer und von den letzten Dingen (23–25). Ein anderes Gliederungselement sind Inklusionen, vor allem die in 1,23.25 (Immanuel – Gott mit uns) und 28,20 („Ich bin bei euch alle Tage"). Unterabschnitte sind wiederholt in Form einer Ringkomposition gestaltet (vgl. die Bergpredigt mit dem „Unser Vater" als Zentrum 6,9ff.). So zeigt sich im gesamten Evangelium eine ausgeprägte kompositorische Absicht. Matthäus fügt die Geschichte Jesu in einen Zusammenhang ein, der sich vom AT her als Geschichte Gottes mit den Menschen darstellt. Erfüllungszitate (1,22f.; 2,15.17f.23; 4,14–16; 8,17; 12,18–21; 13,35; 21,4f.; 27,9) weisen darauf hin, dass sich in der Geschichte Jesu die Weissagungen des AT erfüllen. Auch die theologischen Grundlinien des Evangeliums können vom AT her entschlüsselt werden. Das gilt besonders für die Stellung Jesu zum Gesetz. Die Antithesen der Bergpredigt mit ihrem „ich aber sage euch …" (5,18–48) sind keine Abkehr vom Gesetz, sondern fragen nach dessen Intention: Versöhnung und Liebe sind es, auf die das Gesetz zielt. Es leitet zu einem Handeln an, das sich an der Intention der göttlichen Weisungen orientiert, so wie Jesus sie zum Ausdruck gebracht hat. Die judenchristliche Verwurzelung des Evangeliums ist nicht zu übersehen, die Öffnung für die Heiden aber auch nicht: Am Ende sendet der Auferstandene seine Jünger programmatisch zu allen Völkern (28,19f.).

---

[4]   Das Markusevangelium endet ursprünglich mit 16,8; der Abschnitt 16,9–20 ist später hinzugefügt worden, weil man das Ende („und sie fürchteten sich sehr") als unpassend ansah.

In 1,1–4 stellt der Verfasser des Lukasevangeliums (und der Apg) in einem Vorwort die Absicht seines Werkes vor. Er verweist auf diejenigen, die bereits vor ihm von den Dingen, „die unter uns geschehen sind", berichteten, auf seine eigene Erkundung dieser Ereignisse und die angemessene Ordnung, in der er sie darstellt. Auf diese Weise stellt er sich als Geschichtsschreiber vor (vgl. 1,5; 2,1f.; 3,1f.23). Er will den sicheren Grund des christlichen Glaubens vorstellen und so der Verkündigung dienen. Auch Lukas geht es nicht um eine lückenlose Darstellung der Ereignisse, sondern um ihre Verdichtung in Episoden. So haben z. B. die „Antrittspredigt Jesu" (4,16–30) und die Erzählung von den Emmausjüngern (24,13–32) grundlegende Bedeutung für das gesamte Doppelwerk.

Eine erste Phase der Wirksamkeit Jesu beginnt nach der Versuchung in Galiläa (4,14). Ab 9,51 ist das Evangelium ganz auf Jerusalem und damit auf Kreuzigung, Auferstehung und Himmelfahrt hin orientiert. In der Apostelgeschichte wird die Botschaft von Jerusalem aus bis an die Enden der Welt getragen (Apg 1,8). Die besondere Stellung von Jerusalem wird in dieser Komposition gut sichtbar. In zeitlicher Hinsicht ist 16,16 bedeutsam. Bis zu Johannes reichen das Gesetz und die Propheten, danach nimmt die Verkündigung vom Gottesreich ihren Lauf. Die unterschiedlichen Zeiten verweisen aufeinander: Was im Gesetz, den Propheten und den Psalmen geschrieben steht, findet in der Zeit Jesu seine Erfüllung (24,44–46), und in der Abschiedsrede werden die Jünger beauftragt, von Jerusalem aus Jesu Zeugen zu sein (47f.). Dazu brauchen sie den ständigen Rückbezug zur Jesuszeit. Der Himmelfahrtserzählung kommt eine Verbindungsfunktion zwischen der Zeit Jesu und der weitergehenden Verkündigung der Kirche zu (Lk 24,50–53; Apg 1,6–11). Auch das Wirken des Heiligen Geistes verbindet die Zeiten: Jesus selbst ist vom Geist geleitet (1,35; 3,22; 4,18), und die Geisttaufe, die der Täufer in 3,16 ankündigt, wird in Apg 1,8 aufgenommen und bewahrheitet sich im Pfingstereignis. Diese heilsgeschichtliche Konzeption ist geprägt durch die kontinuierliche Zuwendung Gottes zu den Menschen. Dabei legt Lk besonderes Gewicht auf die Zuwendung zu den Benachteiligten (8,3; 10,38–42; 15,11ff.; 18,9ff. u. ö.). Eine Ankündigung der Zuwendung Gottes zu den Armen findet sich schon im Loblied der Maria (1,52f.).

Im Vergleich mit den Synoptikern weist das Johannesevangelium inhaltlich und formal Eigentümlichkeiten auf. Der Aufbau unterscheidet sich unter anderem dadurch, dass Jesus mehrfach zu den Wallfahrtsfesten nach Jerusalem zieht. Etliche synoptische Episoden fehlen, andere Erzählungen sind nur bei Johannes zu finden, wieder andere kommen zwar gemeinsam, jedoch an verschiedenen Stellen vor. Im Zentrum des Johannesevangeliums steht Jesus als der Sohn, der vom Vater gesandt ist und ihn offenbart (1,18). Das Evangelium setzt ein mit einem Prolog (1,1–18), in dem das Wesen und das Kommen Jesu in die Welt in hymnischer Sprache beschrieben werden. Damit ist der erste Hauptteil vorgezeichnet: Jesus offenbart den Vater in der Welt. Er tut dies in „Zeichen" (z. B. 2,1–11), Gesprächen (Joh 3f.) und Reden. Die Wunder Jesu werden „Zeichen"

genannt: Wenn man sie nur als aus dem Üblichen herausragende Ereignisse sieht
(z. B. das Brotwunder in Joh 6), versteht man Jesus letztlich nicht; als Zeichen
verweisen die Wunder vielmehr darauf, dass Jesus von Gott kommt (6,15.26). In
der Begegnung mit Jesus entscheidet sich deshalb auch das Schicksal der Menschen (3,16–18; 12,44–50) – und zwar schon in der Gegenwart: Wer an den Sohn
glaubt, der hat schon das ewige Leben (3,36), wer aber nicht glaubt, der ist schon
gerichtet (3,18).

Auch die Abschiedsreden Joh 13–17 stellen eine johanneische Besonderheit dar.
Mit 13,1 beginnt Jesu Weg zurück zum Vater. Adressaten des Handelns (13,1–
20) und Redens Jesu (13,21–17,26) sind nun die Jünger. Ihnen wird, nach Jesu
Weggang zum Vater, ein Tröster (der Paraklet*)[5] verheißen, der sie in alle Wahrheit führen wird (15,26; 16,13). In der eigentlichen Passionserzählung (18–19)
wird Jesus als der dargestellt, der das Geschehen selbst hoheitsvoll bestimmt
(18,4; 19,28). Kreuzigung und Erhöhung versteht Johannes als ein und denselben
Vorgang (19,30; 20,17), am Kreuz kehrt Jesus zu Gott zurück und kann deshalb
sagen „Es ist vollbracht" (19,30). Nicht zuletzt an den letzten Worten Jesu am
Kreuz zeigt sich die jeweilige Konzeption der vier Evangelien.

15.5 Anregungen für den Unterricht

1) Die Volxbibel übersetzt das Vater Unser folgendermaßen[6]:
Mt 6,9 „Jetzt mal ein Paradebeispiel, wie ihr beten könnt: ‚Hey, Papa aus dem
Himmel! Es geht darum, dass du und dein Name in dieser Welt ganz groß raus-
kommen! 10 Du sollst hier das Sagen haben, auf der Erde genauso, wie es da
oben im Himmel ja schon immer der Fall war. 11 Hey, versorg uns doch bitte mit
allem, was wir heute so zum Leben brauchen! 12 Und verzeih uns die Sachen, wo
wir mal wieder Mist gebaut haben. Wir verzeihen auch denen, die bei uns was
verbockt haben. 13 Pass auf, damit wir nicht irgendwelchen schlechten Gedanken nachgeben und dir untreu werden. Führe uns nicht in Situationen, wo wir
Fehler machen könnten. Rette uns, wenn uns das Böse angreift! So passt es
[Amen]!'"

Ist „Papa aus dem Himmel" eine angemessene Übertragung? Entspricht sie der
Vateranrede Gottes, wie sie im NT vorgetragen wird? Was verbinden Kinder und
Jugendlich mit der Vateranrede? Wo würden sie selbst anders formulieren?

2) Es gibt eine ganze Reihe von Paraphrasierungen und Persiflagen zum Vater
Unser. Auch auf Konzertbühnen ist das Vater Unser zu hören. Qualität und
Aussageabsicht der Stücke sind sehr unterschiedlich. Zwei Beispiele können dies
verdeutlichen:

---

[5]   Vgl. unten, 186f.
[6]   wiki.volxbibel.com/Matth%C3%A4us_6, am 15.2.2014.

Der Refrain von Hanne Hallers Lied aus dem Jahr 2004 gibt den Text des Vater Unsers wieder, die erste Strophe lautet: „Manchmal denk ich, die Himmel schweigen. Wenn wir uns vor dem Geld, dem König der Welt, verneigen. Doch die Himmel haben ihren eigenen Sound. Nur in der Stille, in deinem Herzen, werden sie laut. Und plötzlich seh'n, mit Kinderaugen. Es fällt mir leicht, unendlich leicht, wieder zu glauben."[7]

Ganz anders das Vater Unser der deutschen Band „Oomph"[8]: Auf ein Intro mit dem Gebet folgt die Strophe: „Ich geb' euch Liebe. Ich geb' euch Hoffnung. Doch nur zum Schein, denn die Massen wollen betrogen sein! Gott ist ein Popstar! Und die Show geht los. Gott ist ein Popstar! Der Applaus ist groß. Gott ist ein Popstar! Ihm gehört die Welt. Gott ist ein Popstar! Bis der Vorhang fällt." Die Wiederholung des Gebets wird dann zur Persiflage: „Vater Unser im Himmel, geheiligt werde die Lüge."

Die zentralen Elemente des Gebets (Horizont der Gottesherrschaft, Vateranrede, auf Gott bezogene und auf Menschen bezogene Bitten, die Verknüpfung zwischen beiden, z. B. bei der Vergebungsbitte) können herausgearbeitet und mit diesen und anderen Paraphrasierungen des Vater Unsers verglichen werden. Werden die Aktualisierungen dem Inhalt und der Ausdrucksfülle des Gebets gerecht?

3) Schreibgespräch zur Anrede „Vater": Wie sollte ein Vater sein? Wie sind Väter? Passt die Anrede „Vater" zu Gott?

 Literatur zum Weiterlesen
Lohse: Vater unser. Das Gebet der Christen
Zimmermann: Vater (NT)

---

[7] www.golyr.de/hanne-haller/songtext-vater-unser-321970.html, am 14.10.2013.

[8] www.songtexte.com/songtext/oomph/gott-ist-ein-popstar-63dd0a6b.html, am 14.10.2013.

16. Womit sollen wir die Gottesherrschaft vergleichen? (Mk 4,30)

> Wie kann man von Gott reden? Kann man überhaupt von dem reden, den doch niemand je gesehen hat (Joh 1,18)? Die Psalmen verwenden Bilder, um deutlich zu machen, wie Gott ist (Fels, Burg etc.). Und Jesus erzählt Geschichten, die aus dem Alltag gegriffen sind und zugleich Gott und Mensch in ein Verhältnis zueinander setzen. Gerade weil sie offen sind und verschiedene Deutungen zulassen, sind sie eine angemessene Weise des Redens von Gott. In diesem Kapitel geht es darum,
> - die Gleichnisse als Bilder für Gott und seine Herrschaft kennenzulernen;
> - die Provokationen wahrzunehmen, die in ihnen stecken;
> - die Vorstellung von Gott und seiner Herrschaft nachzuzeichnen
> - und sich davon zu eigenen Bildern anregen zu lassen.
> - Im Exkurs geht es um Grundlinien der Verkündigung und des Handelns Jesu.

16.1 Bist du böse, weil ich gütig bin?

Die Parabel von den Arbeitern im Weinberg (Mt 20,1–16) gehört zu den sogenannten „Reich-Gottes-Gleichnissen". Sie verbindet Erfahrungen aus der Arbeitswelt mit der Erwartung der Gottesherrschaft[1], und sie tut dies auf provozierende Weise. Ein Weinbergbesitzer wirbt Tagelöhner an, mit denen er einen Denar als Arbeitslohn vereinbart. Die Anwerbung erfolgt mehrfach, schließlich werden Arbeiter nur noch für eine Stunde eingestellt. Eine konkrete Lohnvereinbarung wird nur bei den zuerst Eingestellten getroffen (V. 2.13). Die später eingestellten Arbeiter sollen dagegen bekommen, „was recht ist" (V. 4), bei der letzten Gruppe (V. 7) ist von konkreter Entlohnung keine Rede. Mit dieser Erzählstrategie wird die Erwartung der Angemessenheit geweckt: Die später Angeworbenen werden einen geringeren Betrag bekommen als die zuerst Eingestellten. Bei der Auszahlung wird die Reihenfolge umgekehrt: Die zuletzt Angeworbenen werden zuerst ausbezahlt. Dadurch erfahren die zuerst Eingestellten von der vollen Entlohnung der anderen. Sie sehen den Billigkeitsgrundsatz in Frage gestellt, den der Besitzer selbst ins Spiel gebracht hat. So wird die Erzählung von Anfang an auf den Konflikt hin konstruiert. Am Schluss stehen rhetorische Fragen des Weinbergbesitzers (V. 13–15):

---

[1] Vgl. zu „Reich Gottes" und „Gottesherrschaft" unten, 155–157.

Mein Freund, ich tue dir nicht Unrecht. Bist du nicht mit mir einig geworden um einen Denar? Nimm, was dir gehört, und geh hin! Ich will aber diesem Letzten genauso viel geben wie dir. Oder ist es mir nicht erlaubt, mit meinem Eigentum zu tun, was ich will? Ist dein Auge neidisch, weil ich so gütig bin?

Sie begründen das Verhalten des Weinbergbesitzers und werben zugleich um Einverständnis, das allerdings nicht einfach zu erreichen ist: Die zuerst Einge-stellten äußern Gefühle („murren") und appellieren emotional („die wir des Tages Last und Hitze getragen haben") an das Gerechtigkeitsgefühl. Der Besitzer reagiert mit dem Hinweis auf die getroffene Vereinbarung, verweist auf die Ohnmacht des Beschwerdeführers angesichts seiner souveränen Macht, unter-stellt ihm rhetorisch böse Absichten und spricht von seiner Güte, die in diesem Zusammenhang aber provozieren muss – und zwar nicht nur die Arbeiter: Auch die Zuhörer / Leser werden emotional in das Geschehen einbezogen und sind zur Stellungnahme herausgefordert.

Im Hintergrund sind reale ökonomische Verhältnisse erkennbar. Für den Besit-zer eines Landguts waren Tagelöhner billiger als Sklaven; im Krankheitsfall brauchte er nicht für sie aufzukommen und erlitt keinen Verlust. Der übliche Lohn für einen Arbeitstag war ein Denar. Ein Tagelöhner musste an 200–300 Tagen im Jahr Arbeit finden, um sich und seine Familie am Existenzminimum zu ernähren.[2] Mt 20,7 zeigt, dass dies nicht immer der Fall war. Dieser sozialge-schichtliche Hintergrund führt zu der eigentlichen Bedeutung der Erzählung, in der alle „zu Ersten" gemacht werden, die das bekommen, was sie zum Leben brauchen. Das Handeln des Weinbergbesitzers ist deshalb kein Akt der Willkür, sondern Ausdruck der Güte. Güte und gerechte Entlohnung treten aus der Sicht der zuerst Eingestellten in Konkurrenz, nicht aber aus der Sicht des Weinbergbe-sitzers. Das, „was recht ist", bemisst sich aus seiner Perspektive nicht an Mehr oder Weniger, sondern an Bedürftigkeit. Die Gerechtigkeit ist nicht aufgehoben, aber von der Güte umgriffen. Unter ökonomischen Gesichtspunkten kann dies kein Standardmodell sein. Aber die Parabel bezieht sich ausdrücklich auf das „Reich der Himmel" (20,1), in dem die Ökonomie nicht den Maßstab setzt. Auch andere Erzählzüge weisen über die vorfindliche Realität hinaus: Der Weinberg ist ein biblisches Bild für Israel (Jes 5,1ff.; Ps 80,9ff.; Jer 12,10), und bei dem Wein-bergbesitzer liegt der Gedanke an Gott nahe.

Da die Geschichte inhaltlich gut zur Zuwendung Jesu zu den Armen und Kleinen angesichts des Gottesreiches passt, wird sie allgemein als authentische Jesus-erzählung angesehen. Matthäus hat sie aus seinem Sondergut übernommen und zugleich interpretiert, und zwar vor allem in V. 16.[3] Man erkennt dies daran, dass diese Zusammenfassung nicht den gleichen Lohn als zentralen Punkt der Parabel

---

[2]   Vgl. Stegemann / Stegemann, Sozialgeschichte, 85; Luz, Matthäus I/3, 146.
[3]   Auch die Einleitung V. 1a geht vermutlich auf den Evangelisten zurück.

anspricht, sondern die Umkehrung der Ersten und Letzten. Diesen Spruch hat Matthäus bereits in 19,30 verwendet, und er greift ihn hier variierend auf. V. 16 stellt damit gewissermaßen die erste Interpretation des Jesusgleichnisses aus der Sicht des Matthäus dar.

16.2 Kontexte

In den Gleichnissen Jesu kommt die Verkündigung der kommenden und bereits anbrechenden Gottesherrschaft prägnant zum Ausdruck. Wie für den Inhalt (Gottesherrschaft), so gibt es auch für die Form der Gleichnisse Vorläufer im AT und der sich daran anschließenden jüdischen Überlieferung. Die Strafrede Nathans an David (2Sam 12,1–15), das Weinberglied (Jes 5,1–7) oder die Jotam-fabel (Ri 9,7–15) sind hier zu nennen, ebenso verschiedene Spruchformen, die im AT als *māschāl* bezeichnet werden. Dass dieser Begriff in der Septuaginta* mit *parabolé* wiedergegeben wird, stellt eine Brücke zum NT her, wo viele Gleichnisse Jesu ebenfalls mit diesem Wort bezeichnet werden. Jesus ist ganz offensichtlich ein jüdischer Gleichniserzähler.

> Aus der langen Geschichte der Gleichnisinterpretation[4] seien nur wenige Aspekte her-ausgegriffen. Von der kommenden Gottesherrschaft lässt sich nicht feststellend, son-dern nur andeutend reden. Gleichnisse haben deshalb immer metaphorischen Cha-rakter. Sie verbinden Beobachtungen, Sachverhalte oder Erzählungen aus der Lebens-welt der (damaligen) Zuhörer mit der Erwartung der Gottesherrschaft. Dadurch ermöglichen sie eine Vorstellung von der kommenden Welt Gottes und zugleich einen neuen Blick auf die gegenwärtige Welt. Damit sprechen sie die Zuhörer an und fordern sie zu einer Stellungnahme heraus. Dem andeutenden Charakter der Gleich-nisse entspricht, dass sie nicht einlinig interpretierbar sind, sondern verschiedene Deutungsmöglichkeiten anbieten. Man kann zwischen Gleichnissen im engeren Sinn (wenn alltägliche Vorgänge aus der Lebenswelt beschrieben werden) und Parabeln (bei ungewöhnlichen Einzelfällen) unterscheiden, aber die Grenzen sind fließend.[5]

Die Gleichnisse Jesu sind kurze Erzählungen, die fiktional, aber auf bekannte Realität bezogen sind; sie überschreiten die Realität auf eine andere Wirklichkeit hin; die verwendeten Bilder sind nicht eindimensional, sondern wecken ver-schiedene Assoziationen; die Gleichnisse haben eine Appellfunktion und fordern die Hörer/-innen (und Leser/-innen) auf, den Vorgang der Überschreitung nachzuvollziehen und dazu Stellung zu nehmen. Im Blick auf die „Arbeiter im Weinberg" (Mt 20,1–16): Wir haben es mit einer erfundenen Erzählung zu tun, die reale ökonomische Verhältnisse voraussetzt, sie aber im Licht des Himmel-reichs neu bestimmt; die Hörer/-innen sollen dies nachvollziehen und auf ihre

---

[4]   Vgl. hierzu Müller u. a., Gleichnisse, 16–47.
[5]   Vgl. Zimmermann, Kompendium, 17–23, der nur von Parabeln spricht.

eigene Situation anwenden. Die Einleitungsformel des Gleichnisses vom Senf „Womit sollen wir die Herrschaft Gottes vergleichen, und durch welches Gleichnis sollen wir sie abbilden?" (Mk 4,30) zeigt diesen Appell beispielhaft an. Dabei finden sich in den Gleichnissen wiederholt „extravagante", provozierende Erzählzüge: Bei den „Arbeitern im Weinberg" ist der Einspruch der zuerst Eingestellten nur zu verständlich, der „ungerechte Verwalter" (Lk 16,1–8) handelt moralisch verwerflich und rechtlich problematisch; wer als Pharisäer das Gleichnis vom Pharisäer und Zöllner hört (Lk 18,9–14), wird seiner Schlussfolgerung kaum zustimmen, und ob der ältere Sohn in Lk 15,25–32 sich am Fest beteiligen wird, bleibt offen. Auch andere Erzählzüge können die Realität überschreiten, so z. B. der ganz unrealistisch große Ernteertrag in Mk 4,3–9. Gerade dadurch werden sie zum Verstehensimpuls für die Gottesherrschaft.

Die Gottesherrschaft ist ein zentrales Stichwort in den Gleichnissen. In einigen Texten stehen ihr Anbruch und Wachstum im Vordergrund (vgl. Mk 4), andere beschreiben die Reaktionen von Menschen auf die Verkündigung der Gottesherrschaft (z. B. das Doppelgleichnis vom Schatz im Acker und von der Perle Mt 13,44–46), wieder andere verbinden beides, die Zuwendung Gottes und die Reaktion der Menschen (z. B. Lk 15,11–32; Mt 20,1–16).

16.3 Die Königsherrschaft Gottes

Mit der Ankündigung der Gottesherrschaft greift Jesus eine Vorstellung auf, die eine längere Vorgeschichte hat und die im zeitgenössischen Judentum geläufig war. Im AT ist mehrfach von der Königsherrschaft Gottes die Rede. Es handelt sich dabei um eine Metapher, die vom irdischen Königtum inspiriert ist.[6] Ps 145,10–13 kann als Beispieltext dienen:

> Danken sollen dir, HERR, all deine Werke und deine Frommen dich preisen. Sie sollen von der Herrlichkeit deines Königtums reden, sollen sprechen von deiner Macht, den Menschen deine machtvollen Taten verkünden und den herrlichen Glanz deines Königtums. Dein Königtum ist ein Königtum für ewige Zeiten, deine Herrschaft währt von Geschlecht zu Geschlecht.

Sowohl der hebräische Begriff *malkut* (Königsherrschaft) als auch die griechische Übersetzung *basileia* können „Königsherrschaft" und „Königreich" bedeuten, wobei aber der Aspekt des Handelns (Herrschaft) im Vordergrund steht. Gott ist der, der kommt und wirkt und seine Herrschaft umfassend ausdehnt. Außerdem lässt die Erwartung der Königsherrschaft Gottes sowohl eine präsentische (Gott

---

[6] Sie wirkt deshalb auch auf das irdische Königtum zurück, als Vorstellung vom König als Gottes Beauftragten (2Sam 7,14–16) oder als Kritik am jeweiligen König (1Sam 8–10).

ist gegenwärtig Herr über die Welt) als auch eine futurische Deutung zu (Gott wird künftig seine Herrschaft durchsetzen).

Die Herrschaft Gottes hat eine kosmische Dimension; als Schöpfer ist Gott der Herr der Welt und des Kosmos. Darin eingeschlossen ist seine Herrschaft über die Völker (Ps 47,7–9; Jer 10,7 u. ö.). In den Jahwe-Königs-Psalmen (47;93;96; 97;99) wird die bleibende und stets erneuerte Königsherrschaft Gottes gepriesen, die für Israel Heil bedeutet. Wenn Gott nach Jes 52,7–10 seine Herrschaft neu antritt, so bezieht sich dies zunächst auf die unmittelbare Zukunft des Volkes, das sich im Exil befindet. Unter dem Einfluss verschiedener Leiderfahrungen, vor allem des babylonischen Exils, wird die Gottesherrschaft zunehmend als Hoffnung formuliert: Entgegen allen gegenwärtigen Erfahrungen von Unterdrückung und Leid wird Gott sich durchsetzen und sein Königtum errichten (Jes 24,23; Sach 14,9). Spätere Texte (Jes 33,20–22; Ob 20f.) verlagern diese Erwartung auf eine fernere Zukunft.

Diese Hoffnung auf die kommende Herrschaft Gottes kann auch mit der Hoffnung auf einen Messias verbunden werden (vgl. Jes 9,6; 11,1f.), der als endzeitlicher Nachkomme Davids die Verheißung Gottes in 2Sam 7,14–16 erfüllt.[7] Mit der Verlagerung in die Zukunft ist zugleich eine Voraussetzung für die Apokalyptik* geschaffen. Bei Daniel wird die Zukunftserwartung mit der Vorstellung des kommenden Menschensohnes verbunden (Dan 7,13f.). In Qumran findet man Aussagen sowohl über die gegenwärtige Gottesherrschaft (vgl. 1QM XII,7) als auch über die kommende (1QM VI,6).

Jesus knüpft in seiner Verkündigung an diese vielgestaltige Tradition an. Deshalb findet sich bei ihm keine Definition der Gottesherrschaft.[8] Er setzt die Vorstellung voraus und akzentuiert sie auf seine Weise. Im Vater Unser erbittet er das Kommen der Gottesherrschaft für die Zukunft (Mt 6,10; vgl. Lk 6,20f.). Auch andere Aussagen sprechen vom zukünftigen Kommen des Gottesreichs: „Wer das Reich Gottes nicht empfängt wie ein Kind, der wird nicht hineinkommen" (Mk 10,15); „Wie schwer werden die Reichen in das Reich Gottes kommen!" (Mk 10,23); „Wahrlich ich sage euch, dass ich nicht mehr trinken werde vom Gewächs des Weinstocks bis zu dem Tag, an dem ich aufs neue davon trinke im Reich Gottes" (Mk 14,25); „Selig seid ihr, die ihr jetzt hungert, denn ihr sollt satt werden. Selig seid ihr, die ihr jetzt weint, denn ihr werdet lachen" (Lk 6,21; vgl. Lk 13,28). Außerdem finden sich in der Evangelienüberlieferung auch apokalyptische Aussagen im Munde Jesu (vor allem in der „kleinen Apokalypse" in Mk 13parr.).[9] Daneben stehen Aussagen, die vom Reich Gottes bereits in der Gegenwart sprechen: „Wenn ich mit dem Finger Gottes Dämonen austreibe …" (Lk 11,20); „die Gottesherrschaft ist mitten unter euch" (Lk 17,20f.); „Aber von den

---

[7]   Vgl. oben, 78f.
[8]   Die Wendung „Reich / Herrschaft der Himmel" (vor allem bei Matthäus) verdankt sich dem Bestreben, den Namen Gottes zu vermeiden, ist aber der Sache nach identisch.
[9]   Vgl. zur Apokalyptik unten, 217–220.

Tagen Johannes des Täufers bis heute leidet das Himmelreich Gewalt, und die Gewalttätigen reißen es an sich" (Mt 11,12 / Lk 16,16); „Selig sind eure Augen, dass sie sehen, und eure Ohren, dass sie hören …" (Mt 13,16ff. / Lk 10,23f.); und in der ersten Seligpreisung (Lk 6,20) wird die Gottesherrschaft den Armen bereits in der Gegenwart zugesagt. Wenn man beide Spruchreihen miteinander vergleicht, stellt sich die Frage, wie man das Verhältnis von Gegenwart und Zukunft in der Verkündigung Jesu bestimmen kann.[10]

Mk 1,15 bringt diesen Doppelaspekt von Gegenwart und Zukunft exemplarisch in Verbindung: „Die Zeit ist erfüllt und die Herrschaft Gottes ist nahe herbeigekommen." Die Zukunft Gottes ragt gewissermaßen in die Gegenwart hinein, wie auch die Wundertaten Jesu als punktuell schon gegenwärtiges Wirken Gottes verstanden werden. Von hier aus wird verständlich, dass die Verkündigung der Gottesherrschaft bei Jesus besonders an deren Wirksamkeit orientiert ist. Aber auch andere Aussagen fehlen nicht, die eher räumlich zu verstehen sind. In das Gottesreich kann man kommen (Mk 9,47; 10,15), man kann in ihm sein (Mt 8,11f.; 11,11), das Gottesreich kann Menschen zukommen (Mk 10,14). In ihren verschiedenen Ausprägungen beeinflusst die Erwartung von der Gottesherrschaft die Verkündigung Jesu insgesamt. Als Erwartung ist sie den Menschen voraus, aber als Erwartung der umfassenden Zuwendung Gottes zu den Menschen prägt sie jetzt schon deren Gegenwart. Die Verkündigung der Gottesherrschaft ruft dazu auf, das Leben in Gegenwart und Zukunft unter der Perspektive Gottes zu betrachten und sich deshalb jetzt schon auf das Gottesreich auszurichten. Gerade deshalb provozieren die Gleichnisse von der Gottesherrschaft: Mt 20,1–16 stellt im Licht der kommenden Gottesherrschaft die gegenwärtige Realität in Frage, und beim Gleichnis vom „Schatz im Acker" geht es nicht um eine statische Beschreibung der Gottesherrschaft als Schatz, sondern um den ganzen Einsatz des Menschen, der in den Besitz des Schatzes zu kommen sucht.

16.4 Exkurs: Jesus von Nazareth

Wenn man ein historisch plausibles Bild des irdischen Jesus zeichnen will[11], muss man methodisch bei den Jesusworten ansetzen, nicht bei den Erzählungen. Diese alle sind Erzählungen über Jesus, während bei der Wortüberlieferung die Möglichkeit besteht, dass wir es tatsächlich mit Worten von Jesus zu tun haben. Besonders im Blick auf die Gleichnisse herrscht in der Exegese große Übereinstimmung, dass in ihnen die Verkündigung Jesu greifbar ist. Die Breite der Überlieferung spricht dafür, der Rückgriff auf Alltagserfahrungen, die Originalität mancher verwendeten Metaphern und Bildfelder. Jesus wird in den synop-

---

[10]   Vgl. zu den verschiedenen Lösungsansätzen zu dieser Frage Theißen/Merz, Jesus, 223–226.
[11]   Vgl. zum Folgenden Theißen/Merz, Jesus.

tischen Evangelien als „Meister der öffentlichen Gleichnisrede dargestellt."[12] Dass er sich dabei einer auch im zeitgenössischen Judentum bekannten Sprachform bedient, ist kein Argument gegen die Authentizität. Wie Jesus von der kommenden und die Gegenwart schon prägenden Gottesherrschaft erzählt hat, gehört auf jeden Fall zu den charakteristischen Merkmalen seiner Verkündigung.

Im Horizont der kommenden Gottesherrschaft sind auch die Wunder zu verstehen. Zwar lassen sie sich mit historischen Mitteln weder beweisen noch widerlegen. Aber dass Jesus als Heiler hervorgetreten ist, ist historisch plausibel[13]: Die Heilungen sind nicht nur in der Erzähltradition verankert, sondern auch in der Wortüberlieferung (Lk 7,22f.; Lk 10,13–15.23f., Lk 11,20); nach Mk 3,22 zweifeln selbst die Gegner Jesu seine Heilungen und Exorzismen nicht an, wohl aber seine göttliche Vollmacht; und Mk 6,1–6 (in Nazareth sind die Menschen skeptisch) zeigt, dass sich die Wundererzählungen trotz solcher Einsprüche halten konnten. Zudem geht es bei den Heilungen nicht lediglich um medizinische Vorgänge. Sie sind charismatischer Natur und verweisen auf Heilung und Heil. Damit deutet sich an, dass die Wunder Jesu mit seiner Verkündigung zusammengehören. Und wenn die Zeugen der Heilung des Taubstummen in Mk 7,37 Gott mit den Worten loben „Er hat alles wohl gemacht, die Tauben macht er hörend und die Sprachlosen redend", nehmen sie prophetische Worte vom Kommen Gottes auf (Jes 35,5f.). Die Heilungen Jesu weisen auf das Kommen Gottes hin und zeigen es exemplarisch an.

Die Erwartung der Gottesherrschaft hat auch Bedeutung für die Ethik. Der sich Bahn brechende Wille Gottes ist nach Jesu Verständnis der Wille zum Heil, und zwar für Israel und darüber hinaus (Mt 8,10f.). Daran sollen sich die Menschen schon in der Gegenwart orientieren. Dies bringt mit sich, dass herkömmliche Heilsvorstellungen (z. B. das Heil ausschließlich für Israel oder die Frommen) in Frage gestellt werden. Vor diesem Hintergrund gehört zur Verkündigung Jesu auch die Vorstellung vom Gericht (Mt 18,23ff.). Wer den Willen Gottes nicht tut (Mt 7,21), verschließt sich selbst den Zugang zur Gottesherrschaft. Umgekehrt setzt die Erwartung der Gottesherrschaft ethische Energie frei, die sich im konkreten Verhalten schon auf sie hin ausstreckt.

Die Jünger sind in den Evangelien – wörtlich übersetzt – Lernende. Die Aufforderung in Mt 11,29 „lernt von mir" steht in Zusammenhang mit 11,28: „Kommt her zu mir, alle, die ihr mühselig und beladen seid; ich will euch erquicken. Nehmt auf euch mein Joch und lernt von mir; denn ich bin sanftmütig und von Herzen demütig; so werdet ihr Ruhe finden für eure Seelen." Ein solches Lernen kann man als Orientierung an Jesus bezeichnen. In den Evangelien wird dafür das Wort „Nachfolge" verwendet. Mit der Aufforderung „folge mir nach" (vgl.

---

[12] Schottroff, Gleichnisse, 138.
[13] Bei den Wundern an der außermenschlichen Kreatur (z. B. Seewandel, Sturmstillung) ist größere Zurückhaltung geboten, da bei ihnen sehr stark ein christologisches Interesse durchscheint.

Mk 1,16ff.; 2,14; Mt 8,22; 9,9) wird kein Lehrverhältnis auf Zeit begründet, sondern ein Lebensverhältnis auf Dauer. So wie Jesus „den Weg Gottes in Wahrheit lehrt" (Mt 22,16), so werden auch die Jünger auf einen Weg berufen, „hinter Jesus her" (vgl. Mk 1,17f.). Nachfolge bedeutet deshalb, sich in eine Beziehung rufen zu lassen und das Leben aus dieser Beziehung heraus zu gestalten.

Die Berufung von zwölf Jüngern entspricht den zwölf Stämmen Israels und deutet die Fülle des Gottesvolkes an. Darüber hinaus hat Jesus noch andere Nachfolger gehabt (Mk 10,46–52; Lk 8,1–3). Die Zwölf aber geben dem Kreis der Nachfolger Jesu eine symbolische Bedeutung. Jesus sammelt nicht nur einen „Rest" der Frommen um sich, sondern das ganze Volk. Benachteiligte und Randgruppen sind ausdrücklich eingeschlossen. Die Gleichnisse vom Verlorenen in Lk 15 unterstreichen dies. Die Pointe des Gleichnisses vom verlorenen Schaf hängt an der metaphorischen Qualität der Worte „Hirte" und „Schaf". Sie legten für damalige Hörer die Assoziation mit Gott als Hirten nahe (Ps 23; vgl. Ps 100,3; Hes 34,10f.). Jesus begründet mit diesem Gleichnis sein eigenes Verhalten gegenüber Zöllnern und Sündern (15,1–3): Er setzt sich mit ihnen an einen Tisch, er spricht mit Frauen in der Öffentlichkeit und sagt Kindern das Himmelreich zu. An diesen Menschen wird nach Jesu Auffassung deutlich, was für alle Glieder des Gottesvolkes gilt. Alle brauchen die Zuwendung Gottes, auch die Frommen. Und weil alle auf Gottes Güte angewiesen sind, dürfen herkömmliche Grenzen zwischen den Menschen das Zusammenleben nicht bestimmen. Jesu Vorstellung von der Gottesherrschaft umfasst also auch diejenigen an den Rändern – und darüber hinaus (vgl. Mk 7,24–30). Die frühen Christen haben sich daran orientiert und Grenzen von Volk, Alter oder Geschlecht überschritten.

Insgesamt stellen die Evangelien auf vielfältige Weise den Einsatz Jesu für andere heraus (z. B. Mk 7,24–30; Lk 15,1f.; Joh 8,2–11). Die Menschen, die sich von Jesu Botschaft ansprechen lassen und ihm nachfolgen, erleben ihn als einen, der sich im Handeln für andere selbst riskiert. Wenn er das Reich Gottes verkündigt, erschien es ihnen in Jesus selbst ganz nah. Für sie wird Jesus nicht erst am Kreuz zum Retter. Sein Einsatz für andere, gegen alle Konventionen, und seine Gottesbeziehung, die sich beispielhaft in der Vateranrede zeigt, sind Ansatzpunkte für die späteren christologischen Zuschreibungen (z. B. Jesus als Sohn Gottes[14]). Diese setzen natürlich den Glauben an die Auferweckung Jesu voraus; der Glaube an den auferstandenen Herrn greift aber auf das Leben des irdischen Jesus zurück und findet in seinem Reden und Handeln Möglichkeiten zum „Andocken".

---

[14] Vgl. unten, 171–179.

16.5 Anregungen für den Unterricht

1) Eine Collage zu den „Arbeitern im Weinberg" erstellen und dabei den abgedruckten Gleichnistext mit aktuellen Bildern umkleben. Es sollen wesentliche Begriffe des Gleichnisses vorkommen. Welche Bilder kann man verwenden? Wie lässt sich die Infragestellung der ökonomischen Verhältnisse auf die Gegenwart übertragen?
Welche provozierenden Erzählzüge lassen sich an anderen Gleichnissen erkennen (z. B. den Gleichnissen vom „vierfachen Acker", dem „barmherzigen Samariter" oder dem „verlorenen Schaf")? Wie wirkten sie in der Zeit Jesu, wie wirken sie heute?

2) Ein eigenes Gleichnis mit einem Bildfeld aus der Gegenwart (Fußball, Olympia, Schule, Arbeitswelt etc.) verfassen: Mit der Gottesherrschaft verhält es sich wie ...

Literatur zum Weiterlesen
Müller u. a.: Die Gleichnisse Jesu
Feldmeier: Gleichnisse
Schröter: Jesus von Nazaret

17. Gott ist nicht ein Gott der Toten, sondern der Lebendigen (Mk 12,27)

Die Anrede Gottes als Vater und die Gleichnisse von der Gottesherrschaft sind für die Verkündigung Jesu charakteristisch. Menschen sind von Jesu Reden und Handeln beeindruckt und bereit, ihm zu folgen. Dass aus dem Verkündiger der verkündigte Jesus wird, aus dem Propheten der geglaubte Christus und Gottessohn, setzt aber die Auferweckung Jesu voraus. Sie ist das Grunddatum des christlichen Glaubens. Zugleich sind die Auferweckung Jesu und die Auferweckung der Toten Glaubensaussagen, die von vielen in Frage gestellt werden.[1]

Eine Umfrage Frage des Emnid-Instituts aus dem Jahr 2012 „Was kommt nach dem Tod?" kommt zu folgenden Ergebnissen: Der Aussage „ich hoffe auf die Auferstehung der Toten" stimmen 31% der Befragten zu, der Aussage „alles Lebendige wird wiedergeboren" 26%; „die Seele des Menschen lebt in irgendeiner Form weiter" bejahen 46%. Eine Focus-Umfrage von 2013 fragt nach der Auferstehung Jesu: 34% der Befragten äußern sich positiv dazu, 62% negativ, 4% sind unentschieden. Die Zahlen weisen darauf hin, dass die Auferstehung Jesu und die Auferstehung der Toten, die zu den Kernaussagen des christlichen Glaubens gehören, in der Bevölkerung nur zu etwa einem Drittel Akzeptanz finden. Hat vielleicht Richard Dawkins Recht mit seiner Aussage? „Viele Christen (sind) auch heute noch so loyal, dass sie Jungfrauengeburt und Auferstehung nicht leugnen wollen. Andererseits ist es ihnen aber peinlich, denn mit ihrem rationalen Verstand wissen sie, dass es absurd ist." In diesem Kapitel geht es darum,

- die Sadduzäerfrage nach der Auferstehung zu beleuchten und die Argumentation des Paulus in 1Kor 15 nachzuzeichnen;
- der Frage nach Tod und Leben im Verhältnis zu Gott in der biblischen Tradition nachzugehen;
- die Bedeutung der Auferweckung Jesu im NT herauszuarbeiten
- und Anregungen für ein theologisches Gespräch zu geben.

---

[1] Siehe zu den folgenden Angaben statista.com/statistik/daten/studie/34/umfrage/meinung---christliche-glaubens-inhalte, am 22.11.2013; http://de.statista.com/statistik/daten/studie/1837 68/umfrage/glaube-an-die-auferstehung-jesu-christi/, am 22.11.2013; Dawkins, Gotteswahn, 221.

17.1 Ihr kennt weder die Schriften noch die Kraft Gottes

In Mk 12,17–27 wird von einem Streitgespräch zwischen Jesus und den Sadduzäern erzählt. Sie stellen Jesus eine Frage: Sieben Brüder waren nacheinander mit derselben Frau verheiratet, sind aber alle kinderlos gestorben. Wenn alle auferweckt werden, zu wem wird dann die Frau gehören? Die Frage ist, wie gleich zu Beginn festgehalten wird, nicht auf eine Antwort aus, sondern verfolgt andere Ziele. Da die Sadduzäer selbst nicht an die Auferstehung der Toten glauben[2], geht es ihnen um den Nachweis, dass dieser Glaube töricht ist. In dem konstruierten Fall ist die Toraforderung der Leviratsehe vorausgesetzt (Dtn 25,5–10).[3] Die Antwort Jesu lautet (12,24–27):

> Ist es nicht so, dass ihr irrt, weil ihr weder die Schriften noch die Kraft Gottes kennt? Wenn sie von den Toten auferstehen, dann heiraten sie nicht und werden nicht verheiratet, sondern sie sind wie die Engel im Himmel. Aber habt ihr nicht im Buch des Mose von den Toten gelesen, dass sie auferstehen, bei der Geschichte mit dem Dornbusch, wie Gott zu ihm sagte: Ich bin der Gott Abrahams und der Gott Isaaks und der Gott Jakobs? Er ist nicht der Gott der Toten, sondern der Gott der Lebendigen. Darum irrt ihr sehr.

Die Antwort setzt den Gedanken der allgemeinen Totenauferweckung voraus. Dass die Auferweckten wie die Engel im Himmel sind, greift auf zeitgenössische jüdische Vorstellungen zurück (z. B. äthHen 51,4). Wichtiger ist, dass die Auferweckung ein Geschehen ist, das von Gott ausgeht: In V. 24 wird hingewiesen auf die Schriften und die Kraft Gottes. V. 26f. führen dies aus. Sie beziehen sich auf Ex 3,1ff., wo Gott sich Mose als Gott Abrahams, Isaaks und Jakobs vorstellt. Zur Zeit Moses' waren die Erzväter Israels aber schon längst gestorben. Wenn nun der lebendige Gott seinen Namen an Abraham, Isaak und Jakob bindet, deutet dies drauf hin, dass sie nicht tot sind, sondern leben. Wir haben es mit einer frühen christlichen Begründung für die Totenauferweckung zu tun, die aus der Tora gewonnen wird. Die Sadduzäer aber täuschen sich, weil sie zum einen diesen Hinweis aus der Schrift nicht verstehen und zum anderen ein Verständnis der Auferweckung haben, das ganz vom irdischen Leben ausgeht. Das Leben in der Auferstehung lässt sich aber mit dem Leben vor dem Tod nicht vergleichen. Die Wendung „sie sind wie die Engel" deutet dies an. Zentral wichtig ist aber die lebendig machende Kraft Gottes. Demgegenüber rückt die Frage nach dem Wie der Auferweckung in den Hintergrund.

---

[2] Nach Josephus, Bell 2,164f.; Ant 13,173; 18,16f., erkennen die Sadduzäer nur die Tora als heilige Schrift an. Die Vorstellung von der Auferweckung der Toten kommt dort nicht vor.

[3] Vgl. oben, 69f.

17.2 Kontexte

Die Frage nach der allgemeinen Auferweckung der Toten ist nicht identisch mit der Frage nach der Auferweckung Jesu. Allerdings hängen beide nach früh- christlichem Verständnis zusammen, wie Paulus in 1Kor 15,12–19 zeigt. Das eine kann ohne das andere nicht sein; entweder es gibt keine Totenauferweckung, dann kann auch Jesus nicht auferweckt worden sein (was die Korinther aber offenbar glauben, 15,1–11); oder Jesus ist auferweckt worden, dann ist die Toten- auferweckung aber prinzipiell möglich. In V. 20 greift Paulus auf das Bekenntnis in 15,3–5 zurück und verbindet beides miteinander: Christus ist auferweckt wor- den, und zwar als Erster von den Toten, dem die anderen folgen werden. Nach einem Vergleich von Adam und Christus und einer Erörterung zu der „Ord- nung", in der die Toten auferweckt werden (V. 20–28), führt Paulus weitere Argumente für die Totenauferweckung an (V. 29–34): Die Korinther bestätigen sie faktisch, wenn sie sich stellvertretend für Verstorbene taufen lassen (V. 29); seine eigene Lebenssituation mit ihren Gefährdungen wäre sinnlos, wenn es die Auferweckung nicht gäbe (V. 30–32).

V. 35 setzt mit der Frage „Wie werden die Toten auferstehen?" neu ein, und die Frage nach der Leiblichkeit der Auferstehung beherrscht die Ausführungen bis V. 49.[4] Paulus wendet sich gegen bestimmte Auffassungen der korinthischen Gegner; sie stellen zwar nicht die Auferweckung Christi, wohl aber die endzeitli- che Auferweckung der Toten in Frage; als Argument verwenden sie die Aporien, die sich bei der Frage nach dem Wie der Auferweckung stellen.

> Für die Gegner ist vor dem Hintergrund ihres griechischen Denkens eine Totenauf- erweckung nur schwer vorstellbar. Bereits für Homer war klar, dass man Tote nicht auferwecken kann (Il 24,551), da ihr Leib nach dem Tod verwest. Die Seele gilt im griechischen Denkhorizont dagegen als unsterblich (z. B. Platon, Phaidros 254bff.); da sie den Tod des Körpers überdauert, ist es wichtig, sie zu fördern und auf ihr Wohler- gehen zu achten. In verschiedenen Mythen beschreibt Platon das Leben der Seele im Jenseits, das Seelengericht und die Seelenwanderung (Phaidros 248a–249c). Für Aris- toteles ist die Seele ein immaterielles Formprinzip der Lebewesen. Sie ist für die Steue- rung aller Lebensvorgänge unerlässlich. Die Verbindung von Körper und Seele endet auch für ihn mit dem Tod. Die Seele wird dabei vom physischen Organismus getrennt und ist vom Tod nicht betroffen. Sie ist leidensunfähig und unvergänglich (De anima 430a22–25, 408b18f.). Die Stoiker vertreten eine materialistische Seelenvorstellung (vgl. Diogenes Laertius VII 156). Ihr Schulgründer Zenon unterscheidet eine ver- nunftbegabte Weltseele, das Pneuma, und die Seele der Einzelwesen, die Psyche. Beim Sterben trennt sie sich vom Körper, gilt aber nicht als unsterblich, sondern löst sich zu einem späteren Zeitpunkt auf. Andere Stoiker vertreten die Auffassung, dass die Seele mit dem Körper sterbe. Unabhängig von diesen Unterschieden stimmen die verschie- denen Schulen jedoch in der Ablehnung einer leiblichen Auferweckung überein.

---

[4] Den Abschluss des Kapitels bildet dann der Ausblick auf die völlige Verwandlung und den Sieg über den Tod (V. 50–58).

Die Gegner in Korinth sind aller Wahrscheinlichkeit nach der Auffassung, dass Jesus auferstanden ist und die Glaubenden mit der Taufe auf Jesus bereits alles für die Vollendung Notwendige von Gott empfangen haben (vgl. 4,8; 6,12–20). Eine mögliche Konsequenz daraus lautet: „Lasst uns essen und trinken, denn morgen sind wir tot" (15,32; vgl. Weish 2,1–6). Andererseits finden sich in 1Kor 7 Hinweise auf eine asketische Haltung.[5] So verschieden diese Konsequenzen auch sind, stimmen sie doch in der Abwertung der irdischen Wirklichkeit und der Leiblichkeit überein. Wer die Leiblichkeit abwertet, wird aber kaum seine Hoffnung auf eine leibliche Auferweckung richten. Die Frage nach dem „Wie" der Auferweckung in 1Kor 15,35 stellt deshalb nicht lediglich eine theoretische Überlegung des Paulus dar, sondern ist für die Auferstehungsgegner in Korinth ein wichtiger Ansatzpunkt ihrer Kritik.

In seiner Antwort verweist Paulus zunächst auf die Erfahrung, dass ein Samenkorn erst sterben muss, bevor es zu einer neuen Pflanze heranwachsen kann (V. 36). Diese Vorstellung entspricht dem damaligen biologischen Wissen. Dann weist Paulus darauf hin, dass man dem Samen nicht ansehen kann, was einmal aus ihm wird: Auch der Auferweckungsleib wird unerwartbar anders sein als der irdische Leib (V. 37). Paulus weist weiterhin auf die große Formenvielfalt der Pflanzen und selbst der Himmelskörper hin, die in keiner Weise miteinander vergleichbar sind. Mit Hilfe dieser Bilder aus dem allgemeinen Erfahrungshorizont legt Paulus dar, dass man sich über das Wie der Auferweckung keine naiven Vorstellungen machen darf (vgl. „du Narr" in V. 36). Das Auferweckungsleben lässt sich nicht als eine Fortsetzung des irdischen Lebens denken.

Für Paulus (wie auch in der Antwort Jesu auf die Sadduzäerfrage) liegt der wesentliche Akzent auf der Schöpferkraft Gottes, die bereits in der sichtbaren Wirklichkeit eine unvergleichliche Fülle hervorgebracht hat. Er denkt von der Schöpfung her und erkennt ihr „Gleichnisfähigkeit" zu. Allerdings wird nicht die Natur als solche als Vergleichspunkt genommen wird, sondern die sich in ihr zeigende Kraft Gottes. Sie ist grundlegende Voraussetzung auch der Neuschöpfung. Die Gegensatzpaare in V. 42–44 fassen dies zusammen: Gesät wird in Verweslichkeit, Niedrigkeit und Schwachheit ein natürlicher Leib; auferweckt wird in Unverweslichkeit, Herrlichkeit und Kraft ein geistlicher Leib. Dabei ist auch der „geistliche Leib" kein körperloser Geist. Kommunikation zwischen Gott und Mensch und den Menschen untereinander ist für Paulus anders als leibhaft nicht möglich. Aber es ist ein von Gottes Geist geschaffener und von Christus durchdrungener Leib (15,45), der deshalb mit irdischen Maßstäben nicht erfasst werden kann. Auch die Frage nach der Identität zwischen ihnen ist nur mit der Kraft Gottes zu beantworten. Zum anderen: Auch der geistliche Leib ist geschaffen, jetzt aber als eine auf Gott hin geordnete und vom lebendig machenden Geist durchdrungene

---

[5]   Zur Abwertung des Leiblichen in Korinth vgl. Schrage, 1Kor, Band 2, 54–58.

Kreatur, eine Neuschöpfung, die unter den Bedingungen irdischer Wirklichkeit nur in Bildern beschreibbar ist.

Die Frage nach dem „Wie" der Auferweckung ist für Paulus falsch gestellt, wenn man das irdische Leben als Maßstab dafür nimmt. Der Blick auf die irdische Wirklichkeit ist gleichwohl wichtig, weil er auf die Schöpferkraft Gottes verweist. Von dieser in der Schöpfung schon erfahrbaren Kraft Gottes lässt sich von der Auferweckung reden, aber nur in Bildern und Gleichnissen. Was Paulus in 1Kor 13,12 sagt („Wir sehen jetzt durch einen Spiegel ein dunkles Bild; dann aber von Angesicht zu Angesicht"), gilt auch hier. Die Kontinuität liegt letztlich in Gottes Kraft und Schöpferwillen.

> Die Vorstellung von der Unsterblichkeit der Seele stammt aus dem griechischen Denken und ist von hier aus in einige Schriften des Septuagintakanons* eingedrungen. Im Tanach* ist sie nicht zu finden. Von hier aus erklärt sich der konfessionelle Unterschied in dieser Frage. Die katholische Kirche „lehrt, dass jede Geistseele unmittelbar von Gott geschaffen ist – sie wird nicht von den Eltern ‚hervorgebracht' – und dass sie unsterblich ist; sie geht nicht zugrunde, wenn sie sich im Tod vom Leibe trennt, und sie wird sich bei der Auferstehung von neuem mit dem Leib vereinen."[6] Vor dem Hintergrund at.licher Aussagen zur Seele lehnt die Evangelische Theologie die Unsterblichkeit der Seele überwiegend ab. Hieraus ergibt sich das Problem der Kontinuität zwischen dem diesseitigen Leben und er Existenz in der Auferstehung, das in der protestantischen Theologie mit dem Hinweis auf die Schöpferkraft Gottes gelöst wird.

17.3 Gott, der Tod und das Leben

Für die frühen Überlieferungsschichten des AT ist der Tod das Land der Finsternis ohne Möglichkeit der Rückkehr.[7] Wer stirbt, geht in das Totenreich ein (die Sch^{e}ol, Ps 28,1; 30,4). „Staub", „Finsternis" und „Vergessen" sind seine Merkmale (Ps 22,30; 88,7; 103,14; Hi 10,21f. u. ö.), die Toten existieren dort als Schatten und sind fern von Gott (Ps 6,6; 30,10 u. ö.) Alles Lebendige fährt „an seinen Ort" (Hi 10,21f.), und wie das Vieh, so stirbt auch der Mensch (Pred 3,19). Jahwe gilt als Gott der Lebenden, nicht der Toten (2Kön 19,4; Ps 42,3; Hi 14,7–22; vgl. Mk 12,27). Dementsprechend werden Tote nicht verehrt und eine Mythisierung des Todes findet nicht statt.[8] Man hofft darauf alt und lebenssatt zu sterben (vgl. Gen 25,8; Hi 42,17).

Einzelne Aussagen gehen über diese Vorstellung hinaus. Sie hängen damit zusammen, dass es Todeszeichen schon mitten im Leben gibt (z. B. Krankheit) und dass Gott um Hilfe aus diesen Gefährdungen angerufen wird. In dieser Perspektive kann Gott „aus dem Tod" retten. Ps 49 und 73 entwickeln einen anderen

---

6 Katechismus der Katholischen Kirche, München u. a. 1993, 124.
7 Vgl. Liess, Auferstehung.
8 Anders als im offiziellen Kult gab es in der Familienfrömmigkeit aber durchaus Ahnenverehrung und Totenkult (1Sam 28); vgl. Kühn, Totenkult.

Gedanken: Aus der Überzeugung, dass Gott gerecht ist, entsteht die Frage, wie sich diese Gerechtigkeit zeigt, wenn Fromme in ihrem Leben leiden müssen. Daraus entsteht die Erwartung, dass die Frommen über das irdische Leben hinaus mit Gott verbunden sind (Ps 73,24). Der Gottesknecht in Jes 53 wird Nachkommen sehen, obwohl er sterben muss, und seine Tage werden lang sein. In den weisheitlichen Sprüchen werden umgekehrt Menschen, die ohne Beziehung zu Gott leben, schon im irdischen Leben als tot bezeichnet (Spr 21,16). Schließlich ist die Vorstellung zu nennen, dass Gott das Volk, das im Exil wie tot war, wieder leben lässt. Die Vision von den Knochen, die mit Fleisch und Sehnen überzogen und wieder lebendig werden (Hes 37,1–14), bezieht sich auf das ganze Haus Israel, dessen Gebeine verdorrt, dessen Hoffnung verloren und das wie tot ist (V. 11). Die Rückführung und Erneuerung des Volkes wird deshalb metaphorisch als Wiederbelebung bezeichnet (37,12). So wird in (nach-)exilischer Zeit die Grenze zwischen Gott und den Toten metaphorisch in verschiedene Richtungen überschritten.

Erst in späten Schichten des AT beziehen einige Texte auch den Tod in die Herrschaft Gottes mit ein: Gott beseitigt den Tod für immer (Jes 25,8); auch die Toten gehören zu Gott, sie sind „meine Leichname" und werden auferstehen (Jes 26,19). Ganz klar ist in Dan 12,2f. von der künftigen Auferweckung die Rede, und zwar mit einem doppelten Ausgang: „Viele, die unter der Erde schlafen liegen, werden aufwachen, die einen zu ewigem Leben, die anderen zu ewiger Schmach und Schande." Hier bricht sich in einer Zeit religiöser Bedrängnis die Erwartung Bahn, dass Gott nach dem Tod für Gerechtigkeit sorgen wird. Diese Erwartung findet sich auch in den Makkabäerbüchern (2Makk 7,9–14). Sie kann mit apokalyptischen* Vorstellungen ausgestaltet werden; auch die aus dem griechischen Denken stammende Vorstellung von der Unsterblichkeit der Seele (vgl. Weish 3,1–4) gewinnt nun an Einfluss. Zur Zeit Jesu ist demnach der Auferstehungsglaube im Judentum zwar nicht unumstritten, aber – wenngleich in verschiedenen Ausprägungen – in weiten Teilen akzeptiert.

17.4 Exkurs: Die Auferweckung Jesu

Im Umfeld des Gedankens der Auferweckung werden verschiedene Begriffe gebraucht, die ähnlich, aber nicht identisch sind. Zu unterscheiden ist zwischen Auferweckung und Auferstehung Jesu. Bei der Auferweckung ist Gott das handelnde Subjekt, bei der Auferstehung ist Jesus selbst Subjekt der Aussage. Jesus wäre demnach aus eigener Kraft erneut ins Leben gekommen, was aber nicht mit der Vorstellung von Totsein zusammen passt. Von der Auferstehung Jesu kann man deshalb nur sprechen, wenn man an den auferweckten Jesus glaubt und davon ausgehend sagt: (der jetzt lebendige) Jesus ist auferstanden. Außerdem muss man zwischen der Auferweckung Jesu und der allgemeinen Auferweckung der Toten unterscheiden. Die Vorstellung der allgemeinen Totenauferweckung ist im Judentum zur Zeit Jesu weit verbreitet. Die frühen Christen konnten die Auferweckung Jesu vor diesem Hintergrund verstehen. Gleichwohl besteht ein grundsätzlicher Unterschied: Die Auferweckung Jesu ist ein Ereignis in der Zeit, das bezeugt und von dem erzählt werden kann. Demgegenüber spricht die Totenauferweckung von einer endzeitlichen und keiner bisherigen Erfahrung zugänglichen Erwartung. Die frühen Christen bringen beide Vorstellung so zusammen, dass sie die Auferweckung Jesu als Ankündigung und Garant der allgemeinen Totenauferweckung verstehen (vgl. Kol 1,18 „der Erstgeborene aus den Toten").

Alle neutestamentlichen Schriften stimmen darin überein, dass es für die Auferweckung Jesu keine Augenzeugen gibt. Zwar ist von Erscheinungen Jesu vor den Jüngern und anderen Nachfolgern die Rede (z. B. Kor 15,5ff.), für die Auferweckung selbst gibt es jedoch kein solches Zeugnis. Aussagen über die Auferweckung Jesu sind vom Anfang christlicher Verkündigung an und prinzipiell *Glaubensaussagen*. Sie sagen etwas aus über den Glauben derer, die dies bezeugen. Der Versuch, die Auferweckung Jesu als tatsächliches Geschehen zu beweisen, kann deshalb nicht gelingen.

Am Anfang steht der Auferweckungsbotschaft das Bekenntnis „Jesus ist auferweckt worden" (Röm 10,9; 1Kor 6,14; 15,15 u. ö.). Bald treten weitere Aussagen hinzu. Dabei wird die Auferweckung in verschiedene Vorgänge unterteilt (Tod, Auferweckung, Erhöhung zur Rechten Gottes) und stärker auf Christus selbst bezogen (1Petr 1,21; 1Thess 1,10; Eph 1,20). Eine viergliedrige Aussage findet sich in Röm 8,34: „Christus Jesus ist hier, der gestorben ist, ja viel mehr, der auch auferweckt ist, der zur Rechten Gottes ist und uns vertritt." Ähnlich formuliert 1 Kor 15,3–5; hier sind Sterben und Auferweckt-Werden erweitert durch die Bestattung und die Erscheinungen.

Die Evangelien *erzählen* von der Auferweckung Jesu. Aber auch hier bleibt die Zurückhaltung bestehen: Das Geschehen selbst wird nur angedeutet. Durch die Übertragung des Bekenntnisses in Erzählung entstehen aber neue Aussagen, die sich aus dem Bekenntnis heraus entwickeln, wie Mk 16,1–8 erkennen lässt. Im Zentrum steht die Begegnung der Frauen mit dem Engel im Grab. Seine Aussage „er ist auferweckt worden" (V. 6) wird in einen Erzählzusammenhang gestellt: „Ihr sucht Jesus, den Nazarener, den Gekreuzigten. Er ist nicht hier, siehe der Platz, wo sie ihn hinlegten." V. 7 schließt den Auftrag an die Jünger an, nach Galiläa zu gehen, wo sie Jesus sehen sollen (vgl. 14,28). Die Erzählung hat also die Auferweckungsaussage als Zentrum, die nun aber im Rahmen einer Erzählung anschaulich gemacht wird. Daraus ergibt sich, dass das Grab nicht der Ort sein kann, an dem der Auferweckte zu finden ist. Das leere Grab ist kein Beweis der Auferstehung, sondern ein Zeichen, das jedoch mehrdeutig bleibt, so lange es nicht zu einer Begegnung mit dem Auferweckten kommt.

Matthäus, Lukas und Johannes stellen spätere Stadien der Überlieferung dar.

Gemeinsam ist ihnen, dass sie das leere Grab gegen Zweifel verteidigen und von Erscheinungen Jesu erzählen. Mt 28,1–7 spricht von einem Erdbeben, dem Kommen eines Engels aus dem Himmel und der Furcht der Frauen. In V. 8–10 begegnet Jesus den Frauen und sie fallen vor ihm nieder, wie man vor Gott niederfällt. Mit dem Motiv der Grabwache und des Betruges der Priester nimmt Matthäus den Vorwurf auf (28,13.15), die Jünger hätten den Leichnam Jesu gestohlen. Für Lukas ist die Frage „Was sucht ihr den Lebenden bei den Toten?" (24,5) zentral. Die Suche nach dem Leichnam ist betont (V. 3.12). Petrus ist Zeuge des leeren Grabes, weiß aber ebenso wenig wie die Frauen, was er damit anfangen soll (24,22–24). Die Emmauserzählung verbindet ein Lehrgespräch, bei dem Jesus die Schrift auslegt (V. 17–27), mit dem Wiedererkennen beim Mahl (V. 28–32). Johannes konzentriert das Motiv des Zweifelns auf Thomas und weist zugleich darüber hinaus: „Selig sind, die nicht sehen und doch glauben" (Joh 20,29). Damit schafft er eine Brücke zu den Leserinnen und Lesern seiner eigenen Zeit, die den irdischen Jesus selbst gar nicht mehr kennen. Vergleicht man die verschiedenen Versionen, kann man erkennen, wie von Markus ausgehend eine Anreicherung mit weiteren Motiven erfolgt. Hier liegt eine vergleichbare Entwicklung wie bei dem Bekenntnis vor. Ausgangspunkt ist aber auch hier die Auferweckungsformel.

Wenn Gott sich in der Auferweckung zu Jesus bekennt, erscheint auch der Tod Jesu in einem anderen Licht. Ein schmachvoller Verbrechertod konnte nach gängigem Urteil kein Ereignis sein, von dem man Heil erwartete. Aus diesem Grund ist die Behauptung einer positiven Bedeutung des Todes Jesu in jüdischer Perspektive ärgerlich und in heidnischer Perspektive dumm. Mit beiden Positionen setzt Paulus sich auseinander (1Kor 1,23), und innerhalb der christlichen Gemeinden kommt es auch zu verschiedenen Deutungen des Todes Jesu. Als Katalysator für diesen Deutungsprozess dient die Bibel Israels. Eine wichtige Rolle spielt die Tradition vom leidenden Gottesknecht aus Jes 53. Verschiedene nt.liche Deutungen gehen auf dieses prophetische Bild zurück: Von einer Vertauschung der Rollen spricht Jes 53,4f. („Die Strafe liegt auf ihm, auf dass wir Frieden hätten …"); das „Lamm, das zur Schlachtbank geführt wird" (Jes 53,7), kann mit Christus verbunden werden (1Kor 5,7); die Rede vom Schuldopfer in Jes 53,10 ermöglicht den Gedanken vom Lösegeld (Mk 10,45; 1Kor 6,20; 7,23). Auch die Bestimmungen des Opferkultes (Lev 4–5) und des Opfers am Versöhnungstag (Lev 16) werden aufgegriffen (Röm 3,25). Und Markus erzählt die Kreuzigung in Anlehnung an Ps 22. Aus der heidnischen Umwelt wirkt die Vorstellung vom ehrenvollen Sterben für die Familie, die Freunde oder die Stadt nach. Aus diesen verschiedenen Traditionen schöpfen die frühen Christen. Generell gilt: Die Rede vom Opfertod Jesu ist metaphorische Rede und nicht mit historischen Aussagen zu verwechseln. Sie ermöglicht es, seinen Tod in einen Sinnhorizont einzufügen und verstehbar zu machen.

Deshalb muss man, um vom Heil in Jesus Christus sprechen zu können, Auferweckung und Tod Jesu zusammensehen, und zwar in dieser Reihenfolge. Erst der Glaube daran, dass Gottes Schöpferkraft Jesus neu ins Leben gerufen hat, gibt dem Tod Jesu eine Bedeutung „für uns". Der Glaube an die Auferweckung stellt das Leben in den weiten Horizont des Handelns Gottes. Welt und Wirklichkeit sind nach biblischem Verständnis ohne Gott nicht vorstellbar. Mit Gottes Möglichkeiten und seiner Leben schaffenden Kraft zu rechnen ist für die nt.lichen Autoren kein Zeichen von Weltfremdheit, sondern gerade von Weltzugewandtheit. Wer auf Gott vertraut, kann auch über die Grenze des Todes hinaus hoffen und in der Auferweckung Jesu einen festen Grund für diese Hoffnung finden.

17.5 Anregungen für den Unterricht

Die Auferweckung Jesu und die Bedeutung seines Todes lassen sich nicht auf Realität und Historie eingrenzen. Einer objektiven Befragung erschließen sie sich nicht. Gerade aus diesem Grund sind sie geeignet für theologische Gespräche mit Kindern und Jugendlichen, in denen es nicht um objektive Richtigkeit, sondern um die Frage der Bedeutsamkeit geht.

1) Was würde sich ändern, wenn man statt „ich glaube an die Auferstehung der Toten" nach der Zustimmung zu dem Satz „ich glaube an die Schöpferkraft Gottes" fragen würde. Daraus ergibt sich die allgemeinere Frage, wie man von der Auferweckung so sprechen kann, dass der Fokus auf dem Gott der Lebenden und der Toten liegt, also z. B. „Gott hat Möglichkeiten über mein Leben hinaus" oder „ich hoffe, dass Gott für mich da ist, wenn ich sterbe".
An Umfrageergebnisse kann man weitere Rückfragen anschließen und mit den Schüler/-innen theologische Gespräche initiieren: Wenn mit dem Tod alles aus ist – welche Konsequenzen hat dieser Satz für das Leben? Möchte ich in einer Welt leben, in der der Tod das definitiv letzte Wort hat? Wie würde diese Welt aussehen? Und umgekehrt: Welche Konsequenzen hat der Glaube an die Auferweckung Jesu, wenn ich ihm Bedeutsamkeit zuschreibe?

2) Das bekannte Gedicht von Marie Luise Kaschnitz „Glauben Sie, fragte man mich, an ein Leben nach dem Tod?"[9] bringt die Hoffnung auf Auferweckung und die Schwierigkeit, sie in Sprache zu fassen, unüberbietbar zusammen:

> Glauben Sie fragte man mich
> An ein Leben nach dem Tode
> Und ich antwortete: ja
> Aber dann wusste ich
> Keine Auskunft zu geben

---

[9]   Das ganze Gedicht bei Kaschnitz, Gesammelte Werke 5, 504f.

Wie das aussehen sollte
Wie ich selber
Aussehen sollte
Dort

„Die überwiegende Mehrheit der Schülerinnen und Schüler kann sich nicht vorstellen, das nach dem Tod ‚nichts' ist. Ihre Hoffnung, dass es danach irgendwie weitergeht, ist sicherlich häufig vage und speist sich synkretistisch aus unterschiedlichen Quellen. Hervorzuheben ist jedoch, dass diese jenseitige Hoffnung fast durchweg positiv qualifiziert ist. … Religionsdidaktisch sollte dieses Gespür ernst genommen und bei diesem angesetzt werden. … Sehr wohl können – und sollten – allerdings die Konsequenzen reflektiert werden, die sich aus den jeweiligen Vorstellungen und Glaubensinhalten ergeben. Welche Vorstellungen, Hoffnungen, Bilder helfen, den Einzelnen in ihrem Leben und in der Konfrontation mit ihrem Tod, mit dem anderer und mit ihren eigenen? Was trägt?"[10]

Literatur zum Weiterlesen
Petzold: Kreuz und Auferstehung
Pohl-Patalong: Kaum zu glauben und doch so wichtig
Müller: Schlüssel zur Bibel, 202–214

---

[10] Pohl-Patalong, Kaum zu glauben, 208f.211.

18. Dieser ist mein geliebter Sohn (Mt 3,17)

Auf die Frage „Wer kennt die Email-Adresse von Gott" im Internetforum „Gute-Frage.net. Die Ratgeber Community" (www.gutefrage.net/frage/wer-kennt-die-email-adresse-von-gott am 30.11.2013) finden sich u. a. folgende Antworten:

- gott@himmel.de;
- Du brauchst keine Adresse. Geht alles direkt, Gedankenübertragung;
- Die Frage wäre ja auch bei welchem Provider sich Gott anmelden würde. Er braucht schon eine ziemlich gute Datenleitung. Welcher Anbieter käme da in Frage?

Natürlich ist die Frage nicht ernst gemeint. Sie ist aber zeitgemäßer Ausdruck für die durchaus ernsthafte Frage, wie Kommunikation mit Gott möglich ist, ob und wie man ihn erkennen und mit ihm in Kontakt treten kann. Diese Frage begleitet den Glauben an Gott von Anfang an. Im NT ist immer von Jesus die Rede, wenn es um die Frage geht, wie Gott und Mensch in Beziehung zueinander treten: „Niemand hat Gott je gesehen; der Eingeborene, der Gott ist und in des Vaters Schoß ist, der hat ihn uns verkündigt" (Joh 1,18). In diesem Kapitel geht es darum,

- die grundlegende Bedeutung Jesus Christi für das nt.liche Gottesverständnis deutlich zu machen;
- die Bedeutung der Bezeichnung „Gottessohn" zu klären;
- frühe Entwicklungen in der Christologie aufzuzeigen
- und Anregungen für die unterrichtliche Konkretisierung zu geben.

Im NT ist vielfach von Jesus als dem Christus, dem Gottessohn oder dem Retter die Rede. Diese sogenannten Hoheitstitel sind Glaubensaussagen; sie werden Jesus nach seinem Tod und seiner Auferweckung zugeschrieben, mit verschiedenen Akzenten in den einzelnen nt.lichen Schriften.

18.1 Gottessohnschaft und Gehorsam

Matthäus erzählt am Anfang seines Evangeliums Geschichten vom „Ursprung Jesu": Der Stammbaum (1,1–17) ordnet ihn nicht nur in die Geschichte des Volkes Israel ein, sondern diese Geschichte läuft auf ihn hinaus; Herkunft und Geburt weisen ihn als von Gott kommend aus (1,18–25); sein Name ist Programm (1,21; Jesus – Jahwe ist Hilfe); Heiden kommen, um dem Kind zu huldigen, das zugleich in tödlicher Gefahr steht (Kapitel 2); at.liche Zitate zeigen, dass sich in diesem Kind erfüllt, wovon bereits das AT sprach (1,22f.; 2,17f.22f.).

Am Anfang seiner öffentlichen Wirksamkeit kommt Jesus an den Jordan, um sich von Johannes taufen zu lassen (3,13–17). Dass er als der Größere vom Geringeren die Taufe erbittet, wird ausdrücklich thematisiert. Jesus begründet dies damit, dass „alle Gerechtigkeit" erfüllt werden müsse (V. 14). Gerechtigkeit ist ein Zentralbegriff bei Matthäus. Die Wendung „alle Gerechtigkeit erfüllen" geht weit über die konkrete Situation hinaus, und zwar sowohl für Jesus selbst als auch für die, die ihm nachfolgen. Jesus erfüllt alle Gerechtigkeit, indem er sich dem Willen Gottes unterordnet; die unmittelbar folgende Versuchungsgeschichte zeigt dies ebenso wie der programmatische Satz der Bergpredigt in 5,17 oder die Gethsemaneperikope in 26,36–45, und für die Nachfolger gilt die Forderung der „besseren Gerechtigkeit" in 5,20 und das konkrete Tun in 7,24–27: „Der Gottes Willen gehorsame Jesus wird zum Ur- und Vorbild der Christen."[1]
Bei der Taufe (3,16–17) stellt eine Himmelsstimme Jesus vor:

> 16 Und als Jesus getauft war, stieg er gleich herauf aus dem Wasser; und siehe, da tat sich ihm der Himmel auf, und er sah den Geist Gottes wie eine Taube herabfahren und über sich kommen. 17 Und siehe, eine Stimme vom Himmel herab sprach: Dies ist mein lieber Sohn, an dem ich Wohlgefallen habe.

Jesus, der von Ursprung und Geburt her schon als Sohn Gottes dargestellt ist, wird jetzt Johannes und dem Volk ausdrücklich als Gottessohn vorgestellt.

> Im AT können das Volk Israel als Ganzes (Hos 11,1), der König aus der Daviddynastie (2Sam 7,14; 1Chr 22,10; Ps 2,7; 89,27f.) und einzelne Gerechte als Söhne Gottes bezeichnet werden. Ps 2,7 „Du bist mein Sohn, heute habe ich dich gezeugt" ist als Erklärung Gottes beim Amtsantritt des Königs zu verstehen, mit der der König als Sohn Gottes eingesetzt wird. Diese Stelle steht im Hintergrund von Mt 3,17. Neben Ps 2,7 ist aber auch Jes 42,1 angesprochen: Dort ist vom Knecht und Auserwählten Gottes die Rede, der Gottes Geist empfängt und der als Beauftragter Gottes in einer besonderen Beziehung zu ihm steht. In die Sohnesbezeichnung sind diese Vorstellungen von der Beauftragung und Geistbegabung mit eingeflossen.

Gottessohn ist Jesus für Matthäus gerade darin, dass er sich dem Willen Gottes unterstellt. Zwar zeigt sich die Gottessohnschaft Jesu bereits in den Umständen von Geburt[2] und Kindheit sowie in seiner Vollmacht Wunder zu tun. In der Taufperikope und einigen vergleichbaren Erzählungen wird sie aber vor allem mit dem Gehorsam und dem Tun des Willens Gottes verbunden.

---

[1]   Luz, Mt I, 154.
[2]   Dies ist aber nur bei Matthäus und Lukas der Fall. Markus, Johannes und Paulus kennen keine besondere Geburt Jesu.

18.2 Kontexte

Die Tauferzählung endet mit „Dieser ist mein lieber Sohn, an dem ich Wohlgefallen habe." Genau darauf bezieht sich der Teufel in der unmittelbar anschließenden Versuchungserzählung. Er fordert Jesus auf, sich nun als Gottessohn zu verhalten: Da muss er doch Steine in Brot verwandeln und Hunger bannen können (V. 3); auch gelten leibliche Gefahren für den Gottessohn nicht, wie es die Schrift schon sage (V. 6). Das zweimalige „bist du Gottes Sohn" fordert Jesus dazu auf, die Gottessohnschaft zu demonstrieren. Dass genau darin die Versuchung liegt, wird im Vergleich mit der Tauferzählung deutlich: Dort ist der Gottessohn derjenige, der „alle Gerechtigkeit erfüllt" und sich dabei auch dem Geringeren unterordnet. Dem Teufel geht es dagegen um Macht; das zeigt die dritte Versuchung (V. 8f.), in der er Jesus alle Königreiche der Welt anbietet.

Mit dem Wort aus Dtn 8,3 („dass der Mensch nicht lebt vom Brot allein, sondern von allem, was aus dem Mund des Herrn geht") wehrt Jesus die erste Anfrage ab. Daraufhin greift der Teufel selbst zur Schrift (V. 5f.), um Jesus zu veranlassen, als Sohn Gottes für sich selbst zu sorgen. Mit Hilfe von Dtn 6,16 weist Jesus dieses Ansinnen des Teufels zurück und bestreitet ihm damit das Recht, sich auf die Schrift zu berufen. Auch der dritten Versuchung verweigert Jesus sich mit einem Schriftwort (Dtn 6,13).

Die Erzählung in Mt 17,1–9 spielt ebenfalls auf einem „hohen Berg". Dort erscheint Jesus einigen Jüngern (Petrus, Jakobus, Johannes) verklärt in übernatürlichem Licht; Mose und Elia kommen und sprechen mit ihm. Der Vorschlag des Petrus, Hütten zu bauen, versucht diese Erscheinung festzuhalten. Dies aber wird durch die Stimme Gottes abgewehrt. Sie wiederholt die Vorstellung, die schon bei der Taufe Jesu hörbar wurde: „Dieser ist mein lieber Sohn, an dem ich Wohlgefallen habe", ergänzt sie nun aber durch die Aufforderung „den sollt ihr hören!". Aufgabe der Jünger ist nicht das himmlische Licht festzuhalten, sondern sich an der Verkündigung Jesu zu orientieren (wie sie in den Reden Jesu zusammengefasst ist). Und unmittelbar nach der Verklärungsepisode spricht Jesus vom bevorstehenden Ergehen des Menschensohns. Die Verkündigung und das Ergehen Jesu, das auch sein Leiden einschließt, sind die Orientierungspunkte für die Jünger.

Ganz auf dem Gehorsam Jesu liegt der Akzent in der Gethsemaneepisode in 26,36–46: „Nicht wie ich will, sondern wie du willst" (V. 39). Was sich in der Tauferikope andeutet, wird in den folgenden Episoden ausgeführt: Jesus „erfüllt alle Gerechtigkeit", nimmt dafür auch Leiden in Kauf und erweist sich als der, der Gott gegenüber gehorsam ist. Die Gottessohnschaft hebt nach Matthäus nicht in erster Linie übernatürliche Fähigkeiten hervor, wenngleich im Evangelium auch von Machterweisen Jesu die Rede ist, die seine Verkündigung unterstreichen (vgl. den Zusammenhang von Verkündigung und Wundern in Mt 5–7 und 8–9). Sie zeigt sich vielmehr und vor allem in der Beziehung Jesu zu Gott und dem Gehorsam ihm gegenüber. Diese Beziehung wird in Mt 11,25–30 exemplarisch vorgestellt und zugleich für die Jünger geöffnet.

> 25 Zu der Zeit fing Jesus an und sprach: Ich preise dich, Vater, Herr des Himmels und der Erde, weil du dies den Weisen und Klugen verborgen hast und hast es den Unmündigen offenbart. 26 Ja, Vater; denn so hat es dir wohlgefallen. 27 Alles ist mir übergeben von meinem Vater; und niemand kennt den Sohn als nur der Vater; und niemand kennt den Vater als nur der Sohn und wem es der Sohn offenbaren will. 28 Kommt her zu mir, alle, die ihr mühselig und beladen seid; ich will euch erquicken. 29 Nehmt auf euch mein Joch und lernt von mir; denn ich bin sanftmütig und von Herzen demütig; so werdet ihr Ruhe finden für eure Seelen. 30 Denn mein Joch ist sanft, und meine Last ist leicht.

Die enge Beziehung zwischen Gott, dem Vater, dem Herrn des Himmels und der Erde, und Jesus hat sozusagen als Außenseite Sanftmut und Demut, die mit dem Gehorsam korrespondieren. In den Seligpreisungen wird dies auf die Jünger bezogen, und das „Lernen von Jesus" greift das Hören auf ihn aus der Verklärungsepisode auf. Den Abschluss des Evangeliums in 28,16–20 bildet wiederum eine Bergszene. Sie steht mit der Versuchungsgeschichte (4,1ff.), der Verkündigung auf dem Berg (Mt 5–7) und der Verklärung (17,36ff.) in Zusammenhang. „Mir ist gegeben alle Gewalt im Himmel und auf Erden" sagt der auferstandene Jesus, aber gerade nicht vom Teufel gegeben, sondern von Gott, der sich nicht zuletzt im Leiden auf Jesu Seite gestellt und ihn von den Toten auferweckt hat.

18.3 Gott zeigt sich in Jesus Christus

Das NT greift vielfach auf Gottesvorstellungen aus dem AT zurück[3]: Gott ist Schöpfer und Herr der Welt (Mt 5,34f.; 11,25), bei ihm ist nichts unmöglich (Mk 10,27; Lk 1,37). Er hat sich Israel erwählt und durch die Geschichte begleitet (Apg 13.17; Röm 9–11); durch Mose hat er das Gesetz gegeben (Mk 9,4parr; Joh 1,17 u. ö.), und er hat die Propheten gesandt, die daran erinnerten (Mk 7,5; Mk 9,4.12 u. ö.); er ist der Richter (Mt 13,24ff.), der ohne Ansehen der Person richtet (Röm 2,11; 1Petr 1,17), aber er erbarmt sich auch der Sünder (Lk 15,3ff.). Wie im AT geht es nicht um Gott „als solchen", sondern um Gott, der in Beziehung zum Menschen tritt (Röm 5,5; Joh 3,16).

Auch in der Terminologie sind at.liche Vorstellungen lebendig.[4] Der Gottesname Jahwe wurde schon in der Septuaginta* zum griechischen *kyrios* und wird ent-

---

[3]   Zur Gottesvorstellung im NT gibt es nur wenige eigenständige Untersuchungen. Mehrfach ist auf diese Lücke hingewiesen worden, z. B. bei Hurtado, God, 1–26.

[4]   Vgl. hierzu und zum folgenden Gnilka, Gottesgedanken, 144–150.

sprechend auch im NT verwendet.[5] Ebenso ist die Gottesbezeichnung „der Höchste" im AT vorgeprägt (Gen 14,18–22 LXX) und spielt in der zwischentestamentlichen Zeit in der Auseinandersetzung mit griechischem Denken eine wichtige Rolle. Himmel (Mk 11,30) oder Kraft (Mk 14,62) sind Umschreibungen Gottes wie auch „der Hochgelobte" (Mk 14,61). Häufig bringt das passivum divinum* göttliches Handeln zum Ausdruck (z. B. Mt 5,4). Auch die Vateranrede Gottes kann auf at.lich-jüdische Vorbilder zurückgreifen[6]; ihre Häufigkeit im NT ist aber darin begründet, dass sie besonders in der Jesusüberlieferung beheimatet ist. Oft findet sich natürlich das griechische *theos* als Gottesbezeichnung, auch in der Verbindung „Gott der Herr" (*kyrios ho theos*), mit dem aber immer der eine und einzige Gott der at.lich-jüdischen Tradition gemeint ist. Charakteristisch ist der Beginn der Missionsrede des Petrus im Anschluss an die Heilung eines Gelähmten (Apg 3,13): „Der Gott Abrahams und Isaaks und Jakobs, der Gott unsrer Väter, hat seinen Knecht Jesus verherrlicht, den ihr überantwortet und verleugnet habt vor Pilatus, als der ihn loslassen wollte …" Zwar kritisiert Petrus das Verhalten der jüdischen Entscheidungsträger, er beruft sich aber ausdrücklich auf den „Gott unserer Väter", und stellt sich damit in die Kontinuität des jüdischen Gottesverständnisses hinein. Allerdings zielt der Rückgriff auf den „Gott unserer Väter" auf den „Knecht Jesus" und setzt damit einen neuen Akzent. Beides, Kontinuität mit dem at.lichen Denken und eigene Akzentsetzung, kommen in Hebr 1,1–4 besonders deutlich zum Ausdruck.

Nachdem Gott vorzeiten vielfach und auf vielerlei Weise geredet hat zu den Vätern durch die Propheten, 2 hat er in diesen letzten Tagen zu uns geredet durch den Sohn, den er eingesetzt hat zum Erben über alles, durch den er auch die Welt gemacht hat. 3 Er ist der Abglanz seiner Herrlichkeit und das Ebenbild seines Wesens und trägt alle Dinge mit seinem kräftigen Wort und hat vollbracht die Reinigung von den Sünden und hat sich gesetzt zur Rechten der Majestät in der Höhe 4 und ist so viel höher geworden als die Engel, wie der Name, den er ererbt hat, höher ist als ihr Name.

Dieser Eingangsabschnitt des Briefes ist in verschiedener Hinsicht beachtenswert[7]: Die Kontinuität zwischen „vielfach, auf vielerlei Weise" und „in den letzten Tagen" liegt darin, dass Gott in Aufnahme at.licher Vorstellungen als „redender Gott" verstanden wird, der dem Volk Israel in seinem Wort nah kommt und sich darin erschließt (vgl. z. B. Ex 3). Trotz der Kontinuität der Gottesrede unterscheidet sich das Reden durch den Sohn aber von den Propheten: Es ist endgültige Rede durch den Sohn, der als „Ebenbild" in einer grundlegend anderen Beziehung zu Gott steht als die Propheten. Die Kontinuität der Gottesrede

---

5   Der Kyrios-Titel wird nachösterlich aber auch auf Christus übertragen und bezeichnet besonders bei Paulus den auferweckten und gegenwärtigen Herrn.

6   Vgl. oben, 145–147.

7   Vgl. ausführlich Gräßer, Hebr I, 46–69.

führt dazu, dass eigene Betrachtungen zur Gottheit Gottes nicht angestellt zu werden brauchen; Gott ist ja der, der sich in der Geschichte des Volkes schon längst offenbart hat. Die Ausnahmestellung des Sohnes führt aber dazu, dass nun auf ihn der Hauptakzent gelegt wird. Hierin spiegelt sich auch die Taufperikope der Synoptiker, in der Gott als Redender auftritt, der aber von sich weg und auf Jesus hinweist. So sehr die nt.liche Rede von Gott die Rede von Gott im AT voraussetzt, so sehr konzentriert sie sich auf das Verhältnis Gottes zu Jesus Christus. Darin liegt die Besonderheit der Gottesrede im NT.

Nach Röm 1,1–4 ist das Evangelium Gottes durch die Propheten in den heiligen Schriften verheißen, nämlich die Botschaft von seinem Sohn, der Nachkomme Davids, aber durch die Auferweckung von den Toten zum Sohn Gottes eingesetzt ist. Der Anfang des Johannesevangeliums hält programmatisch fest „Niemand hat Gott je gesehen; der einziggeborene Sohn, der in des Vaters Schoß ist, der hat ihn uns „ausgelegt" (1,18). Im Rahmen des vierten Evangeliums ist das Sehen nicht lediglich auf visuelle Wahrnehmung beschränkt, sondern schließt Bekanntschaft und Zugang ein: Niemand hat Zugang zu Gott außer dem Sohn, der ihn offenbart hat. Die Vorstellung von Jesus als dem Bild Gottes (2Kor 4,4; Kol 1,15; Hebr 1,2f.) zielt in dieselbe Richtung: Wer von Gott reden will, muss von Jesus Christus als seinem Sohn reden; in diesem Menschen wird Gott sichtbar und hörbar.

Dies führt dazu, dass im Lauf der nt.lichen Traditionsbildung zunehmend Gottesprädikate auf Jesus übertragen werden. So wird Jesus häufig mit der at.lichen Gottesbezeichnung *kyrios* – Herr angesprochen (Mt 8,25; 14,30; Lk 2,11; Joh 20,28) oder bekannt (Röm 10,9; 1Kor 12,3). Nach Kol 2,9 wohnt in Jesus die ganze Fülle der Gottheit. Joh 1,1f. stellt Gott und „das Wort" untrennbar nebeneinander, und am Ende des Evangeliums spricht Thomas Jesus mit den Worten „Mein Herr und mein Gott" an (20,28).

Gerade bei Johannes werden Jesus und Gott aufs engste zusammengestellt (17,5.24 u. ö.), bis hin zu der Spitzenaussage in 10,30 „Ich und der Vater sind eins." Der Sohn war bei der Erschaffung der Welt nicht nur dabei, sondern durch Jesus als Wort Gottes sind alle Dinge gemacht.[8] Wer Jesus sieht, der sieht den Vater (12,45). Trotz solcher Aussagen unterscheidet das Evangelium zwischen dem „allein wahren Gott" und seinem Gesandten Jesus Christus. „Der Vater, der mich gesandt hat" (5,23) schlägt die Brücke zur Sohnesaussage: Diese Selbstbezeichnung Jesu ist charakteristisch für das vierte Evangelium (3,16f.35f.; 5,19–26; 6,40; 8,35f.; 14,13; 17,1); von ihr und vom „Vater-Sohn-Verhältnis" aus lässt sich das Gesamtwerk erschließen.

Auch andere Stellen sprechen in göttlicher Terminologie von Jesus. Dass Christus „Gott ist über alles" (Röm 9,5), dass wir auf die „Erscheinung der Herrlichkeit unseres großen Gottes und Heilandes, Jesus Christus, warten" (Tit 2,13) oder dass von der „Freundlichkeit und Menschenliebe Gottes, unseres Heilandes" die Rede ist (Tit 3,4),

---

8   Hier sind at.lich-jüdische Vorstellungen von der göttlichen Weisheit (vgl. Spr 8,22–31; Weish 7,22; 8,4; 9,1–4) personifiziert und auf Jesus übertragen.

rückt Jesus Christus nah an Gott heran. Im Gebet können Gott, der Vater, und der Herr Jesus Christus angesprochen werden (z. B. 1Thess 3,11f.).

Die Gottessohnschaft wird demnach im Lauf der Entwicklung nt.licher Theologie in zeitlicher und räumlicher Hinsicht ausgeweitet: Zeitlich in die Vergangenheit bis hin zur Schöpfung und in die Zukunft bis in die Endzeit, räumlich bis zu den Enden der Erde und in den Himmel hinein. Dadurch bekommen die Vorstellungen von Gott, die aus at.lich-jüdischer Tradition aufgenommen sind, bei aller Kontinuität eigenständige Akzente[9]: Gott ist Schöpfer des Himmels und der Erde, dem nun aber an verschiedenen Stellen der präexistente Christus als Schöpfungsmittler an die Seite tritt; das Handeln Gottes an seinem Volk wird ausgeweitet auf „alle Völker" (Mt 28,18–20) und erhält insgesamt eine stärker endzeitliche Ausrichtung (Mk 1,15); die Bestimmungen der Tora werden aufgegriffen (Mt 5,17–20), zugleich aber aus der Perspektive der Jesusverkündigung modifiziert. Die Offenbarung Gottes, von der das AT auf vielerlei Weise spricht, bleibt als unaufgebbare Grundlage erhalten; in Jesus Christus aber zeigt Gott sich endgültig. Theologische und christologische Aussagen gehören im NT zusammen wie die beiden Seiten einer Münze.

18.4 Exkurs: Christologische Entwicklungen

Die Entwicklung der Christologie und ihre verschiedenen Akzente lassen sich bei Paulus und in den Eingangsabschnitten der Evangelien gut zeigen. In Röm 1,3–5 greift Paulus auf eine ihm bereits vorliegende Tradition zurück:

> Röm 1,3–5: … zu predigen das Evangelium Gottes, … 3 von seinem Sohn Jesus Christus, unserm Herrn, der geboren ist aus dem Geschlecht Davids nach dem Fleisch, 4 und nach dem Geist, der heiligt, eingesetzt ist als Sohn Gottes in Kraft durch die Auferstehung von den Toten. 5 Durch ihn haben wir empfangen Gnade und Apostelamt, in seinem Namen den Gehorsam des Glaubens aufzurichten unter allen Heiden, 6 zu denen auch ihr gehört, die ihr berufen seid von Jesus Christus.

„Dem Fleisch nach", d.h. als Mensch, ist Jesus dem Geschlecht Davids zuzuordnen. „Dem Geist nach" ist er zum Sohn Gottes eingesetzt, und zwar durch die Auferstehung von den Toten. Beides zusammen, die menschliche Herkunft und die Einsetzung zum Gottessohn, ist in der Bezeichnung „Jesus Christus" verdichtet. In dem Traditionsstück ereignet sich der Wandel von Jesus „nach dem Fleisch und nach dem Geist" in der Auferstehung. Dies ist aber nicht in allen biblischen Schriften der Fall. Vielmehr lässt sich gerade bei der Frage, ab wann Jesus als „Sohn Gottes" bezeichnet wird, eine Entwicklungslinie erkennen. Im

---

[9]   Hahn, Theologie II, 84f.

Markusevangelium wird Jesus bei seiner Taufe von Gott als Sohn angenommen
(Mk 1,9–11). Deshalb spricht man von einer „adoptianischen Christologie".
Matthäus und Lukas erzählen auf unterschiedliche Weise von einer wunderbaren
Geburt, die bereits am Beginn des Lebens Jesu Herkunft von Gott deutlich macht
und ein besonderes Verhältnis zwischen Jesus und Gott begründet. Johannes
kennt (wie auch Markus und Paulus) keine Jungfrauengeburt, geht aber gleichwohl über Matthäus und Lukas noch hinaus. Für ihn ist Jesus von allem Anfang
an bei Gott und mit Gott eins (1,1f.). Die ganze Schöpfung verdankt sich ihm
(1,3f.). Er wird Mensch (Joh 1,14) und kehrt nach der Erfüllung seines Auftrags
zu seinem Vater zurück. Wir haben es im Neuen Testament also mit verschiedenen christologischen Vorstellungen zu tun. Dies ist zwar noch nicht mit den
späteren dogmatischen Festlegungen „wahrer Mensch und wahrer Gott" gleich-
zusetzen; schon im Neuen Testament zeigen sich aber unterschiedliche Akzente
im Verständnis dessen, was Jesus für die Glaubenden bedeutet.
Grundlegend ist für alle nt.lichen Schriften, dass sich Gott in Jesus Christus auf
unüberbietbare Weise gezeigt hat. Deshalb lassen nach ihrer Überzeugung die
Gleichnisse Jesu etwas von der Gottesherrschaft ahnen, bezeugt sein Handeln die
Nähe Gottes und eröffnen seine Mahnungen ein Leben nach Gottes Willen.
Wenn die frühen Christen Jesus als Offenbarer Gottes bezeichnen (Mt 11,27; Joh
17,6) geben sie zu verstehen, dass diese Offenbarung nicht in erster Linie in Lehr-
sätzen besteht, die kodifiziert werden können, sondern in einer Person, zu der
man in eine Beziehung treten kann.[10] An Jesus Christus kann man erkennen, wer
und wie Gott ist. Kol 1,15 spricht vom „Bild Gottes", das Johannesevangelium
wiederholt vom „Gesandten Gottes", zunehmend ist vom „Sohn Gottes" die Rede
bis hin zu Präexistenz und Schöpfungsmittlerschaft (Joh 1,1f.), Paulus spricht
vom *kyrios* als dem gegenwärtigen Herrn. Dies alles sind keine objektiven Be-
schreibungen, sondern Aussagen des Glaubens an Jesus

18.5 Anregungen für den Unterricht

1) „Er kommt aus seines Vaters Schoß und wird ein Kindlein klein", singt der
Knabenchor in der Probe. „Wer ist denn mit dem Kindlein gemeint?", fragt die
Chorleiterin. Ein Junge meldet sich. „Jesus", sagt er. „Richtig", sagt die Chorleite-
rin. Dann erklärt sie die nächste Strophe: „Gleich singen wir, wie Gott ein Kind
in der Krippe wird." Der Junge meldet sich wieder: „Ist das Kind in der Krippe
Gott?" – „Ja", sagt die Chorleiterin, „so kann man das sagen." – „Hat Gott
Eltern?", fragt der Junge. Die Chorleiterin stutzt. So hat sie noch nie darüber
nachgedacht.[11] Die Frage eignet sich gut als Einstiegsfrage in ein theologisches
Gespräch mit Kindern oder Jugendlichen.

---

[10]   Härle, Dogmatik, 94.
[11]   Weitz, Hat Gott Eltern?

2) Vergleich zweier Glaubensbekenntnisse[12]: Sie können einer „Christologie von unten", also ausgehend vom Menschen Jesus, und einer „Christologie von oben", die vom Gottessohn ausgeht, zugeordnet werden.

Dorothee Sölle, Glaubensbekenntnis	Apostolisches Glaubensbekenntnis, zweiter Artikel
Ich glaube an Jesus Christus, der recht hatte, als er ‚ein einzelner, der nichts machen kann‘, genau wie wir, an der Veränderung aller Zustände arbeitete und darüber zugrunde ging. An ihm messend erkenn ich, wie unsere Intelligenz verkrüppelt, unsere Phantasie erstickt, unsere Anstrengung vertan ist, weil wir nicht leben, wie er lebte. Jeden Tag habe ich Angst, dass er umsonst gestorben ist, weil er in unseren Kirchen verscharrt ist. Weil wir seine Revolution verraten haben In Gehorsam und Angst vor den Behörden. Ich glaube an Jesus Christus, der aufersteht in unser Leben, dass wir frei werden von Vorurteilen und Anmaßung, von Angst und Hass und seine Revolution weitertreiben auf sein Reich hin.	Und an Jesus Christus, seinen eingeborenen Sohn, unsern Herrn, empfangen durch den Heiligen Geist, geboren von der Jungfrau Maria, gelitten unter Pontius Pilatus, gekreuzigt, gestorben und begraben, hinabgestiegen in das Reich des Todes, am dritten Tage auferstanden von den Toten, aufgefahren in den Himmel, er sitzt zur Rechten Gottes, des allmächtigen Vaters; von dort wird er kommen zu richten die Lebenden und die Toten.

Literatur zum Weiterlesen
Theißen/Merz: Der historische Jesus, 447–492
Karrer: Jesus Christus im Neuen Testament
Hahn: Theologie des Neuen Testaments II, 205–260

---

[12] Das Glaubensbekenntnis von Sölle in Schmidt, Zum Gottesdienst morgen.

19. Gott ist Geist (Joh 4,24)

Vom Geistesblitz bis zur Geistesabwesenheit, vom guten Geist bis zum Ungeist, vom Zeitgeist bis zur Geisterstunde reicht die Palette der Geistbegriffe. Ähnlich schillernd und jedenfalls nicht anschaulich scheint es mit dem Geist Gottes zu stehen. Was die Kirche an Pfingsten feiert, können viele nicht (mehr) erklären, von persönlicher Bedeutsamkeit einmal ganz abgesehen. Demgegenüber hält Joh 4,24 fest: „Gott ist Geist, und die ihn anbeten, müssen ihn im Geist und in der Wahrheit anbeten." Leichter ist das gesagt als getan. In diesem Kapitel geht es darum,
- die Begegnung Jesu mit der Samariterin in Joh 4 nachzuzeichnen;
- diese Erzählung in den Kontext des Evangeliums einzuordnen;
- wichtige Aspekte der biblischen Rede vom Geist Gottes zu benennen;
- die Vorstellung von den Geistesgaben näher zu betrachten
- und Anregungen für die Umsetzung des Themas im Unterricht zu geben.

19.1 Garizim oder Zion?

In Joh 4,5–42 wird die Begegnung zwischen Jesus und einer Frau am Jakobsbrunnen bei Sychar in Samaria erzählt. Jesus bittet die Frau, ihm zu trinken zu geben (V. 8f.). Da „die Juden mit den Samaritern keinen Umgang pflegen" (V. 9), wehrt die Frau diese Bitte zunächst ab. Es kommt zu einem ersten Gesprächsgang (V. 10–15), in dem es um das „Wasser des Lebens" geht, das Jesus geben kann und das zum ewigen Leben führt. Die Frau missversteht dies und meint, dass sie dann nicht mehr zum Brunnen gehen müsse, um Wasser zu schöpfen. Danach zeigt Jesus der Frau, dass er ihre Lebensverhältnisse kennt; sie bezeichnet ihn daraufhin als Propheten (4,16–19), von dem sie nun eine Antwort auf die alte Streitfrage nach dem wahren Ort der Gottesverehrung erwartet, auf „diesem Berg" (dem Garizim) oder in Jerusalem (4,20–26). Jesus weist beide Möglichkeiten als unsachgemäß ab (V. 21–23):

21 Jesus spricht zu ihr: Glaube mir, Frau, es kommt die Stunde, da ihr weder auf diesem Berge, noch in Jerusalem den Vater anbeten werdet. 22 Ihr wisst nicht, was ihr anbetet; wir wissen aber, was wir anbeten, denn das Heil kommt von den Juden. 23 Es kommt aber die Stunde und ist schon jetzt, da die wahren Anbeter den Vater anbeten werden im Geist und in der Wahrheit; denn auch der Vater will solche als Anbeter haben. 24 Gott ist Geist, und die ihn anbeten, müssen ihn im Geist und in der Wahrheit anbeten.

Die Frau bezieht dies auf das Kommen des Messias, Jesus verweist dagegen auf
sich selbst. Während die Frau die Leute aus der Stadt holt, um den zu sehen, der
vielleicht der Christus ist (4,27–30), kommt es zu einem Gespräch zwischen Jesus
und den Jüngern über die wahre Speise, die die Jünger nicht kennen und die
darin besteht, dass Jesus den Willen dessen tut, der ihn gesandt hat (4,31–38).
Aufgrund des Zeugnisses der Frau glauben viele Samariter, „dass dieser wahr-
haftig der Christus ist" (4,39–42). Schon dieser Überblick macht deutlich, dass in
dieser Erzählung verschiedene Motive komplex verbunden sind. In dem hier
besonders interessierenden Abschnitt 4,20–26 geht es um die zwischen Juden
und Samaritern strittige Frage nach dem angemessenen Kultort.

> Dass nach 1Kön 17,23f. in Folge der Zerstörung Samarias 722 v. Chr. die Bevölkerung
> des Nordreichs außer Landes verschleppt und an ihrer Stelle Menschen aus anderen
> Ländern angesiedelt worden seien, trifft nur teilweise zu.[1] Auch der Jahwekult wurde
> nicht generell abgebrochen. Nach Esr 4,2f. wurde den Samaritern jedenfalls die Mit-
> arbeit am Wiederaufbau des Tempels in Jerusalem verweigert. Folgenschwer war der
> Bau eines Tempels auf dem Garizim, der um 330, zu Beginn der griechischen Herr-
> schaft (unter Rückgriff auf alte Traditionen, vgl. Dtn 11; 27; Jos 8)[2] durchgeführt
> wurde. Die Konkurrenz zum Tempel in Jerusalem vertiefte die Differenzen zwischen
> Nord und Süd (Sir 50,25f.; Test Lev 5,3f.; 6,3–11). Nach 2Makk 6,1–3; Josephus, ant
> XII 5,5 wurde der Tempel unter den Seleukiden* in einen Zeustempel umgewandelt.
> Die Zerstörung des Tempels durch die Hasmonäer* 112/11 führte zum Bruch zwi-
> schen Samaritern und Juden. Die Heirat von Herodes I (37–4) mit der Samariterin
> Malthake milderten die Spannungen etwas; unter dem Prokurator Coponius (6–9
> n. Chr.) verschärften sie sich jedoch wieder (provoziert durch Verstreuen von Toten-
> gebeinen im Tempelbereich, Josephus, Ant XVIII 2,2). Die Frage der Frau in Joh 4,20,
> ob Gott auf dem Garizim oder in Jerusalem verehrt werden soll, ruft diese Konfliktge-
> schichte wach.

Jesus wehrt die Frage der Frau ab. Weder auf dem Garizim noch in Jerusalem
wird „der Vater" angebetet. Was in V. 21 für die Zukunft angesagt ist („es
kommt die Stunde"), ist nach V. 23 schon eingetreten („und ist schon jetzt")[3]:
Die angemessene, wahre Weise Gott anzubeten ist die „im Geist und in der
Wahrheit", denn „Gott ist Geist". Dies liest sich wie eine Definition, ist aber
keine; nach 3,8 weht der Wind (pneuma heißt sowohl Wind als auch Geist), wo
er will; man kann ihn wahrnehmen, weiß aber nicht, woher er kommt und wohin
er geht. Was dort auf die „aus dem Geist Geborenen" angewandt wird (3,6), gilt
hier für Gott selbst: Er ist als aktive, schöpferische und bewegende Macht be-

---

[1]   Vgl. oben, 90.
[2]   Dort hatte nach samaritanischer Auffassung Abraham seinen Altar errichtet (Gen 12,7f.) und
      dort war auch der Ort der Stiftshütte*. Die zentrale Gestalt des samaritanischen Glaubens ist
      Mose; nur der Pentateuch* gilt als heilige Schrift, und mit Mose verbindet sich die Erwartung
      eines künftigen Propheten „wie Mose" (Dtn 18,15.18).
[3]   Ob 4,22 zum ursprünglichen Text gehört, ist umstritten. Auf jeden Fall wirkt der Vers zwischen
      V. 21.23 sperrig, denn in diesen beiden Versen beten weder Juden noch Samariter Gott auf an-
      gemessene Weise an, in V. 22 dagegen sind die Juden die Wissenden.

schrieben, die sich aber einer genauen Bestimmung entzieht. Dasselbe gilt für
1Joh 1,5; 4,8, wo von Gott gesagt wird, dass er „Licht" bzw. „Liebe" sei. Der Geist
ist, wie Licht und Liebe, Ausdruck der dem Menschen zugewandten Seite Gottes,
deren Wahrnehmung nicht an einen bestimmten Ort gebunden ist.

Auch die Weiterführung des kurzen Gesprächs in V. 25f. gibt einen Hinweis für
die Interpretation von V. 24. Die Frau deutet Jesu Äußerung auf das künftige
Kommen des „Messias, der Christus genannt wird", worauf Jesus auf sich selbst
verweist: „Ich bin es, der mit dir redet." Diese christologische Zuspitzung führt
V. 19 („Du bist ein Prophet") weiter. Die Frage nach der wahren Gottesvereh-
rung ist ohne die Offenbarung Gottes in Christus nicht zu beantworten, der die
Wahrheit ist und bezeugt (Joh 8,40.45f.; 14,6; 18,37) und der den „Geist der
Wahrheit" senden wird (Joh 15,26).

19.2 Kontexte

Joh 4,19–26 und die Erzählung insgesamt weisen einige für das Johannesevangelium typische Elemente auf. Von der „Stunde" ist mehrfach die Rede. Neben dem
chronologischen Gebrauch (z. B. 1,39; 4,6.52f.) ist an einigen Stellen ausdrücklich
von der Stunde Jesu die Rede. Mehrfach wird betont, dass diese Stunde (bzw.
„Zeit") noch nicht gekommen sei (2,4; 7,6.8.30.33.39; 8,20); ab 12,23 ändert sich
dies: „Die Stunde ist gekommen, dass der Menschensohn verherrlicht werde."
Nach 13,1 ist mit dieser „Stunde" die Passion insgesamt und besonders der Tod
gemeint, die Joh anders als die Synoptiker nicht als Tiefpunkt versteht (Mt 27,46
/ Mk 15,34), sondern als Verherrlichung (17,1: „Die Stunde ist da; verherrliche
deinen Sohn, damit der Sohn dich verherrliche"). Aus diesem Grund deutet
Johannes die Kreuzigung Jesu als Erhöhung (3,14; 8,28; 12,32), und er lässt Jesus
am Kreuz sagen „Es ist vollbracht" (19,30).

Dies erkennt aber nicht jeder. Dass sich in Jesu Tod in Wahrheit seine Sendung
vollendet und er zum Vater zurückkehrt, erkennen nur die Glaubenden, und sie
erkennen es durch den Geist, der sie in alle Wahrheit leitet (14,17; 15,26; 16,13)
und ihnen zeigt, dass Jesus selbst „der Weg, die Wahrheit und das Leben" ist
(14,6). Die Erhöhung Jesu am Kreuz ist zugleich die Voraussetzung für den
Geistempfang: „Der Geist war noch nicht da, denn Jesus war noch nicht verherrlicht" (7,39). Erst mit der Verherrlichung Jesu am Kreuz können die Glaubenden
den Geist empfangen (16,7; 19,30; 20,22).

„Die Stunde" ist für Johannes aber auch die Stunde der Begegnung mit Jesus.
Jesus stellt sich der Frau als der erwartete Messias vor (4,26). Wo Jesus sich als
derjenige offenbart, der von Gott gesandt ist, ist „die Stunde" da (4,23), in der
Gott in Geist und Wahrheit angebetet werden kann. In 5,25 heißt es deshalb: „Es
kommt die Stunde und ist schon jetzt, dass die Toten die Stimme des Sohnes
Gottes hören werden, und die sie hören, werden leben." Mit den „Toten" sind

dort nicht die Verstorbenen gemeint (sie werden in 5,28 eigens genannt), sondern die „in der Finsternis" sind, sich aber von Jesu Wort aus ihr herausrufen lassen ins Licht (1,4f.10–12).

Im Gespräch Jesu mit der Frau am Jakobsbrunnen zeigt sich eine weitere Besonderheit bei Johannes. Die Frau gewinnt ihre Erkenntnis, dass Jesus der Christus ist (4,29.39–42), erst durch Missverständnisse hindurch: Sie versteht nicht, was Jesus mit dem Hinweis auf das „lebendige Wasser" meint (4,10f.15), und sie sieht in Jesus einen Propheten (4,19), ohne zu ahnen, dass er der von Gott Gesandte ist. Erst in V. 29 fragt sie sich, ob Jesus der Messias sein könnte. Auf ähnliche Weise ist das Gespräch mit Nikodemus in Joh 3 strukturiert. Auf Grund der Zeichen Jesu[4] erwartet er von ihm Antworten auf theologische Fragen (3,2). Jesus geht darauf nicht ein, sondern beginnt unvermittelt ein Gespräch über das Reich Gottes und wie man es sehen kann. Die Voraussetzung dafür ist „von neuem" bzw. „von oben" geboren zu werden. Mit dieser doppelten Bedeutung des griechischen Wortes (*anothen*) wird gespielt: Während Jesus „von oben", „vom Himmel" kommt (3,31; vgl. 19,11), hört Nikodemus „von neuem" und versteht deshalb die Aussage Jesu vordergründig: Wie könnte ein erwachsener Mensch noch einmal in den Mutterleib eingehen und geboren werden? Jesus antwortet ihm und wird deutlicher: Wenn jemand nicht „aus Wasser und Geist" geboren ist, kann er nicht in das Reich Gottes eingehen (V. 5); V. 6 führt weiter aus: „Was vom Fleisch geboren ist, ist Fleisch, was vom Geist geboren ist, ist Geist." Die Geburt „von oben" ist also eine „Geburt aus dem Geist".[5] Fleisch und Geist sind entgegengesetzte Begriffe und gehören wie die Gegensatzpaare Licht – Finsternis, oben – unten, Leben – Tod, Wahrheit – Lüge, Gott – Teufel zur für das vierte Evangelium typischen dualistischen Terminologie. Zum Bereich Gottes, der „oben" ist, gehören Licht, Geist und Leben, die „Welt" dagegen ist „unten" und zu ihr gehören Finsternis, Lüge, Teufel. Die Aufgabe Jesu ist es, in der Welt von Gott Zeugnis abzulegen. Dazu ist er von Gott gesandt (deshalb spricht man von einer Gesandtenchristologie). In 5,24 kommt dies mit den Worten zum Ausdruck: „Wer mein Wort hört und glaubt dem, der mich gesandt hat, der hat das ewige Leben und kommt nicht ins Gericht, sondern ist vom Tod ins Leben hindurchgedrungen." Der Übergang von dem einen in den anderen Machtbereich vollzieht sich dadurch, dass man Jesus als dem Gesandten Gottes glaubt und seinen Worten vertraut. Diejenigen, die dies tun, sind „Gottes Kinder" und „aus Gott geboren" (1,12f.).

In 3,7f. gibt Jesus ein Beispiel, das zum Verstehen helfen soll: „Der Wind weht, wo er will, und du hörst sein Sausen wohl; aber du weißt nicht, woher er kommt

---

[4]   „Zeichen" (gr. *semeia*) ist der spezifisch johanneische Ausdruck für die Wunder Jesu (vgl. 2,11). Sie sind als Hinweise auf Jesus als Offenbarer Gottes zu verstehen.

[5]   Der Hinweis auf das Wasser spielt auf die Taufe an. Da in V. 6.8 erneut vom Geist, aber nicht mehr vom Wasser die Rede ist, ist es denkbar, dass sich dieser Hinweis dem Versuch verdankt die Taufe in diesem Text zu verankern.

und wohin er fährt." Wie der Wind, so ist auch der Geist eine Kraft, die man erfahren kann; und so verhält es sich auch mit denjenigen, die aus dem Geist geboren sind; ihre Herkunft durch den Geist bleibt der Welt verborgen. Nikodemus fragt nun noch danach, wie er sich diese Geburt „von oben" vorstellen soll – und gibt damit den Anstoß zu der folgenden Erläuterung. V. 11f verweisen dabei auf das Zeugnis Jesu. Die Aussage wird am Ende des Kapitels in V. 31–36 vertieft: Jesus kommt „von oben", „aus dem Himmel" (V. 31) und bezeugt, was er dort gesehen und gehört hat (V. 32); weil er von Gott kommt, spricht er Worte Gottes (V. 34), die zum Leben führen (V. 36). Aus dem Geist geboren zu werden heißt deshalb nichts anderes als den Worten Jesu und seiner Herkunft von Gott zu glauben (V. 36).[6]

19.3 Gott und der Geist

Im AT wird der Geist als Kraft Gottes verstanden, die bei der Schöpfung am Werk war, im Lauf der Geschichte immer wieder Menschen ergriffen hat und für die Endzeit verheißen ist.[7] Das hebräische Wort *ruaḥ* bedeutet „bewegte Luft" und bezeichnet den Wind (zwischen Hauch und Sturm) wie den Atem und die sich darin zeigende Lebendigkeit (Seele, Geist, Sinn, Gemüt). Mit seinen „Eigenschaften – unsichtbar und doch hoch wirksam, unfassbar und doch überall präsent, völlig frei und doch zielgerichtet, scheinbar ein Nichts und doch absolut lebensnotwendig"[8] – wird der Wind zu einer grundlegenden Metapher für das Wirken Gottes, mit der ein dynamisches Element eng verbunden ist: Der Geist Gottes ist Kraft und Potenz, er „ist nicht", sondern wirkt, er „ist Macht, indem er mächtig wird."[9] Schon im uranfänglichen Chaos ist er als Gotteskraft präsent (Gen 1,2), und die „vier Winde aus den vier Enden des Himmels" (Jer 49,36) sind Werkzeuge der göttlichen Kraft und Zeichen seiner Omnipräsenz (Sach 6,5). Der Wind ist Zeichen der Theophanie* (Ps 18,8–16).
Gottes Geist befähigt die Richter zum rettenden Eingreifen in gefahrvollen Situationen (Ri 3,10; 6,34; 11,29; 1Sam 11,6), er bemächtigt sich der Propheten und bringt sie in Ekstase (1Sam 10,10; 19,23)[10], er wirkt auf bestimmte Zeit und kann auch wieder verschwinden. Als „Leihgabe" ist Geist auch ein anthropologischer Begriff; er bezeichnet nicht lediglich einen Teil des Menschen, sondern den Men-

---

[6]   Vgl. im Einzelnen Porsch, Pneuma, 101–103, zum schwierigen V. 34 ebd., 103–105.
[7]   Hahn, Theologie II, 262. Im Hebräischen ist das Wort *ruaḥ* meistens ein Femininum, das griechische *pneuma* ist ein Neutrum, das lateinische *spiritus* ein Maskulinum. Mit dem Genus ändert sich auch der damit verbundene Vorstellungshintergrund.
[8]   Oeming, Geist II. Altes Testament, 563.
[9]   Schmidt, Glaube, 121.
[10] Die Schriftprophetie wird erst später auf Gottes Geist zurückgeführt (Neh 9,30; Sach 7,21).

schen als Einheit mit Empfindungen, Affekten, Einsicht und Orientierung.[11]
Könige und Amtsträger werden mit dem Geist begabt (1Sam 16,13; Dtn 34,9;
2Kön 2,15). Der Geist ist es auch, der das Volk leitet und versorgt (Neh 9,20; Jes
63,14). Durch den Geist ist Gott in der Welt anwesend und wird als wirksam
erfahren.

Das Wirken des Geistes ist auch ein wesentliches Element der eschatologischen*
Erwartung. Der kommende Messias wird ein Geistträger sein (Jes 11,1f: auf ihm
„wird der Geist des HERRN ruhen, der Geist der Weisheit und des Verstandes,
der Geist des Rates und der Stärke, der Geist der Erkenntnis und der Furcht des
HERRN"), ebenso auch der Gottesknecht („Ich habe ihm meinen Geist gegeben"
Jes 42,1) und der Gesalbte in Jes 61,1–3. In einer Vision sieht Hesekiel, wie neuer
Atem, neues Leben in die Totengebeine eindringt (Hes 37,5.9–11), ein Bild künftigen heilvollen Lebens angesichts von Todesgefahr. Ebenfalls bei Hesekiel findet
sich auch die Weissagung von dem neuen Herz und dem neuen Geist, die Gott in
die Menschen hineinlegen wird, damit sie nach Gottes Geboten leben und handeln (vgl. Hes 18,31; 11,19; 36,26f.) nicht mehr nur äußerlich, sondern aus dem
Innersten ihrer Existenz heraus. Dementsprechend bittet Ps 51,12.14 um einen
„beständigen und willigen" Geist.

Schließlich wird „für den großen Tag des Herrn" die Ausgießung des Gottes-
geistes über das ganze Volk vorausgesagt. Wichtig ist Joel 3,1–5:

> Und danach will ich meinen Geist ausgießen über alles Fleisch, und eure Söhne und
> Töchter sollen weissagen; eure Alten sollen Träume haben, und eure Jünglinge sollen
> Gesichte sehen. 2 Auch will ich zur selben Zeit über Knechte und Mägde meinen Geist
> ausgießen. 3 Und ich will Wunderzeichen geben am Himmel und auf Erden: Blut,
> Feuer und Rauchdampf; 4 die Sonne soll in Finsternis und der Mond in Blut verwan-
> delt werden, ehe denn der große und schreckliche Tag des HERRN kommt. 5 Und es
> wird geschehen: wer den Namen des HERRN anrufen wird, der soll errettet werden.
> Denn auf dem Berge Zion und zu Jerusalem wird Errettung sein, wie der HERR ver-
> heißen hat, auch bei den Entronnenen, die der HERR berufen wird.

Wenn Gott seinen Geist über alle ausgießen wird, gibt es keine Propheten mehr,
oder besser gesagt: dann sind alle Propheten, Männer und Frauen, Junge und
Alte, Freie und Unfreie, alle in gleicher Weise.

Das NT greift mit seinen Vorstellungen vom Geist Gottes auf das AT zurück,
nicht zuletzt auf die Verheißung aus Joel 3. Ausdrücklich ist dies in Apg 2 der
Fall: 2,1–4 erzählen das Pfingstgeschehen, 5–13 beschreiben die Wahrnehmung
dieses Geschehens seitens der Juden und ihre Reaktionen darauf, in V. 14 beginnt eine interpretierende Rede des Petrus, auf die in V. 37–41 eine (überwie-

---

[11]   Verschiedene Wendungen deuten Bestimmtheiten des Menschen an: Geist der Eifersucht (Num
       5,14.30), der Unreinheit (Sach 13,2), der Unzucht (Hos 4,12; 5,4), aber auch Geist der Weisheit
       (Ex 29,3; Dtn 34,9), des Rechts (Jes 4,4; 28,6), des Erbarmens (Sach 12,10).

gend positive) Reaktion der Zuhörer folgt. Der erste Teil der Petrusrede in V. 14–
21 erläutert das Pfingstgeschehen mit einem langen Zitat aus Joel 3,1–5. An einigen Stellen weicht das Zitat von dem prophetischen Text ab. Die wichtigsten
Änderungen sind die Veränderung der Zeitangabe „und es wird sein in den letzten Tagen" (bei Joel „danach wird es geschehen") und die Zufügung „und sie
werden weissagen" in V. 18, die beide von der lukanischen Aktualisierung her
ihren Sinn bekommen: Die Zeit, von der Joel sprach, ist jetzt da (im Sinne der
Endzeit, die mit Jesus angebrochen ist), und dies ist die Zeit, in der die „Knechte
und Mägde" den Geist bekommen und weissagen (was Petrus ja selbst tut). Eine
Interpretation findet sich auch am Ende der Rede; während nach V. 17 Gott „von
seinem Geist ausgießen will", ist es nach V. 33 der und zur Rechten Gottes erhöhte Jesus, der den Geist vom Vater empfängt und ausgießt.[12]

Im Evangelium des Lukas ist Jesus der einzige Geistträger (Lk 1,35; 4,1.18). In der
Apostelgeschichte wird der Geist zum eigentlich handelnden Subjekt. Wie Jesus
„mit Heiligem Geist und Kraft" begabt war, Gutes getan und geheilt hat (Apg
2,22; 10,38), so handeln nun die Zeugen Jesu in der Macht des Geistes (13,9ff.).
Sie sind vom Geist erfüllt (2,17f.; 4,8; 6,8.10; 7,55; 9,17; 11,23f.; 13,9; 21,10) und
verkündigen in aller Offenheit (4,8). Aber letztlich ist es der Geist selbst, der in
der Gemeinde spricht (13,2), Aufträge erteilt (8,29; 10,19) und in das Geschehen
eingreift (16,6f.9f.). In 10,44–48 fällt der Heilige Geist während der Predigt des
Petrus auf alle Zuhörer, auch die heidnischen; sie sprechen in Sprachen (ein
Rückgriff auf die Pfingstgeschichte) und preisen Gott; so initiiert der Geist auch
die Heidenmission.

Bei Joh ist häufig vom Geist die Rede, in den ersten Kapiteln aber deutlich anders
als ab Kapitel 13. In 1,32 kommt der Geist bei der Taufe auf Jesus herab, auch das
Zeugnis des Johannes in 1,34 („Dieser ist Gottes Sohn") erinnert an die Synoptiker. Dass nach 1,35 der Geist auf Jesus bleibt, ist dagegen ein eigener Akzent.
Nach 3,34 verfügt Jesus ohne Einschränkung über den Geist; nach 7,39 empfangen aber auch diejenigen den Geist, die an Jesus glauben. So ist im ersten
Hauptteil des Evangeliums der Geist als göttliche Kraft gedacht, die Jesus ganz
erfüllt und die die Menschen zum Glauben und nach 4,23f. zur wahren Gottesverehrung befähigt. Dabei orientieren sie sich an den Worten, die Jesus zu ihnen
gesprochen hat, denn sie „sind Geist und sind Leben" (6,63). Der Geist (1,32f.;
3,5–8.34; 4,23f.; 6,63; 7,39) wird den Glaubenden mit der Taufe gegeben, und in
diesem Geist ist die wahre Anbetung Gottes möglich (4,23).

Im zweiten Hauptteil, besonders in den Abschiedsreden Joh 14–17, wird der
Geist als „Tröster, Beistand" (*Paraklet*) bezeichnet (14,16.26; 15,26; 16,7–15; nur
in 14,26; 20,22 ist vom „heiligen Geist" die Rede). Die Gattung der Abschiedsrede hat eine bestimmte Funktion: beim endgültigen Abschied gibt ein herausra-

---

[12]   Das Joelzitat erweist sich damit als rahmendes Element der ganzen Rede.

gender Mensch (vgl. das Deuteronomium als Abschiedsrede des Mose) Anweisungen und Hilfestellungen für die Zeit nach seinem Tod; er kann auch einen
Nachfolger bestimmen und ihn mit der notwendigen Legitimation ausstatten
(Dtn 34,9f.; Jos 1,1). Nach Joh 14–17 tritt der Paraklet* die „Nachfolge" Jesu an.
Während Jesus mit der Kreuzigung zum Vater zurückkehrt, bleibt der verheißene Beistand dauerhaft (14,16) bei den Jüngern. Nach 14,26 hat er die Aufgabe,
die Jünger an alles zu erinnern, was Jesus ihnen gesagt hat. Deshalb kann er in
14,17 auch „Geist der Wahrheit" genannt werden. Er bewahrt die Glaubenden
vor dem Bösen (17,15) und leitet sie im Frieden (14,28). Vor allem sorgt der
Beistand dafür, dass die Erinnerung an Jesus nach seinem Weggang lebendig und
wirksam bleibt; er bewirkt seine bleibende Präsenz bei denen, die an ihn glauben.
Die Erzählung vom „ungläubigen Thomas" in 20,24–29 stellt eine Konkretion
dazu dar: Der verheißene Beistand befähigt die Menschen den Worten Jesu
Glauben zu schenken, obwohl sie ihn selbst nicht (mehr) sehen.
Für Paulus ist die Überzeugung grundlegend, dass Gottes Geist in den Glaubenden und in ihrer Gemeinschaft gegenwärtig ist und wirkt. Wie Glaube und Ge-
tauft-Sein gehört auch der Geist zur christlichen Existenz hinzu, nach Gal 3,14
entspricht es der göttlichen Verheißung, dass alle Glaubenden Anteil am Geist
bekommen. Sie sind mit dem Geist begabt und von ihm bestimmt (Gal 6,1; Röm
8,9), in der Lebensführung wie im Glauben und Verstehen (1Kor 2,13; 3,1). Metaphorisch gesprochen: Der Geist „wohnt in ihnen". Nach Röm 8,9–11 ist dies
der Geist Gottes – und ebenso der Geist Christi, den die Christen „haben" und
der „in ihnen ist". Ähnlich komplementäre Aussagen finden sich in Gal 4,4–6
und Röm 8,26. Die Rede vom Geist ist bei Paulus christologisch grundiert.[13]
„Christus in euch" ist Ausdruck dafür, dass die Glaubenden von Gottes Geist
bewegt sind. An einigen Stellen spricht Paulus auch vom Geist Jesu Christi (Röm
8,9; 2Kor 3,17; Phil 1,19). An allen diesen Stellen geht es um eine inhaltliche
Verknüpfung: Sich Jesus Christus glaubend zuwenden und den Geist Gottes
empfangen, gehört für Paulus untrennbar zusammen.
Wenn Paulus vom Geist an einigen Stellen „substanzhaft" spricht, so tut er dies
nur in metaphorischer Weise. Ganz deutlich ist dies in 2Kor 3,3: „Ihr habt euch
als Brief Christi erwiesen, durch unseren Dienst zubereitet, geschrieben nicht mit
Tinte, sondern mit dem Geist des lebendigen Gottes, nicht auf steinerne Tafeln,
sondern in fleischerne Tafeln des Herzens." Nach 1Kor 12,13 wurden die Christen bei der Taufe „durch den Geist getauft" und bekamen den Geist „zu trinken",
Bilder, die auf eine „Prägung" des ganzen Menschen durch den Geist hinweisen.
Dementsprechend kann der Geist empfangen werden, (Röm 8,15.23; 1Kor 2,12;
7,40 u. ö.), er ist den Glaubenden ins Herz gegeben (Röm 5,5; 2Kor 1,22 u. ö.)
und wohnt in ihnen (Röm 8,9.11; 1Kor 3,16); dem menschlichen Geist gegenüber

---

[13]   Vgl. Wolter, Geist, 108.

bezeugt er die Gotteskindschaft (Röm 8,16), er lehrt (1Kor 2,13) und bewegt die Glaubenden (Röm 8,14).

In Röm 15,18f. spricht Paulus von seiner eigenen Verkündigungstätigkeit, die aber durch Christus bewirkt ist „in Wort und Tat, in der Kraft von Zeichen und Wundern und in der Kraft des Geistes Gottes" – d.h. Christus ist gegenwärtig wirksam durch den Geist. Pneumatologie* und Christologie gehören für Paulus untrennbar zusammen. „War der Geist zuvor eindeutig und ausschließlich der Geist Gottes, der den Messias bevollmächtigte und dann nach Ostern auch seine Nachfolger erfasste, so kann er jetzt im Kontext einer verstärkten Wahrnehmung Christi als des Erhöhten immer mehr als Kraft und Medium des Handelns Christi angesehen und thematisiert werden."[14]

19.4 Exkurs: Charismen

In der biblischen Tradition ist der Geist als dynamische Wirklichkeit Gottes verstanden. In der vorstaatlichen Zeit Israels spielen charismatische Führer eine wichtige Rolle; durch Gottes Geist dazu in die Lage versetzt führen sie das Volk in Zeiten äußerer Bedrohung.[15] Auch der Übergang zum Königtum ist durch die Geistbegabung einzelner, herausragender Personen geprägt: Der Geist Gottes kommt auf Saul (vgl. 1Sam 11), später auf David, während Saul ihn wieder verliert (1Sam 18). Ab Salomo spielt die persönliche Geistbegabung im Südreich jedoch keine Rolle mehr; an ihre Stelle tritt das Amtscharisma des Königs, das mit der Inthronisation verbunden wird (vgl. Ps 2,7). Im Nordreich lebt die Vorstellung von der persönlichen Geistbegabung noch weiter (vgl. 2Sam 16,18), die sich noch in Hos 8,4 spiegelt („Sie machen Könige, aber ohne mich"). Vor allem aber bemächtigt sich Gottes Geist der Propheten, und er ermächtigt sie die Botschaft Gottes in bestimmte Situationen hinein zu sagen. Ausdrücklich weist z. B. Amos darauf hin, dass er kein Berufsprophet ist, sondern von seiner Herde weg berufen wurde (Am 7,14f.), ohne sich allerdings ausdrücklich auf Gottes Geist zu berufen. Hos 9,7 spricht dagegen vom „Mann des Geistes", der wegen seiner Unheilsbotschaft aber als Narr angesehen wird. In der nachexilischen Zeit setzt sich dann die Vorstellung durch, dass alle Propheten vom Geist Jahwes erfüllt waren (Neh 9,30). Nach Hi 4,12; 32,8 ist der Gottesgeist in den Weisen wirksam. Und was Mose in Num 11,29 dem ganzen Volk wünscht („O, dass doch alle im Volk des HERRN weissagen und der HERR seinen Geist über sie kommen lassen würde!"), kündigt Joel 3,1f. für die Endzeit an. Einen Begriff, der wie das nt.liche *charisma* die vom Gottesgeist hervorgerufenen Wirkungen beschreibt, gibt es im AT jedoch nicht.

---

[14]   Frey, Windbrausen, 140.
[15]   Vgl. hierzu oben, 64.

Charisma bedeutet zunächst Geschenk, Gnadengabe. Das Wort ist von *charis*, Gnade, abgeleitet, und so bedeutet Charisma ein Gnadengeschenk Gottes. Die Christusgläubigen in Korinth werden als solche angesprochen, die die Gnade Gottes empfangen haben und dadurch „reich in aller Rede und aller Erkenntnis" sind und an keiner Gnadengabe Mangel haben (1Kor 1,4–7). Überhaupt spielen die Gnadengaben (nach 12,1 sind es Geistesgaben) in Korinth eine besondere Rolle. Offenbar stehen diese Gaben bei den korinthischen Christen in besonderem Ansehen (14,12), und 1Kor 12 lässt sich dahingehend verstehen, dass die Weisheitsrede und die Glossolalie* höher eingeschätzt werden als andere Gaben. In 12,1–11 werden verschiedene Charismen zusammengestellt (wobei Rede und Erkenntnis voranstehen):

> 1Kor 12,7–11: Einem jeden offenbart sich der Geist zum Nutzen aller; 8 dem einen wird durch den Geist gegeben; von der Weisheit zu reden; dem andern wird gegeben, von der Erkenntnis zu reden, nach demselben Geist; 9 einem andern Glaube, in demselben Geist; einem anderen die Gabe, gesund zu machen, in dem einen Geist; 10 einem andern die Kraft, Wunder zu tun; einem andern prophetische Rede; einem andern die Gabe, die Geister zu unterscheiden; einem andern mancherlei Zungenrede; einem andern die Gabe, sei auszulegen. 11 Dies alles aber wirkt derselbe eine Geist und teilt einem jeden das Seine zu, wie er will.

V. 11 gibt die Leitlinie vor: Alles (im griechischen Text steht dies betont voran) wirkt ein und derselbe Geist. Dies hat Paulus bereits in 12,4–7 hervorgehoben: Es gibt verschiedene Gaben, Dienst und Kräfte, aber es ist ein Geist, ein Herr, ein Gott, der alles in allen wirkt. Deshalb darf es in der Gemeinde keinen Streit wegen der Besonderheit einzelner Gaben geben. Dies untermauert Paulus mit verschiedenen Argumenten: Da niemand Jesus als Herrn bekennen kann „außer durch den Heiligen Geist" (12,3), haben alle Glaubenden denselben Geist; dieser Geist teilt „jedem das Seine zu, wie er will". Geistesgaben sind also nicht erworbene Fähigkeiten, sondern Geschenke (oder Dienste, wie V. 5 sagt); der Geist bewirkt, dass alle Glaubenden „in einem Leib" zusammengehören und dass herkömmliche Unterschiede (Juden – Griechen, Knechte – Freie, Mann – Frau) keine Rolle mehr spielen („damit nicht eine Spaltung im Leib sei", V. 25); da nicht jeder alle Gaben hat, sind alle aufeinander angewiesen (12,19–30); nach 13,8–12 sind Weissagungen, Zungenreden und Erkenntnis Stückwerk und werden in der Zukunft Gottes aufhören; so wichtig diese Gaben sind, ihre Bedeutung ist vorläufig[16]; und nach 14,1ff. kommt es darauf an, die eigenen Gaben nicht zur Selbstdarstellung zu nutzen, sondern zum Wohl und Wachstum der Gemeinde einzusetzen. Grundlegend wichtig ist für Paulus, dass die Gaben des Geistes nicht von ihrem Geber getrennt werden können; sie sind keine Fähigkeiten, über die

---

[16]   Wolter, Paulus, 200.

man autonom verfügen könnte.[17] In 12,28–30 sind noch einmal Geistesgaben aufgeführt, wobei die Reihenfolge nicht als Hierarchie zu verstehen ist, sondern der Akzent darauf liegt, dass niemand alle Gaben hat. Und wenn V. 31 von den „besseren Gaben" und dem „köstlicheren Weg" spricht, so bezieht sich dies auf keine der in Kapitel 12 genannten Charismen, sondern auf das, was allen Christen gleichermaßen zukommt: Auf Glaube, Hoffnung und Liebe. Das „Hohelied der Liebe" in 1Kor 13 ist so gesehen das inhaltliche Zentrum für alles, was in Kapitel 12 und 14 über die Geistesgaben gesagt ist. Wenn schließlich in Röm 12,6–8 ein Katalog von Charismen aufgezählt wird, in dem andere Gaben genannt sind als in 1Kor 12 (Dienen, Ermahnen, Geben, Barmherzigkeit üben), so zeigt dies, dass es Paulus nicht um erschöpfende Darlegungen zu den Gnadengaben geht und schon gar nicht darum, lediglich herausragendes Tun mit der Gnade Gottes zu begründen. Alle Lebensäußerungen der Gemeinde verdanken sich Gott und haben ihren Grund in ihm.

19.5 Anregungen für den Unterricht

Paulus musste seinen Lesern nicht erklären, was der Geist ist oder was sie sich darunter vorstellen konnten. Es gab „in den paulinischen Gemeinden so etwas wie eine ganz elementare Geist-Gewissheit. Sie ist aus dem christlichen Grundwissen heutiger Gemeinden weitgehend verschwunden, und darum müssen wir vom Geist ganz anders reden als Paulus."[18] Dies muss man bei den Anregungen für den Unterricht berücksichtigen.

1) Was meinen wir, wenn wir sagen: Hier herrscht ein guter Geist? Worin zeigt sich das? Was heißt es, wenn man etwas als „geistreich" bezeichnet? Manchmal wird vom „Geist eines Vertrags" gesprochen. Was ist damit gemeint? Was verstehen wir unter einem „Geistesblitz"? Kann man Geistesblitze machen?

2) Das Lied „Die Sache Jesu braucht Begeisterte"[19] gibt mit seinen Fragen Anregungen, wie von den „Wirkungen des Geistes" heute gesprochen werden kann.
„Die Sache Jesu braucht Begeisterte, sein Geist sucht sie auch unter uns. Er macht uns frei, damit wir einander befrei'n.
Wer friedlos ist, wer Hass im Herzen trägt, wer entzweit lebt, wer befreit sie zum Frieden?
Wer verzweifelt ist, wer verbittert klagt, wer entfremdet lebt, wer befreit sie zur Hoffnung?

---

[17]   Schrage, 1Kor, Band 3, 143.
[18]   Wolter, Geist, 93.
[19]   Text: Alois Albrecht, Musik. Peter Janssens aus „Wir haben einen Traum", 1972.

Wer herzlos ist, wer eiskalt rechnet, wer über Leichen geht, wer befreit sie zur Liebe?"

3) Auch der Text von Hanns Dieter Hüsch hilft dazu, mit unserer eigenen Sprache vom Geist und seinen Wirkungen zu sprechen[20]:
„Gott ist nicht leicht,
Gott ist nicht schwer,
Gott ist schwierig
Ist kompliziert ist hochdifferenziert aber nicht schwer.
Gott ist das Lachen nicht das Gelächter,
Gott ist die Freude nicht die Schadenfreude.
Das Vertrauen nicht das Misstrauen
Er gab uns den Sohn um uns zu ertragen und
er schickt seit Jahrtausenden den Heiligen Geist in die Welt
dass wir zuversichtlich sind,
dass wir uns freuen,
dass wir aufrecht gehen ohne Hochmut,
dass wir jedem die Hand reichen ohne Hintergedanken
und im Namen Gottes Kinder sind
in allen Teilen der Welt eins und einig sind
und Phantasten dem Herrn werden von zartem Gemüt
von fassungsloser Großzügigkeit und von leichtem Geist."[21]

Literatur zum Weiterlesen
Frey: Windbrausen
Oeming: Geist II. Altes Testament
Wolter: Der Heilige Geist bei Paulus

---

[20] „Was den Heiligen Geist betrifft" (nach Apostelgeschichte 2).
[21] Hanns Dieter Hüsch/Uwe Seidel, Ich stehe unter Gottes Schutz, 63, tvd-Verlag Düsseldorf, 1996.

20. Ein Gott und ein Herr (1 Kor 8,6)

Christliche Gottesdienste beginnen und enden „im Namen Gottes, des Vaters und des Sohnes und des Heiligen Geistes." Getauft wird im Namen des dreieinigen Gottes. Und im Apostolischen Glaubensbekenntnis heißt es: „Ich glaube an Gott, den Vater, den Allmächtigen, den Schöpfer des Himmels und der Erde. Und an Jesus Christus, seinen eingeborenen Sohn, unsern Herrn … Ich glaube an den Heiligen Geist …"

So eingespielt und „selbstverständlich" diese Formeln sind, so unverständlich sind sie für viele. An Gott als den Schöpfer zu glauben fällt vielen Menschen zwar nach wie vor leicht. Auch Jesus als exemplarisch guten Menschen zu sehen ist kein Problem. Aber als „Herrn" und „Sohn Gottes"? Wie soll man sich das vorstellen. Und wenn Jesus Gott sein sollte, wie kann man sich dann das Verhältnis zu Gott, dem Vater, denken? Hat man dann nicht zwei Götter? Vollends schwierig wird es mit dem unanschaulichen Heiligen Geist.

Gleichwohl sollten Christinnen und Christen ihren Glauben (zumindest in Grundzügen) verstehen und verständlich machen können. Dazu gehört auch sich die Grundlagen des trinitarischen Glaubens im NT zu erschließen. In diesem Kapitel geht es deshalb darum,
- die Bezeichnung Jesu Christi als „Herr" nachzuvollziehen;
- sie zu Gott in Beziehung zu setzen;
- den engen Zusammenhang von theologischen und christologischen Aussagen im paulinischen Denken zu klären;
- diejenigen Stellen darzulegen, die von Vater, Sohn und Geist sprechen
- und einige Aspekte für die Umsetzung dieser christologischen und trinitarischen Fragestellungen im Unterricht aufzuzeigen.

20.1 Gott und die sogenannten Götter

Im Rahmen seiner Ausführungen über das Essen von „Götzenopferfleisch" greift Paulus in 1 Kor 8,6 ein frühchristliches Bekenntnis auf, in dem von einem Gott und einem Herrn Jesus Christus die Rede ist. Der gesamte Abschnitt lautet:

1 Kor 8,1 Was aber das Götzenopfer betrifft, so wissen wir, dass wir alle die Erkenntnis haben. Die Erkenntnis bläht auf, aber die Liebe baut auf. 2 Wenn jemand meint, er habe etwas erkannt, der hat noch nicht erkannt, wie man erkennen soll. 3 Wenn aber jemand Gott liebt, der ist von ihm erkannt. 4 Was nun das Essen von Götzenopferfleisch angeht, so wissen wir, dass es keinen Götzen gibt in der Welt und keinen Gott als den einen. 5 Und obwohl es solche gibt, die Götter genannt werden, sei es im Him-

mel oder auf Erden – wie es ja viele Götter und viele Herren gibt –, 6 so haben wir doch nur einen Gott, den Vater, von dem alle Dinge sind und wir zu ihm; und einen Herrn, Jesus Christus, durch den alle Dinge sind und wir durch ihn. 7 Aber nicht jeder hat die Erkenntnis. Denn einige, weil sie bisher an die Götzen gewöhnt waren, essen es als Götzenopfer; dadurch wird ihr Gewissen, weil es schwach ist, befleckt. 8 Aber Speise wird uns nicht vor Gottes Gericht bringen. Essen wir nicht, so werden wir darum nicht weniger gelten; essen wir, so werden wir darum nicht besser sein. 9 Seht aber zu, dass diese eure Freiheit für die Schwachen nicht zum Anstoß wird!

In diesen Versen ist die Rede von Götzen (*eidolon*, Idol), Herren, sogenannten Göttern und dem einen Gott. Die ersten drei werden mit bestimmten Attributen versehen: Es ist die Rede von den Götzen „in der Welt", von Größen also, die zur geschaffenen Welt gehören; auch der Hinweis auf Himmel und Erde V. 5 verweist auf die Schöpfung, und die sogenannten Götter gehören auf dieselbe Ebene. Dass von Gott als „Vater" die Rede ist, weist umgekehrt darauf hin, dass er allein der Schöpfer des Himmels und der Erde ist. Offenbar gibt es aber Menschen, die von Göttern sprechen – und für die sie eine Realität darstellen, auch wenn das „für uns" (V. 6) falsch ist. Damit kommt eine „nicht-christliche Außenperspektive" ins Spiel, derzufolge andere Götter und Herren bekannt und benannt sind.[1] In Gal 4,8f. beschreibt Paulus diese Außenperspektive im Blick auf die eigene Vergangenheit der Glaubenden: „Zu der Zeit, als ihr Gott nicht kanntet, dientet ihr denen, die in Wirklichkeit keine Götter sind", sondern nur „schwache und dürftige Elemente". Wer ihnen aber Einfluss zugesteht, über den bekommen sie tatsächlich Macht. Ein bloßes „Wissen" über die sogenannten Götter im Sinne einer objektivierenden Aussage hilft daraus nicht.[2] Die Frage, ob Paulus hier die monotheistische Grundüberzeugung wahrt oder aufweicht, ist deshalb falsch gestellt. Es geht ihm bei der Gottesfrage nicht um Theorie und Reflexion, auch nicht um einen „prinzipiellen Monotheismus", sondern um eine in Jesus Christus erschlossene Beziehung Gottes zu den Menschen und der Menschen zu Gott.

Der Anlass zu den Ausführungen in 1Kor 8 ist die Frage des „Götzenopferfleisches". Bei Tieropfern werden den Göttern in der Regel nur wenige Teile des getöteten Tieres dargebracht (z. B. das Fett), das Fleisch aber wird auf dem Fleischmarkt verkauft. Darf nun ein Christ Fleisch essen, von dem er annehmen muss, dass es aus einer Opferhandlung für andere Götter stammt? Die „Starken" in Korinth argumentieren „ontologisch": Da es keine anderen Götter außer dem einen Gott gibt, hat eine Opferhandlung für sie keinen realen Hintergrund; eigentlich handelt es sich um einen Irrtum, und wer die bessere Einsicht hat, kann das Fleisch bedenkenlos essen. Obwohl Paulus dieser Auffassung im Prinzip zustimmt, argumentiert er in V. 7 anders: Für diejenigen, die den Göttern Opfer bringen, und für die, die sich scheuen Fleisch aus Opferhandlungen zu essen, existieren die Götter. Wenn man trotz dieser Überzeugung Fleisch isst und sein eigenes Gewissen damit belastet oder wenn man bedenkenlos

---

[1]   Becker, ΕΙΣ ΘΕΟΣ, 85.
[2]   Vgl. Feldmeier, Monotheismus, 311f.

Fleisch isst und das Gewissen anderer nicht ernst nimmt, kann die Freiheit in dieser Frage, obwohl sie für Paulus grundlegend richtig ist, zur Belastung werden.

Paulus teilt nach 8,1–3 die „Erkenntnis" der Korinther, dass es nur einen Gott gibt. Sie kann aber in zweifacher Hinsicht zum Problem werden: Ein bloßes Wissen von Gott im Sinne weltanschaulicher Überzeugung oder philosophischer Reflexion ist nach Paulus noch keine adäquate Weise der Gottesbeziehung[3], in der es vielmehr um das wechselseitige Erkennen und Erkanntwerden geht. Außerdem neigt die an sich richtige Erkenntnis zur Durchsetzung eigener Interessen; ihr setzt Paulus die Liebe entgegen, die sich nicht aufbläht, sondern die Gemeinschaft der Glaubenden aufbaut, indem sie den „schwachen Bruder" als Maßstab nimmt (8,10–13).

Um das Verhältnis Jesu Christi zu dem einen Gott geht es vor allem in 8,6: „So haben wir doch nur einen Gott, den Vater, von dem alle Dinge sind und wir zu ihm; und einen Herrn, Jesus Christus, durch den alle Dinge sind und wir durch ihn." Verschiedene Beobachtungen zeigen, dass hier wahrscheinlich ein Traditionsstück vorliegt, das Paulus übernommen hat: Der Vers setzt mit „aber für uns" einen neuen Anfang, die gebundene Form weicht vom diskursiven Stil des ganzen Abschnitts ab und inhaltlich geht der Vers mit der kosmologisch verstandenen Vaterschaft Gottes und der Schöpfungsmittlerschaft Jesu über die Argumentation in diesem Abschnitt hinaus.[4]

Das Traditionsstück macht eine Aussage über Gott und über Jesus Christus. Im ersten Teil geht es um den einen und einzigen Gott, der als „Vater aller Dinge" bezeichnet wird: Alle Dinge sind „aus" ihm und wir sind „auf ihn hin". Die beiden Präpositionen beschreiben Herkunft und Ziel alles Geschaffenen, zu dem „wir" gehören; indem die Sprecher sich selbst von diesem Gott her und auf ihn hin begreifen, formulieren sie nicht nur eine theoretische Erkenntnis, sondern eine für sie selbst relevante Beziehungsaussage: Gott ist „Gott für uns".

Vermutlich stammt die Bekenntnisformel aus dem hellenistischen Judentum. Die Grundaussage aus dem AT (Dtn 6,4 „Höre Israel, der HERR ist unser Gott, der HERR allein") wird hier mit dem Vatergedanken kombiniert, der sich mehrfach im griechisch-römischen Denken findet.[5] Bei Paulus ist diese Tradition neben 1Kor 8,6 auch in Röm 11,36 zu finden („Denn von ihm und durch ihn und zu ihm sind alle Dinge").

Im zweiten Teil des Traditionsstücks geht es um Jesus Christus. In paralleler Formulierung wird gesagt, dass er „der eine Herr ist, durch den alle Dinge sind und wir durch ihn." Der Wechsel der Präpositionen ist aufschlussreich: Alles,

---

[3]   Vgl. Klumbies, Rede, 153.
[4]   Schrage, 1Kor, II, 222.
[5]   Platon, Tim 28c, nennt Gott „jenen göttlichen Urheber, Vater, Schöpfer und Baumeister der Welt"; vgl. Diogenes Laertius 7,147: Gott ist „der Schöpfer der Welt und gleichsam der Vater von allem"; vgl. Philo von Alexandrien, Aet 15; weitere Belege bei Schrage, 1Kor, II, 222.

was ist, kommt aus Gott und zielt auf ihn hin. Diese Aussagen bleiben Gott vorbehalten. Bei Christus steht beide Male die Präposition „durch"; damit ist Christus als Schöpfungsmittler charakterisiert. Das hellenistische Judentum hat von
der Weisheit und dem Wort Gottes ähnliche Aussagen gemacht.[6] Vom Hellenis-
mus geprägte Judenchristen greifen diese Vorstellungen auf und übertragen sie
auf Jesus, ohne dass er mit Gott gleichgesetzt wird.

20.2 Kontexte

In 1Kor 8,6 wird Jesus als „Herr", *kyrios*, bezeichnet. Diese Bezeichnung stammt
aus der Bekenntnistradition, was auch aus Röm 10,9 hervorgeht: „Denn wenn du
mit deinem Mund bekennst, dass Jesus der Herr ist, und in deinem Herzen
glaubst, dass ihn Gott von den Toten auferweckt hat, dann wirst du gerettet werden." Der vorpaulinische Christushymnus Phil 2,6–11 unterstreicht dies: „… und
jede Zunge bekenne, dass Jesus Christus der Herr ist." Dass Jesus Christus der zu
Gott erhöhte Herr ist (Phil 2,11), hat für die Gegenwart der Glaubenden zentrale
Bedeutung: Ihn rufen sie mit der Akklamation „Herr ist Jesus" an (1Kor 12,2;
Röm 10,9) und er ist „unser Herr" (1Kor 1,2; Gal 1,3 u. ö.), auf den sie sich in
ihrem Leben beziehen und verlassen. Diese gegenwartsbezogene Dimension ist
charakteristisch für die Verwendung des Kyrios-Titels bei Paulus.[7]

> Im griechischen AT wird das Tetragramm* mit *kyrios* übersetzt, *kyrios* ist hier also
> eine Gottesbezeichnung. Dass sie im NT auf Jesus Christus übertragen wird, hat die
> Auferweckung und Erhöhung Jesu als Voraussetzung. Diesem erhöhten Jesus Christus
> wird nach Phil 2,9.11 der Kyrios-Name gegeben, „der über allen Namen ist". Nach
> V. 10 ist damit die Herrschaftsstellung über alles „im Himmel und auf Erden und un-
> ter der Erde" verbunden. Diese Übertragung des Kyrios-Titels auf den erhöhten
> Christus führt dazu, dass auch andere at.liche Kyrios-Aussagen auf Jesus übertragen
> werden können.[8]
> Eine besondere Rolle spielt dabei Ps 110,1 „Der HERR sagte zu meinem Herrn: Setze
> dich zu meiner Rechten, bis ich dir deine Feinde als Schemel zu Füßen lege." Im heb-
> räischen Texte steht für HERR der Gottesname, das zweite Herr *adon* bezieht sich auf
> den König; hier ist also zwischen dem redenden HERRN (Gott) und dem angespro-
> chenen Herrn (dem König) klar unterschieden, und der angesprochene Vorgang ist
> die Inthronisation des Königs. In der griechischen Übersetzung werden beide Worte,
> sowohl das Tetragramm als auch *adon*, mit *kyrios* übersetzt. Für die frühen Christen,
> die das AT überwiegend in der Septuaginta-Fassung lesen, wird diese Stelle zum Beleg
> dafür, dass Jesus Christus gegenwärtig bei Gott ist (zur Rechten Gottes sitzt); sie be-

---

[6] Vgl. zur Weisheit oben, 119–122.
[7] Hahn, Theologie I, 211f.
[8] „Bereitet dem Herrn den Weg" bezieht sich in Jes 40,3 auf Gott, wird in Mk 1,3parr aber auf
     Jesus bezogen. Obwohl der vierte Evangelist Jesus und Gott aufs Engste verbindet, findet sich bei
     ihm die Anrede „Herr" nur selten (20,2.18.20.25, außerdem 20,13). Vor allem ist 20,28 zu nen-
     nen, wo Thomas Jesus als „Mein Herr und mein Gott" anspricht.

ziehen „Herr" auf Gott und „mein Herr" auf den erhöhten Christus, der nun im Auftrag Gottes die Herrschaft ausübt. Die Aussage, dass Jesus Christus der Herr ist, prägt hiervon ausgehend das ganze NT (vgl. z. B. Joh 13,13; Apg 2,26; Röm 1,3; 1Kor 12,3; Eph 6,9).

Wenn Jesus Christus als Kyrios bezeichnet wird, schwingt damit zugleich eine Kritik an anderen Herren mit: Der römische Kaiser trägt diesen Titel (Apg 25,26), ebenso der römische Prokurator (Mt 27,63) und andere weltliche Herrscher (1Kor 8,5; Offb 17,14; 19,16). Titulaturen wie *kyrios theos* – Herr und Gott sind zwar im Osten verbreiteter als in Rom, werden aber auch von einzelnen römischen Kaisern verwendet (so vor allem von Domitian, vor ihm ähnlich auch schon von Nero). Gegenüber dem Titel „Herr der ganzen Welt", den Nero sich beilegte, stellt die Kyrios-Bezeichnung Jesu heraus, dass er der wahre Herr der Welt ist.[9]

An einigen Stellen wird Jesus im NT sogar als Gott bezeichnet. Dies ist sicher in Joh 1,1; 20,28 und in Hebr 1,8f. der Fall. In Joh 1,18; Tit 2,13; 1Joh 5,20; Röm 9,5; 2Petr 1,1 ist die Gottesprädikation Jesu wahrscheinlich oder zumindest impliziert.[10] Alle diese Stellen (mit Ausnahme von Röm 9,5) finden sich in den späten Schriften des NT und zeigen damit eine Entwicklung in der Ausgestaltung christologischer Aussagen an, die Jesus Christus immer stärker an die Seite Gottes stellt.

Angesichts der ca. 1300 Belege für Gott, *theos*, im NT sind diese wenigen Stellen, so auffällig sie sind, aber doch nur randständig. In nahezu allen Fällen ist, wenn von Gott die Rede ist, der eine Gott gemeint, von dem die Schriften Israels sprechen. Umgekehrt gibt es auch Stellen, an denen Jesus von Gott klar unterschieden (Mk 10,18 / Lk 18,19; Mk 15,34 / Mt 27,46; 2Kor 1,3; Joh 17,3; 1Kor 8,6; Eph 1,3; 4,4–6; 1Tim 2,5; 1Petr 1,3) oder ihm ausdrücklich untergeordnet wird (Mk 13,32; Joh 14,28; Phil 2,6–11; 1Kor 15,28). Und selbst da, wo Jesus als Gott bezeichnet wird, ersetzt diese Prädikation nicht die Rede von Gott (dem Vater), sondern bezeichnet ein enges Verhältnis: Jesus wird nicht ein zweiter Gott neben Gott oder gar an seiner Stelle. „Von Jesus als ‚Gott' zu reden heißt, seine Beziehung zu dem einen Gott erfahren und bekennen."[11] Selbst in 1Joh 5,20, wo Jesus als der „wahrhaftige Gott" bezeichnet wird, geht es um diese Beziehung.

20.3 Vater, Sohn und Geist

Der Begriff Trinität kommt in der Bibel nicht vor. Als Fachbegriff der Dogmatik bezeichnet er die Einheit von Gott als Vater, Sohn und Geist.

Der Glaube an den einen Gott, der die Welt erschaffen, in der Geschichte und besonders an Israel gehandelt und sich schließlich in Jesus Christus gezeigt und

---

[9]   Ähnliches gilt für den Titel „Retter" (Heiland) in Lk 2,11.
[10] Vgl. die Zusammenstellung bei Brucker, Jesus, 119f.125. In Gal 2,20; Apg 20,28; Kol 2,2f. und 1Thess 1,12 ist die Gottesbezeichnung unwahrscheinlich.
[11] Karrer, Jesus Christus, 332.

als wirksam erwiesen hat, ist die Grundlage der nt.lichen Theologie. Aus seiner jüdischen Tradition steht für das NT insgesamt die Einzigkeit Gottes fraglos fest, sodass sie nur ab und zu ausdrücklich angesprochen wird. Neu hinzu kommt die Christusverkündigung. Sie prägt das NT so grundlegend, dass auch das Gottesverständnis davon betroffen ist. Dies zeigt sich zum einen darin, dass Gottesprädikate (z. B. die Bezeichnung *kyrios*) auf Christus übertragen und zu dem Bekenntnis „Herr ist Christus" verdichtet werden. Die Vorstellungen von der Präexistenz und der Schöpfungsmittlerschaft Jesu Christi (Kol 1,15–20; Joh 1,1f.) verwischen zwar die Grenze zwischen Gott und Jesus Christus nicht, rücken den „Herrn Jesus" aber nah an Gott heran. Bei Johannes wird mehrfach von der Nähe, sogar der Einheit von Vater und Sohn gesprochen (10,31.38; 14,9.11; 16,15.28 u. ö.). Bei all diesen Formulierungen handelt es sich um christologische Deutungen im Rückblick. Zwei Aspekte kommen dabei zusammen: Die Einzigkeit Gottes, der sich als Schöpfer zu erkennen gibt und die Welt einst vollenden wird, und die zentrale Stellung, die Jesus Christus für die Beziehung der Glaubenden zu diesem Gott hat. Insofern kann man von einem christologisch akzentuierten Monotheismus sprechen.[12] Für die Folgezeit ergibt sich daraus die Frage, wie das Verhältnis Gottes zu Jesus und das Bekenntnis „Herr ist Jesus" sich selbst und Außenstehenden so erklärt werden kann, dass die Gottheit Gottes nicht berührt wird.

Hinzu kommt die frühchristliche Rede vom Geist.[13] Er wird als wirksame Kraft Gottes verstanden, der die Menschen bewegt, zum Glauben an Christus (1Kor 12,3), in die Freiheit (2Kor 3,17) und zu einem Handeln in Gerechtigkeit, Friede und Freude führt (Röm 14,17). Die Wendungen „Wandel im Geist" (Gal 5,16.25), die Leitung durch den Geist (5,18) und die Frucht des Geistes (5,22f.) zeigen, dass der Geist in das konkrete Leben der Christen hinein wirkt. Die Wirkungen des Geistes machen das Handeln Gottes wahrnehmbar. Wie die Rede von Gott christologisch zugespitzt wird, so trifft dies aber auch auf den Geist zu. In Röm 8,9–11 ist wechselseitig vom Geist Gottes und vom Geist Christi die Rede (vgl. V. 26.34 und Gal 4,4–6). Insofern ist auch die Pneumatologie* im NT christologisch bestimmt.

Dreigliedrige (triadische) Formeln, in denen von Vater, Sohn und Geist die Rede ist, finden sich im NT nur sporadisch. In 2Kor 13,13 verwendet Paulus einen Segenswunsch aus frühchristlicher Tradition: „Die Gnade des Herrn Jesus Christus und die Liebe Gottes und die Gemeinschaft des Heiligen Geistes sei mit euch allen!" In 1Kor 12,3–6 werden die Gnadengaben in der Gemeinde auf den Geist, den Herrn und auf Gott zurückgeführt. Nach Mt 28,19 sollen die Jünger alle Völker auf den Namen des Vaters und Sohnes und des Heiligen Geistes

---

[12] In Anlehnung an Schnelle, Paulus, 441: christologischer Monotheismus.
[13] Vgl. oben, 184–188.

taufen.[14] In 1 Kor 6,11 und Eph 1,3 sind triadische Aussagen angedeutet. Bei
diesen Formeln handelt es sich freilich nicht um „Lehre" im Sinne der späteren
Trinitätslehre. Dies zeigt sich neben den verschiedenen thematischen Zusammenhängen, in denen sie vorkommen, auch an der wechselnden Reihenfolge von
Vater, Sohn und Geist. Der Zusammenhang mit der Taufe in Mt 28,19 gibt aber
einen wichtigen Hinweis: Wenn „Heiden" den christlichen Glauben annehmen,
bedeutet dies nicht nur eine Hinwendung zu Jesus Christus, sondern auch zu
dem Gott Jesu Christi, dem einen Gott und Vater des at.lich-jüdischen Glaubens,
und ist nach frühchristlicher Überzeugung verbunden mit dem Empfang des
Geistes.[15] In der Folgezeit entwickelt sich daraus die Frage, wie das Verhältnis
zwischen Gott, Jesus Christus und dem Geist so gedacht werden kann, dass die
Einheit und die Gottheit Gottes gewahrt bleiben kann. Während im NT selbst
der Beziehungsaspekt zwischen Gott, Jesus Christus, dem Geist und den Glaubenden im Vordergrund steht, rückt in der Auseinandersetzung mit dem griechischen Denken immer stärker der Aspekt der logischen Stimmigkeit in den
Vordergrund.

> Die trinitarischen Überlegungen und Streitigkeiten der folgenden Jahrhunderte schließen an diese Frage an. Dabei berief man sich auf verschiedene Belegstellen aus dem
> NT und sogar aus dem AT. Dass Gott in Gen 1,26; 11,7 im Plural spricht, wurde
> ebenso als Beleg für die Trinität gelesen wie das dreifache „Heilig" der Seraphim in Jes
> 6,3 oder der Auftritt der drei Männer in Gen 18,1–3 (ein Motiv, das vor allem in der
> östlichen Ikonenmalerei häufig aufgegriffen wurde). Es liegt auf der Hand, dass es sich
> dabei um spätere Interpretationen handelt, die in einem heilsgeschichtlichen Rahmen
> schon in der Schöpfung, den Erzelterngeschichten und den Propheten Hinweise auf
> die Trinität finden wollen.

Die Vorstellung, dass das NT keine eigene Gotteslehre ausgebildet habe[16] und
gegenüber dem AT unoriginell sei, kann nach dem Gesagten in dieser Einseitigkeit nicht stehen bleiben. Um nur von Paulus zu sprechen: Zwar nimmt er den
monotheistischen Grundgedanken des AT und der jüdischen Tradition auf;
indem er den Zugang zu Gott und die Versöhnung mit ihm aber an Jesus Christus bindet, gewinnt sein Gottesbild eine Perspektive, die das Reden von Gott
insgesamt verändert. Mit der monotheistischen Grundüberzeugung (und den
damit verbundenen Vorstellungen von Schöpfung, Mitgehen in der Geschichte,
Gericht und Vollendung) bleibt er ganz in seiner Tradition; indem er Kreuz und
Auferweckung Jesu Christi als für ihn zentrales Element hinzufügt, akzentuiert er
auch den Gottesgedanken neu. Von der Kontinuität in der Gottesvorstellung

---

[14]   Älter als diese Taufformel ist allerdings die eingliedrige Formel auf den „Namen des Herrn" (Did
       9,5) oder „auf Christus" (vgl. 1 Kor 1,13; Gal 3,27; Apg 8,16; 19,5).
[15]   Luz, Matthäus, Band 4, 453.
[16]   Z. B. Heiligenthal, Gott, 834: „Das NT entfaltet keine eigenständige Gotteslehre. Reflektierte
       Rede über Gott findet sich im NT äußerst selten."

kann man deshalb nur sprechen, wenn man das neue, Struktur gebende Element des Christusereignisses mit berücksichtigt.

Der trinitarische Glaube wird erst in den Konzilien von Nicäa (325) und Konstantinopel (381) ausformuliert. Gleichwohl ist es sinnvoll, sich die andeutenden aber noch keineswegs festlegender triadischen Formeln des NT vor Augen zu führen; sie helfen, die späteren komplexen trinitätstheologischen Aussagen zu würdigen und sie zugleich als das zu nehmen, was sie sind: Ein Denkmodell, das in Aufnahme der andeutenden nt.lichen Aussagen versucht, den unbegreiflichen Gott wenigstens ansatzweise zu verstehen, dabei aber die Mahnung Augustins berücksichtigen muss: „Si comprehendis, non est Deus" – wenn du verstehen würdest, ist es nicht Gott.[17]

20.4 Exkurs: Paulus

Paulus schreibt Briefe an Gemeinden, die er (mit Ausnahme der Gemeinde in Rom) selbst gegründet hat, und geht darin auf Probleme ein, die an ihn herangetragen werden. Seine Briefe sind Schreiben an konkrete Absender und in konkrete Situationen. Die paulinische Theologie hat deshalb einen kommunikativen Grundzug. In Tod und Auferstehung Jesu liegt ihr fester Bezugspunkt. Davon ausgehend entwickelt sie sich aber im Gespräch mit den Gemeinden. Diese Erkenntnis bewahrt davor, Paulus einseitig und vorschnell mit bestimmten dogmatischen Etiketten zu belegen.[18]

Der Ansatz seines theologischen Denkens liegt in der Begegnung mit dem auferstandenen Christus. Er selbst deutet diese Begegnung nur an (Gal 1,16; 1Kor 9,1), erst später erzählt der Verfasser der Apostelgeschichte von diesem Ereignis eine Geschichte (Apg 9,1–22; 22,6–21; 26,12–23). Zu Lebzeiten des Paulus lag hier aber ein wichtiger Angriffspunkt seiner Gegner, die die Rechtmäßigkeit seines apostolischen Anspruchs in Frage stellten (1Kor 9,1f.; 2Kor 3,1). Gerade wegen dieser Kritik an seiner Person hat Paulus sein Apostelamt verteidigt, das ihm zwar „wie bei einer Spätgeburt" zuteil geworden (1Kor 15,8), aber gleichwohl auf Gottes Offenbarung zurückzuführen sei (Gal 1,1.15f.).

Obwohl Paulus von seiner Berufung[19] zurückhaltend spricht, ist sie doch grundlegend: Gott hat ihm seinen Sohn offenbart. Paulus begegnet nicht dem irdischen Jesus, sondern dem auferstandenen Christus – und eben dies ist für sein theologisches Denken charakteristisch. Ganz konsequent denkt er von Kreuz und Auferstehung aus: „Auch wenn wir früher Christus ‚dem Fleisch nach' gekannt

---

[17] Augustin, Sermo CXVII 3,5 (PL 38,663).

[18] Dies gilt z. B. für die sogenannte Rechtfertigungslehre.

[19] Nach Gal 1,15f. stellen die Bekehrung des Paulus und seine Berufung zum Heidenapostel ein und denselben Vorgang dar.

haben, kennen wir ihn jetzt so nicht mehr" (2Kor 5,16). Dabei geht es in erster
Linie um eine bestimmte Weise der Erkenntnis. Wer Christus nur „dem Fleisch
nach", nur nach Herkunft und irdischem Leben zur Kenntnis nimmt, hat ihn
nach Paulus noch nicht hinreichend erkannt. Denn dann steht am Ende ein
schmachvoller Tod. Für Paulus dagegen ist der auferstandene und jetzt gegenwärtige Herr ständiger Bezugspunkt. Wenn Christus nicht im Tod geblieben ist,
sondern von Gott auferweckt und erhöht wurde, dann muss auch der schmähli-
che Tod am Kreuz eine besondere Bedeutung haben. Vom lebendigen Herrn her
stellt sich die Frage nach dem Tod Jesu auf ganz neue Weise. Aus eben diesem
Grund tritt das Leben des irdischen Jesus in den Hintergrund. In Tod und Auferweckung Jesu konzentriert sich für Paulus das Heilsgeschehen. Die Aussagen
über den irdischen Jesus sind bei Paulus dagegen eher zusammenfassend und
formelhaft (vgl. Röm 1,3; 9,4f.; 2Kor 8,9; Gal 4,4; Phil 2,6f.).
Tod und Auferweckung Jesu sind nach Paulus „für uns" geschehen, und zwar für
uns in unserer sündigen Existenz. Die Sünde ist für Paulus eine Macht, die sich
auf das ganze Leben auswirkt (Röm 5,12.21; 6,6.12.17ff.), bis dahin, dass man das
Gute, das man kennt und will, nicht vollbringt, das Böse dagegen, das man nicht
will, dennoch tut (Röm 7,1ff.). Konsequenz dieser sündigen Existenz ist der Tod
in einem umfassenden Sinn der Gottferne (Röm 6,23). Deshalb spielt die Frage,
ob und wie der sündige Mensch von Gott gerecht gesprochen werden kann, eine
wichtige Rolle. Von seiner jüdischen Herkunft her ist Paulus das Befolgen der
Tora als Heilsweg vorgegeben. Er radikalisiert diesen Heilsweg aber: Wenn das
Halten der Gebote zum Heil führen soll, dann doch nur, wenn sie auch tatsächlich gehalten werden (Röm 10,15). Bleibt man dagegen im Blick auf das Gesetz
etwas schuldig (und wer bliebe nichts schuldig?), kann das Gesetz nicht mehr als
Heilsweg dienen; es spricht vielmehr denjenigen schuldig, der es bricht (Röm
7,7f.). Wenn man es jedoch (weitgehend) hält, führt dies zum Selbstruhm (Röm
3,27), der das Heil vom eigenen Tun und nicht von Gott erwartet. Die Klage „Ich
elender Mensch! Wer wird mich erlösen von diesem todverfallenen Leibe?"
(Röm 7,24) bringt die Ausweglosigkeit der Situation zum Ausdruck. Dass trotz
dieser Klage Hoffnung besteht, zeigt sich in Röm 3,21: „Nun aber ist ohne Zutun
des Gesetzes die Gerechtigkeit, die vor Gott gilt, offenbart." Dies bedeutet nicht,
dass Paulus das Gesetz aufgäbe. Als göttliche Setzung hat die Tora Bestand (Röm
7,12), weil es die menschliche Situation vor Augen stellt (Röm 3,20f.). Wer aber
erkennt, dass das Gesetz in seinem Kern Liebe ist (Gal 5,14; Röm 13,8–10), kann
an dieser Grundintention des Gesetzes festhalten und sie gleichzeitig in der Liebe
Gottes den Sündern gegenüber erfüllt sehen: „Gott aber erweist seine Liebe gegen
uns darin, dass Christus für uns gestorben ist, als wir noch Sünder waren" (Röm
5,8; 8,35–39).
Von hier aus bekommt der Gedanke vom gerechten und gerecht machenden
Gott seinen spezifisch paulinischen Akzent. Im Hintergrund steht die at.lich-
jüdische Vorstellung von Gerechtigkeit im Sinne eines Gemeinschaftsverhältnis-

ses: Gerechtigkeit ereignet sich, erweist sich als verlässlich, bringt zurecht.[20] Auch wenn Israel sich von Gott und seinem in der Tora niedergelegten Willen abwendet, bleibt er der Gerechte und Verlässliche (vgl. Jes 54,7.10.17). Dabei verbindet Paulus die Offenbarung der Gerechtigkeit Gottes ausdrücklich mit dem Kreuz, denn Gott hat im Kreuz Christi die Vergebung der Sünden „für uns" bewirkt (Röm 3,25f.), die Menschen dadurch gerecht gesprochen und diese Heilstat durch die Auferweckung Jesu von den Toten bestätigt. Wenn der Tod „der Sünde Sold", also die Konsequenz der Sünde ist (Röm 6,23), dann ist mit der Überwindung des Todes auch die Macht der Sünde gebrochen. Die Auferweckung Jesu hat deshalb prinzipielle Bedeutung: Wenn Jesus von Gott auferweckt wurde, dann hat der Tod keine endgültige Macht mehr (1Kor 15,16–21). Zugang zu diesem in Christus geschenkten Leben gewinnt man nicht, indem man weiterhin den Weg des Gesetzes geht, sondern dadurch, dass man auf Gottes Tat vertraut und ihm glaubt. In Röm 4 wird dies am Beispiel Abrahams ausgeführt.

Von hier aus entfaltet Paulus seine Theologie sowie seine Vorstellungen für das Leben in den Gemeinden. Für diejenigen, die glauben und getauft sind, hat eine neue Existenz begonnen, ein Sein in Christus (2Kor 5,17). Sie unterstehen nun seiner Herrschaft und nicht mehr der Sünde. Aber die Christen leben noch in dieser Welt, in der die Sünde wirkt. Deshalb mahnt Paulus seine Gemeinden, der Zuwendung Gottes in Christus durch das eigene Handeln zu entsprechen. Aus diesem Grund sind in den Paulusbriefen die Zusage des Heils und der daraus sich ergebende ethische Anspruch verbunden. Auch der eschatologische* Ausblick gehört hierher: Auch wenn die Christen „in Christus" leben, so steht die Vollendung dieses Lebens doch noch aus. Die christliche Hoffnung richtet sich nach Paulus darauf, dass Christus wiederkommen wird und die Glaubenden mit ihm leben werden. Bis dies eintritt, sollen sich die Christen gegenseitig stützen und so die Gemeinde, den „Leib Christi", aufbauen.

Die paulinische Wendung „in Christus" fasst dies alles zusammen. „In Christus" erfahren die Glaubenden die Gnade Gottes und die Erlösung (Röm 3,24; 1Kor 1,4), in ihm werden die Liebe Gottes (Röm 8,39) und die Freiheit (Gal 2,4) konkret, in ihm haben sie das Leben (Röm 6,23), in ihm schenkt Gott „uns alles" (Röm 8,32). Gott und Christus rücken für Paulus untrennbar zusammen. Von Gott zu sprechen ist deshalb in einer heilvollen Perspektive nur möglich, wenn man von Christus spricht. Mit der Vorstellung von Christus als Bild Gottes (2Kor 4,4) wird dies zum Ausdruck gebracht – und zugleich ausgeweitet auf diejenigen, die an Christus glauben: Denn die Gott „zuvor ersehen hat, die hat er auch zuvor bestimmt, dass sie dem Bild seines Sohnes gleich sein sollten, damit er der Erstgeborene sei unter vielen Brüdern" (Röm 8,29).

---

[20] Vgl. oben, 56–58.

20.5 Anregungen für den Unterricht

Die Vorstellung vom gegenwärtig als *kyrios* herrschenden Christus kommt in den Bildungsplänen ebenso selten in den Blick wie die paulinische Wendung „in Christus". Einige Beispiele sollen Zugänge hierzu öffnen, ein weiteres geht auf die Behandlung der Trinität ein.

1) Im evangelischen Gesangbuch steht das Himmelfahrtslied „Jesus Christus herrscht als König" von Philipp Friedrich Hiller aus dem Jahr 1757 (EG 123). Die erste Strophe lautet: „Jesus Christus herrscht als König, alles wird ihm untertänig, alles legt ihm Gott zu Fuß. Aller Zunge soll bekennen, Jesus sei der Herr zu nennen, dem man Ehre geben muss." In der zweiten Strophe ist von verschiedenen Mächten und Gewalten die Rede: „Alle Herrschaft dort im Himmel, hier im irdischen Getümmel ist zu seinem Dienst bereit." Und die letzte Strophe endet mit: Jesus Christus herrscht als König, alles sei ihm untertänig, ehret, liebte, lobet ihn". In diesem Lied ist u. a. der Christushymnus aus Phil 2,6–11 aufgenommen und damit die Vorstellung von Jesus Christus als *kyrios*, als gegenwärtig herrschendem Herrn. Dies wird – aus nt.licher Sicht sachgemäß – mit der Erhöhung Jesu Christi in Verbindung gebracht.

Die Zeitformen und Modi der Verben in diesem Lied sind aufschlussreich: Jesus Christus herrscht als König – alle Herrschaft ist zu seinem Dienst bereit – alles wird ihm untertänig – alles sei ihm untertänig. Die Unterschiede lassen sich als Lernchance lesen:

- Stimmt es, dass Jesus Christus als König herrscht und alle übrige Herrschaft zu seinem Dienst bereit ist? Gegenbeispiele lassen sich leicht finden.
- Wie wird die Aussage akzentuiert, wenn man die Veränderungen im Lied berücksichtigt: Alles ist – wird – sei Christus untertänig?
- Was bedeutet es von Christi gegenwärtiger Herrschaft zu sprechen? Was für eine Herrschaft ist gemeint? Was meint der Grundtext aus Phil 2 damit (vgl. das Schema von Erniedrigung und Erhöhung)?

2) In 2 Kor 4,4 wird Jesus als „Bild Gottes" bezeichnet, nach Kol 1,15 ist er das „Ebenbild des unsichtbaren Gottes", nach Joh 1,18 hat Jesus als der „einziggeborene Sohn" Gott gezeigt. Was kann man von Gott sagen, wenn man Jesus Christus als Bild Gottes versteht? Wie hängen Bild und gemeinte „Sache" zusammen? Sind sie identisch? Diese Frage lässt sich einerseits verbinden mit der Ebenbildlichkeit Gottes, die nach Gen 1,26f. vom Menschen ausgesagt ist[21], andererseits mit dem Pauluswort, dass die Christen dem Bild Jesus Christi gleich sein sollen (Röm 8,29).

---

[21] Vgl. oben, 27f.

3) Eine vielfach genutzte Methode im Religionsunterricht ist die Zusammenfassung eines biblischen Textes als SMS (mit 160 Zeichen). Etwas Vergleichbares hat Wilfried Härle mit dem Gedanken der Trinität vorgelegt[22]: „Die Dreieinigkeit Gottes – in 90 Sekunden." Dieser Versuch kann als Anregung dazu dienen, eigene prägnante Formulierungen zur Trinität, aber auch zu Jesus als gegenwärtigem Herrscher oder zu der Formel „in Christus" zu finden.

4) Die Trinitätslehre ist ein wichtiger „Stolperstein" im christlich-islamischen Dialog. Viele Muslime verstehen die Dreieinigkeit Gottes als Tritheismus und damit als schlimmste Sünde. Sure 5,116 aus dem Koran ist charakteristisch: „Und als Gott sprach: ‚O Jesus, Sohn Marias, warst du es, der zu den Menschen sagte: Nehmt euch neben Gott mich und meine Mutter zu Göttern?' Er sagte: ‚Preis sei Dir! Es steht mir nicht zu, etwas zu sagen, wozu ich kein Recht habe. Hätte ich es gesagt, dann wüsstest Du es. Du weißt, was in meinem Inneren ist, ich aber weiß nicht, was in deinem Inneren ist. Du bist der, der die unsichtbaren Dinge alle weiß.'" Wichtig ist, die metaphorische Qualität der Aussagen von Gott als Vater und Jesus als Sohn zu erkennen. „Der eine Gott wird Vater genannt, weil er die Quelle allen Seins ist; er wird Sohn genannt, sofern er in Jesus voll und ganz au dieser Quelle lebt; er wird Geist genannt, insofern er sich seiner Schöpfung mitteilt."[23]

Literatur zum Weiterlesen
Feldmeier: Monotheismus und Christologie
Karrer: Jesus Christus im Neuen Testament
Themenheft zur Trinität – Welt und Umwelt der Bibel
Themenheft zur Trinität, entwurf 4 / 2009

---

[22]   Härle, Dreieinigkeit, 4.
[23]   Troll, Muslime fragen, 68f.

21. Der Richter steht vor der Tür (Jak 5,9)

Der liebe Gott sieht alles! Viele Erwachsene tragen diesen Satz, der ihnen als Kindern gesagt wurde, zeitlebens mit sich herum. Der „liebe Gott" wird dabei zum Aufpasser und zum strafenden Gott. Aber sieht er wirklich alles? Oder ist er nur praktische Erziehungsinstanz für ungehorsame Kinder, während manches schreiende Unrecht seiner Aufmerksamkeit entgeht? Und ist die Rede vom „lieben Gott" nicht generell schwierig, wenn daraus ein „Kuschelgott" wird, der niemandem etwas zuleide tut. Der Glaube an einen solchen Gott überlebt sich leicht. Vor diesem Hintergrund geht es in diesem Kapitel darum,

- die Vorstellung vom gerechten und richtenden Gott anhand des Jakobusbriefs zu beschreiben;
- sie im Rahmen verschiedener neutestamentlicher Kontexte zu verorten;
- die Bedeutung der Rede von Gott als Richter gesamtbiblisch nachzuzeichnen
- und einige Anregungen zu geben, wie diese Rede im Unterricht aktualisiert werden kann.

21.1 Das kommende Gericht

Jak 5,7–11 So seid nun geduldig, liebe Brüder, bis zur Wiederkunft des Herrn. Siehe, der Bauer wartet auf die kostbare Frucht der Erde und ist dabei geduldig, bis sie empfange den Frühregen und den Spätregen. 8 Seid auch ihr geduldig und stärkt eure Herzen; denn das Kommen des Herrn ist nahe. 9 Seufzt nicht widereinander, liebe Brüder, damit ihr nicht gerichtet werdet. Seht, der Richter steht vor der Tür. 10 Nehmt, liebe Brüder, zum Vorbild des Leidens und der Geduld die Propheten, die geredet haben in dem Namen des Herrn. 11 Siehe, wir preisen selig, die erduldet haben. Von der Geduld Hiobs habt ihr gehört und habt gesehen, zu welchem Ende es der Herr geführt hat; denn der Herr ist barmherzig und ein Erbarmer.

Jak 5,7–11 liest sich wie ein kleines Kompendium der Zukunftserwartung: Von der „Wiederkunft des Herrn" ist die Rede (V. 7f.), von der aufmerksamen Geduld, mit der sie erwartet werden soll (V. 8.10f.), vom Richter, der vor der Tür steht (V. 9). Klar ist auch, dass diese Zukunftsaussagen paränetisch* auf die Gegenwart bezogen sind: „Seufzt nicht gegeneinander, damit ihr nicht verurteilt werdet" (V. 9). Das griechische Verb, das mit „seufzen" übersetzt wird, kommt nur selten im NT vor und nur hier im Sinne von „seufzen gegen jemand". In Jak 5,9 ist es als „innere Klagen gegeneinander" und damit als Beurteilen und Richten verstanden, das den Christen aber nicht zusteht; denn nur „Einer ist der Gesetzgeber, der retten und verdammen kann" (Jak 4,11f.). Andere Stellen erläutern dies: 3,9f. klagt über die Zunge, mit der wir loben und fluchen; 3,14 nennt Eifersucht und Streitsucht; 4,11 warnt vor übler Nachrede; und generell wird nach 2,13 „ein unbarmherziges Gericht über den ergehen, der keine Barmherzigkeit geübt", sondern sich gegen andere Gemeindeglieder gestellt hat. 5,9 erweist sich so als eine Zusammenfassung der Mahnungen angesichts des Unfriedens in der Gemeinde in 4,1–12.[1]

Wer als Richter vor der Tür steht, ist nicht ganz klar. Das „Kommen des Herrn" V. 8 ist auf Jesus zu beziehen, der „barmherzige Herr" V. 11 wegen des at.lichen Beispiels dagegen auf Gott; auch mit dem „Gesetzgeber und Richter" 4,12 kann nur Gott gemeint sein – und deshalb ist auch in V. 9 wahrscheinlich, dass Gott gemeint ist. Dass er als Richter „vor der Tür steht", ist eine Aussage, die sich ebenfalls in der frühchristlichen Literatur findet (vgl. Mk 13,28f. mit ähnlichen Bildfeldern: Ernte, Nähe, Tür). Damit sind in diesem kleinen Abschnitt mehrere eschatologische Motive des frühen Christentums miteinander verbunden: Das Wort Parusie*, das im Zusammenhang jüdischer Endzeiterwartungen noch nicht nachweisbar ist; die feste Verbindung dieses Wortes mit der Herrenbezeichnung Jesu; die Hoffnung auf sein baldiges Kommen (1Thess 2,19; 3,13; 5,23; Offb 3,20); die Vorstellung des vor der Tür stehenden Richters (Mk 13,29; Offb 3,20); auch das Stichwort standhalten V. 11 steht unter dem Aspekt des Endzeitgeschehens, wie Mk 13,13 deutlich macht. Sowohl die Erwartung der Parusie Christi als auch das bevorstehende Gericht dienen zur Begründung der Mahnungen des Jak. Eine Bewährung des Glaubens und eine Bewahrung im Gericht kann es für dieses Schreiben ohne verantwortliches Tun nicht geben.

21.2 Kontexte

Dass das endzeitliche Gericht Gottes nach den Taten der Menschen ohne Ansehen der Person erfolgt, halten verschiedene nt.liche Autoren gleichermaßen fest (Röm 2,11f.; Kol 3,25; 1Petr 1,17). Alle müssen für ihre Taten einstehen, diejenigen, die sich der Botschaft Gottes verschließen (Röm 1,18ff.; 3,6; 9,22; 1Kor 5,13 u. ö.), und ebenso die Glaubenden. Der Gerichtsgedanke spielt auch in Hebr, 2Petr und in der Offb eine wichtige Rolle. Hebr 3,7–19; 10,23–27 ermahnt die Christen, die im Glauben und Hoffen nachlassen, mit dem Hinweis auf das kommende Gericht. In 2Petr 2,12–22 wird denen, die Falsches lehren, das kommende Verderben vor Augen gestellt. Zu den in der Offenbarung verzeichneten Endzeitereignissen gehört nach 20,12 auch die Vorstellung von „den Büchern" mit allen Taten der Menschen; am Gerichtstag werden sie geöffnet.

---

[1]   Vgl. Frankemölle, Jakobusbrief, 687.

Die Vorstellungen vom Endgericht prägen in unterschiedlicher Akzentuierung die nt.lichen Schriften insgesamt. Johannes der Täufer kündigt das bevorstehende Gericht mit anschaulichen Bildern: Die Axt ist den Bäumen schon an die Wurzel gelegt; der Richter trennt die Spreu vom Weizen (Mt 3,10–12). Dem kommenden Zorn Gottes wird nur entkommen, wer umkehrt und Buße tut (3,7f.). Auch Jesus spricht wiederholt vom Gericht Gottes, z. B. in den Gleichnissen vom „reichen Kornbauern (Lk 12,16–21), vom Schalksknecht (Mt 18,23–34) und von den anvertrauten Talenten (Mt 25,14–29). Auch die Worte vom Nicht-Richten Mt 7,1f. oder die Weherufe in Mt 11,20–24 / Lk 6,24f.; 11,42 legen darauf einen Akzent. Das Gleichnis vom Unkraut unter dem Weizen (Mt 13,24–30.36–43) wendet den Gerichtsgedanken ausdrücklich auf die christliche Gemeinde an; dann erst wird sich herausstellen, wer zu den Gerechten gehört und wer nicht (13,41–43; vgl. Mt 8,2; 13,50; 22,13; 24,51; 25,30).

Dennoch ist Jesus nicht in gleicher Weise Gerichtsprediger wie der Täufer. Der Grundton seiner Verkündigung ist die Hoffnung auf die kommende Gottesherrschaft, nicht die Angst davor. Lukas greift in 4,17f. Worte aus Jes 61 auf, um die Sendung Jesu zu beschreiben: „Der Geist des Herrn ist auf mir, weil er mich gesalbt hat, den Armen das Evangelium zu verkündigen; er hat mich gesandt, die zerbrochenen Herzens sind zu heilen, Gefangenen Befreiung zu verkünden und den Blinden, dass sie wieder sehen, Zerschlagene in Freiheit zu entlassen, und ein angenehmes Jahr des Herrn auszurufen." Er lässt bei diesem Zitat den prophetischen Hinweis auf den „Tag der Rache unseres Gottes" aus – und unterstreicht damit den heilenden Grundton der Botschaft Jesu.

Einen eigenständigen Gerichtsgedanken vertritt das vierte Evangelium. Hier ereignet sich das Gericht bereits in der Gegenwart, und zwar in der Begegnung mit Jesus: Wer an ihn glaubt, „der wird nicht gerichtet; wer aber nicht glaubt, der ist schon gerichtet" (5,22–24.27.30). Dieses Gericht entspricht dem Willen Gottes (8,16.50). Dementsprechend ergeht „jetzt" das Gericht über die Welt (12,31) – da, wo Jesus den Menschen direkt oder in der Verkündigung von ihm begegnet. Wer bei dieser Begegnung mit Jesus „in der Finsternis bleibt" und böse Taten vollbringt, der ist schon gerichtet (3,18–21).

21.3 Gott richtet und ist gnädig

Die at.liche Vorstellung von Recht und Gerechtigkeit weist zwei grundlegende Aspekte auf: Zum einen ist immer ein Gemeinschaftsverhältnis im Blick; gerecht ist und gerecht handelt, wer sich „gemeinschaftstreu" verhält und das Wohl der Gemeinschaft verfolgt. Recht und Gerechtigkeit sind deswegen keine abstrakten Größen, sondern haben „konstruktiv-engagierten Charakter".[2] Zum anderen ist

---

[2]   Kleinknecht, Gerechtigkeit, 421.

die Überzeugung bestimmend, dass das Recht immer eine Beziehung zu Gott hat; es ist von ihm gegeben und legitimiert. Diese enge Bindung des Rechts an Gott zeigt sich exemplarisch an der Gesetzgebung am Sinai. Das Recht steht aber immer in der Gefahr, gebrochen zu werden, wenn es in Konflikt mit der Macht gerät. Die Könige stehen deshalb in besonderer Versuchung das Recht zu ihren Gunsten auszulegen (exemplarisch 2Sam 11; 1Kön 21). Aber auch die Reichen und Mächtigen „achten kein Recht und sammeln Schätze durch Gewalttaten und Plünderung in ihren Palästen", sie „stoßen die Gerechtigkeit zu Boden" (Am 3,10; 5,7; Jes 1,23). Gott „wartete auf Rechtsspruch – und siehe da Rechtsbruch, auf Gerechtigkeit – und siehe da Geschrei über Schlechtigkeit" (Jes 5,7).

Gott aber ist es, der für das Recht eintritt und für seine Durchsetzung sorgt. Das Prinzip, nach dem dies erfolgt, ist der Tun-Ergehen-Zusammenhang*[3], wie er in Spr 26,27 formuliert ist: „Wer eine Grube gräbt, fällt selbst hinein; und wer einen Stein wälzt, auf den wird er zurückrollen." Weil Gott, dem Richter im Himmel und auf Erde, das Recht am Herzen liegt, kann er im Rechtsstreit über konkrete Fragen und Probleme angerufen werden. Der Zorn Gottes ist deshalb keine willkürliche Reaktion Gottes, sondern bezeichnet „die Durchsetzung und Wahrung eines Wirkzusammenhangs, kraft dessen dem Bedrängten Gerechtigkeit widerfährt."[4] Diese rettende Gerechtigkeit ist ein Grundelement des at.lichen Redens von Gott. Beim Gedanken des „richtenden Gottes" geht es deshalb darum, dass Gott alles wieder „ins Richtige stellt".[5] Deshalb kann er geradezu „Gott des Rechts" genannt werden (Jes 30,18; Mal 2,17).

Von hier aus kann Jahwe auch als Richter zwischen den Völkern (Jes 2,4; Mi 4,3), über alle Völker (Ps 7,2) und über die ganze Welt angesehen werden (Ps 96,13). Das Gericht Gottes wendet sich gegen die Feinde Israels (vgl. die Fremdvölkersprüche Jes 13–23; Jer 46–51; Hes 25–32), aber auch gegen Israel selbst, wenn es sich von Gott und seinem Recht abwendet. Im Rückblick auf seine Geschichte kann Israel deshalb große Katastrophen, vor allem den Untergang des Nord- und des Südreichs, als Gericht Jahwes erkennen, das zu Recht über das Volk ergangen ist. Nicht zuletzt dieser Blick auf die Ereignisse und den richtenden Gott macht es möglich, dass Israel durch die Katastrophen hindurch an seinem Gott festhält; denn selbst wenn er straft, bewahrt er doch von seiner Seite aus den Bund mit dem Volk.

In diesem Zusammenhang ist immer wieder vom „Tag Jahwes" die Rede. Im Zentrum dieser Vorstellung steht die Erwartung, dass Gott alle seine Feinde besiegt, die an ihm Festhaltenden aber errettet und damit der Gerechtigkeit zum Durchbruch verhilft. Bei Zephanja wird der „Tag Jahwes" zum zentralen Thema (vgl. besonders Zeph 1,14–16). Auch Joel spricht vom „großen und sehr schreck-

---

[3]   Vgl. oben, 84f.
[4]   Janowski, Gott, 53f.
[5]   Zenger, Gott der Rache?, 131.

lichen" Unheilstag (2,11), hebt aber ab 3,1 stärker den Heilsaspekt hervor: Gott wird seinen Geist ausgießen über alle Menschen, über Söhne und Töchter, Alte und Junge, Knechte und Mägde. Wenn dann der „große und schreckliche Tag Jahwes" kommt, wird jeder errettet werden, der den Namen Gottes anruft (3,3–5). Und Maleachi spricht von dem wiederkommenden Propheten Elia, den Gott vor dem „großen und schrecklichen Tag Jahwes" schickt, damit das Land vom Bann verschont bleibt (Mal 3,23f.). Dass Gott das Unrecht nicht ungestraft lässt, ist die eine Seite dieser Ankündigungen; dass seine Barmherzigkeit und Treue aber größer sind als seine Strafe, die andere.

In nachexilischer und vollends in hellenistischer Zeit konzentriert sich die Vorstellung vom Gottesgericht zunehmend auf den Gegensatz zwischen Gerechten und Gottlosen. Zwar droht der Gottlose dem Gerechten Gewalt an, „aber der Herr lacht über ihn; denn er sieht, dass sein Tag kommt" (Ps 37,13). Weil Gott eingreifen wird, braucht die Rache nicht in die eigene Hand genommen zu werden (V. 8). Der Gerichtsgedanke wird nun zunehmend zur apokalyptischen Vorstellung eines endzeitlichen, die gesamte Menschheit umfassenden Gerichts ausgeweitet, in das Dan 7,17–27 die gesamte Geschichte einbezieht.

Eine wichtige Gestalt im endzeitlichen Gericht bei Daniel ist der Menschensohn (Dan 7,1–15). Einer „wie ein Menschensohn" wird vor Gott gebracht, und ihm wird „Macht, Ehre und Königtum übertragen: „Seine Herrschaft, die nicht vergeht, ist ewig, uns sein Königreich hat kein Ende" (7,14). Während der Menschensohn hier eine Einzelgestalt ist, wird er in 7,27 als Symbol für das „Volk der Heiligen des Höchsten" gedeutet. In anderen Schriften ist ebenfalls vom Menschensohn die Rede (4Esr 13,1ff.; äthHen 46,1ff.); bei Henoch ist er eine im Himmel noch verborgene Gestalt, die in der Endzeit hervortreten und die Könige der Erde entmachten wird.

Immer wieder hat man den Gott des AT als gesetzlichen und unbarmherzig richtenden Gott angesehen und ihm den liebenden Gott des NT gegenübergestellt. Dies trifft weder (wie sich gezeigt hat) für das AT noch für das NT zu. Denn neben dem Spitzensatz 1Joh 4,16 („Gott ist Liebe …") und vielen anderen Aussagen zu der gnädigen Hinwendung Gottes zu den Menschen enthält das NT auch viele Gerichtsaussagen. Anders als der Täufer, der das kommende Zorngericht Gottes verkündigt, aus dem nur eine grundlegende Umorientierung rettet (Mt 3,2.7–12), ist für Jesus zwar der Heilswille Gottes bestimmend; dies bedeutet aber nicht, dass der Gerichtsgedanke aufgegeben wäre. Zeichenhaft deutet sich das Gericht in der Überwindung der Dämonen an (vgl. Mk 1,34 u. ö.), es ist aber auch in der Verkündigung Jesu präsent. Die Trennung von Geretteten und Verlorenen steht bevor. Die Berufung auf den Bund* Gottes mit den Vätern reicht dabei nicht aus; das Gericht betrifft Israel in gleicher Weise, und während „viele von Osten und Westen, von Norden und Süden kommen und im Reich Gottes zu Tisch sitzen werden", werden die, die sich nur vordergründig auf Abraham berufen, ausgeschlossen (Lk 13,28f.; Mt 8,11f.; vgl. auch Lk 10,13–15; 11,29–32).

Das Gleichnis vom Gastmahl (Lk 14,16–24) weist eine ähnliche Intention auf. In der apokalyptischen Tradition, in der viele nt.liche Texte stehen, ist die Gottesherrschaft mit dem Gericht verbunden. Dieses Gericht ist an das Wirken und die Verkündigung Jesu gebunden und beginnt deshalb zeichenhaft schon in der Gegenwart. Am Ende aber wird der Menschensohn Gericht halten über alle Völker (Mt 25,31–46), wobei als Kriterien die Orientierung an Jesus und am Liebesgebot gelten: „Was ihr einem meiner geringsten Brüdern getan habt, das habt ihr mir getan" (V. 40.45). Und ganz in apokalyptischer Tradition schließt diese Gerichtsankündigung: Die sich dem Nächsten verweigert haben, „werden in die ewige Pein gehen, aber die Gerechten ins ewige Leben" (V. 46). Es kommt darauf an, die Verkündigung Jesu zu hören *und* nach seinen Worten zu handeln (Mt 7,24–27).

Dass Gott ohne Ansehen der Person nach den Werken eines jeden Menschen richtet, findet sich auch in der Briefliteratur des NT (Röm 2,11; Eph 6,9; Kol 3,25; 2Tim 4,8; 1Petr 1,17; 4,17f.). Aufgrund der Erlösung durch Christus und den Glauben an ihn werden die Christen aber im Endgericht bestehen (Röm 5,9; 8,31–39), möglicherweise gerichtet „wie durch Feuer", aber doch gerettet. (1Kor 3,15). Hier geht es nicht generell um Heil oder Verwerfung, sondern um das Gericht an den Glaubenden. Ihm steht die Verwerfung der Nichtglaubenden gegenüber, von der Paulus an etlichen Stellen spricht (Röm 3,6; 9,22; 1Kor 1,18; 5,13; 11,32; 2Kor 4,3f.; Phil 1,28; 3,19). Allerdings finden sich bei Paulus auch einige Stellen, die einen Heilsuniversalismus andeuten: Röm 5,18; 2Kor 5,14f. und vor allem Röm 11,32: „Denn Gott hat alle in den Unglauben eingeschlossen, damit er sich über alle erbarme." Dem Erbarmen Gottes gehört in diesem wichtigen Abschnitt des Röm das letzte Wort, und zwar im Sinne einer nicht zu begrenzenden erbarmenden Absicht Gottes (vgl. „damit" in V. 31f.), nicht aber einer theologischen Lehre.[6] Das unmittelbar anschließende Gotteslob und der Hinweis auf seine unerforschlichen Wege (11,33–36) machen deutlich, dass es Paulus um das Heil schaffende Handeln Gottes geht, das aber dem letzten Verstehen verschlossen bleibt (vgl. das Stichwort „Geheimnis in V. 25).

Dass die Glaubenden sich der Rettung vor dem Zorn Gottes gewiss sein können, hebt die Verantwortung für das eigene Verhalten und das der Gemeinde nicht auf. Das zeigen die vielen Mahnungen, die die Paulusbriefe und die späteren Schreiben durchziehen. „Wenn wir nun im Geist leben, so lasst uns auch im Geist wandeln" fasst Paulus zusammen (Gal 5,25). 1Petr 1,17 verweist auf das Gericht: „Wenn ihr den als Vater anruft, der ohne Ansehen der Person jeden einzelnen nach seinen Taten richtet, dann führt euer Leben in Furcht, solange ihr

---

[6] Origenes (185–254) hat aus Apg 3,21 und 1Kor 15,25–28 die Theorie entwickelt, dass am Ende der Zeit alle Menschen und alle widergöttlichen Mächte zu Gott und damit zur Harmonie der ursprünglichen Seinsordnung zurückkehren (Princ I 6,1–4; II 3,1–5; III 6,1–9). Dies hat man mit den heilsuniversalistischen Aussagen bei Paulus in Verbindung gebracht und in Anlehnung an Kol 1,20 von „Allversöhnung" gesprochen.

hier in der Fremde lebt." Hebr 10,26–31 formuliert drastischer: „Wenn wir mutwillig sündigen, nachdem wir die Erkenntnis der Wahrheit empfangen haben, gibt es kein weiteres Opfer mehr für die Sünden, sondern ein schreckliches Warten auf das Gericht und den Eifer des Feuers, der die Widersacher verzehren wird." Hier wie auch in der Offenbarung zielen die Mahnungen auf die Standhaftigkeit der Glaubenden und darauf, dass ihr Handeln mit ihrem Glauben in Einklang steht. Die vielen Hinweise auf das kommende Gericht haben eine pärätische* Funktion.

21.4 Exkurs: Glaube und Werke

Luthers Verdikt, dass der Jakobusbrief eine „stroherne Epistel" sei, die nicht in den Kanon gehöre (WA TR 5,414) hat die Auslegung des Briefes stark belastet. Protestantische Exegeten legten in Aufnahme dieser Position großes Gewicht auf den Abschnitt 2,14–26, da Paulus hier als ungenannter Gegner angesprochen zu sein scheint. Vielfach wurde der Abschnitt zum „Herzstück" des Briefes erklärt. Diese Deutung ist aber weder dem Abschnitt selbst noch dem Brief insgesamt angemessen.

In 2,14–26 geht es um die Opposition zwischen Glauben, der ohne Werke auszukommen meint, und Glauben, der sich in Werken Ausdruck verschafft. Diese Opposition trifft die paulinische Theologie jedoch nicht. Während es bei Paulus um die grundlegende Frage des eschatologischen* Heils für Juden und Heiden geht und somit um die Geltung des Gesetzes als Heilsweg, begegnen wir im Jakobusbrief der Frage nach der Verbindlichkeit des Glaubens im Alltag: Glaube soll in Werken tätig sein. Die in V. 14 an den Anfang gestellte These ist als Frage formuliert: „Was nützt es, wenn einer sagt, er habe Glauben, aber es fehlen die Werke? Kann etwa der Glaube ihn retten?" V. 15f. führt ein ironisch zugespitztes Beispiel an, wonach unter Hinweis auf den Glauben tätige Hilfe unterlassen wird. Daraus zieht V. 17 die Konsequenz: „So ist auch der Glaube, wenn er nicht Werke hat, tot in sich selber". V. 18f. führt in Gestalt einer Disputation mit einem fingierten Gegner das Problem weiter, worauf zur endgültigen Beantwortung und Begründung in V. 20–24 ein Schriftbeweis geführt wird, nämlich Abrahams Bereitschaft, seinen Sohn Isaak zu opfern, der mit der Folgerung schließt: „Ihr seht, dass der Mensch aufgrund seiner Werke gerecht wird, nicht durch den Glauben allein" (V. 24). Das zweite Beispiel von Rahab wird in V. 25 zur Bekräftigung angeführt, und V. 26 schließt die Beweisführung mit einem Vergleich: „Denn wie der Körper ohne den Geist tot ist, so ist auch der Glaube tot ohne die Werke". Es geht dem Verfasser also um die unlösbare Zusammengehörigkeit von „Glaube" und „Werken".

Unabhängig davon, wie man den schwierigen V. 18 im Einzelnen interpretiert, ist deutlich, dass der Verfasser gegen die Ablösung des Glaubensinhaltes und der

Glaubensüberzeugung vom konkreten Glaubensvollzug argumentiert. Das ergibt sich aus 2,19: „Du glaubst, dass nur einer Gott ist? Du tust recht daran; auch die Dämonen glauben es und zittern". Man hat oft kritisiert, dass hier nicht von einem Glauben an Christus die Rede ist. Aber der Brief will möglichst allgemein reden. Christen, Juden, Heiden und selbst übernatürliche Mächte sind hier zusammengefasst: Sofern es nur um eine unverbindliche Anerkennung Gottes geht, kann nicht ernsthaft von Glauben gesprochen werden. Solcher „Glaube" kann nicht erretten, sondern führt wie bei den zitternden Dämonen zum Verderben. Ein solcher Glaubensbegriff ist aber nicht paulinisch. Für Paulus steht außer Frage, dass der Glaube „durch die Liebe tätig ist" (Gal 5,6); er spricht in solchen Zusammenhängen vom rechten „Wandel" oder vom „Fruchtbringen" (Gal 5,22). Diese tätige Entfaltung gehört zum Glauben dazu, aber als Folge, nicht als Heilsweg. Die paulinische Frage, ob die Werke zum Heil führen können, ist bei Jakobus gar nicht angesprochen. Die Polemik richtet sich zwar gegen eine paulinische Aussage, die aber aus dem paulinischen Kontext herausgelöst ist und ohne diesen Kontext missverständlich wird. Deshalb kann sie die paulinische Theologie gar nicht treffen, die Auseinandersetzung spielt sich gewissermaßen auf zwei verschiedenen Ebenen ab. Die lang geführte konfessionelle Kontroverse um das Verhältnis von Glaube und Werken ist jedenfalls mit dem Jakobusbrief nicht wirklich zu begründen.

21.5 Anregungen für den Unterricht

1) Zwei kurze Texte können die Problematik des „lieben" und des „strafenden" Gottes verdeutlichen. Tilman Moser schreibt; „Was wird der liebe Gott dazu sagen'? Durch diesen Satz war ich früh meiner eigenen inneren Gerichtsbarkeit überlassen worden ... Die ganze Last der Sorge um dein Befinden lag beständig auf mir, du kränkbare, empfindliche Person, die schon depressiv zu werden drohte, wenn ich mir die Zähne nicht geputzt hatte ... Du hast mir so gründlich die Gewissheit geraubt, mich jemals in Ordnung fühlen zu dürfen, mich mit mir auszusöhnen, mich o.k. finden zu können. ... Dein Hauptkennzeichen für mich ist Erbarmungslosigkeit ... Du hast aus mir eine Gottesratte gemacht, ein angstgejagtes Tier in einem Experiment ohne Ausweg."[7]
Friedrich Wilhelm Graf hält dem entgegen: „Auf den Kanzeln wird zunehmend ein Kuschelgott verkündet, an dem wer auch immer sich fröhlich erwärmen kann. ... Der zeitgeistaffine Gegenwartsgott ist immer nur reine Liebe, Güte, Gnade und Herzenswärme, ein trostreicher Heizkissengott für jede kalte Le-

---

[7]   Gottesvergiftung, 17f.14.29. Inzwischen spricht Moser von einem „erträglichen Gott" (Von der Gottesvergiftung zu einem erträglichen Gott, 2003). Im Internet kann man Informationen dazu finden, wie Moser diesen Wandel begründet.

benslage. Gott entbehrt hier des Stachels der Negativität, kann also keine Irritationskraft mehr entfalten. ... Das erste Gebot des neuen Kults von Einfühlsamkeit und Herzenswärme lautet: Fühle dich endlich wohl! Gott will das so. So wird das Christentum zu einer Wellness-Religion gemacht."[8]

Zu beiden Texten können eigene Stellungnahmen erarbeitet werden. Hinzunehmen kann man auch die Ergebnisse einer Umfrage aus dem Jahr 2010[9]:

Advents-Umfrage: Die Deutschen und ihr Gottglaube

	Deutschland in %	West in %	Ost in %
Glauben die Deutschen an Gott?*			
Glauben	68	74	42
Keinen Glauben	27	21	54
Keine Angaben	5	5	4
Wie sehen die Gläubigen Gott**			
Wohlwollender, gütiger Gott	54	55	53
Distanzierter, unpersönlicher Gott	7	7	13
Autoritärer, Lebensregeln vorschreibender Gott	4	4	5
Bestrafender Gott	2	2	0
Gläubig, aber keine Vorstellung von Gott	32	32	29

2) Rainer Oberthür erzählt vom abendlichen Gebet Sabines und was ihr dabei durch den Kopf geht – angesichts der Tatsache, dass sie am Tag gelogen hat[10]; ein ansprechender Text, der offen bleibt und Gott nicht auf Strafe oder Vergebung festlegt.

3) Den Ausgangstext zu diesem Kapitel (Jak 5,7–11) kann man mit der Methode der Textlöschung bearbeiten: Auf einer Kopie des Textes werden die als uninteressant oder unwichtig erachteten Stellen mit einem schwarzen Stift ausgestrichen. Daran schließt sich ein Gespräch über die einzelnen Aussagen an. Welche Konsequenzen hat es, wenn die Aussagen über den Richter gestrichen werden

Literatur zum Weiterlesen:
Janowski: Ein Gott, der straft und tötet
Zeindler: Gott der Richter

---

[8]   Vgl. www.Focus.de/magazin/archiv/debatte-wir-beten-an-den-kuschelgott_aid_583207.html, am 1.12.2013

[9]   www.news.de/panorama/855096705/so-sehen-die-deutschen-gott/1/, am 2.3.2010.

[10]   Oberthür, Kinder, 27f.

22. Ich bin das Alpha und das Omega (Offb 21,6)

Die Apokalyptik ist faszinierend und erschreckend zugleich. Spektakuläre Katastrophenfilme mit apokalyptischem Hintergrund (z. B. „End of Days" oder „2012") sind Kassenschlager. Fukushima, Tsunamis und Erdbeben liefern dagegen ganz reale Schreckensbilder apokalyptischen Ausmaßes. Bilder vom Jüngsten Gericht stellen uns himmlische Freuden und höllische Pein vor Augen. Was erwartet uns?

In diesem Kapitel geht es darum,
- die Bilder vom kommenden Heil als Zielpunkt der Offenbarung zu lesen;
- einen Zugang zur Bilderwelt der Offenbarung zu bekommen;
- die Vorstellung von Gott als dem „Ersten und Letzten" nachzuvollziehen
- und Anregungen für eine Umsetzung im Unterricht zu geben.

22.1 Ein neuer Himmel und eine neue Erde

Offb 21,1–5a Und ich sah einen neuen Himmel und eine neue Erde; denn der erste Himmel und die erste Erde sind vergangen, und das Meer ist nicht mehr. 2 Und ich sah die heilige Stadt, das neue Jerusalem, von Gott aus dem Himmel herabkommen, bereitet wie eine geschmückte Braut für ihren Mann. 3 Und ich hörte eine große Stimme von dem Thron her, die Sprach: Siehe da, die Hütte Gottes bei den Menschen! Und er wird bei ihnen wohnen, und sie werden sein Volk sein, und er selbst, Gott mit ihnen, wird ihr Gott sein; 4 und Gott wird abwischen alle Tränen von ihren Augen, und der Tod wird nicht mehr sein, noch Leid noch Geschrei noch Schmerz wird mehr sein; denn das erste ist vergangen. Und der auf dem Thron saß, sprach: Siehe ich mache alles neu!

In Kapitel 21 entwirft die Offenbarung des Johannes ein umfassendes Bild der kommenden Heilszeit. Ein grundlegender Neuanfang wird mit Hilfe verschiedener Bilder dargestellt, und um nichts weniger geht es als um einen neuen Himmel und eine neue Erde. Der Gedanke einer creatio ex nihilo* legt sich zwar nahe; aber der Verfasser denkt in Anlehnung an Gen 1 eher an die Erschaffung von Ordnung aus dem Chaos.[1] Dass das Vergehen des Meeres eigens erwähnt ist, unterstreicht dies: Von Gen 1 an ist das Meer ambivalent beschrieben. Bei der Schöpfung setzt Gott der Urflut Grenzen; wiederholt ist im AT vom Kampf Gottes gegen das Meer (Ps 46,4; 77,17–20; 93,3f.) oder gegen Meerungeheuer die Rede (Ps 74,13f.; 89,11; Jes 27,1; 51,9); und nach Offb 13,1 steigt ein widergöttli-

---

[1] Haacker, Neuer Himmel, 334.

ches Tier mit zehn Hörnern und sieben Köpfen aus dem Meer auf. Im neuen Himmel und der neuen Erde hat das Meer deshalb keinen Platz mehr. Was Jes 65,17 ankündigte, trifft ein: „Siehe, Ich will einen neuen Himmel und eine neue Erde schaffen, das man der vorigen nicht mehr gedenken und sie nicht mehr zu Herzen nehmen wird."

Auch die Vorstellung vom neuen Jerusalem ist im AT vorgeprägt. Jes 54,11–17; 60,1; Hes 40–48 sprechen von einer Erneuerung Jerusalems in der kommenden Heilszeit. In der Apokalyptik* gewinnt die Vorstellung Raum, dass das neue Jerusalem bereits jetzt im Himmel existiert und von dort auf die Erde herabkommt (4Esr 7,26; 8,52 u. ö.; Offb 3,12). In 21,10ff. wird die kommende Stadt beschrieben: Sie braucht keine Sonne und keinen Mond, denn die Herrlichkeit Gottes und das Licht des Lammes erleuchten sie (21,23); und es gibt keinen Tempel, denn die Begegnung mit Gott ist unmittelbar (V. 22). Mit dem Bild des himmlischen Jerusalem ist das der geschmückten Braut verbunden. Bereits im AT ist Jerusalem wiederholt als Frau vorgestellt (Jes 1,8; Jer 4,31; 4Esr 9,38ff.).

V. 3 spricht von Gottes Nähe zu den Menschen mit dem Bild der Hütte (wörtlich: des Zelts, das an das Stiftszelt* des AT erinnert, Ex 25,8 u. ö.), die bei den Menschen ist, und zwar den Menschen aus allen Völkern; denn tatsächlich ist in V. 3 von den Völkern die Rede, nicht wie in der Lutherübersetzung vom Volk. Was Hes 37,27 und Sach 2,14 ansagten, ist hier über Israel hinaus verwirklicht.

In dieser neuen Welt wird es den Tod nicht mehr geben, auch Leid, Geschrei und Schmerz nicht mehr. Das alles ist mit dem ersten Himmel und der ersten Erde vergangen. V. 1b und 4b bilden eine Klammer um die übrigen Aussagen[2] und „Ich mache alles neu" fasst das Gesagte zusammen.

Der das sagt, stellt sich in 21,6 als das „Alpha und das Omega" vor. Auch in 1,8 und 22,13 kommt diese Selbstbezeichnung Gottes vor, sie ist verwandt mit den Gottesbezeichnungen „der Erste und der Letzte" (1,17) und „der Anfang und das Ende" (21,6). In 22,13 sind die drei Bezeichnungen verbunden. Gott steht am Anfang alles Geschaffenen, und er ist es auch, der am Ende den neuen Himmel und die neue Erde schafft. Der erste und der letzte Buchstabe des griechischen Alphabets sind eine gelungene Metapher für diesen alles umfassenden Gott. Mit ihr rahmt der Verfasser deshalb auch sein eigenes Werk.

22.2 Kontexte

Der kleine Abschnitt weist eine ganze Fülle intra- und intertextueller Bezüge auf. Die Rückgriffe auf verschiedene Prophetentexte zeigen, dass der Verfasser hier, wie auch sonst überall in seinem Werk, aus einer profunden Kenntnis der prophetischen Tradition schöpft.

---

[2] Satake, Offenbarung, 398.

In der Offenbarung selbst gibt es ein „Gegenstück" zu diesem Text in 20,7–15. Dort ist vom Weltgericht die Rede, vom Gericht an den Toten, dem Meer und dem Totenreich, die die Toten herausgeben müssen, und schließlich von der Vernichtung des Todes selbst. Das ist in Offb 21 vorausgesetzt. Das positive Bild von 21,4 ist bereits in 7,15–17 vorweggenommen: Die Glaubenden, die ausgeharrt haben, werden nicht mehr hungern und dürsten, und Gott wird alle Tränen von ihren Augen abwischen. Die Beschreibung des himmlischen Jerusalem in 21,9ff. hat ein Gegenbild in der Beschreibung der „Hure Babylon" in Kapitel 17. Diese und ähnliche Querverbindungen zeigen, dass die Offenbarung ein hoch komplexer, verdichteter Text mit einer Fülle von internen Verweisen ist. Die zwölf Tore des himmlischen Jerusalem sind ein weiteres Beispiel dafür (21,12): Die Namen der zwölf Stämme Israels greifen die Verheißungen aus dem AT auf; die zwölf Grundsteine der Stadtmauer (21,14) verweisen auf die zwölf Apostel; beides verbindet der Autor zu einem eigenständigen Bild. Und die vollendete Heilszeit stellt er in 22,1–5 mit einem weiteren Rückgriff auf die Schöpfung dar. Aber anders als in Gen 2f. ist nicht mehr nur von einem Baum des Lebens die Rede, sondern von einer ganzen Allee von Bäumen; sie tragen jeden Monat Früchte, und ihre Blätter heilen die Völker. Auffällig ist, dass die Offenbarung an keiner Stelle das AT ausdrücklich zitiert. Die visionär geschauten Bilder werden nicht lediglich aus der Tradition übernommen, sondern neu akzentuiert und kombiniert. Dabei versteht sich Offb aber nicht als autonomes Werk eines eigenständigen Autors. Vielmehr wird auf die göttliche Herkunft der Offenbarung hingewiesen und ihre christologische Konzentration (19,9f.) hervorgehoben.

> Die Offenbarung des Johannes ist die einzige durch und durch apokalyptische Schrift im NT.[3] Als Verfasser wird ein Prophet namens Johannes genannt (1,4.7.10; 22,6).[4] Er schreibt aus der Verbannung an sieben Gemeinden in Kleinasien (2,1–3,22) in einer Zeit, in der sich die christlichen Gemeinden bereits Verfolgungen ausgesetzt sehen. Üblicherweise denkt man an die Verfolgungen unter Kaiser Domitian, womit eine Entstehungszeit um 100 wahrscheinlich ist.

22.3 Der Erste und der Letzte

Am Beginn der Offenbarung stellt Gott sich in 1,8 folgendermaßen vor: „Ich bin das A und das O, spricht Gott, der Herr, der da ist und der da war und der da kommt, der Allmächtige." Neben Gott – *theos* und Herr – *kyrios* finden sich in diesem Vers noch drei weitere Gottesbezeichnungen, die im NT sonst nicht belegt sind. „Alpha und Omega" ist für den Verfasser dabei so wichtig, dass er

---

[3]   Kleinere apokalyptisch geprägte Abschnitte finden sich auch sonst, z. B. in Mk 13.

[4]   Er ist nicht mit dem Verfasser des Joh oder der Johannesbriefe identisch.

damit sein ganzes Werk einrahmt (22,13). Am Anfang und am Ende, als Erster und als Letzter steht Gott. Er übergreift die Zeiten; er war, ist und kommt. Diese Bezeichnung findet sich noch in 4,8; 11,17; 16,5. In der Unübersichtlichkeit der (End-)Ereignisse ist Gott derjenige, der „die Zeit in Händen hat". Aber nicht nur über die Zeit gebietet er, sondern über alles, er ist der Allmächtige – *pantokrator* (11,17; 15,3; 16,7; 16,14; 19,6.15; 21,22). Im AT kommt diese Gottesbezeichnung mehrfach vor, im NT dagegen nur noch in 2Kor 6,18. Offenbar greift der Verfasser hier auf at.liche Vorstellungen vom allmächtigen Gott zurück.

Eine weitere, sonst im NT nicht bekannte Gottesbezeichnung ist „der von Ewigkeit zu Ewigkeit lebt" (1,18; 4,9f.; 10,6; 15,7); in 1,18 ist sie auf Christus bezogen, der die Schlüssel des Todes hat. Gott ist schließlich auch noch der, „der auf dem Thron sitzt" (4,2.9f.; 5,1.7.13; 6,16 u. ö.). Sie gehört inhaltlich mit dem Pantokrator zusammen. Alle Bezeichnungen unterstreichen gemeinsam die Herrschaft Gottes über alles Geschaffene, über alle Mächte, über Zeit und Geschichte. Diese einzigartige, sonst nirgends im NT in dieser Weise hervorgehobene Machtstellung Gottes ist ein wichtiger Grundzug der Offenbarung: Wer sich an diesen Gott hält, kann von keiner anderen Macht mehr endgültig in Beschlag genommen werden. Angesichts des Wirkens vieler widergöttlicher Mächte, das in vielen Variationen beschrieben wird, ist dies der ermutigende Grundton der ganzen Schrift.

Die Gegenwart ist gekennzeichnet von irdisch-kosmischen Auseinandersetzungen zwischen Gott und widergöttlichen Mächten, dem Drachen (Offb 12), der in 12,9 mit Satan identifiziert wird, zwei Tieren (vgl. 13,2.11) und der Hure Babylon (17f.). Sie sind außerordentlich mächtig und üben Gewalt über die Erde und die Menschen aus. Der Drache / Satan ermächtigt die Tiere zu Krieg, Kampf und Verführung. Das zweite Tier übt seine Macht stärker auf religiösem Gebiet aus, es veranlasst die Menschen das erste Tier anzubeten (13,12). Beide Tiere werden als Bilder für Rom benutzt, für das imperialistische Weltreich als solches und für den religiösen Anspruch, mit dem seine Herrscher auftreten. Babylon steht ebenfalls als Chiffre für Rom, aber stärker im Sinne wirtschaftlicher Macht und Verführung.[5]

In Offb 12 wird beschrieben, wie der Drache im Himmel versucht Christus zu vernichten. Er unterliegt den Engeln Gottes und wird auf die Erde geworfen (12,9), wo er nun die Glaubenden verfolgt: „Der Teufel ist zu euch herabgekommen und hat großen Zorn, und er weiß, dass er nur eine kurze Zeit hat" (12,12). Gerade weil die Zeit der widergöttlichen Mächte begrenzt ist, wüten sie umso mehr. Aber Gott bewahrt „seine Knechte" (7,3; 19,2.5; 22,3); sie erhalten ein Siegel, das sie schützt (7,3) und sie erfahren, was in der Endzeit geschehen wird (1,1; 22,6). Dieses Wissen um die kommenden Ereignisse hilft ihnen gegen alle Macht und Verführung des Teufels.

So mächtig die Widersacher Gottes sind, so eindeutig ist aber auch, dass Gott sie

---

5   Vgl. im Einzelnen Satake, Offenbarung, 293–295.316f.

richtet. Neben vielen Gerichtsvisionen (z. B. 16,19; 18 gegen Babylon; 19,17–21 gegen das Tier und den falschen Propheten) wird das letzte Gericht in 20,11–15 beschrieben, in dem alle Toten und schließlich der Tod selbst gerichtet werden. Dass bei Gott, der auf dem Richterstuhl sitzt, die Werke aller Lebenden und Toten in Büchern aufgeschrieben sind, ist ein weiteres Bild für die Herrschaft Gottes über alle Zeit und Geschichte. So ist Gott in der Offenbarung der absolute Souverän. Er ist mächtig, und er übt seine Macht aus, um alles Widergöttliche zu richten. Gerade als dieser Richter verbürgt er aber für diejenigen, die sich in ihrer eigenen Gegenwart in der Gewalt widergöttlicher Mächte sehen, das Heil.

22.4 Exkurs: Apokalyptik

Das Wort Apokalyptik ist dem Anfang der Johannesoffenbarung entnommen, wo diese Schrift sich selbst als Apokalypse, d.h. als Offenbarung, „Aufdeckung" bezeichnet. Aufgedeckt werden soll, was bis dahin verborgen gewesen ist. Das Wort bezeichnet eine geistesgeschichtlich-theologische Strömung, die in verschiedenen literarischen Werken des Judentums und des frühen Christentums (den Apokalypsen) ihren Niederschlag gefunden hat. Ausganspunkt aller Apokalypsen ist die Überzeugung, dass die gegenwärtige Zeit und Welt (dieser Äon)

von einer neuen Welt abgelöst wird, die Gott schafft (der kommende Äon). Der Übergang von dem einen zum anderen Äon vollzieht sich dramatisch: Er ist begleitet von Katastrophen kosmischen Ausmaßes, von Kriegen, vielen Zerwürfnissen und Seuchen und zielt auf Gottes Gericht, in dem nur die Frommen bestehen können, während alle Sünder vernichtet werden. Dies alles ist in seiner zeitlichen Abfolge in Gottes Ratschluss bereits festgelegt und wird unweigerlich kommen. An bestimmten Zeichen kann man dies erkennen – und sie sind es, die dem Apokalyptiker zusammen mit dem Ablauf der Endereignisse offenbart werden.

Die Geschichte mit ihrem Verlauf und ihrem bald kommenden Ende ist das eigentliche Thema der apokalyptischen Literatur. Die gegenwärtige Welt läuft unweigerlich auf ihr katastrophisches Ende zu, das mit vielen Bildern ausgemalt wird.[6] Das eigentliche Interesse der apokalyptischen Literatur liegt aber nicht in einer schauerlichen Beschreibung dieser Ereignisse, sondern in der Erwartung, dass diese Zeit mit ihren Schrecken

---

6   Z. B. die apokalyptischen Reiter von Albrecht Dürer.

ein Ende nehmen wird. Ein vielfach gebrauchtes Bild ist das der gebärenden Frau, die in den Wehen liegt. So schmerzhaft diese Zeit für sie ist, so sicher wird etwas Neues entstehen (vgl. Ps 48,7; Mk 13,8). Die Zunahme von Schrecken wird so geradezu zum Beleg dafür, dass die neue Welt Gottes unmittelbar bevorsteht. Im Vordergrund stehen deshalb nicht die Bedrängnisse als solche, auch wenn sie viel Raum erhalten, sondern die Überzeugung, dass Gott einen Plan mit der Welt ausführt. Wichtig ist auch, dass dieser Plan nicht nur Israel, sondern die ganze Welt und alle Völker betrifft. Weil die ganze gegenwärtige Welt verdorben ist, unterliegen sie alle dem Gericht Gottes; umgekehrt werden aber auch nicht nur die Gerechten Israels im Gericht bewahrt, sondern auch die Gerechten aus den Völkern.

Vielfach ist von Visionen und Auditionen die Rede, die den Sehern zuteilwerden (Offb 1,12.17; 4,1 u. ö.); in Himmelsreisen werden sie in die himmlische Welt versetzt und sehen dort, was kommen wird. Oft ist ihnen aber zunächst unverständlich, was sie sehen, sodass ein Engel, der Deuteengel, es ihnen erklären muss (Dan 8,15–26; Offb 1,1, 17,1–6 u. ö.). Charakteristisch ist auch die Zuschreibung apokalyptischer Werke an einen bekannten Verfasser aus der Vorzeit (z. B. Elia, Henoch, Esra). Daraus ergibt sich die Frage, wieso diese Bücher nicht längst bekannt sind, wenn sie doch bereits vor langer Zeit geschrieben sein sollen. Diese Frage wird mit Hilfe des „Versiegelungsbefehls" beantwortet: Die Bücher sind versiegelt worden und werden erst jetzt, d.h. unmittelbar vor dem Beginn der Endzeit, offenbart (Dan 12,4.9; 8,26).[7] Deshalb können die Apokalypsen bereits vergangene Ereignisse als künftig darstellen und so die Autorität der Weissagungen unterstreichen.

Im Hintergrund des apokalyptischen Denkens stehen verschiedene Phänomene: Aus dem persischen Bereich sind vergleichbare Vorstellungen bekannt; vor allem die dualistische Weltsicht, also die Aufteilung in Gut und Böse, ist hier zu verorten; aus Mesopotamien wirken astronomisch-astrologische Kenntnisse ein; Weisheitsvorstellungen über die Ordnung der Welt und des Kosmos spielen überall in der Umwelt Israels eine wichtige Rolle.[8] Zeitgeschichtliche Ereignisse (hier vor allem die Auseinandersetzungen zwischen Ptolemäern* und Seleukiden*, in denen Israel zum Spielball verschiedener Interessen wird) entwickeln bedrängende Realität und müssen interpretiert werden.

---

[7] Die Offenbarung des Johannes unterscheidet sich von der typischen Form von Apokalypsen in dreierlei Weise: Sie ist 1) der Form nach ein Brief, der 2) von einem Verfasser, der sich nicht versteckt, an konkrete Gemeinden gerichtet ist, weshalb 3) auch kein Geheimhaltungsbefehl nötig ist. Von Botschaft und Bildmaterial her ist die Offb aber der apokalyptischen Literatur zuzuweisen.

[8] Vgl. in Israel die Nachtgesichte bei Sacharja, in denen Elemente antiker Naturkenntnis aufgenommen sind; Henoch wird bei seiner Himmelsreise die Ordnung des Kosmos vorgeführt (Hen 72–82). Ein wichtiger Unterschied zwischen Weisheit und Apokalyptik ist allerdings, dass die Weisheit „protologisch", d.h. von der Schöpfung und ihrer Ordnung her denkt, während die Apokalyptik eschatologisch* ausgerichtet ist.

Vor allem aber ist die Apokalyptik als eine Weiterentwicklung der Prophetie
Israels zu verstehen. Sie beginnt in der nachexilischen Zeit. Einerseits sind die
Verheißungen Gottes mit der Rückkehr der Exilanten und dem neuen Tempel
erfüllt; andererseits aber bleibt ein Überschuss an Verheißungen offen und damit
die Hoffnung auf eigenes Land statt Fremdherrschaft und einen ewigen Bestand
des Davishauses anstelle fremder Herrscher. Die erfahrene Erfüllung ist nicht
kongruent mit den Verheißungen Gottes. Vor diesem Hintergrund wird die
endgültige Erfüllung in die Zukunft verlagert und ganz Gott anheimgestellt. So
finden sich bei einigen Propheten Aussagen, die bereits apokalyptisch klingen, so
vor allem die Berufungsvision Hesekiels (Hes 1,1–3,27), die Gerichtschilderung
in Hes 7;15; 38f. und in Hes 37 angedeutete Vorstellung von der Auferweckung
der Toten an. Zwar rechnet Hesekiel noch mit einer irdischen Wiederherstellung
des Gottesvolkes (Hes 40–48), aber einige seiner Visionen werden in der späteren
Apokalyptik aufgegriffen. Deuterojesaja (Jes 40–55) steht zwar selbst klar in prophetischer Tradition; mit seiner Botschaft von der Erlösung Israels aus dem Exil
(40,9–11; 52,7–9) vertritt er aber eine Naherwartung, die später auch in der Apokalyptik zu finden ist; den Perserkönig Kyros bezeichnet er geradezu als den
kommenden Messias (45,1–3) und auch der Gedanke einer neuen Schöpfung
(40,12–31) bereitet apokalyptisches Denken vor. Dies gilt ebenso für die Vorstellung eines universalen Endgerichts, dem ein neuer Himmel und eine neue
Erde folgen werden bei Tritojesaja (Jes 63,15–64,11). Auch in der sogenannten
Jesaja-Apokalypse (Jes 24–27), in Sach 9–14 und Joel 3f. klingen bereits apokalyptische Erwartungen an. Deren Kennzeichen sind vor allem der nicht mehr nur
Israel betreffende, sondern universale Charakter des Endgerichts, das Verständnis der Gegenwart als einer dem Gericht vorangehenden Zeit der Bedrängnis,
eine Heilserwartung, die sich nicht auf das Volk als solches, sondern auf die Gerechten Israels bezieht und auch die Gerechten aus den Völkern einbeziehen
kann sowie perspektivisch die Auferweckung der Toten (die im AT aber nur am
Rand begegnet).[9]
Die Geschichtsvorstellung der Prophetie geht von Gott als Schöpfer und Herr der
Welt und der Geschichte aus. Dabei spielt die Erwählung Israels eine besondere
Rolle, denn der Verlauf der Geschichte ist auf dieses Volk hin konzentriert (deshalb können z. B. Nebukadnezar oder Kyros als Beauftragte Jahwes gelten). In
der Apokalyptik wird diese Sicht universal ausgeweitet. Dabei kann Israel nach
wie vor im Zentrum stehen; durch die konsequente Gegenüberstellung einer
gegenwärtig-diesseitigen und kommend-jenseitigen Welt liegt das Ziel der Geschichte aber nicht in einer idealen irdischen Zukunft, sondern in einer ganz
neuen Wirklichkeit, die von gegenwärtigen Maßstäben her nicht beurteilt werden kann. Tendenziell ist in der Apokalyptik deshalb die ganze Welt im Blick.
Bei Daniel kommt die Welt mit Hilfe eines Schemas von vier Königreichen in

---

9   Hahn, Apokalyptik, 18.

den Blick, die sich einander ablösen: Babylonier, Meder, Perser und Griechen
(Dan 2.7) gebärden sich zunehmend gottfeindlich, bis schließlich einem völlig
gottlosen Herrscher die Macht genommen und in Dan 7 dem „Menschensohn"
übergeben wird, der eine ewige und gerechte Herrschaft ausübt. Dieses Bild vom
Menschensohn ist hier noch keine eigenständige Gestalt, sondern gehört zu den
„Heiligen des Höchsten", hat aber in den Bilderreden des 1. Henochbuches, im 4.
Buch Esra und im NT eine breite Wirkungsgeschichte entfaltet, ebenso auch die
Vorstellung vom „Gräuel der Verwüstung" (Dan 11,31; 12,11; vgl. im NT Mk
13,14; 2Thess 2), die sich bei Daniel auf die Entweihung des Tempel unter Antio-
chus IV Epiphanes (175–164) bezieht.

Im NT ist apokalyptisches Gedankengut neben manchen Einzelaussagen vor
allem in der sogenannten synoptischen Apokalypse Mk 13parr, im 2. Thessaloni-
cherbrief und der Johannesoffenbarung zu finden. An der breit rezipierten Vorstellung vom Menschensohn zeigt sich, dass apokalyptische Vorstellungen nicht
bruchlos übernommen, sondern verändert, zum Teil reduziert, zum Teil aber
auch verstärkt sind.[10] Der Menschensohn ist jetzt nicht nur der kommende Menschensohn von Mk 13,26ff., die Vorstellung wird vielmehr auf den irdischen
(z. B. Mk 2,1ff.) und den leidenden Jesus (Mk 8,31; 9,31; 10,33) übertragen. In
der synoptischen Apokalypse und der Johannesoffenbarung spielen Endzeitkata-
strophen im Sinne der „apokalyptischen Wehen" eine große Rolle. Auch die Frage nach dem Zeitpunkt der Endereignisse (vgl. 1Thes 413ff.; 5,1ff.) und den „Zeichen" der Endzeit (Mt 24,3.24.30) werden behandelt. Jesus setzt sich allerdings
kritisch damit auseinander und weist die Berechnung des Tages Gottes ab (Mt
24,36). Dass aber Gott kommen und alles neu machen, einen neuen Himmel und
eine neue Erde schaffen wird (Offb 21,1.5), ist eine Grundüberzeugung der
nt.lichen Schriften.

22.5 Anregungen für den Unterricht

Die Offenbarung des Johannes kommt im Unterricht nur selten vor. Ihre Bilder
sind nur schwer zugänglich, ihre Vernichtungsszenarien erschreckend und Gott
tritt keineswegs als der „liebe Gott" auf. Sie gilt als „schwierig".

1) Das 1938 von Jochen Klepper geschrieben Lied „Der du die Zeit in Händen
hast" (EG 64) nimmt die Vorstellung von Gott, der war, ist und kommt, dem
Ersten und dem Letzten, auf. Dass Klepper die Widerfahrnisse im „Dritten
Reich", gegen die er anschreibt, aufs Äußerste verstören, lässt sich mit der Situation vergleichen, in der die Johannesoffenbarung entsteht. Vor allem die Strophen eins, drei, vier und sechs lassen sich vor diesem Hintergrund lesen.

---

[10]   Vgl. Hahn, Apokalyptik, 157.

Der du die Zeit in Händen hast, Herr, nimm auch dieses Jahres Last und wandle sie in Segen. Nun von dir selbst in Jesus Christ die Mitte fest gewiesen ist, führ uns dem Ziel entgegen.
Wer ist hier, der vor dir besteht? Der Mensch, sein Tag, sein Werk vergeht: Nur du allein wirst bleiben. Nur Gottes Jahr währt für und für, drum kehre jeden Tag zu dir, weil wir im Winde treiben.
Der Mensch ahnt nichts von seiner Frist. Du aber bleibest, der du bist, in Jahren ohne Ende. Wir fahren hin durch deinen Zorn, und doch strömt deiner Gnade Born in unsre leeren Hände.
Der du allein der Ewge heißt und Anfang, Ziel und Mitte weißt im Fluge unsrer Zeiten: bleib du uns gnädig zugewandt und führe uns an deiner Hand, damit wir sicher schreiten.

2) Die in manchen Spielfilmen dargestellte apokalyptische Bedrohung der Erde nimmt interessanterweise alte Bilder der Johannesapokalypse auf – Erdbeben, Gewitter, Feuer, Hagel, vom Himmel fallende Sterne, Verfinsterungen von Sonne und Mond. Während aber diese Katastrophen in der Johannesoffenbarung ihre Ursache in Willen Gottes haben, gehen die Filme des Mainstream hier einen anderen Weg. Für sie ist Gott bei aller Kritik an Kirche und Glauben, die da und dort geäußert wird[11] (falls Gott überhaupt vorkommt), der Bewahrer der Weltordnung, das gute Prinzip. Als Ursache der erwarteten Katastrophe werden üblicherweise andere Mächte herangezogen, Kometen, Aliens oder, wie in „2012 – Das Ende der Welt“, eine große Flut. Die Unterhaltungsindustrie entlässt uns aus ihren Werken mit dem Gefühl, dass es so schlimm wie im Film erfreulicherweise doch nicht ist. Dies aber ist, auch wenn in den Filmen und deren Ankündigungen das Stichwort „Apokalypse“ oft verwendet wird, das ziemlich genaue Gegenteil von Apokalyptik*. Selbst die düstersten Zukunftsszenarien zeigen ja nicht das Ende der Welt, sondern eine Bedrohung, die abzuwenden am Ende gelingt, und zwar nicht durch eine transzendente Macht, sondern durch überhöht heldenhaft gezeichnete Menschen. Apokalyptisch sind diese Filme nur in einem ganz verkürzten Sinn, indem sie lediglich die Schrecken einer möglichen Endzeit und bestimmte Symbole herausgreifen, auf den gedanklichen Hintergrund der jüdisch-christlichen Apokalyptik* aber ganz verzichten. Diese Differenz kann anhand von Text- und Filmbeispielen herausgearbeitet werden.

Literatur zum Weiterlesen
Hahn: Frühjüdische und urchristliche Apokalyptik
Holtz: Die Offenbarung des Johannes
Kirsner/Wermke: Religion im Kino

---

[11] Z. B. liest in „Titanic“ ein Pfarrer auf dem Oberdeck des untergehenden Schiffs eine Passage aus Offb 21 vor, während um ihn herum die Menschen bereits ins Wasser stürzen.

23. Bibel – Gute Nachricht – Heilige Schrift – Wort Gottes

„ich glaube
gott selber erfand
das fragezeichen
als versteck
wenn besserwisser
mit ausrufezeichen
auf ihn einschlagen."

Diesem Gedanken von Dieter Frost[1] kann man beim Durchgang durch die Bibel und ihre Gottesvorstellungen durchaus zustimmen. Eindeutig und uniform ist weder das Buch noch die Rede von Gott. Wer *genau* zu wissen meint, wie Gott ist, wie er handelt, was er denkt und mit der Welt vorhat, kann sich nicht auf die Bibel berufen. Was die Bibel aber ist: Eine großartige Sammlung von Einzelschriften, nach Umfang, Form und Inhalt höchst verschieden und in einem Zeitraum von über tausend Jahren entstanden. Genauso unterschiedlich sind die Menschen, von denen sie erzählt. Gottesstreiter sind darunter und Feiglinge, die Jungfrau Maria ebenso wie die Hure Rahab, Habenichtse und reiche Prasser, Blinde, die sehend werden, und Sehende, die nichts verstehen. Die Bibel ist ein Buch voller Leben, voller Erfahrungen und in dieser Vielfalt widersprüchlich. Und was für die Menschen gilt, gilt erst recht von Gott. Er ist der Schöpfer des Himmels und der Erden und kümmert sich um die Belange einer Sippe; er richtet alle Völker ohne Ansehen der Person und kann doch nicht anders als barmherzig sein; er ist im Tempel zu finden und im Tempel gerade nicht zu finden; er ist ein mitgehender Gott, der sich immer wieder entzieht; er lässt sich Vater nennen, Mutter auch, Fels und Burg, und ist doch anders als diese; sehen kann man ihn nicht, aber hinterher sehen kann man ihm; und in Jesus zeigt er sich; er ist für das Gute zuständig und das Böse; er war am Anfang und er kommt am Ende, und dazwischen ist er da mit Verheißung, Segen, Geist … und dies alles in der Bibel nicht systematisch geordnet nach einem klaren Schema, sondern durcheinander manchmal gegeneinander, auf jeden Fall lebendig.

Weil die Bibel ein Buch voller Erfahrungen ist, ist sie immer wieder abgeschrieben und nachgesprochen worden. Menschen haben sich selbst und ihre eigenen Beziehungen zu Gott in ihr wiedergefunden: „Verbirg dein Antlitz nicht vor mir" (Psalm 27,9), aber auch „Der Herr ist mein Hirte, mir wird nichts mangeln" (Psalm 23,1). Die Bibel ist geschriebener, lesbarer, deutbarer, deutungswürdiger Text und zugleich aktualisiertes, gesprochenes und anregendes Wort. Nicht bloß

---

[1] Der Text von Dieter Frost ist mehrfach im Internet zu finden (z. B. www.impulse-fuer-heute.de/83.html am 1.6.2014), war in Frosts Veröffentlichungen aber nicht verifizierbar.

„Lesewort" enthält sie, „sondern eitel Lebewort" (Martin Luther). Sie ist kein Lehrbuch, sondern ein Buch des Lernens, des Glaubens und des Lebens. Zum Lebensbuch wurde und wird sie für diejenigen, die ihre Worte zum eigenen Wort machen, um damit ihre Hoffnung auf Gott und ihre Sehnsucht nach einer gerechten Welt laut werden zu lassen.

Für dieses Buch gibt es verschiedene Bezeichnungen: Bibel, Gute Nachricht, Heilige Schrift, Wort Gottes. Diese Bezeichnungen deuten verschiedene Perspektiven an, unter denen man die Bibel betrachten kann.

Als literarischer Begriff bezeichnet „Bibel" den Kanon der biblischen Schriften aus Altem und Neuem Testament. Im Mittelalter wurde der griechische Plural *ta biblía* (= die Schriften) als eigenständiges Wort ins Lateinische übernommen und bezeichnet seitdem die Gesamtheit der biblischen Schriften des AT und NT. Das AT ist die Bibel der Juden, für sie ist nur dieser Teil Heilige Schrift. Aber auch als Teil der christlichen Bibel hat das AT einen Eigenwert. Viele für die ganze Bibel grundlegende Erkenntnisse, die im AT grundgelegt sind, werden im NT vorausgesetzt und sind deswegen nur angedeutet. So sind beispielsweise Schöpfung, Fest und Freude oder Weisheit und Skepsis im AT ungleich breiter und vielschichtiger behandelt als im NT. Durchgängig ist in beiden Teilen die Überzeugung, dass Gott nicht nur am Anfang der Welt wirkte, sondern gegenwärtig handelt und auch in Zukunft handeln wird; ebenso die Einsicht, dass der Mensch immer wieder dazu neigt, sich von diesem Gott abzuwenden und Befreiung braucht. Sie wird in beiden Testamenten von Gott erwartet, in den Schriften des NT aber mit Jesus Christus verknüpft. Deshalb sind die christlichen Verfasser des NT davon überzeugt, dass sich das Alte Testament im vollen Sinn erst erschießt, wenn man es vom NT her liest.

Die Schriften beider Testamente lassen die religiösen Überzeugungen der Verfasser erkennen und geben zugleich vielfältig Auskunft über ihre Lebenswelt und ihre Denkhorizonte. Sie können wie jedes andere Werk der Literatur mit Hilfe literarischer und historischer Analyseschritte untersucht werden. Die Bibelwissenschaft widmet sich dieser Aufgabe und hat im Laufe ihrer Geschichte eine Vielzahl hilfreicher und erhellender Kenntnisse zur Bibel und ihrer Welt ans Licht gebracht. Sie arbeitet dazu mit den Methoden der historischen Kritik. Kritik ist im ursprünglichen Wortsinn zu verstehen: *krinein* bedeutet unterscheiden, und eben darum geht es, um ein genaues, unterscheidendes, alle Details beachtendes und würdigendes Lesen mit dem Ziel, den Ursprungssinn der Texte möglichst adäquat zu erfassen. Die historisch-kritische Exegese ist also eine Textanalyse, die sich verschiedener Auslegungsmethoden bedient, mit ihrer Hilfe Verstehensoptionen darlegt, ungenügende ausscheidet und wichtige erkennt und präzisiert. Natürlich kann man die Bibel auch mit einem aktualisierenden Interesse lesen und nach ihrer Bedeutung für die Gegenwart fragen. Die historische Kritik verweist aber auf die notwendige Rückbindung jeder Auslegung an die Ursprungsintention der Texte, wenn die Auslegung nicht beliebig werden soll.

Der Begriff „Gute Nachricht", zugleich Titel einer weit verbreiteten Bibelausgabe, setzt einen anderen Akzent. Als Übersetzung des griechischen Wortes Evangelium ist er selbst ein biblischer Begriff. Markus hat seine Jesus-Christus-Geschichte mit diesem Begriff eingeleitet (1,1 „Anfang des Evangeliums Jesu Christi, des Sohnes Gottes"). Er geht davon aus, dass die Traditionen von Jesus, die er sammelt und zu einer Geschichte zusammenfügt, für seine Adressaten eine wichtige Botschaft sind, die ihnen einen grundlegend neuen Blick auf die Welt und auf Gott ermöglichen. Deshalb erzählt er von Jesus so, dass die Leser/-innen und Leser sich selbst mit ihren Fragen (z. B.: Wer ist Jesus und welche Bedeutung hat er für uns?) in den Geschichten wiederfinden können. Ursprünglich hatte das Wort Evangelium keinen religiösen Klang (man bezeichnete Siegesbotschaften damit). An den Anfang des Werkes gestellt weist es darauf hin, dass die Erzählungen von Jesus für diejenigen, die sie lesen oder hören, gute Nachricht sein sollen. Paulus setzt mit seiner Verkündigung andere Akzente als die Evangelisten; aber auch er ist davon überzeugt, dass seine Botschaft „Evangelium" ist (1Kor 1,17 u. ö.).

Wieder einen anderen Akzent setzt man, wenn man die Bibel als „Heilige Schrift" bezeichnet. Während Evangelium sowohl ein literarischer als auch ein theologisch-inhaltlicher Begriff ist, gehört die „Heilige Schrift" ganz auf die theologische Seite. Als heilig gilt sie zunächst insofern, als die christlichen Kirchen die biblischen Schriften beider Testamente als kanonisch ansehen, d.h. als gültigen Maßstab für ihre eigene Identität, ihre Sicht der Welt und ihren Auftrag in der Welt. Als Heilige Schrift wird sie im Gottesdienst gelesen und dient der Verkündigung der Kirche als unaufgebbare Grundlage. Bei Taufe und Abendmahl werden Schriftworte als Anstoß und Grund für die Feier dieser Sakramente gesprochen. Gleichwohl weist der unterschiedliche Umfang des Kanons in den verschiedenen Glaubensgemeinschaften unmissverständlich darauf hin, dass es sich dabei um menschliche Festlegungen handelt, die sich verschiedenen theologischen Einsichten verdanken.

Als heilig gilt jedoch nicht das Buch als solches, sondern die Bibel als eine Schrift, in der die Offenbarung Gottes in der Geschichte mit seinem Volk und in Jesus Christus zur Sprache kommt. Das Christentum ist deshalb nicht im unmittelbaren Sinn eine Buchreligion; auf heilige Sätze in einer bestimmten Sprache kommt es nicht an (so wichtig für die Originalsprachen für die Untersuchung der ursprünglichen Intention der Texte sind). Zentral ist vielmehr die Offenbarung Gottes, die in diesem Buch bezeugt wird. Heilig wird die Schrift genannt, weil sie das Grunddokument dieser Offenbarung ist. Ihre Wahrheit liegt darin jedoch nicht objektiv zwischen den Buchdeckeln vor und ist auch für glaubende Menschen nicht verfügbar; sie kann sich aber ereignen im Lesen, Verstehen und im Wahr-Nehmen der Schrift. Aus diesem Grund ist die Heilige Schrift kein Besitz, welcher Glaubensrichtung auch immer, sondern Anrede an und Aufgabe für diejenigen, die sich von ihr ansprechen lassen.

Bezeichnet man die Bibel schließlich als „Wort Gottes", so bringt man damit die

Ansicht zum Ausdruck, dass sie sich nicht menschlichen Autoren, sondern Gott selbst verdankt. In der christlichen Dogmatik hat man hierzu die Vorstellung von der göttlichen Inspiration der Schrift entwickelt, die auf unterschiedliche Weise ausformuliert wurde: Die Realinspiration sieht Gott in Jesus Christus selbst, seinem Handeln und seiner Verkündigung am Werk. Die biblischen Schriftsteller lassen sich davon ansprechen und schreiben ihre Werke unter dem Eindruck dieses Wirkens und im Glauben daran. Die Personalinspiration geht davon aus, dass die biblischen Schriftsteller selbst von Gottes Geist bewegt wurden und dadurch angeregt ihre Schriften verfasst haben. Am weitesten wagt sich die Verbalinspiration vor, die die biblischen Autoren als Werkzeuge Gottes auffasst, die wörtlich das aufgeschrieben haben, was Gott ihnen eingab. Die beiden Bibelstellen, auf die man sich zur Erklärung der Inspirationslehre stützt (2 Timotheus 3,16 und 2 Perus 1,21), sprechen von einer göttlichen Wirksamkeit und Inspiration, ohne jedoch die Art dieser Wirksamkeit festzulegen.

Kann man aber von der Bibel als Wort Gottes auch dann sprechen, wenn man ihre Entstehungsgeschichte und ihre keineswegs widerspruchsfreie Vielfalt kennt? Sie ist in erster Linie Glaubenszeugnis und berichtet davon, dass und auf welche Weise Gott sich den Menschen offenbart hat, von dem Auftrag an Abraham bis hin zur Offenbarung in Jesus Christus und der darauf sich beziehenden christlichen Hoffnung und Verkündigung.

Diese in der Bibel bezeugte Offenbarung bleibt aber wirkungslos und unvollständig, so lange sie nicht zu einer persönlichen Gewissheit führt. Die Offenbarung ist ein Geschehen, bei dem Gott und Mensch in eine Kommunikation eintreten. Martin Luther hat dies mit der Unterscheidung von Buchstabe und Geist erläutert: Die Bibel kann bloß Geschriebenes sein, ohne dass sie existenzielle Bedeutung erlangt, Buchstabe eben. Sie kann aber auch zum bewegenden und geistvollen Wort werden und zu innerer Gewissheit führen, die sich nach christlichem Verständnis nicht einer formalen Autorität, sondern dem lebendigen Wirken Gottes verdankt.

Wenn man diese Überlegungen mit denen zur Inspiration verbindet, wird klar, dass die Verbalinspiration diesem Kommunikationsgeschehen nicht gerecht wird. Sie versucht, die Offenbarung objektiv zu sichern, was aber nicht gelingen kann, weil selbst das so abgesicherte Bibelwort „bloßer Buchstabe" und damit bedeutungslos bleiben kann. Je fester man das Bibelwort zu haben meint, umso mehr neigt man zur Rechthaberei. Umgekehrt aber kann ein Bibelwort, das anspricht und bewegt, als geistvoll und als Wort Gottes erfahren werden. Gerade deshalb fordert die Bibel zum Suchen auf und verknüpft es mit der Verheißung des Findens: „Bittet, so wird euch gegeben. Suchet, so werdet ihr finden. Klopfet an, so wird euch aufgetan" (Lukas 11,9).

Literatur zum Weiterlesen
Müller/Dierk/Müller-Friese: Verstehen lernen

24. Glossar

Anthropomorph: Menschengestaltig; das Zusprechen menschlicher Gegebenheiten oder Eigenschaften auf Gott (z. B. Hand Gottes).

Apokalyptik: Geistesströmung im Judentum und frühen Christentum, in der literarische Werke (die Apokalypsen) entstehen, die das katastrophische Ende der gegenwärtigen Welt und der Beginn einer neuen, von Gott geschaffenen Welt beschreiben.

Apodiktisches Recht: Absolute, nicht näher begründete Forderungen (du sollst / du sollst nicht).

Ätiologie: Von *aitia* (Ursache), eine Erzählung, die gegenwärtige Gegebenheiten durch ihre Anfänge begründet.

Baal: Phönizischer und kanaanäischer Fruchtbarkeitsgott, der in vielfältigen Manifestationen verehrt wurde.

Bann: Übereignung von Sachen oder Personen an Jahwe; in den frühen Jahwekriegen das Gebot, gegnerische Gefangene zu töten und Sachwerte zu vernichten.

Bund: Im alttestamentlich-theologischen Sinn ein Bund zwischen Gott und Menschen, bei dem die Initiative von Gott ausgeht; der Bund kann mit einem Bundeszeichen versehen sein (z. B. Regenbogen beim Noahbund, Beschneidung beim Abrahambund).

Bundeslade: Eine Truhe, die die Steintafeln mit den Zehn Geboten enthält; sie repräsentiert den Bund, den Gott am Sinai mit Israel geschlossen hat. Sie ist transportabel und wird während der Wüstenwanderung mitgenommen. Sie wird von David nach Jerusalem überführt und unter Salomo in den Tempel gebracht.

Bundesnomismus: Der Zusammenhang des Bundes als Zusage der Zuwendung Gottes zu Israel und der Tora als Verpflichtung des Volkes; die Nähe und das befreiende Handeln Gottes sind die Voraussetzung für die Gebote.

Creatio ex nihilo: Schöpfung aus dem voraussetzungslosen Nichts.

Deuterojesaja: Anonymer Prophet, der im babylonischen Exil wirkt, kommendes Heil ansagt und eine monotheistische Perspektive vertritt; Jes 40–55 werden ihm zugeschrieben.

Deuteronomistisches Geschichtswerk: Gemeinsame Redaktion des Deuteronomiums sowie der Bücher Josua, Richter, 1.2 Samuel und 1.2 Könige anhand der theologischen Vorstellungen des Deuteronomiums.

Diaspora: Verstreuung; das andersartige Umfeld, in dem religiöse oder ethnische Gruppen leben, die ihre angestammte Heimat verlassen haben.

Elohist: Autor einer hypothetischen Quellenschrift des Pentateuch, der die Gottesbezeichnung Elohim bevorzugt. Die gegenwärtige exegetische Forschung steht dieser Hypothese kritisch gegenüber.

Enuma eliš: Der in Keilschrift auf Tontafeln geschriebene babylonische Schöpfungsmythos, von dem vom 9.–2. Jh. verschiedene Abschriften erhalten sind. Der Name geht auf die erste Zeile zurück.

Eschatologie: Vorstellungen von der endzeitlichen Zukunft der Welt und der Menschen, die ganz unterschiedlich akzentuiert sein können.

Glossolalie: Zungenrede in nicht allgemein verständlicher Sprache, oft im Gebet oder Lob Gottes; in 1Kor 12 eine der Gnadengaben Gottes, die aber in 1Kor 14 der verständlichen Auslegung untergeordnet wird.

Hasmonäer: Herrschergeschlecht in Judäa im zweiten und ersten Jh. v. Chr., das aus dem Aufstand der Makkabäer gegen die Seleukiden hervorgegangen ist.

Ius talionis: Recht des Ausgleichs; der Schaden, der einem Opfer zugefügt wurde, soll dem entsprechen, der dem Täter als Strafe zugefügt wird; das Talionsprinzip wurde mehr und mehr durch andere Kompensationen abgelöst.

Jehud: Während der Zeit der persischen Herrschaft Name des ehemaligen Juda.

Juda: Einer der zwölf Söhne Jakobs; während der Königszeit Name des Südreichs.

Judäa: Provinz in griechischer und römischer Zeit.

Jahwist: Eine der hypothetischen Quellenschriften des Pentateuch, in der Gott mit dem Gottesnamen Jahwe bezeichnet wird. In der gegenwärtigen Forschung wird die Existenz einer solchen Quellenschrift eher kritisch gesehen.

Kanaan: Im 14. – 12. Jh. ägyptische Provinz; danach kein Land, sondern ein Gebiet, in dem mehrere Stadtstaaten mit einer vergleichbaren Kultur existieren; das von Gott dem Volk Israel verheißene Land.

Kasuistisches Recht: Fallorientiertes Recht (casus – Fall); ein bestimmter Rechtsfall wird mit einer bestimmten Rechtsfolge verknüpft, z. B. Ex 21,26.

Levante: Sammelbezeichnung für die Länder an der östlichen Mittelmeerküste.

Makkabäer: Jüdische Freiheitskämpfer, die gegen die Herrschaft der Seleukiden und deren Hellenisierungspolitik kämpften. Sie begründeten das Herrschergeschlecht der Hasmonäer.

Massebe: Steinpfeiler, an dem in der kanaanäischen Religion eine Gottheit verehrt wird.

Monolatrie: Die Verehrung nur eines Gottes, ohne dass die Existenz anderer Götter bestritten wird.

Monotheismus: Die religiöse Überzeugung, dass es einen und nur einen Gott gibt.

Palästina: Das Wort kann die Region oder eine ehemalige römische Provinz zwischen dem Mittelmeer, dem Toten Meer und dem Jordan bezeichnen, ein Gebiet, das heute Israel und angrenzende Länder umfasst, oder die heutigen palästinensischen Autonomiegebiete. Im vorliegenden Buch wird der Begriff als Gebietsbezeichnung verwendet.

Paraklet: „Helfer, Tröster, Ermutiger", im Johannesevangelium ein spezifischer Begriff für den Geist Gottes (14,16; 14,26; 15,26; 16,7).

Parallelismus membrorum: Das Nebeneinander zweier inhaltlich vergleichbarer Sätze (synonym, steigernd, weiterführend, antithetisch); eines der wichtigsten Merkmale hebräischer Poesie.

Parusie: Die erwartete Wiederkunft Jesu Christi als Beginn der Heilsvollendung.

Passivum divinum: Eine Aussage im Passiv, die Gott meint, ihn aber nicht direkt benennt.

Pentateuch: Zusammenfassende Bezeichnung der ersten fünf Bücher des AT, der Tora (Genesis, Exodus, Levitikus, Numeri, Deuteronomium).

Pneumatologie: Die Lehre vom (Heiligen) Geist.

Polytheismus: Die religiöse Verehrung mehrerer Götter, die in der Regel für verschiedene Bereiche des Lebens zuständig sind.

Präexistenzchristologie: Eine Vorstellung von Jesus Christus, die davon ausgeht, dass er bereits vor seiner Menschwerdung bei Gott existiert hat (vgl. Joh 1).

Priesterschrift: Eine der Quellenschriften des Pentateuch; sie lässt ein großes Interesse an Fragen des Kultes und des Tempels erkennen und weist einen monotheistischen Grundzug auf; entstanden ist sie im babylonischen Exil und der Zeit danach.

Ptolemäer: Hellenistische Herrscherdynastie in Ägypten und angrenzenden Gebieten, benannt nach Ptolemaios I.

Reichsteilung: Die Trennung des Nordreiches Israels und des Südreichs Juda nach dem Tod Salomos.

Schriftpropheten: Diejenigen Propheten des AT, deren Worte gesammelt, erweitert, redigiert und zu eigenen Schriften zusammengestellt worden sind.

Seleukiden: Hellenistische Herrscherdynastie in der Nachfolge Alexanders des Großen; im dritten und zweiten Jh. beherrschen die Seleukiden von Syrien aus weite Teile des Vorderen Orients.

Septuaginta (LXX): Die älteste Übersetzung des Tanach ins Griechische, entstanden zwischen 250 und 100 v. Chr., überwiegend in Alexandria.

Sitz im Leben: Fachbegriff aus der Formgeschichte, der die ursprüngliche Funktion und Entstehungssituation eines Textes bezeichnet.

Stiftszelt, Stiftshütte: transportables Heiligtum, das das Volk Israel während der Wüstenzeit mit sich führt. Im Hebräischen ist *mischkan* (Stiftshütte) mit dem Wort *schechina* verwandt, das die Gegenwart Gottes bezeichnet.

Tanach: Zusammenfassende Bezeichnung der Hebräischen Bibel; das Wort ist aus den Anfangsbuchstaben ihrer drei Teile gebildet (Tora, Nebiim, Ketubim).

Theophanie: Erscheinung eines Gottes.

Tun-Ergehen-Zusammenhang: Vorstellung von einer (von Gott oder Göttern) der Welt ' eingestifteten Ordnung, in der das Tun des Guten belohnt und Böses bestraft wird.

Ugarit: Kanaanäischer Stadtstaat im nordwestlichen Syrien, seit 2400 v. Chr. belegt; wichtiges Handelns- und Kulturzentrum; heute Ra's Schamra, nörlich von Latakia gelegen.

Urgeschichte: Die ersten elf Kapitel der Genesis, in denen von der Schöpfung erzählt und grundlegende Menschheitsfragen ätiologisch begründet; keine Geschichte im datierbaren Sinn.

Weisheitsliteratur: Biblische Bücher, die stark von weisheitlichem Denken beeinflusst sind. Die Bücher Hiob, Sprüche, Prediger, Hoheslied und einige der Psalmen werden der Weisheitsliteratur zugerechnet.

25. Literatur

Adam, Gottfried: Offenbarung, in: Lachmann, Rainer / Adam, Gottfried / Ritter, Werner H., Theologische Schlüsselbegriffe. Biblisch – systematisch – didaktisch, TLL 1, Göttingen 1999, 255–261.

Assmann, Jan: Monotheismus und Gewalt, www.perlentaucher.de/essay/monotheismus-und-gewalt.html, am 1.3.2014.

Bachmann, Michael: Tempel III. Neues Testament, TRE 33, 54–66.

Bauks, Michaela: Die Welt am Anfang. Zum Verhältnis von Vorwelt und Weltentstehung in der altorientalischen Literatur, WMANT 74, Neukirchen-Vluyn 1997.

–: Monotheismus (AT), in: www.bibelwissenschaft.de/wibilex, am 2.10.2013.

Baumann, Gerlinde: Gottesbilder der Gewalt im Alten Testament verstehen, Darmstadt 2006.

Becker, Eve-Marie: ΕΙΣ ΘΕΟΣ und 1Kor 8. Zur frühchristlichen Entwicklung und Funktion des Monotheismus, in: Popkes, W. / Brucker, R. (Hg.), Ein Gott und ein Herr. Zum Kontext des Monotheismus im Neuen Testament, BThSt 68, Neukirchen-Vluyn 2004, 65–99.

Becker, Jürgen: Das Evangelium des Johannes, ÖTK 4/1, Gütersloh 1979.

Becking, Bob: Jahwe, in: www.bibelwissenschaft.de/wibilex, am 15.10.2013.

Benk, Andreas: Gott ist nicht gut und nicht gerecht. Zum Gottesbild der Gegenwart, Düsseldorf 2008.

Berlejung, Angelika: Geschichte und Religionsgeschichte des antiken Israel, in: Gertz, Grundinformation Altes Testament, 55–186.

Böttrich, Christfried / Ego, Beate / Eißler, Friedemann: Mose in Judentum, Christentum und Islam, Göttingen 2010.

Bonhoeffer, Dietrich: Akt und Sein. Transzendentalphilosophie und Ontologie in der systematischen Theologie, München 1956.

Bormann, Lukas: Bibelkunde. Altes und Neues Testament, UTB Basics, Göttingen 2005.

Bornkamm, Günter: Das Vaterbild im Neuen Testament, in: ders. / Gadamer, H. G. / Assmann, J. / Lemke, J. / Perlitt, L.: Das Vaterbild in Mythos und Geschichte (hg. von H. Tellenbach), Stuttgart 1976, 136–154.

Brucker, Ralph: Jesus als Gott. ΘΕΟΣ als christologischer Hoheitstitel und seine Implikationen für den neutestamentlichen Monotheismus, in: Popkes, W. / Brucker, R. (Hg.), Ein Gott und ein Herr. Zum Kontext des Monotheismus im Neuen Testament, BThSt 68, Neukirchen-Vluyn 2004, 101–138.

Bucher, Anton A.: Ein zu lieber Gott? Oder: Ist die Tilgung des ‚Bösen‘ aus der Bibeldidaktik ‚gut‘?, in: Adam, G. u. a. (Hg.), Bibeldidaktik. Ein Lese- und Studienbuch, Münster 2006, 99–105.

Busse, Ulrich (Hg.): Der Gott Israels im Zeugnis des Neuen Testaments, Freiburg 2003.

Crüsemann, Frank: Die Tora. Theologie und Sozialgeschichte des alttestamentlichen Gesetzes, München 1992.

–: Maßstab: Tora. Israels Weisung für christliche Ethik, Gütersloh 2003.

Dawkins, Richard: Der Gotteswahn, Berlin 2008.

Deuser, Hermann: Die zehn Gebote. Kleine Einführung in die theologische Ethik, Stuttgart 2002.

Dietrich, Walter: Bann / Banngut, in: www.bibelwissenschaft.de/wibilex, am 5.1.2014.

–: Gericht Gottes (AT), in: www.bibelwissenschaft.de/wibilex, am 10.1.2014.

–: Nathan, in: TRE 24, 18–21.

Dietzfelbinger, Christian: Das Evangelium nach Johannes, ZBK NT 4.1, Zürich 2001.

Ebach, Jürgen: Streiten mit Gott. Hiob, Band 1/2, Neukirchen-Vluyn ⁵2013.

Enzensberger, Hans Magnus: Kiosk, Frankfurt/M. 1995.

Evangelische Kirche in Deutschland, www.unsere-zehn-gebote.de/, am 13.2.2014.

– (Hg.): Weltentstehung, Evolutionstheorie und Schöpfungsglaube in der Schule. Eine Orientierungshilfe, EKD-Texte 94, Hannover 2008.

Feldmeier, Reinhard: „Der das Nichtseiende ruft, dass es sei." Gott bei Paulus, in: Kratz, R. G. / Spieckermann, H. (Hg.), Götterbilder Gottesbilder Weltbilder, Band II. Griechenland und Rom, Judentum, Christentum und Islam, Tübingen ²2009, 135–149.

–: Gleichnisse, in: Lachmann, R. / Adam, G. / Reents, Ch. (Hg.), Elementare Bibeltexte. Exegetisch – systematisch – didaktisch, TLL 2, Göttingen ³2008, 320–335.

–: Monotheismus und Christologie, in: Horn, F.-W. (Hg.), Paulus Handbuch, Tübingen 2013, 309–314.

–: / Spieckermann, Hermann: Der Gott der Lebendigen. Eine biblische Gotteslehre, Tübingen 2011.

Fohrer, Georg: Das Buch Hiob (KAT), Berlin ²1988.

Frankemölle, Hubert: Der Brief des Jakobus, ÖTK 17/2, Gütersloh/Würzburg 1994.

Frettlöh, Magdalene L.: Segen, in: Hübener, B. / Orth, G. (Hg.), Worte des Lebens. Das ABC evangelischen Denkens, Stuttgart 2007, 199–206.

Frevel, Christian / Wischmeyer, Oda: Menschsein. Perspektiven des Alten und Neuen Testaments, NEB Themen 11, Würzburg 2003.

Frey, Jörg: Vom Windbrausen zum Geist Christi und zur trinitarischen Person. Stationen einer Geschichte des Heiligen Geistes im Neuen Testament, in: JBTh 24, 121–154.

–: / Schröter, Jens (Hg.): Deutungen des Todes Jesu im Neuen Testament (UTB 2953), Tübingen 2007.

Fritz, Volkmar: Das erste Buch der Könige, ZBK AT 10.1, Zürich 1996.

–: Das Buch Josua. Handbuch zum Alten Testament 1/7, Tübingen 1994.

Gerber, Christine: Paulus und seine Kinder. Studien zur Beziehungsmetaphorik der paulinischen Briefe (BZNW 136), Berlin / New York 2005.

Gerhards, Meik: Die Aussetzungsgeschichte des Mose. Literar- und redaktionsgeschichtliche Untersuchungen zu einem Schlüsseltext des nichtpriesterschriftlichen Tetrateuch, WUANT 109, Neukirchen-Vluyn 2006.

Gerth, Julia: Der Heilige Geist – Das ist mehr so ein Engel, der hilft. Der Heilige Geist im Religionsunterricht der Grundschule und der Sekundarstufe I, Arbeiten zur Religionspädagogik 47, Göttingen 2011.

Gertz, Jan Christian u. a.: Grundinformation Altes Testament, UTB 2745, Göttingen 2006, 262–278.

–: Antibabylonische Polemik im priesterschriftlichen Schöpfungsbericht? In: ZThK 106/2009, 137–155.

–: Recht, Rechtsordnung, in: CBL 1117–1118.

Gnandt, Georg: Warum die Psalmen für den Religionsunterricht unerlässlich sind. Grundlegende didaktische Überlegungen, RU-Notizen 1/2011, 4–9.

Gnilka, Joachim: Zum Gottesgedanken in der Jesusüberlieferung, in: Klauck, H.-J. (Hg.), Monotheismus und Christologie, QD 138, Freiburg/Basel/Wien 1992, 144–162.

Gräßer, Erich: An die Hebräer, EKK XVII/1, Neukirchen-Vluyn u. a. 1990.

Gressmann, Hugo: Altorientalische Bilder zum Alten Testament, Berlin/Leipzig ²1927.

Groneberg, Brigitte: Die Götter des Zweistromlandes. Kulte, Mythen, Epen, Stuttgart 2004.

Gunneweg, H. J. Antonius: Biblische Theologie des Alten Testaments. Eine Religionsgeschichte Israels in biblisch-theologischer Sicht, Stuttgart 1993.

Haacker, Klaus: Neuer Himmel, neue Erde, neues Jerusalem. Zur Bedeutung von Apk

21,1–4, in: Horn, F.-W. / Wolter, M. (Hg.), Studien zur Johannesoffenbarung und ihrer Auslegung. Festschrift für Otto Böcher zum 70. Geburtstag, Neukirchen-Vluyn 2005, 328–338.

Hadley, Judith M.: Some Drawings and Inscriptions on Two Pithoi from Kuntillet 'Ajrud, Vetus Testamentum 38 (1987), 180–213.

Härle, Wilfried: Die Dreieinigkeit Gottes – in 90 Sekunden, in: entwurf 4/2009, 4–5.

– : Dogmatik, Berlin/New York [2]2000.

Hahn, Ferdinand: Χριστός, in: EWNT III, 1147–1165.

– : Theologie des Neuen Testaments, Band 1/2, UTB 3500, Tübingen [3]2011.

– : Frühjüdische und urchristliche Apokalyptik. Eine Einführung, BThSt 36, Neukirchen-Vluyn 1998.

– : / Müller, Peter: Der Jakobusbrief, ThR 63 /1998, 1–73.

Hasitschka, Martin, Die Führer Israels: Mose, Josua und die Richter, in: Öhler, M. (Hg.), Alttestamentliche Gestalten im Neuen Testament. Beiträge zur Biblischen Theologie, Darmstadt 1999, 117–140.

Heiligenthal, Roman: Gott III, in: ThBg-Lex 1, 833–841.

Hentschel, Georg: Die Königsbücher, in: Zenger u. a., Einleitung, 239–249.

Hieke, Thomas: Abraham, in: www.bibelwissenschaft.de/wibilex, am 10.7.2013.

Holtz, Gudrun: Was macht einen Gott zum Götzen? Die paulinische Götzendienstvorstellung in 1Kor 8 und 10 im Spannungsfeld von Realismus und Nominalismus, in: Schwöbel, C. (Hg.), Gott – Götter – Götzen, VWGTh 38, Leipzig 2013, 381–402.

Holtz, Traugott: Die Offenbarung des Johannes, NTD, Göttingen 2008.

Hübner, Hans: Wer ist der biblische Gott? Fluch und Segen der monotheistischen Religion, BThSt 64, Neukirchen-Vluyn 2006.

Hüsch, Hanns Dieter / Seidel, Uwe: Ich stehe unter Gottes Schutz. Psalmen für Alletage, Düsseldorf 1999.

Hunziker-Rodewald, Régine: Hirt und Herde. Ein Beitrag zum alttestamentlichen Gottesverständnis, BWANT 155, Stuttgart 2001.

Hurtado, Larry W.: God in New Testament Theology, Library of Biblical Theology, Nashville 2010.

Illerhaus, Florian: Marduks Kampf gegen das Chaosungeheuer Tiamat. Darstellungen des babylonischen Schöpfungsmythos und die Vielfalt der Deutungen, München 2011, 7–9.

Janowski, Bernd: Ein Gott, der straft und tötet? Zwölf Fragen zum Gottesbild des Alten Testaments, Neukirchen-Vluyn 2013.

– / Wilhelm, Gernot (Hg.): Texte aus der Umwelt des Alten Testaments. Neue Folge, TUAT.NF, Gütersloh 2004ff.

Jeremias, Jörg: Der Prophet Amos, ATD 24,2, Göttingen 1995.

Kaiser, Otto: Der Gott des Alten Testaments. Wesen und Wirken. Jahwe, der Gott Israels – Schöpfer der Welt und des Menschen, Theologie des AT Band 2, UTB 2024, Göttingen 1998.

–: Der eine Gott Israels und die Mächte der Welt. Der Weg Gottes im Alten Testament vom Herrn seines Volkes zum Herrn der ganzen Welt, Göttingen 2013.

–: (Hg.): Texte aus der Umwelt des Alten Testaments (TUAT), Gütersloh 1982–1997.

Karrer, Martin: Jesus Christus im Neuen Testament, GNT 11, Göttingen 1998.

Kaschnitz, Marie Luise: Gesammelte Werke 5, Frankfurt am Main 1981.

Kautzsch, Emil: Die Apokryphen und Pseudepigraphen des Alten Testaments. Band 2, Darmstadt [4]1975.

Keel, Othmar / Schroer, Silvia: Schöpfung. Biblische Theologie im Kontext altorientalischer Religionen, Göttingen 2002.

Kircher, Bertram (Hg.): Die Bibel in den Worten der Dichter, Freiburg/Basel/Wien 2005.

Kirsner, Inge / Wermke, Michael (Hg.): (2000): Religion im Kino. Religionspädagogisches Arbeiten mit Filmen, Göttingen 2000.

Klein, Hans: Vaterunser, in: www.bibelwissenschaft.de/wibilex, am 13.11.2013.

Kleinknecht, Karl Theodor: Gerechtigkeit, gerecht, Gerechter, in: CBL I, 421–423.

Klepper, Jochen: Ziel der Zeit. Die gesammelten Gedichte, Bielefeld 1977.

Klumbies, Paul-Gerhard: Die Rede von Gott bei Paulus in ihrem zeitgeschichtlichen Kontext, FRLANT 155, Göttingen 1992.

Koch, Dietrich Alex: Bilder aus der Welt des Urchristentums. Das römische Reich und die hellenistische Kultur als Lebensraum des frühen Christentums in den ersten zwei Jahrhunderten, Göttingen 2009.

Köckert, Matthias: Wandlungen Gottes im antiken Israel, BThZ 22/2005, 3–36.

–: Die Zehn Gebote, München 2007.

Köhlmoos, Melanie: Altes Testament, UTB Basics, Tübingen 2011.

Kratz, Reinhard G.: Die Prophetie Israels, C.H. Beck Wissen, München 2003.

Kraus, Hans-Joachim: Psalmen, BK XV, Neukirchen-Vluyn 1960.

Krispenz, Jutta: Prophetische Redeformen, in: www.bibelwissenschaft.de/wibilex am 20.12.2013.

Kremer, Josef: Pfingstbericht und Pfingstgeschehen. Eine exegetische Untersuchung zu Apg 2, 1–13, SBS 63/64, Stuttgart 1973.

Kreuzer, Siegfried: Entstehung und Entwicklung des biblischen Gottesbildes im Alten Israel und im Alten Testament in: www.kreuzer-siegfried.de/texte-zum-at/monotheismus.pdf am 20.1.2014.

Kühn, Dagmar: Totenkult, in: www.bibelwissenschaft.de/wibilex, am 3.11.2013.

Lachmann, Rainer: Hiob, in: ders. / Adam, Gottfried / Reents, Christine (Hg.), Elementare Bibeltexte. Exegetisch – systematisch – didaktisch, TLL 2, Göttingen ³2008, 122–134.

–: Engel, in: Theologische Schlüsselbegriffe, TLL 1, Göttingen 1999, 58–62.

–: Teufel, in: Theologische Schlüsselbegriffe, TLL 1, Göttingen 1999, 374–380.

Lambert, Wilfred G.: Enuma Elisch, in: Kaiser, O. u. a., TUAT Alte Folge III, Gütersloh 1994, 565–602.

Laisny, Vincent Pierre-Michel: Lehre des Amenope, in www.bibelwissenschaft.de/wibilex, am 15.12.2013.

Lang, Bernhard: JHWH der biblische Gott. Ein Portrait, München 2002.

Lemche, Nils Peter: Die Vorgeschichte Israels. Von den Anfängen bis zum Ausgang des 13. Jahrhunderts v. Chr., Biblische Enzyklopädie 1, Stuttgart 1996.

Levin, Christoph: Das Alte Testament, C.H. Beck Wissen, München ⁴2010.

Liess, Kathrin: Auferstehung (AT), in: www.bibelwissenschaft.de/wibilex, am 10.12.2013.

Link, Christian: Die Spur des Namens. Wege zur Erkenntnis Gottes und zur Erfahrung der Schöpfung, Theologische Studien, Neukirchen-Vluyn 1997.

Löning, Karl / Zenger, Erich: Als Anfang schuf Gott. Biblische Schöpfungstheologien, Düsseldorf 1997.

Lohse, Eduard: πεντεκοστή, in: ThWNT VI, 44–53.

–: Das Vater unser im Lichte seiner jüdischen Voraussetzungen, Tübingen 2008.

–: Vater unser. Das Gebet der Christen, Darmstadt 2009.

Luz, Ulrich: Das Evangelium nach Matthäus, EKK I/1, Neukirchen-Vluyn u. a. 1985; EKK I/3 Neukirchen-Vluyn 1997; EKK I/4, Neukirchen-Vluyn 2002.

Maurer, Ernstpeter: Abraham, in: GuL 1/2013, 4–18.

Meyer-Blank, Michael: Patchwork-Religiosität bei Kindern und Jugendlichen zulassen – Contra, www.rpi-loccum.de/theo_meyer_blanck.html, am 15.2.2014.

Millard, Alan: Schätze aus biblischer Zeit, Gießen 1986.

Millard, Matthias: Psalter, in: www.bibelwissenschaft.de/wibilex, am 14.12.2014.

Moser, Tilmann: Gottesvergiftung, Frankfurt 1976.

–: Von der Gottesvergiftung zu einem erträglichen Gott. Psychoanalytische Überlegungen zur Religion, Stuttgart 2003.

Mühling, Markus: Grundinformation Eschatologie. Systematische Theologie aus der Perspektive der Hoffnung, UTB 2918, Göttingen 2007.

Müller, Peter: In der Mitte der Gemeinde, Kinder im Neuen Testament, Neukirchen-Vluyn 1992.

–: Schlüssel zur Bibel. Eine Einführung in die Bibeldidaktik, Stuttgart 2009.

–: Unser Vater Abraham. Die Abrahamrezeption im Neuen Testament im Spiegel der neueren Literatur, BThZ 16 (1999), 132–143.

–: / Dierk, Heidrun / Müller-Friese, Anita: Verstehen lernen. Ein Arbeitsbuch zur Hermeneutik, Stuttgart 2005.

– u. a.: Die Gleichnisse Jesu. Ein Studien- und Arbeitsbuch für den Unterricht, Stuttgart ²2008

Müller-Friese, Anita: Wer, wo, wie ist Gott? Materialien für Freiarbeit in Grund- und Sonderschule. Praxisideen Religion, Frankfurt 2002.

Murphy-O'Connor, Jerome: Der Tempel in Jerusalem von Salomo bis Herodes, Welt und Umwelt der Bibel 13/3, 3–9.

Noth, Martin: Das zweite Buch Mose, ATD 5, Göttingen ⁴1968.

Obermayer, Bernd: „Heiliger Krieg" im Alten Testament? In: www.bibelwissenschaft.de/wibilex, am 12.10.2013.

Oberthür, Rainer: Kinder und die großen Fragen. Ein Praxisbuch für den Religionsunterricht, München 1995.

Oeming, Manfred: Geist II. Altes Testament, in: RGG⁴, Band 3, 563f.

Otto, Eckart: Mose. Geschichte und Legende, München 2006.

Petzold, Klaus: Kreuz und Auferstehung, in: Lachmann, R. / Adam, G. / Reents, Ch. (Hg.), Elementare Bibeltexte. Exegetisch – systematisch – didaktisch, Göttingen ³2008, 360–385.

Philonenko, Marc: Das Vaterunser. Vom Gebet Jesu zum Gebet der Jünger, UTB 2312, Tübingen 2002.

Pichler, Josef: Abraham, in: Öhler, Markus (Hg.), Alttestamentliche Gestalten im Neuen Testament. Beiträge zur Biblischen Theologie, Darmstadt 1999, 54–74.

Pohl-Patalong, Uta: Kaum zu glauben und doch so wichtig. Auferstehung als Thema im Religionsunterricht, in: JRP 26, Neukirchen-Vluyn 2010, 205–214.

Porsch, Felix: Pneuma und Wort. Ein exegetischer Beitrag zur Pneumatologie des Johannesevangeliums, Frankfurter Theologische Studien 16, Frankfurt 1974.

Rad, Gerhard von: Theologie des Alten Testaments I/II, München ⁶1960.

Rendtorff, Rolf: Theologie des Alten Testaments. Ein kanonischer Entwurf, Band 1/2, Neukirchen-Vluyn 2001.

Renz, Johannes / Röllig, Wolfgang: Handbuch der Althebräischen Epigraphik, Band I–III, Darmstadt 1995ff.

Rose, Martin: 5. Mose, Teilband 1/2, ZBK AT 5, Zürich 1994.

Rothgangel, Martin: Naturwissenschaft und Theologie. Ein umstrittenes Verhältnis im Horizont religionspädagogischer Überlegungen, Arbeiten zur Religionspädagogik 16, Göttingen 1999.

Rüterswörden, Udo: Deuteronomium, in: www.bibelwissenschaft.de/wibilex, am 20.10.2013.

Sänger, Dieter: Bund, in: ThBegrLex 1, Wuppertal/Neukirchen-Vluyn 1997, 216–223.

Sasse, Markus: Geschichte Israels in der Zeit des Zweiten Tempels. Historische Ereignisse, Archäologie, Sozialgeschichte, Religions- und Geistesgeschichte, Neukirchen-Vluyn 2004.

Satake, Akira: Die Offenbarung des Johannes, KEK 16, Göttingen 2008.

Saur, Markus: Einführung in die alttestamentliche Weisheitsliteratur, Darmstadt 2012.

Schaller, Fritz: Die Evolution des Göttlichen. Ursprung und Wandel der Gottesvorstellungen, Düsseldorf 2006.

Schelbert, Georg: Sprachgeschichtliches zu „Abba", in: Casetti, P. / Keel, D. / Schenker, A. (Hg.), Mélanges Dominique Barthélemy, Fribourg/Göttingen 1981, 395–447.

Schmid, Konrad (Hg.): Schöpfung, Themen der Theologie 4, UTB 3514, Tübingen 2012.

–: Literaturgeschichte des Alten Testaments. Eine Einführung, Darmstadt 2008.

Schmidt, Heinz G. (Hg.), Zum Gottesdienst morgen, Wuppertal 1969.

Schmidt, Werner H.: Alttestamentlicher Glaube in seiner Geschichte, Neukirchen-Vluyn [7]1990.

Schottroff, Luise: Die Gleichnisse Jesu, Gütersloh 2005.

Schrage, Wolfgang: Der erste Brief an die Korinther (1Kor 6,12–11,16), EKK VII/2, Neukirchen-Vluyn u. a.1995.

Schröter, Jens: Jesus von Nazaret. Jude aus Galiläa – Retter der Welt, Biblische Gestalten 15, Leipzig 2006.

Schüle, Andreas: Die Urgeschichte (Genesis 1–11), ZBK AT 1,1, Zürich 2009.

Schüngel-Straumann, Helen: Geist (AT), in: www.bibelwissenschaft.de/wibilex, am 2.1.2013.

Schürmann, Heinz: „Pro-Existenz" als christologischer Grundbegriff, in ders., Jesus – Gestalt und Geheimnis. Gesammelte Beiträge, hg. von K. Scholtissek, Paderborn 1994, 286–315.

Schweitzer, Friedrich: Gott im Religionsunterricht. Bestandsaufnahme – neue Herausforderungen – weiterführende Perspektiven zu einer Didaktik der Gottesfrage, in: JRP 25, 2009, 241–263.

Schweizer, Eduard: πνεῦμα πνευματιός, in: ThWNT VI, 387–453.

Schwienhorst-Schönberger, Ludger: Das Buch Kohelet, in: Zenger, E. u. a., Einleitung in das Alte Testament, Kohlhammer Studienbücher Theologie 1,1, Stuttgart [5]2004, 380–388.

Staubli, Thomas: Begleiter durch das Erste Testament. Mit Bildern von Gabriela Zumstein-Hochreutener, Ostfildern [4]2010.

Stegemann, Ekkehard W. / Stegemann, Wolfgang: Urchristliche Sozialgeschichte. Die Anfänge im Judentum und die Christusgemeinden in der mediterranen Welt, Stuttgart 1997.

Stoellger, Philipp: Deutung der Passion als Passion der Deutung. Zur Didaktik und Rhetorik der Deutungen des Todes Jesu, in: Frey / Schröter, Deutungen, 577–607.

Stolz, Fritz: Das erste und zweite Buch Samuel, ZBK AT 9, Zürich 1981.

–: Einführung in den biblischen Monotheismus, Darmstadt 1996.

Theißen, Gerd: Die Weisheit des Urchristentums. Aus Neuem Testament und außerkanonischen Schriften, München 2008.

– : Die Entstehung des Neuen Testaments als literaturgeschichtliches Problem, Heidelberg 2007.

– / Merz, Annette: Der historische Jesus. Ein Lehrbuch, Göttingen 1996.

Themenheft „Gott und die Götter", Welt und Umwelt der Bibel, 11 /1999.

Themenheft Faszination Jerusalem, Welt und Umwelt der Bibel 16 2/2000.

Themenheft Mose, Welt und Umwelt der Bibel 3/2006.

Themenheft „Salomo. König voller Widersprüche", Welt und Umwelt der Bibel 66/2012.

Themenheft Schöpfung, entwurf 4/2008.

Tilly, Michael: Abraham im Judentum, in: GuL 28 (2013), Heft 1, 19–31.

Tönges, Elke: „Unser Vater im Himmel". Die Bezeichnung Gottes als Vater in der tannaitischen Literatur, BWANT 147, Stuttgart 2003.

Troll, Christian W.: Muslime fragen, Christen antworten. Topos-plus, Kevelaer 2003, 68f.

Vanoni, Gottfried: „Du bist doch unser Vater" (Jes 63,16). Zur Gottesvorstellung des Ersten Testaments, Stuttgart 1995.

Wagner, Thomas: Mescha / Meschastele, in: www.bibelwissenschaft.de/wibilex, am 12.10.2013

–: Schlacht von Qarqar, in: www.bibelwissenschaft.de/wibilex, 20.9.2013.

Weber, Beat: Poesie (AT), in: www.bibelwissenschaft.de/wibilex, 20.9.2013.

Weitz, Burkhard: Hat Gott Eltern? Chrismon 2/2006, www.chrismon.evangelisch.de/artikel/2006/hat-gott-eltern-19508, am 15.1.2014.

Westermann, Claus: Genesis, BK I/1, Neukirchen-Vluyn [4]1999.

Wiefel, Wolfgang: Das Evangelium nach Matthäus, ThKNT 1, Leipzig 1988.

Witte, Markus: Das Koheletbuch (Der Prediger Salomo), in: Gertz, Grundinformation Altes Testament, 257–264.

–: Schriften (Ketubim), in: Gertz, Grundinformation Altes Testament, 404–508.

Wolter, Michael: „Der altböse Feind". Der Umgang mit dem Bösen im Neuen Testament, in: GuL 1997/1, 22–30.

–: Der Heilige Geist bei Paulus, in: JBTh 24, 93–119.

Zahrnt, Heinz: Gott kann nicht sterben. Wider die falschen Alternativen in Theologie und Gesellschaft, München 1970.

Zeindler, Matthias: Gott der Richter. Zu einem unverzichtbaren Aspekt christlichen Glaubens, Zürich [2]2005.

Zenger, Erich: Ein Gott der Rache? Feindpsalmen verstehen, Psalmen-Auslegungen 4, Freiburg/ Basel/Wien 2003.

–: Das Erste Testament. Die jüdische Bibel und die Christen, Düsseldorf [5]1995.

– u. a.: Einleitung in das Alte Testament, Kohlhammer Studienbücher Theologie 1,1, Stuttgart [5]2004.

Zimmermann, Christiane: Die Namen des Vaters. Studien zu ausgewählten frühchristlichen Gottesbezeichnungen vor ihrem frühjüdischen und paganen Sprachhorizont (AJEC 69), Leiden 2007.

– : Vater (NT), in: www.bibelwissenschaft.de/wibilex, am 15.12.2013.

Zimmermann, Ruben (Hg.): Kompendium der Gleichnisse Jesu, Gütersloh 2007.

Zwickel, Wolfgang: Einführung in die biblische Landes- und Altertumskunde, Darmstadt 2002.

26. Bildnachweis

S. 14   Regionen und Landschaften Palästinas / Israels, in: Zenger, Erich u. a., hg. von C. Frevel: Einleitung in das Alte Testament, Studienbücher Theologie, Stuttgart [8]2012, 856.

S. 29   Word-Cloud zur Schöpfung.

S. 30   Gott als Baumeister, Frontispiz der „Bible moralisee", um 1250, Frankreich, heute in der Nationalbibliothek Wien, in: wikipedia.org/wiki/Malerei_in_ der_Gotik, am 1.3. 21014.

S. 45   Michelangelo, Moses in San Pietro in Vincoli, Rom, commons. wikimedia.org/wiki/File:Michelangelo%27s_Moses_in_San_Pietro_in_Vincoli_2.jpg, am 1.3.2014.

S. 59   Nach Hoffmann, Frank: Die Zehn Gebote. Geschieht ihm recht, dem Mose, www. toonpool.com/cartoons/Die%20Zehn%20Gebote_6269 am 14.1.2014.

S. 87   Baal mit Blitz, Ras Shamra, Ugarit, heute im Louvre, Paris, commons. wiki-media. org/wiki/File:Baal_thunderbolt_Louvre_AO15775.jpg, am 1.3.2014.

S. 102   Karikatur nach einer Idee von www.cartoonstock.com/directory/m/monotheism.asp am 1.3.2014.

S. 212   www.news.de/panorama/855096705/so-sehen-die-deutschen-gott/1/, am 2.3.2010.

S. 217   Albrecht Dürer, Die vier apokalyptischen Reiter, 1511, http://de.wikipedia.org/wiki/Apokalyptische_Reiter, am 1.6.2014.

27. Register